曾春海 著

竹林七賢的

道家哲學
與人生

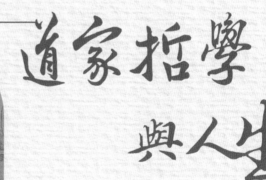

五南圖書出版公司 印行

自序

　　現代化的文明是以人大有為的創製文明為中心。試觀科技的日新月異，商業的經營管理、行銷已經大幅度地增進普世化的物質生活之繁華和享受。以自由市場、自由競爭為導向的政治、社會、經濟制度在工具理性蓬勃發展下已把人類納入鐵盒內般的嚴密體系和網絡中，特別是本世紀AI（人工智慧）的快速發展和涵蓋性已逐漸形成一宰制普羅大眾的科技大怪獸。人際的疏離、冷漠、虛偽無真情也漸漸異化人的初衷而失去人性本真的情味。上世紀瑞士人文心理學家榮格（Carl Gustav Jung，1875-1961）在其名為〈失去靈魂的當代人〉中以臨床心理學的豐富案例，做深入分析現代人之所以活不出精神性幸福而需要求助於精神科醫生的精神療癒，可歸結為三大主要原因：一、人與自己傳統文化的疏離；二、人與他者的疏離；三、人的自我疏離。當前人類共同面對的課題，就在於如何面對當代工商文明所導致的現代人活不出人生崇高理想和深刻價值的精神虛無症。中華傳統的經典文化蘊藏了極為豐富的精神文化的資源和深具啟發性的人生智慧，不但似如可照亮當下存在境遇的明燈，也照亮了人性可走出困頓，邁向未來的希望之路。

　　筆者受業於哲學專業，從事研讀、教學和著作已有半世紀之久，針對上述當代人類文明的困境，筆者深信儒道互為主體的互補性智慧堪謂為人的心靈雞湯、荒漠中的甘泉。道家哲學與人生是筆者除了《易經》哲學外，特別喜歡的一大人生當下課題，筆者沉浸、周旋於道家，特別是魏晉玄學也有數十年，曾出版過《兩漢魏晉哲學史》、《嵇康的精神世界》、《竹林七賢的玄理與生命情調》三本專書，最後一本曾作為筆者在大學任教通識課程的教科書，頗受同學們的喜愛。如今，該書已售罄，幾經考慮下，筆者認為竹林七賢以及魏晉玄學常被學術界稱為「新道家」，究其理源，應上溯於先秦最有原創力的原始道家，亦即老莊哲學。因此，筆者擬透過老莊哲學的玄理及其落實在生活世界的精神風貌，撰成有本有源，有哲學脈絡可尋的新書《竹林七賢的道家哲學與人生》再度與讀者們

見面。在這本書中以老子的哲學與政治智慧奠基，而以莊子哲學與人生智慧爲著力處，因爲，魏晉玄風大倡，不只是道家玄理的再現，更重要的是向、郭注莊，莊子的被發現和熱議，再加上清談之風的興盛，終蔚成「玄風大暢」，莊子把道家融入生活世界，貼近了人的內在生命，煥發了人生智慧的光芒。竹林七賢在《晉書・本傳》中每位名士都自述其對莊子的慕好。出身於北京大學哲學系的散文著名作家朱自清就說過：「魏晉以來，老莊之學大盛，特別是莊學；士大夫對於生活和藝術的欣賞與批評也在長足的發展。清談家也就是雅人，要求的正是那『妙』。……『妙理』、『妙義』、『妙旨』、『妙用』指哲學。『妙境』指哲學，又指自然與藝術；哲學學得有『妙解』、『妙覺』、『妙悟』；自然與藝術得有『妙賞』；這種種又靠『妙心』。」（《朱自清古典文學論文集》上冊，頁131）

對現代科技與商業文明的宰制下，哲學的時代課題，應是責無旁貸地引領庶民社會的普羅大眾從虛無主義的精神廢墟中，找到人性的尊嚴與純潔的靈魂，將陷溺在紙醉金迷的財富文化中的庸俗者，振奮精神，提升精神生活的境界，超越凡俗性的物質幸福，走向眞善美的精神性幸福。莊子的哲學與人生智慧對現代人而言，是一座指示迷航的燈塔。有鑑於此，本書撰寫策略，特別強調莊子哲學的分量，設立十一大論題，每一節一論題，其中將一般學界所共識決的《莊子》內七篇是最足以代表莊子思想的融貫脈絡，逐篇撰寫，希望能通過這些論述，引導讀者們銜接上竹林七賢精神世界的源頭，成爲有本有源有創新的哲學新風貌。

在中國歷史文獻的記載中，南朝宋劉義慶的《世說新語・任誕》首條就述及「竹林七賢」說：「陳留阮籍、譙國嵇康、河內山濤，三人年皆相比，康年少亞之。預此契者；沛國劉伶、陳留阮咸、河南向秀、琅邪王戎。七人常集於竹林之下，肆意酣暢，故世謂竹林七賢。」「七賢」之名源自東晉謝安或其家族之稱述，爲袁宏所記。距魏末不出百年的孫盛在其所著《魏氏春秋》、《晉陽秋》中遂以稱之，東晉中期的袁宏使用「竹林名士」的稱謂法，兩晉以來，嵇康和阮籍成爲文人雅士們具精神特質的思慕偶像。「竹林七賢」的名號也隨著仰慕的風尚而勃興，成爲響亮的精神意符和品牌。竹林七賢尚智兼鍾情，以任誕、簡傲以及

不世出的生命情采形象享譽於世。這一有特色的名士群體先後被稱爲「名士」、「文士」，或被尊稱爲「高士」、「隱士」、「清流之士」、「逸士」、「方外之士」、「任教之士」或「賢者」。逸趣橫生的七賢風神氣度衍生出詩文典故、戲曲小說之題材，且開發出具各種文化創意之藝術作品，例如：竹雕或銅雕筆筒、竹林七賢畫作、扇畫、塑像……等。此外，寺廟梁楹壁畫之圖錄七賢，象徵出清心寡欲、超拔脫俗、優雅閒適、瀟灑自如的生命格調。

　　據歷史學者王曉毅的研究，七賢的竹林之遊可考證出前後兩期，他說前期是在高平陵政變（公元二四九年）前的正始八一十年之間，聚會的地點在山陽，時間可推爲公元二四七一二五六年。前期的核心人物是嵇康、阮籍、山濤，其竹林之遊旨在避開洛陽的政治漩渦。竹林之遊的後期時間約爲公元二五九一二六二年，核心人物則是嵇康、呂安、向秀，主旨在針對司馬氏集團以「名教之治」爲打擊異己之工具，進行精神性的抗議和抵制。其中緣由，史學家陳寅恪評論說：「儒者在古代本爲典章學術所寄託之專家。李斯受荀卿之學，佐成秦治，秦之法制，實儒家一派學說之所附繫，……漢承秦業，其官制法律亦襲前期遺傳。至晉以後，法律與禮經互稱，儒家（周官）之學說悉入法典。」由此可知，先秦孔孟的德行倫理經過荀子禮義師法之外鑠性的規範倫理之轉折至秦漢與法家思想合流，成爲兩漢魏晉以中央集權強勢運作的制度化名教。就魏晉時代的歷史進程而言，曹操去世後，魏政權歷文帝與明帝兩朝，轉入曹芳正始年間。正始十年（公元二四九年）司馬懿重挫曹爽政權。司馬氏集團掌握大權後，利用傳統的儒家的禮教，形塑成嚴苛的道德禮法之名教機制，標榜虛僞的忠、孝兩大美德，採高壓式的恐怖統治來維護名教以鞏固自身的政權。他們的政權基礎是儒學世家大族，亦即在社會階層上層高門的豪門士族。他們外表上採取儒服、儒言、儒冠、儒行、道貌岸然，可是內心對權勢財物的貪婪和奢華生活，卻是醜惡不堪。儒家式的道德禮法淪爲他們掩飾內心的假面具。

　　竹林七賢崇尙老莊意境深遠的玄理，個性張揚，性格率眞，情感豐富，才華洋溢。他們對豪門士族虛情矯飾的名教面具，心跡不一，感到無比厭惡。在情禮不相稱，文質表裡不一的政治、社會風氣下，他們尙智兼鍾情的追求《老子》

道法自然的玄理，《莊子》法天貴眞的浪漫眞情。他們有時著文諷刺時代的虛華風氣，以及不寬容的僞君子政治。他們之中，有些人以悖離禮俗的任誕言行來表達人性的眞性情和對禮教虛文的抗議。在正面而積極的生命情調上，他們相互間聲氣相通，情性相感的邀約同遊共飲，無視於社會的約束機制，酣暢醉酒、遊山玩水、暢談玄理與人生，渾然於自我的精神自在或共融於情誼的感通與沉浸在藝術、大自然的美感享受之純眞純美境界中。

　　竹林七賢傳世著作以嵇康、阮籍較豐富，唐代陸德明《經典釋文·敘錄》分別著錄向秀和郭象的《莊子注》且謂：「向秀注二十卷，二十六篇。」陸德明的《莊子音義》也分別引證向秀注，共得二百一十餘條，今人韓格平《竹林七賢詩文全集譯注》（長春：吉林文史出版社，1997年）得向、郭《莊子注》共有注文二千九百五十條，對向秀莊子思想的專題研究而言是一重要線索。本書以老莊哲學爲理源，竹林七賢爲視域，主要針對竹林七賢與《易》、《老》、《莊》三玄的思想交涉，名教與自然之出入，對儒家經學之批判和擇取、玄學形成之求知和論辯方法、生死智慧、養生論、音樂美學，山水審美，七賢間的情誼感通和飲酒風采爲主題。因此，本書以竹林七賢爲一學術社群和生命情調之同好者爲主題論述，在玄理論述上主要採取學術著作傳世可讀的阮籍、嵇康爲主，向秀、山濤、劉伶爲次，在生命情趣與格調上則以《世說新語》和《魏書》、《晉書》、《三國志》爲主。

　　魏晉玄學家所探討的玄理，其辭源及理源出自《老子·一章》所云：「玄之又玄，眾妙之門。」其中「玄之又玄」指生成和運行萬物的形而上之「道」。「眾妙之門」指「道」爲萬事萬物所蘊涵的妙理和變化之門戶。「生命情調」指七賢的生命才情、風姿所煥發出來的精神氣質，生活品味之情趣和格調。竹林七賢中的阮咸和王戎沒有傳世著作，本書的寫作策略將此兩人著錄在相關文獻中所刻畫的名士風度予以在生命情調面向上的呈現。據《晉書》本傳載：「咸任達不拘，與叔父籍爲竹林之遊。當世禮法者，譏其所爲。咸與籍居道南，諸阮居道北。北阮富而南阮貧。七月七日，北阮盛晒衣服，皆錦綺粲目，咸以竿掛大布犢鼻於庭，人或怪之，答曰：『未能免俗，聊復爾耳！』」魏晉名士夏日喜歡穿

廉價短褲類的犢鼻褲，與虛榮好誇富的富有人家相抗衡。阮咸在晒衣日這天用竹竿高掛自己的犢鼻褲，他的作風一方面表達他的脫俗風趣，另一方面也是藉從俗的流風來表達他對彼時浮華虛榮的輕蔑。他生平以善彈琵琶著名，其湛深的音樂修養在彼時被譽為「神解」，唐代杜佑鑑於元行沖所製作的「月琴」源自阮咸創製，乃將它改稱為「阮咸」以示垂念。竹林七賢之一的王戎清尚通達，雖缺乏嵇康、阮籍對政治、社會尖銳的批判性，然而，他在面對生死大化之喪母、喪子之痛時，真情充盈，自然流露，據《世說新語・德行》載曰：「王戎、和嶠同時遭大喪，俱以孝稱。王雞骨支床，和哭泣備禮。武帝謂劉仲雄曰：『卿數省王、和不？聞和哀苦過禮，使人憂之。』仲雄曰：『和嶠雖備禮，神氣不損；王戎雖不備禮，而哀毀骨立。臣以和嶠生孝，王戎死孝。陛下不應憂嶠，而應憂戎。』」和嶠謹守喪禮的禮數，卻情不及禮地顯出神氣如常，王戎則真情過於禮文，以致「哀毀骨立」。此外，《世說新語・傷逝》載云：「王戎喪兒萬子，山簡往省之。王悲不自勝。簡曰：『孩抱中物，何至於此！』王曰：『聖人忘情，最下不及情。情之所鍾，正在我輩。』簡服其言，更為之慟。」王戎生命之任真任情，其人性化的情感生命恣肆揮灑，堪謂為嵇康所說「越名教而任自然」的真情告白，也是竹林七賢生命情調最鮮活的寫照了。

　　筆者在道家的為學歷程上，大學時代受張起鈞老師課堂上的啟發，碩士學程曾修習嚴靈峰老師開設的課程，修讀博士班時，深受當代哲學大師方東美的垂教，在臺灣政大哲學系任教時，常受臺大哲學系陳鼓應教授邀請任其所指導的道家碩博士論文校外口試委員。因此，筆者有很多機緣與陳教授進行道家哲學學術交流的切磋和啟迪，遂成為學術摯友。陳教授於2008年鼎力推薦筆者轉任中國文化大學哲學系所，筆者遂以年資退休於政治大學而至文大與其共事。甚至筆者後來還擔任文大哲學系系主任與研究所碩博士班所長。對於陳鼓應教授的知遇之恩，常感念在心。2024年適逢陳教授九十歲華誕，謹以此書的出版為其祝壽，聊表寸心之忱。

本書係在臺灣國科會九十七年度核准筆者申請的《竹林七賢的精神世界》（97-2420-H-034-005-MY2）專書寫作經費贊助下完成，也感謝五南出版社鼎力出版此書，且於2024年改版爲《竹林七賢的道家哲學與人生》的新書。

曾春海　2024年6月28日於臺北市寓所

目錄

第一章　老子的哲學與政治、人生智慧

　　《老子》又名《道德經》，全書共八十一章，以「道」字開頭，一章至三十七章爲「上篇」，稱爲〈道經〉；三十八章以「德」立論，至八十一章爲「下篇」，稱爲〈德經〉。

　　老子其人其書，由於史料不足與相混亂，以致成一難以確切論斷的謎團。據《史記・老子韓非列傳》所載：「老子者，楚苦縣厲鄉曲仁里人也，姓李氏，名耳，字聃，周守藏室之史也。老子修道德，學以自隱無名爲務，……著書上、下篇，言道德之意，五千餘言而去，莫知其所終。」參照相關史料，略知老子爲柱下史官，對天文曆法有深厚的研究，宛如司馬遷所說「究天人之際，通古今之變」，兼具天道觀、史論、政治論與人生智慧的博大精深之學者。老子所著《老子》經多位學者考證，應屬於道家原創性著作，非集大成之作，其成書當在春秋末年或戰國初年，與《論語》可能是同一時期，或約爲上或下。書中也有後摻入的文字，例如〈二十六章〉有言：「萬乘之主。」書中常見「侯王」等用詞，皆戰國時代的成語，非春秋末年所用語。

第一節　道與德：萬物的生成和變動的規律

一、「道」與萬物之關係

　　《老子》書中常論述的核心概念「道」字，在「上篇」出現三十一次，「下篇」出現四十二次，「道」是統攝天地萬物與人的根源性原理，亦即哲學所研究的核心課題「本體論」（Ontology）。當代大哲方東美指出：「形上學者，究極之本體論者，探討有關實有、存在、價值等。」[1]，他不但將形上學界定爲「本體論」，且謂中國哲學有一共同點，那就是本體論與至高的價值論（Axiology）融會貫通成一有機的系統。換言之，中國哲學的形上學和本體論，係將人與宇宙一體俱融，成就「縱之而統，橫之而通」的旁通統貫的生命世界。他認爲中國哲學形上學皆具有「機體主義」之通性，且界說其涵義：「機體主義旨在：統攝萬有，包舉萬有象，而一以貫之；當其觀照萬物也，無不自其豐富性與充實性之全貌著眼，故能『統之有宗，會之有元』，而不落於抽象與空疏。宇宙萬象，賾然紛呈，然剋就吾人體驗所得，發現處處皆有機統一之跡象可尋，諸如本體之統一、存在之統一、生命之統一、乃至價值之統一，……形成一在本質上彼是相因，交融互攝，旁通統貫之廣大和諧系統。」[2]我們可舉清代末年龔自珍說「落紅不是無情物，化作春泥更護花」一詩句來理解。機體性的生命宇宙有自發性的秩序化、自我調和及自主性的代謝作用等特徵。

　　「道」字在《老子》書中，頻繁地出現了七十三次，究竟有何豐富的形上涵義呢？歷來對這一問題著墨的學者不少，筆者認爲較具代表性者，可與陳康所詮釋的六項涵義最足參考：（一）萬事萬物的終極根源；（二）一切事物的儲藏處；（三）一切事物的模式；（四）產生一切事物的動力因；（五）事物生長所

---

[1]　方東美《中國哲學之精神及其發展》，臺北：黎明文化，2005年，頁28。
[2]　方東美《生生之德》，臺北：黎明文化，2005年，頁284。

以憑恃的原理；（六）道的運行係一返循歷程。[3]

我們可以立基於機體論和六項「道」之形上屬性，來理解《老子》書中的「道」與「德」及其與萬物之生成變化規律。《老子·一章》開宗明義地說：「道可道非常道；名可名非常名。無名，天地之始。有名，萬物之母。故常無欲以觀其妙；常有，欲以觀其徼（向前開顯自成，運行萬物之歷程），此兩者同出而異名，同為之玄，玄之又玄，眾妙之門。」「道」是內在於其所化身之經驗世界，萬事萬物的本體，有如人的靈魂內在於人的身體中。換言之，「道」是不具形質特徵的形上實有（real living），有無限的形上屬性。因此，無形無狀的形上存有──「道」，非哲學知識論以自然因果法則的現象之知所研究的對象，亦即無法以現象之知，可檢證性的經驗界概念涵義界說的方式來認知，因為「道」猶人的「靈魂」般，它不是「感性」、主客對立的「知性」活動所針對的客觀實有對象。這也是老子所言在概念知識所運用的名稱概念可界說的見聞之知。概念化的知識不是領悟形上本體或存有學的「道」之進路。儘管如此，具活潑生機的「道」無所不容、無所不生，《老子·二十一章》說：「孔德之容，惟道是從。道之為物，惟恍惟惚。惚兮恍兮，其中有象；恍兮惚兮，其中有物。窈兮冥兮，其中有精；其精甚真，其中有信。自今及古，其名不去，以閱眾甫。吾何以知眾甫之狀哉？以此。」對人而言，若有若無的「道」在恍惚不定中顯出可超越地觀省的大象，開顯出能創生萬物的幽深微妙之體性，蘊涵著生成萬物的樸素之元精。「甫」是父親的意思，「眾甫」意指萬物始出的根源義，「歷眾甫」也是內在於萬物，與萬物發展同一歷程的，無所不在不發用之意。

《老子·四十章》：「天下萬物生於有，有生於無。」〈二章〉：「有無相生」。「道」玄通「有」與「無」，且無時不在，無處不在地統攝「有」與「無」。魏玄學家王弼註〈四十章〉說：「天下之物，皆以有為生，有之所以始，以無為本，將欲全有此，必反於無也。」「有」是道所化生的萬物，「無」

---

[3]　陳康〈What does Lou-Jsu mean by the Term Tao?〉，《清華學報》，新竹：清華大學，1964年，頁150-161。

是萬物所由生的本體，亦即根源性的形上理據。《老子・十四章》謂就「道」相
自身而言，是「無狀之狀，無物之物」。吾人對無形無狀的道體之認識，是透
過道體所化生的萬物，回溯性地做形上的超越體悟。蓋「有」生於「無」，以
「無」保全「有」，以「有（現象）」顯現「無（本體）」。人透過道所化身的
萬物，來返識萬物所由生的形上根源，也只是形上的類比性的有限認識，非可全
然窮盡「道」的形上內涵。《老子・三十四章》：「大道泛兮，其可左右。萬
物恃之而生而不辭。」《老子》書中最足以表述「道」與萬物生成歷程者，當
推〈四十二章〉：「道生一，一生二，二生三，三生萬物；萬物負陰而抱陽，
沖氣以為和。」，漢河上公將「一」註解為「氣」，頗具哲學宇宙生成論的意
義，如是，則「氣」為有「物」混成的元質，亦即形構萬物的宇宙元素（cosmic
element）。「二」為陰陽，「三」指陰陽交感調合成相輔相成的和諧之氣。悟
道者「故常無欲以觀其妙」，指悟道者洗滌心靈的一切物累嗜欲，以虛靜心靜觀
「道」超乎言詮的無盡形上屬性之奧妙。「常有，欲以觀其徼」，指透過道藉
「氣」所賦予萬物形體的運行動力和方向，捉摸出萬物形成和發展的動態軌跡觀
其向前之進程。

二、「德」與「道」和萬物的內在關係

　　舉凡天地間存在的事物必有其根源和內在的本性，「道」係其根源，
「德」乃是其內在本性，相連結成一存有學的專有名詞「道德」，事物的生成
變化不在末端的常勢下功夫，而是由本貫末地在根源、本性上茁長，老子謂因
「道」而成「理」，因事而成發展趨勢。簡言之，道理優位於經驗界的事勢，人
以智識理性來辨識客觀的事理，進而以形上智慧做整全的觀照，順萬物的本真之
德（性）去成全萬物，以「道」來融貫萬物。
　　《老子・五十一章》有言：「道生之，德畜之，物形之，勢成之。是以萬物

莫不尊道而貴德。道之尊，德之貴，夫莫之命而常自然。故道生之，德畜之。長之，育之，亭之，毒之，養之，覆之。生而不有，爲而不恃，長而不宰。是謂玄德。」道以「氣」爲載體，且透過形構萬物的宇宙原質「氣」或「樸」，化生出殊別性的萬物，道內在於「氣」而化生萬物，亦即分殊化萬物透過氣所稟賦道分殊化之本質稱爲「德」。「道」與「德」係形上的縱貫存有關係，「德」乃是根源性的「道」，係「樸散爲器」的分殊化作用及表現。因此老子言「孔德之容，惟道是從」、「道生之，德畜之」。氣凝聚的勢能營造了化生萬物的生態條件，氣化衍生的萬物，則憑藉「氣」顯發其特殊化的性質。

　　萬物的生存發展主要依據「道」的創生，「德」的畜持和孕育發展，道生德畜出於自然無爲而非以外在的威權強制萬物服從所使然，所謂「莫之命而常自然」。「道」與「德」，「無」與「有」相通玄同，《老子·一章》云：「此兩者，同出而異名，同謂之玄。玄之又玄，眾妙之門。」「玄之又玄」的第一個「玄」字指「有」、「無」同根，「道」與「德」形上的縱貫的同質，第二個「玄」字指萬物生化不已的玄妙，意指道用之妙，德畜之眞與美，在「道」生「德」畜下的「長之，育之，亭之，毒之，養之，覆之」，指「道」與「德」所妙生妙成之萬物，乃不生之生，不成之成，全任萬物內在的天性，自發性的自然地生成發展。因此，道與德的發育萬物全係自然而無著意之爲，對所化生的萬物無私自占有的心，無恃功威脅和無掌控支配的心念。因此，「道」與「德」創作和孕育實現萬物的生命，乃係「生而不有，爲而不恃，長而不宰，是謂玄德。」（《老子·十章》）王弼註此三玄德曰：「不塞其原，則物自生，何功之有。不禁其性，則物自濟，何爲之恃。物自長足，不吾宰成，有德無生，非玄而何。凡言玄德皆有德而不知其主，出乎幽冥，道性自然，任運自然之自生自化自成。」「不塞其原」、「不禁其性」乃是《老子·三十七章》所云「道常無爲，而無不爲」的眞諦。

三、大道運行的客觀規律

《老子・十四章》：「執古之道，以御今之有。能知古始，是謂道紀。」「道」之運行有其客觀的規律可循，「道紀」指道「獨立而不改，周行而不殆」的規則紀律，其大者稱為「綱」，其細則稱為「紀」。在機體宇宙論的宏觀上，凡事物皆非孤獨的單體，而皆有與其對應感通、相依互賴、相輔相成的對偶者，如陰陽（〈四十二章〉）、雌雄（〈二十八章〉）、牝牡（〈六十一章〉）。在對偶性的一體兩面，一物兩端性中，有相互對比性的本質，如：剛柔、強弱、輕重、大細、白黑、明昧、直枉、盈沖、成缺、新蔽、躁靜、歙張……等。具對偶性的兩端具有在質量互變的往來性、轉換性，兩者間具有張力和相輔相成的息息相關性。〈二章〉所謂：「故有無相生，難易相成，長短相較，高下相傾，音聲相和，前後相隨。」前面曾提及「萬物負陰而抱陽，沖氣以為和。」綜觀《老子》全書有近半篇幅論及相輔相成的雙向「返者道之動」的律動規則。若詳列的話約有三十對對偶性的概念範疇：有無、難易、長短、高下、前後、盈沖、美醜、善惡、曲全、枉直、窪盈、少多、敝新、雌雄、白黑、輕重、靜躁、歙張、弱強、廢興、取與、貴賤、明昧、進退、成缺、巧拙、辯訥、寒熱、禍福、損益等。

道在恆處律動歷程上，其道生、德畜、長、育、亭、毒、養、覆萬物，深深不息。〈五章〉喻示道之運行在「天地之間，其猶橐籥乎？虛而不屈，動而愈出」。〈六章〉喻示「道」周行而不殆的運行於天地之間，其生化萬物，「谷神不死，是謂玄牝。玄牝之門，是謂天地根。綿綿若存，用之不勤」，在「返者道之動」的律動準則下，隱然有調和萬物不走向偏極的整體均衡和諧律。〈七十七章〉所謂：「其猶張弓與！高者抑之，下者舉之；有餘者損之，不足者補之；天之道損有餘而補不足。」「道」不但是統攝天地萬物的總根源，也是調和萬物的和諧之本體。〈十六章〉所謂：「夫物芸芸，各復歸其根。歸根曰靜，是謂復命；復命曰常，……知常容（道紀），容乃公，公乃全，全乃天，天乃道，道乃久，沒身（終身）不殆。」道紀也是維持「天長地久」（〈七章〉）的根本規律和終極原因所在。

第二節　道法「三玄」、「三寶」，知足常樂的人生智慧——至德之人

　　《老子‧十六章》說：「知常曰明。不知常，妄作凶。」肯定人有認知能力，能分辨合乎道德的常道，也預知不理解常道且違反常道而「妄作」的行為後果，會招致凶惡的報應。人有自由意志，擇取尊道貴德，或做了錯誤的判斷和行為取向，而有「不道」、「失德」的危險，心「介然有知」（〈五十三章〉）、「強行者有志」（〈三十三章〉），能領悟大道的智慧者「惟道是從」（〈二十一章〉）、「聖人抱一（道）為天下式（言行的範式）」（〈二十二章〉）、「上士聞道，勤而行之」（〈四十一章〉），能尊道貴德的人，能自覺地覺察自己由「道」所賦予自己的本真之天性，如個人才能、個性、情感的感受、表達能力、性格……等，具有個別差異的個體性。不但如此在自知之明後，能自我珍惜，努力修養，以步步自我實現。〈五十五章〉謂：「含德之厚，比於赤子。……知和曰常，知常曰明。益生曰祥。」至德之人是歸真返樸達到最高成就的人，其修行個人純真的樸實本性，步步推廣、層層提升。〈五十四章〉描述說：「修之於身，其德乃真；修之於家，其德乃餘；修之於鄉，其德乃長；修之於國，其德乃豐；修之於天下，其德乃普，故以身觀身，以家觀家，以鄉觀鄉，以國觀國，以天下觀天下，吾何以知天下然哉？以此。」可見「道」是萬物共同的本根，「德」是萬物由「道」所稟受的本性或本分。

　　問題是人生為何無法如大道般的涵容萬物，化育萬物，成就萬物在和諧共融中又能各自實現自己內在本性之真和內在價值的完美呢？老子說「不見可欲，使民心不亂」（〈三章〉）。人有官能欲望，受不了繁華世界物質欲望的誘惑，乃至於外逐的聲色、犬馬之嗜欲，世俗之人貪婪成習，禁不起七情六欲的外在誘惑物之不斷誘惑，也情不自禁地如夸父追日般的盲目追求，而與他人爭執、結怨、相互不擇手段地爭奪相殘。老子很世故地告誡人們說：「五色令人目盲，五音令人耳聾，五味令人口爽，馳騁畋獵令人心發狂，難得之貨令人行妨。」（〈十二

章〉）人若陷溺在奢侈浮華的感官欲望之享受中，量變則質變，過度的官能欲望之享受，反而導致感性鈍化，滿足感遞減。若不知深思而改弦易轍，人生逐漸乏味，身心疲累，不知生命意義的眞諦，精神幸福的品味又何在呢？甚至淪落到人生的價值虛無感。老子深刻地指出人生命的痛苦原因，說：「吾所以有大患者，爲吾有身，及吾無身，吾有何患？」（〈十三章〉）他對照出保全生命自身的價值，與逐外在欲望而不知返的身外之物價值，語重心長地說：「名與身孰親？身與貨孰多？得與亡孰病？是故甚愛必大費，多藏必厚亡。知足不辱，知止不殆，可以長久。」（〈四十四章〉）他主張回歸樸實無華，知足常樂的人生本命。

　　他除了指出了感官欲求之弊病外，也診斷出常人心理的病端，所謂「心使氣曰強」（〈五十五章〉）、「強行者有志」（〈三十三章〉），人若疏離了自己內在本眞之德，純眞不染習氣的素樸本性，任憑偏執之心強行逐外物欲之志，與人相爭相忤，患得患失，得不償失，一切煩惱困苦源於自作自受。老子提出人生智慧的警語：「罪莫大於可欲，禍莫大於不知足，咎莫大於欲得，故知足之足，常足矣！」（〈四十六章〉）因此，老子引導迷失於成見與偏執，名韁利鎖和七情六欲的世俗之人，消解吾身大患的心靈藥方在「見素抱樸，少私寡欲」（〈十九章〉），實踐「去甚、去奢、去泰」的習心習氣，將生活軌跡轉轍到「虛其心，實其腹，弱其志，強其骨」（〈三章〉），虛心弱志，才是可以從執迷不悟的人爲造作的庸俗價值觀中超拔出來。同時，人應提升心境至人生最高的指導智慧，所謂「人法地、地法天、天法道、道法自然」（〈二十五章〉），不但認識道性自然，且深刻洞見道律動以「反者道之動」爲深層原理，世事乃正反互變，難易相成，禍福相依。所謂「禍兮福之所倚，福兮禍之所伏」（〈五十八章〉）。世人易見事情發展的正面而不見其反面，兩面俱見，唯變所適，才是全然的人生慧眼。換言之，對道之運行有整全觀照的人，才能兩面兼顧地認識到「曲則全，枉則直，窪則盈，敝則新，少則得，多則惑」的整全事理，不只是偏見於「剛」而無視於與之動態往來的「柔」。因此，老子告誡吾人處世之道，應該正反兼顧，特別是在一般人忽視的反面，柔弱面，應該妥善運用其「柔弱勝剛強」（〈三十六章〉）的反面力量，善於以弱爲用、順水操舟、借力使力，避開

易遭人打擊的強勢風頭，熟諳「柔弱者生之徒」（〈七十六章〉）的深層人生智慧。

　　在人與人的社群生活方面，老子提出「三寶」的生活智慧。他說：「吾有三寶，持而保之。一曰慈、二曰儉、三曰不敢爲天下先。」（〈六十七章〉）「三寶」是效法大道的涵容萬物，化育萬物的大慈大愛。「慈」德係基於柔弱勝剛強的原理，以大仁大愛來關懷、生養萬物，化敵爲友，是仁者、慈者無敵的大勇表現。「慈」德蘊涵「儉」德與「不敢爲天下先」的虛懷若谷，惠澤天下人的美德。因爲能慈於物，愛惜物力，成爲廣濟眾人，是不鋪張、浪費，而能物盡大眾之用的節儉美德。慈愛於人，才能化解與人爭強的好勝心，「不敢爲天下先」，猶「上善若水。水善利萬物而不爭，處眾人之所惡，故幾於道」（〈第八章〉）。上善亦即上德之人，像盈科後進的流水一般，身段柔弱，如水一般的滋養萬物，不和萬物爭長比短，低調地謙沖自牧，安於卑微的地位，可類比於有極大包容能量的「道」。由於水不與他物爭出頭，「是不敢爲天下先」的大德者，自然因有不爭之德而不與人結怨尤，樹敵招敵了。因此，老子認爲能以「道」爲做人處世的典範，對他人能施捨和成全比爭奪和占有更貼近道智和道化的人生幸福。

第三節　善行無轍跡，以百姓心為心的道化政治

　　《老子》全書有三分之二的篇幅聚焦在論述理想的人生和政治。蓋老子的時代已是周文疲弊、禮崩樂壞的衰世，人的真情與禮文形式，常呈現「情」不及「禮」或「情」過於「禮」，文與質表裡不一致的虛偽弊端。《老子·十八章》：「大道廢，有仁義；智慧（機巧詐騙之智）出，有大偽；六親不和，有孝慈；國家昏亂，有忠臣。」〈三十八章〉：「夫禮者，忠信之薄，而亂之首。」老子認為彼時救危治亂所提出的外在規範性的道德禮法，已至捨本逐末的地步了。老子提出的救本之法，在「絕聖棄智（非聖人聖明之聖，而是有虛名無實德的虛偽巧利之徒），民利百倍；絕（假）仁棄（假）義，民復孝慈；絕巧棄利，盜賊無有。此三者以為文不足，故令有所屬。見素抱樸，少私寡欲」（〈十九章〉）。為政者應效法大道化育萬物，無轍跡，無心機之為而能如天無私覆，容光必照的無不為。就治國理民而言，為政者應消解片面之知，偏執之為的局而不全，而應深層悟道行道，所謂「上德不德，是以有德；……上德無為而無以為」（〈三十八章〉）。

　　王弼在《老子指略》頗能洞見地說：「《老子》書，其幾乎可一言而蔽之。噫崇本而息末而已矣。……故閑邪在乎存誠，不在善察；息淫在乎去華，不在慈章，絕盜在乎去欲，不在嚴刑；止訟存乎不尚，不在善聽，故不攻其為也，使其無心於為也；不害其欲也，使其無心於欲也。謀之於未兆，為之於未始也。如斯而已矣！」，近人湯用彤在《魏晉玄學論稿》一書中也詮釋說：「故返本者，即以無為體。以無為體，則能以無為用（沖而用之），以無為用，則無窮而無不戴矣。」王弼以無為本，湯用彤所謂「以無為體，以無為用」，係指消解人封閉的意識形態下的成心、偏執、偏好、局而不全，隔而相離的不公不全的偏執之為。就老子的立場而言，人現實生命之痛苦，係被貪婪的各種欲望所綁架，或不自覺的自陷於過重的人文價值信仰之偏執，人性原始的純真、樸實，被人

不自覺地疏離、扭曲和異化。「無為」意指人應自覺的下「致虛寂，守靜篤」（〈十六章〉）的虛靜心功夫，亦即虛其心，弱化意欲之志，洗滌習心嗜欲，玄覽和效法無為而無不為的大道，涵容一切，化育一切。《老子・六十二章》所謂：「道者，萬物之奧，善人之寶，不善人之所保。」因為大道清靜自然，沒有意識作用不會做出分別心和具偏執心的行為，善人在妙契道真的心境中，亦可展現其樸實的純真生命。不善之人在大道的涵容下，也獲得不受侵害而保全性命。大道無限深奧，無方無隅，無所偏至地孕育萬物，使萬物適性適情，各遂其生，營造了機體性的整全之和諧與圓融一體。

如何效法如大道無差別、無偏執地對待萬物而無所不包容，無物不長、育、亭、毒、養、覆地治國理民，是老子關懷的道化之治。《老子・四十九章》說：「聖人無常心，以百姓心為心。……聖人在天下，歙歙為天下渾其心。」視如政治典範人格的聖人之治，為政者首先應消解以自我意識為中心的我執，能開放心懷，提升大公無私的心境，以百姓心為心，要能像大道般地無私無我執，才能「無為而無不為」地為全民的幸福來擬定施政方針。換言之，在心態上，聖人應把百姓之心與自己的心交融至渾然相同。《老子・四十九章》所謂：「善者吾善之，不善者吾亦善之，德善。」在人法道的道化政治上，為政者應在心態上抱持《老子》書所謂「常善救人，故無棄人；常善救物，故無棄物；是謂襲明」（〈二十七章〉），師法「天之道，損有餘而補不足，……為而不恃，功成而不處」（〈七十七章〉），約束自己不妄作不擾民。〈六十章〉云：「治大國，若烹小鮮。」清淨無為與民休養生息的太平政治，為政者治政如煎小魚般，勿時時翻動而煮爛了小魚。《老子・五十七章》謂：「法令滋彰，盜賊多有；……我好靜而民自正；……我無欲而民自樸。」蓋因「民之難治，以其上之有為，是以難治」（〈七十五章〉）。聖人有鑑於此，乃自我要求「為無為，事無事，味無味。大小多少，報怨以德。圖難於其易，為大於其細」（〈六十三章〉）。

當權者的嗜欲和無事生非，畫蛇添足般的「有為」，是政治惡的主要因素。當權者當因奢華糜爛的物欲橫生，而運用權力操控國家機器苛稅暴斂，濫用民力以供其揮霍無度，或因好大喜功而耗民力傷財力。因此，《老子・五十九

章》說：「治人，事天，莫若嗇。」「嗇」指應愛惜財力、物力和民力，以清淨無為、素樸之志自持。〈七十七章〉：「天之道，損有餘而補不足。……為而不恃，功成而不處。」〈三十七章〉：「道常無為，而無不為。侯王若能守之，萬物將自化。」尤其是當權者勿因好大喜功而急功好利導致苛政擾民。凡事之成由始而終，中有一循序漸進、積累而至的歷程，《老子・六十四章》說：「合抱之木，生於毫末；九層之臺，起於累土；千里之行，始於足下。為者（妄為者）敗之，執者（固執不悟者）失之。是以聖人無為故無敗，無執故無失」當權者應以虛靜心，靜觀和深切學習天道無為而無不為的玄德。〈五十一章〉所標舉的「道之尊，德之貴。……生而不有，為而不恃，長而不宰。是謂玄德」，此「三不」的玄德，旨在消解自我頑固的偏執的意識形態，不為己甚，而能走出貪功、多欲的我執與身外虛榮之名的執著。為政者應深層領悟道生德畜萬物於無形跡的因任自然，萬物才能以自足於內在天性，適性盡情的生長。「道」雖生養萬物，卻不據為己有而掌控之；「道」雖對萬物有造化之功，卻不自恃其能；「道」雖有成就萬物成熟生命之業績，卻不因此而宰制萬物，而能讓萬物自生自由自成而生機盎然，並育而不相害。無為之為、不治之治，為於無形、成於無跡，其中有真意和深意，令人有妙不可思議和難以言傳的深微玄理。這是老子清淨無為而又能無所不為的政治最高智慧。

　　總而言之，老子的道化政治，如〈十六章〉所言，旨在「知常（常道）曰明。不知常，妄作凶。知常容（涵容一切），容乃公（大公無私），公乃全（無偏執而面面俱到全局），全乃天（周全的天道），天乃道，道乃久（具普遍性、恆常性），沒身不殆（長治久安之善政）」。清淨無為的政治之核心價值，在因遵道尚德才能大公無私，以全民幸福為最高目的。〈四十九章〉說：「聖人無常心，以百姓心為心。善者吾善之，不善者吾亦善之，德善。」〈五十七章〉所謂：「我無為而民自化，我好靜而民自正，我無事而民自富，我無欲而民自樸。」全然尊重民意，充分引導、釋放民間一切正向能量，達到天下為公，社會和諧，民富國安的政治理想。

第二章　獨與天地精神相往來的莊子人生智慧

　　莊子生卒年不詳，大約是公元前三六九─二八六年間，《史記・老子韓非列傳》對他只有二百多字的略述，所謂：「莊子者，蒙人也，名周。周嘗爲蒙漆園吏，與梁惠王、齊宣王同時。其學無所不闚，然其本歸於老子之言。大抵率寓言也。作漁父、盜跖、胠篋，以詆訿孔子之徒，以明老子之術。」綜合學者們的相關研究，莊周（莊子）是河南省商邱縣二十五里小蒙城人，在莊子的生年，蒙地還是宋的版圖。當他去世後，宋國領土已被楚、魏、齊瓜分了。莊子生逢戰國時代，戰亂頻繁，在兵荒馬亂的動盪世代，生靈塗炭。《莊子・人間世》描述彼時的人民「福輕乎羽」而「禍重乎地」，《莊子・在宥》謂：「殊死者相枕也，刑戮者相望也。」莊子深知人活在生命之困頓與死亡的威脅中，若執意追求功名利祿，則很可能橫禍及身。他雖爲了生計，當過小吏，但是爲了明哲保身而退隱了。在政治黑暗的時代裡，他對政治前景大失所望，爲免禍保身而與政治保持一安全距離，避免被政治野心家利用而使自己捲入大時代的悲劇命運中。《莊子・人間世》有語重心長之言：「方今之時，僅免刑焉。」因此，他的人生哲學當下課題，是如何在變亂世中避禍免刑，不但不身受世俗之害，還企求自己的精神生活能超世絕塵，涵養全眞保性，享受逍遙自在的精神幸福，藝術審美的生活情調。

　　莊子才華四溢，想像力、思辨力和論述能力，堪稱曠世大奇才。他的情感豐富浪漫，人格特徵多樣且豐富，令人猜不透、摸不著。他的文筆詭奇、雋永，理趣無窮，猶如國學大師錢穆所言：「莊周他那一巵水，幾千年來人喝著，太淡了，又像太冽了，總解不了渴。反而學得這一巵水，千變萬化的，好像有種種的怪味。儘喝著會愈愛喝，但仍解不了人的渴。」

　　司馬遷把老、莊、申、韓同列一傳，不免有誤解，因爲司馬遷把莊子塑造成是老學權威的轉折轉化者，誤認莊子「詆訿孔子之徒，以明老子之術」，誤判他「剽剝儒墨」。莊子是性情中人，較契合孔子所說「文質彬彬」的「質樸」本性。莊子虛靜心的修養多透過寓言故事，以孔子、顏回爲主角，透過他們的對話表述出來。例如：莊子在〈人間世〉言「心齋」，在〈大宗師〉論「坐忘」，司馬遷舉〈漁父〉、〈盜跖〉、〈胠篋〉三篇爲《莊子》代表，但是這三篇思想缺

乏深度，不但蘇東坡貶低其價值，王船山也不屑爲之作注。司馬遷很可能未讀過《內篇》。就一般研究《莊子》書的學者而言，最足以代表莊子思想精華者，首推《內篇》的七篇文本，其次爲《外篇》的〈天地〉、〈知北遊〉、〈秋水〉以及《雜篇》的〈庚桑楚〉、〈寓言〉和〈天下〉等篇。

　　至於莊子所使用的語言表述方式，《莊子・天下》說：「以天下爲沉濁，不可與莊語，以卮言爲曼衍，以重言爲眞，以寓言爲廣。」他有鑑於當時天下陷於無道的迷惑亂世，很難採用嚴正莊重的說辭來清楚解明論旨。因此，他採用溢於言表的卮言（如酒器塡滿而溢），引用名人的重言，來強調其重要性和可靠性，運用類比的喻義、隱義來啟發、闡明深層理論。司馬遷評莊子說：「其學無所不窺，然其要本歸於老子之言。故其著書十餘萬言，大抵皆寓言也。」《莊子・寓言》詮釋其意涵說：「寓言十九，藉外論之。」即不直接陳述，卻借著一些虛構的人物和故事來立論。又說「重言十七，所以已言也，是爲耆艾」，莊子在寫作策略中，常借重見識廣且受人尊敬的長者來助論。但是其書中所引用堯、舜、孔子、老子等人故事，雖爲歷史上的著名人物，其引用之言卻無從考證，所以其「重言」也可視爲寓言。〈寓言〉又說：「卮言日出，和以天倪，因以曼衍，所以窮年。」以「道」爲宗、以「德」爲本的引申性卮言，不離「寓言」和「重言」的本事，旨在闡釋寓意之深遠，莊書所採的三種表述方式，可謂三者相涵以論述其學說要旨。

第一節　莊子對老子的繼承與發展

　　司馬遷總評莊子思想之要旨歸本於老子，兩人哲學的核心觀念，皆以
「道」為統攝宇宙與人生的根源性原理和人生意義及價值的終極性指導原則。但
是，相較之下，老子哲學較側重「道」的本體論、萬物生成論，以及為政者如何
效法道「生而不有、為而不恃、長而不宰」無為而無不為的玄德，亦即以治國理
民之最高政治智慧為尚。莊子將老子的「道」落實在人間，人性內在的本真之
性，以法天貴真的人生哲學及逍遙自在，神遊於天地的審美情趣為尚。對臺灣哲
學界影響甚深的牟宗三說：

> 老子與莊子，在義理骨幹上，是屬於同一系統。此是客觀地言之。若主
> 觀地言之，則有不同之風貌。此不同可由以下三端而論：一、義理繫屬
> 於人而言之，這兩者之風格有異；老子比較沉潛而堅實，莊子則比較顯
> 豁而透脫。二、表達方式有異；老子採分解的講法，莊子採描述的講
> 法。三、義理之形態（不是內容）有異；老子之道有客觀性、實體性、
> 實現性，至少有此姿態。而莊子則對此三性一起消化而泯之，純為主觀
> 之境界。故老子之道為「實有形態」，或至少具備「實有形態」之姿
> 態，而莊子則為「境界形態」。[1]

　　牟宗三這一哲學洞見極為深刻。老子曾任周室史官，柱下吏，又是一位天
文學家。因此，老子基於深邃的天文學知識，有其客觀的學術理性涵義，對形
上玄理有真積力久的沉潛之功力，被尊稱為中國哲學史上第一位有原創性的形上
學家。同時，他在究天人之際外，也通古今歷史、政治之流變，汲取了常人所
不易獲致的政治常理常道和清淨無為，妙運政治方術的智慧。相較之下，莊子只

---

[1]　牟宗三《才性與玄理》，臺北：臺灣學生書局，1997年，頁172-177。

短暫地作過漆園小吏，歷盡人間世中人情的冷暖和運命無常的滄桑。他為人性真情實，情感豐富而深厚，在尚智兼鍾情的二重生命調性下，他以「道」觀物，解析人生的複雜事態，成就出能入於方內、方外之高士，且能發揮其美感的心靈，以脫塵超俗的心境玄賞天地無限奧妙美感之人生美趣，活出玄對天地山水的意境美。

當代主張中國哲學乃立基於機體論的大哲學家方東美，對比老、莊說：

> 老子哲學系統中之種種疑難困惑，至莊子一掃而空。莊子誠不愧是老子此位道家前輩之精神後裔，能將道之空靈超化活動歷程推至「重玄」（玄之又玄）而在整個逆推序列之中，卻並不以「無」為究極之始點；同時肯定存有界之一切存在，可以無限地重複往返，順逆雙應，形成一串雙迴向式之無窮系列。[2]

莊子把「道之空靈」超化於有限時間歷程，推至不可知的無始之始。他在萬物生成論上，以作為宇宙元素的「氣」為道化萬物的載體。在其氣化宇宙觀中，氣在「道」的引導下，氣聚則生化萬物，散則消解形體而復歸於虛無，天道若圓，終而復始，生生相續，生成變化不已，形成一串雙迴向式之無窮系列。這是萬物皆有機存在、聯繫、相輔相成、旁通統貫、和諧共生的機體論特色。

《莊子》一書，《漢書‧藝文志》記錄有五十二篇：《內篇》七篇、《外篇》二十八篇、《雜篇》十四篇、〈解說〉三篇。然而，該書與其他諸家的本子皆已失傳。現在的傳世本是向秀、郭象所傳的本子，其中《內篇》七篇、《外篇》十五篇、《雜篇》十一篇，共三十三篇。

綜合一般學者所論，《莊子》一書非一人一時之作，《內篇》七篇各有該篇主題大意的篇名，觀其用字遣辭及其表述的風格相連相類，雖說理較隱誨含蓄，在理脈上卻有連貫性，當為同一人之手筆，學者多認定出於莊子本人思想。《外

---

[2] 方東美《中國哲學精神及其發展（上）》，孫智燊譯，臺北：黎明文化，2005年，頁252。

篇》、《雜篇》可視爲莊子門人和後世學者對《內篇》的理解、詮釋和開展，內容摻有黃老之學的色彩。《外篇》當指莊學之外，《雜篇》係莊學之「雜」（指雜引泛記之意），內容頗多精彩可觀處，但是在文脈上又顯段落各自獨立，段與段儘管不相連屬，卻各有妙理。

我們可將《莊子》全書視爲莊子哲學的集體創作所成的莊子學派，並對老子哲學有所繼承與發展，若以莊子其人之哲學而言，我們可以《內篇》七篇爲主軸，而以《外篇》、《雜篇》兩篇來延伸性地詮釋莊子。清代佚名的藏雲山房主人留下了一段《藏雲山房老莊偶談錄》，所謂：「《內》七篇次第井然，〈逍遙遊〉繼《道德經》首章而作，從坎離還返，說到至人、神人、聖人爲極則，此七篇之總冒。故以爲首。〈應帝王〉從有虞氏之治外，說到治內，從治內說到盡道之量，是應首篇之至人無己。」且頗有創見地說：

> 神人無功、聖人無名，爲是否得此七篇之總結，故以爲尾。〈齊物論〉、〈養生主〉、〈德充符〉、〈大宗師〉，以知、行、道、德，分布爲四體。〈人間世〉恰在此七篇之中心，以爲樞機。首尾一氣貫注，四體血脈通連，中心運化周身，分之則七篇各爲一篇，合之則七篇共成一篇。於千回萬轉之中，得圓規方距之妙，非以至道爲至文，其何能之？[3]

藏雲山房主人觀察細緻而入微，不但覺察出莊書首篇的〈逍遙遊〉乃係繼〈道德經〉首篇而作，且指出《內》七篇之論題，首尾相呼應，篇篇「次第井然」。他從篇目的題旨上指出其間在理脈上是相互連接的，且強調具有其學術性的參考價值。然而就哲學的整套體系之套路而言，筆者認爲能做爲知識論、價值論之根源性理論基礎的形上學，亦即本體論和萬物生成論，才能融貫七篇，甚至

---

[3] 見臺灣已故學者嚴靈峰編《無求備齋・莊子集成初編》，卷十五，〈南華大義解懸參注〉，嚴靈峰認爲此作者是明代人，中國學者熊鐵基等著中國莊學史，認爲是清代人，見湖南：長沙人民出版社，2003年，頁574。

總括莊子全書者，在《內篇》當以從「道」觀物的〈齊物論〉較為妥適。因此，本章在前言後，先論及莊子的形上學及齊物論，然後再依原篇目逐一論述莊子的哲學與人生，最後以莊子審美的生命情調為歸結。在論述的策略上以《內》七篇具哲學性問題者為主軸，採全書之整全視域，以莊釋莊和汲取當代哲學的資源為方法。

第二節　莊子的形上學

　　哲學研究的問題可謂經緯萬端，大體而言，形上學、思維方法或認識論及價值哲學爲其三大領域。大凡有豐富而精緻的民族文化，皆蘊含著這三大哲學思想，只是民族獨特的心靈、哲學問題意識、人生價值取向，採取的哲學研究進路和表述形態，在中國哲學方面容與西方哲學有別，陳鼓應曾指出：「中國哲學的概念、範疇以及哲學體系的建立，始於老子，而博大精深於莊子。」[4]熊十力在《論中國文化與中國哲學》一書中說：「中國人確不曾以解剖術刀劈裂宇宙，……惟務體察於宇宙之渾全，合神形、徹始終、通全分、含內外、遣彼是，上達於圓融無得之境。」這一表述，深刻地說明了莊子機體主義的氣化宇宙觀，其中的形上學與人生價值論是圓融無礙，不可分割的整體性。

　　莊子的形上學以「道」、「氣」、「萬物」、「理」、「德」、「性」爲核心概念。首先，作爲其形上根源的「道」乃繼承老子的萬物根源義。〈大宗師〉有言：「夫道，有情有信，無爲無形；可傳而不可受，可得而不可見；自本自根，未有天地，自古以固存。」道體具無限的形上屬性之實有，雖無形質性及無形跡可尋，人卻可以心齋、坐忘的虛靜工夫在生活中進行蕩相遣執的實存性體驗。統攝萬物總根源的道體且有不受時空及萬物的局限性條件所制約，不但具超越性，而且「道」無所不在地內在於萬物，透過氣化萬殊而內在於萬物成爲萬物所以然的理據及本性。〈至樂〉說：「雜乎芒芴之間，變而有氣，氣變而有形，形變而有生，今又變而之死，是相與爲春秋冬夏四時行也。」〈則陽〉說：「是爲天地者，形之大者也；陰陽者，氣之大者也；道爲之公。」陰陽兩氣是氣兩大性質範疇，交感而生成天地與萬物。天地、陰陽及自然界中的萬物皆根源於「道」。唐代的成玄英疏曰：「天覆地載，陰陽生育，故形氣之中最大者也。天道能通萬物，亨毒蒼生，施化無私，故謂之公。」[5]

---

[4]　陳鼓應《道家哲學主幹說》，北京：中華書局，2023年，頁11。
[5]　清代郭慶藩《莊子某釋下》，臺北：萬卷樓圖書公司，1993年，頁713。

　　「氣」是萬物在生成變化的歷程中，塑造成物形的有機之宇宙元素，具有生命的能量、運作規律。萬物生於氣之聚，死於氣衰之散，氣散後又能復聚，萬物的生成變化及生死繫於一氣之運行和凝聚變化，可稱爲氣化的宇宙論。《莊子》三十三篇，有四十六篇言及「氣」以「氣」的概念架構[6]論及自然界萬物的生成、人的血氣與心氣以及「唯道集虛」的心齋、坐忘以同於大通（道）的妙契道眞工夫。綜合言之，道、氣、理、物四者建構出莊子不可分割的機體宇宙論。就「道」、「氣」關係而言，「氣」是「道」的載體，「道」是氣的引導者，規範者。「道」內在於「氣」，賦予氣的形式結構、條理、秩序運行的功能規律與目的，莊子還原創性地提出「理」、「性」、「德」來論述萬物與人內在性的天性或本質。在「道」率「氣」所凝聚流變的萬物生成中，散殊成萬物與人之「德」（本性）或本眞之性的分殊化和多樣性的所以然之理。《莊子》全書言及「理」處有三十五次之多，涉及天地萬物存在及其活動的整體規律，以及個物存在的所以然之理。「理」意指萬物內在的天性、有得於「道」的稟性，與「德」爲同位語，皆指殊別萬物所稟受於「道」的本眞之特質特性。莊子的形上涵義之「理」具形上學、萬物生成論的深刻多層涵義，對中國哲學發展史有深遠的影響力。

　　在氣化萬殊（殊別性的萬物）的流變及形塑萬物的論述中，「道」具有比「氣」更爲根源性的地位。「氣」充塞、流行於天地之間，具有爲「道」生發萬物，且使萬物復歸於道的介質和環結作用。因此，「道」存在有的位階上乃優位於「氣」、「天地」和萬物。在萬物生成論上，「道」內在於萬物而成爲萬物存在與活的理據。「道」爲形上的實有（real being）具有無限性、普遍性、永恆性，「物」屬形而下的器物，受時空的限定，有相對性，可朽可壞，不具永恆性、絕對性。陰陽是一氣流行變化中所彰顯的兩大不同性質，卻密切相聯，相互往來交感，具一氣流行的動態對比相。莊子立基於機體的氣化論上，〈知北遊〉說：「人之生，氣之聚也，聚則爲生，散則爲死。若死生爲徒，吾又何患？故萬

---

[6]　《內篇》有十四處，《外篇》有二十三處，《雜篇》有九處。

物一也，是其所美者為神奇，其所惡者為臭腐；臭腐復化為神奇，神奇復化為臭腐，故曰『通天下一氣耳』，聖人貴一。」所謂：「萬物一也」、「天下一氣」、「聖人貴一」皆指人與萬物皆由陰陽交感合和成渾然一淳和之氣的產品。人與天地萬物同根同質同構，係休戚相關，利害與共的有機之共生體，整全的一體化大生命。做為形構萬物的有機原質、元素的「氣」是道與天地人物的中介，道與理和人之精神意識的載體。人生命中的靈氣更是與宇宙自然之氣相貫通而息息相關，這是莊子「通天地一氣」、「道通為一」、「復通為一」的形上學與價值論之根本原理。

第三節 〈齊物論〉寓言中的哲理

　　莊子身處於戰國中期，那是是非不明、公理不清的亂世。在人心險惡，世路難行之際，爲了保身全性，莊子無法用莊嚴的語氣來正面闡發其哲理，乃寄言出意，引用著名人物的重言來爲可靠性背書，運用寓言來喻示宇宙與人生的哲理。他在法天貴真的哲學立基點上，論題豐富，內容生動精彩，卻以合乎老子的尊道貴德，以及他所說的「照之以天光」、「莫若以明」的「和之以天倪」之玄理。天倪爲《莊子》的《內》七篇凝聚全書核心要旨與精神，將形上的「道」落實於生活世界的安身立命之理。〈齊物論〉與〈人間世〉篇幅最大，〈逍遙遊〉和〈齊物論〉最能發揮他不離〈人間世〉的人生智慧，道化的生命哲學。

　　莊子表述其哲學的套路，不是如學院派般把哲學問題抽離了當下即是的人生課題，把哲學問題對象化、客觀化，以思辨理性進行純理的概念涵義分析，論證推理式的證成，最後進行系統化的理論建構。莊子有如存在主義式地把哲學問題、生活化、情境化而將自己的生命融入其中，在實存性的體驗中，自我探索，切己思考你、我共同參與其中的人生課題。他藉由一則一則有脈絡情境，心靈與心靈深刻交談的方式，創作出趣味盎然、引發人深思之寓言，牽引讀者互通其情，共暢其理。

一、圓通無礙的機體論

　　〈齊物論〉在篇名的題意上有兩種理解法。其一爲「齊・物論」，所謂「物論」意指在戰國時期的子學時代，諸子百家各自立論，以己之所是是天下之所是，以己之所非非天下之所非，是非判準因人因學派而異，莫衷一是，造成思想混亂，是非不清，黑白不明。莊子企圖打破各家自立門戶自築高牆的一家之

言。他採取了「道通爲一」的形上學高度，打開各家心結而能以開放的心靈相互尊重、理解與包容，亦即在互爲主體際性下促進相互肯認和互補的心胸、氣量。其二爲「齊物・論」，係採存有學的立場，在「通天下一氣耳」及「道通爲一」的視域下，如〈秋水〉所說：「以道觀之，物無貴賤。」蓋氣化萬殊，千枝百葉同根生，在機體論的立場上，萬物之不齊乃是道乘氣化生萬物在品相上有多樣性、差異性，但從萬物所從出的根源處而言，稟受了道無限的屬性，異中亦有同。〈齊物論〉所謂：「天地一指也，萬物一馬也。」〈寓言〉說：「萬物皆種也，以不同形相禪（替代轉化），始卒若環，莫得其倫（先後次序）是謂天鈞，天鈞，天倪也。」「天鈞」是從宇宙大化的整體運行而言。「天倪」是從氣化流行所導致的萬物流變之殊別性的形貌而言，質言之，「天鈞」與「天倪」是機體之整體與其所屬部分之不可分割的關係而言。「萬物皆種」的「種」非指在生物上同類相生的物種，而是指一物向另一物有機地轉化，相互替代，相生相續的歷程。就氣化流行，聚散循環所形成的機體鏈而言，萬物各自以「種」的不同形體在生成變化中轉成其他有機物，猶如一莫得先後之序的「環」。莊子以當時的陶輪或陶鈞爲喻稱爲天鈞。換言之，「天鈞」或「天倪」是相聯的有機體，係一與多的關係，和諧圓融，因此，就莊子機體論的形上學而言，〈齊物論〉的兩種讀法皆可圓通無礙，同理相詮。

二、莫若以明，得其環中的「道樞」

儒家或墨家在是、非的觀點上爭論不休，這是肇因於人類常以矛盾律的二分法各偏執己見，相互否定和排斥。但是從動態的辯證歷程來看「彼與此」、「生與死」、「可與不可」、「是與非」是相互蘊含的。從同一事物不同的介面，或時間變化前後不同的時間點觀之，兩方的立論是相依存、相互轉換的，並非如矛盾律所切割的只允許兩方中的一方爲眞，另一方爲僞。從辯證法來理

解，兩者間不是斷裂的，而係「因是因非，因非因是。是以聖人不由，而照之於天。……彼亦一是非，此亦一是非。……彼是莫得其偶，謂之道樞。樞始得其環中，以應無窮。是亦一無窮，非亦一無窮也，故曰莫若以明。」（〈齊物論〉）在莊子的時代，儒家和墨家都是受人注目的顯學，學術立場不同且尖銳對立。例如，儒家主張厚葬之禮以示對死者的哀榮與對生前的深情追思。墨家卻提出經濟性、現實性的理由，主張以節葬為儒家的敵論，兩方水火不容，造成了矛盾對立和互相排斥的不和諧之衝突。儒、墨若一味偏執在各自的立場上，而不以換位立場，如實地了解對方，當然只見到彼此不相容的差異和分別，若能從辯證的超越統合立場觀之，則兩方的立場是可以相互轉換而形成可互補性的，超越偏執之整全性觀點。莊子引導人採取形而上的整全性之「道」的兼容折中高度，才能有調解，折中、形成周全的智慧，消解儒、墨之爭。因此統攝萬物差別相、對立相的周遍性之「道」有如旋轉門上的旋轉桿，亦即莊子所說的「道樞」、「環中」的高度智慧。換言之，能解決矛盾衝突的大智如「道」者，永持開放的心靈，以圓通周全的視域出入兩方的介面，從時間的脈絡理解同一事物發展的前因後果，才能像陶鈞般的旋轉自如，因應無執礙。就機體論的形上原理觀之，萬物皆出入於「道」，那有矛盾律所切割的水火不容的分別呢？

〈齊物論〉說：「故為是舉莛（小草名）與楹（建築用的棟梁），厲（病癩的人）與西施（世俗人所肯定的美女），恢恑憰怪（異物誌所記載的稀奇古性之事），道通為一。」由大道化育萬物，涵蘊著千差萬別的多樣性事物而言，每一事物都有其存在的所以然之理和自性的內在價值，舉凡以人類學為中心的人為性之有用無用、是非、善惡、美麗、大小……等判準都是對整體存有的扭曲、貼標織和異化的作為，造成人間的對立、衝突、仇恨以及舉世的動盪不安、不和諧。〈德充符〉說：「自其異者視之，肝膽楚越也；自其同者觀之，萬物皆一也。」因此，〈齊物論〉有言：「狙公賦芧曰：『朝三而暮四。』眾狙皆怒。曰：『然則朝四而暮三。』眾狙皆悅。名實未虧而喜怒為用，亦因是也。是以聖人和之以是非而休乎天鈞，是之謂兩行。」養猴主人餵猴子橡子，先說早上給三升，晚上給四升，猴子不滿意而生氣。主人改口說早上給四升，晚上給三升。猴子卻都高

興，名與實未變，但是猴群有見其異而未知其同。悟道的聖人以「道」齊同現象界的千差萬別，因此以「道」的高度和之以是非，因循自然進行的機體平衡的根本法則。因此，莊子不願意捲入儒、墨是非之爭，超越是非，利害、榮辱、得失的算計、對立與對抗。在「道通爲一」、「通天下一氣耳」的終極性形上原理下，順任氣化流行的歷程，「道」對萬物旁通統貫的統攝性調和，「休乎天鈞」、「和之以天倪」。莊子立基於道「未始有封」的至高境界上，消解人爲的差別辨識，對立的紛爭不安狀態，回歸至萬物根源性的本眞狀態。那就是人與天地萬物在心境上交融互攝，所謂「天地與我並生，萬物與我爲一」的圓融和諧之互蘊、互容的一體共存境界。

三、三籟說與「吾喪我」的復返天眞之工夫歷程

莊子設一寓言，假借南郭老師子綦之口說：「夫大塊噫氣，其名爲風。是惟無作，作則萬竅怒呺。……前者唱于，而隨者唱喁，冷風則小和，飄風則大和，厲風濟則眾竅爲虛。……」子游曰：「地籟則眾竅是已，人籟則比竹是已。敢問天籟。」子綦曰：「夫吹萬不同，而使其自己也，咸其自取，怒者其誰邪！」子游向南郭老師請教「三籟」的涵義。南郭老師回答說：大地大口吹出來的氣流稱爲「風」，大風不鳴則已，一旦發威，則承載於大地上的無數千萬孔竅都紛紛發出怒吼聲。其間的千差萬別聲音有的如激流聲，有的如飛箭聲，有的如呵叱聲，有的如呼吸聲、叫喊聲、哭嚎聲、狗吠聲、鳥叫聲，無法一一窮盡。彼此間還隨聲相應和，前面發出「于于」聲，隨後的孔竅則發出「喁喁」聲來應和；若是小風，則應和的聲亦小，吹大風，則應和聲也隨之而大。當大地吹的大風一停，刹那間，眾孔竅隨即沉寂，草木意猶未盡地搖擺動著，子游若有所悟地說：「地籟」是風吹眾竅之聲，「人籟」是人吹竹簫之聲，那麼「天籟」呢？南郭老師回答說：「天籟」意指風吹千差萬別的孔竅而發出不同之聲，但是導致眾孔竅發出

各有獨特聲響者，乃由孔竅自身形狀所致，發功者會是誰呢？

這一寓言旨要可與老子「人法地、地法天、天法道、道法自然」之蘊義相呼應，也是「天鈞者，天倪也」的一範例之解說。天鈞為本體，天倪是有機的天鈞，即體發用為萬物，亦即其端倪。「三籟」中的「人籟」係人吹人工製作之管籥所發出的因人而異之樂音，喻示儒、墨等人各吹各的調，表達不同的是非觀。「地籟」譬喻無形的風吹過孔竅所發出各異其趣的多樣化之自然聲音。「天籟」指其自身無形無聲，其帶出的作用，使眾孔竅依各自殊別性的形貌，呈現出極具差異性的聲音。莊子將「風」類比為形上的「道」。「道」不但是人文世界（人籟）與大自然（地籟）的根源，且其發用於人與自然時是「無為而無不為的」《老子‧十章》解說「道」作用於萬物的方式是「生而不有，為而不恃，長而不宰」的。換言之，「道」對萬物不做外在侵入式的規範，而是「輔萬物之自然而不敢為」，順著萬物有如順水操舟般地「自取」、「使其自己」，在各個存有者自我實現的同時又水到渠成地呈現圓融無礙之大和諧。

「吾喪我」的「吾」是由人籟、地籟調適上遂於「天籟」與妙契道真、與大道冥合為一體的博大真人。「真人」，是本真性的「真我」，莊子稱為「真君」、「真宰」。「吾」對莊子而言乃「唯道集虛」返本究源，在體道的心靈境界中，自發性地開顯的「葆光」、「靈府」、「靈臺」。「我」是在世俗化的過程中，與「道」漸行漸遠的異化之我，「我」所以與「道」疏離、異化，喪失本真的自我，歸因於「嗜欲深者天機淺」的對身外之物的「嗜欲」諸如七情六欲，政治權力的掌控欲、社會性的虛崇心、權貴地位以及〈齊物論〉所說在俗議中由偏聽、偏見、偏言、偏行中所形塑的凡俗人格。「吾喪我」之「喪」是動態的蕩相遣執、自我洗滌習心、習見、習氣的習氣我。在莊子所謂「心齋」、「坐忘」、離形去智的工夫歷程中，能自我逐步靈修、提升至「形如槁木，心如死灰」的不動心不起執念的「虛室生白」心境中，澈底的超塵脫俗，轉俗成真「同於大通（道）」，這是〈齊物論〉論述脈絡下「吾喪我」的真諦。

四、莊周夢蝶寓言中的夢與覺之哲理

〈齊物論〉有言：「昔者莊周夢爲蝴蝶，栩栩然蝴蝶也，自喻適志與！不知周也。俄然覺，則蘧蘧然周也。不知周之夢爲蝴蝶與，蝴蝶之夢爲周與？周與蝴蝶，則必有分矣。此之謂物化。」

〈齊物論〉以這一寓言爲整篇結尾，莊周夢見自己變成一隻翩然飛舞，自適其意的蝴蝶，渾然未意識到莊周的存在。等他覺醒後，覺知自己就是莊周，但是無法自知，自己究竟是莊周夢蝴蝶？也可能是蝴蝶夢莊周了？兩者必定有分別，這就稱爲形象的變幻，謂爲「物化」，〈知北遊〉對任何生命體的形象變化無常，亦即「物化」有一段萬物生成變化的立論，所謂：「人之生，氣之聚也；聚者爲生，散者爲死。……故萬物一也，是其所美者爲神奇，……臭腐復化爲神奇，神奇復化爲臭腐。故曰：『通天下一氣耳。』聖人故貴一。」「道」在「氣」中，「氣」爲「道」的載體，形塑萬物生成變化之資具。「氣」在宇宙大化無時或已的歷程中，聚散反覆不停，不同的物種猶身處於天地的大鍋爐中，不由自主地隨一氣流行的造化而由此物轉化爲彼物，方生方死，方死方生，索其究竟乃一氣之流、聚散……變化出層出不窮的現象界之多樣性物種耳。因此，莊周與蝴蝶在感覺知識，概念界說切割下，在時間相上，固然有區別，但是從「道通爲一」、「通天下一氣耳」的宇宙生成論觀之，皆是有機整體內部生命形象的流通轉化緣故。「天鈞，天倪也。」換言之，「氣」在流變通行的變化日新中，只是「天倪」式地的妙合天鈞自然的奧妙之理，「萬物皆種也，以不同形相禪，始率若環，莫得其倫，是謂天鈞（陶輪）。」〈齊物論〉謂：「其分也，成也；其成也，毀也。凡物無成與毀，復通爲一。惟達者知通爲一。」若我們執意要分辨；進而論辯，則孰是孰非終難找到終極性的判準。因爲一切是有待於氣化流行，變化無常的表象來評定，若硬要分要辯，則莫衷一是，紛爭無窮。不如「和之以天倪」來平息人有限的經驗之知和偏執性的辯論。莊子提出「聖人故貴

一」。〈大宗師〉說：「彼，遊方之外者也；……彼方且與造物者爲人，而遊乎天地之一氣。」

　　不論是莊周夢蝴蝶，還是蝴蝶夢莊周，問題重點在超越知識論二值邏輯所造成對立分化之矛盾律，吾人應提升心靈至存有學的高度，從生命大化流行的曠達視域，體證「萬物一也」的機體宇宙論觀點，安時處順地安化、安命，隨緣自在，自在隨緣。莊子說：「無物不然，無物不可。」「心」納百物，兼容萬物，「與天地並生，與萬物爲一。」遊心逍遙於與「道」相契同遊的天地境界中。

第四節　〈逍遙遊〉的宇宙與人生（一）

　　希臘哲學家亞里斯多德學派，史書稱之為逍遙派，意指放鬆身心在優游自在的散步心態中思考哲學問題。在多義類比下，莊子〈逍遙遊〉的「逍」指消解因偏執而窄化的心靈，是一種自我鬆綁的工夫，「遙」指與世俗的塵囂保持一種隔開的距離而不被盲從的牽引。「逍遙遊」引申為與世無爭，與人無忤逆，無所對立分化的一種悠遊自得的快意人生，享受精神自由，神遊地品賞萬物多彩多姿的無限生命情趣。我們可先以莊子文中「小年不及大年」來解說「小知不及大知」之辨。此寓言係針對蟬與小鳥不知大鵬鳥，展翅高飛、鵬程萬里的願景而訕笑。該寓言起源於莊子所說：「北冥有魚，其名曰鯤。鯤之大，不知其幾千里也。化而為鳥，其名為鵬。鵬之背，不知其幾千里也；怒而飛，其翼若垂天之雲。是鳥也，海運則將徒於南冥。南冥者，天池也。」「鯤化為鵬」是《莊子》全書第一則寓言，是莊子哲學與人生的核心價值，啟示小不如大，蓋人生的視域及志向應自我鼓勵，在層層提升轉化的歷程上應有恢宏精進的人生境界。「鯤」是小魚，莊子卻放大為幾千里，喻示人應突破自我封閉的人生狹小格局。小魚的自我格局之突破，應在幽深的北海中不苟且偷安，要放大高遠的大志和目標，以日日深積厚養的自我磨練工夫，先由小而大的培養生命正向的能量，再藉量化而提升境界的優質化，莊子先由量化的「鯤」再質變為「鵬」，一飛衝天，鵬程萬里。此際，由量變而質變的大鵬鳥，其視域和生命內涵的豐富性、精彩度，則遠非仍處在海平面底部的小魚之見識所能倫比。

　　莊子寓言中所喻示的大鵬鳥象徵人由狹窄的形器世界，提升轉化為妙契道真，與道同遊的深廣之精神世界。「鯤化為鵬」喻示了至人、神人以豁達胸懷走出後天的心知造作，嗜欲的迷惑，以「道」齊物，逍遙而遊。鯤由量變而質變非一步登天，不但應大其心立高瞻遠矚之志，更需一步一腳印，一棒一條痕的積累工夫。莊子說：「且夫水之積也不厚，則其負大舟也無力。……風之積也不厚，則其負大翼也無力。」大鵬鳥若要能飛上九萬里之高空，則有待借助於在雙

翼下，風力積聚的深厚，如此，才能背負青天而不往下墜落，才足以一路順風飛往南海。小眉小眼小心量的蜩和小鳩無知於大鵬之志，且譏笑說：「我決起而飛，槍榆枋而止，時則不至而控（飛回）於地而已矣，奚以之九萬里而南為？」猶如《老子‧四十一章》所言：「上士聞道，勤而行之；中士聞道，若存若亡；下士聞道，大笑之，不笑不足以為道。」莊子所謂小知不如大知，意指狹窄庸俗的眼界和人生價值觀，在格調和幸福程度上不如高世之人較壯闊精彩的人生價值觀。

　　然而，由鯤化鵬，由小知而大知，深積厚養的工夫涵養歷程是必要的。猶如一星期的遠行需儲備夠一星期的消費能量，三個月的行程，需三個月的消費能量儲備。同理類推，莊子在〈逍遙遊〉文本中藉四種人格之層層遞升，喻示由鯤化鵬，由小知而大知的工夫歷程，在質量互變中，拾階而上的立體價值觀，生命情調的品味，也藉此設論來解決由「小知」到「大知」的差異境界。他所描述的第一種人格典型是：「故夫知效一官，行比一鄉，德合一君而徵一國者，其自視者也亦若此矣！」在講求實用的社會中，有些人具備社會所需的偏才之智，在利益交換中獲致與其相符應的官職和待遇，他們的才能足以管理一鄉里，官品迎合君王所需而得到信任，他們在人生的自得其意，宛如小格局的蜩與小鳩。第二種類型的人是宋榮子以自視甚高的自我期許，不屑於第一種人的人生品味，因為他們仍是受制約於禮法制度的方內之人，為五斗米折腰，汲汲營求世俗性的外在功名利祿之成就。宋榮子看破紅塵滾滾的身外之物，全然不在乎世俗的功名利祿與加之於己身的榮辱。他雖然超脫外在功名利祿的誘惑與隨之而來的世俗禮法之牽絆，而能自足於發自內在性命之情的一己之價值觀和所自決的人生方向，但是他仍有人與我，超世與入世，方內之士與方外之士的對立分化之別，未能臻於逍遙自在之樂。第三種人格類型：列子比「舉世而譽之而不加勸，舉世而非之而不加沮」的宋榮子有更高明的人生境界。莊子說：「夫列子御風而行，泠然善也，旬有五日而後反。……此雖免乎行，猶有所待者也。」列子的「御風而行」，已至超塵脫俗於尊卑貴賤的計較，吉凶禍福的患得患失。世俗性的價值觀已不再能羈絆他。他的順風而行，妙契萬物，實已是天地一逸氣。但是列子仍有待於可乘

的「順風」，且遊乎方外之世的十五天之後，仍持回返方內之世，意味著他未能通透的與大道冥合爲一體，不免仍有些許的遺憾。第四種類型是無我執的至人，不貪執功業的神人，不執意於獲得社會榮顯之名的聖人。這三位典範性人格，莊子描述其形象爲：「若夫乘天地之正，而御六氣之辯，以遊無窮者，彼且惡乎待哉！故曰，至人無已，神人無功，聖人無名。」文中使用三個「無」字意指澈底消解了「我執」與眷念身外之物的「物執」，神人雖有功業於世，卻如《老子・二章》「功成而弗居」的不邀功。「聖人」雖名滿天下，卻不執念於光鮮亮麗的榮華虛名，擺脫盛名之累，臻至老子所言「生而不有，爲而不恃，長而不宰」的與道冥合之玄德。此三種人格典範皆屬於〈大宗師〉所說的「真人」。莊子〈知北遊〉說：「精神生於道。」他們都把內在於生命中的道，通透地體現出來，淋漓盡致地獨與天地精神相往來，能貼合大自然的變化，順化、安化、安命。相較於列子的有待逍遙，他們出神入化地進入天機自張，「以遊無窮者」的適性逍遙。〈天道〉有言：「言以虛靜推於天地，通於萬物，此之謂天樂。天樂者，聖人之心，以當天下也。」聖人蕩相遣執，以一念不執的清淨心、虛靜心，與道偕行，無憂無慮地與道同遊，逍遙之樂乃精神性的天樂，人生的至樂，莫過於此。

第五節　〈逍遙遊〉的宇宙與人生（二）：
無用之用，是爲大用的新價值觀

　　莊子在文末藉兩則寓言來論述「有用」、「無用」以及無用之用的問題。第一則的寓言陳述惠子告訴莊子說魏王送他一粒葫蘆種子，種出來的果實有五石大，用來盛水則重得舉不起來，若剖開作成瓢，又大得無處安放，以世俗的眼光判其爲大而無當的「無用」物。莊子卻異想天開地說比物可綁在腰部利用爲渡河的腰舟。這一突破刻板有用無用之辨的葫蘆，可謂化腐朽爲神奇的開放性以及創意性思想。這則寓言還有一旁證，有一宋國人發明一種可防冬天皮膚凍裂的藥膏，有一客人聞訊而來，願意以一百兩黃金買下這一家傳藥方。這家人集會討論是否賣掉，發明藥方者說他們家世代以漂洗絲絮爲主，不過賺數金，今有人出百金來買斷這一祕方，還是賣了吧！買家買下祕方後遊說吳王採買爲軍用品。吳王重用他爲將軍，在冬天用此祕方與越國打水戰，獲勝，榮獲吳王裂地封侯之賞賜。同一物，因持有人思想有保守與創新之別，小知不及大知，無用之用不可思議地成爲大用。莊子說「道未始有封」人應有效法道廣大涵容，有無限可能性的形上特徵，針對世俗化地將思想一成不變故步自封，莊子教人應努力解放不開竅的有蓬心。

　　另一則寓言也是惠子對莊子說：「吾有大樹，人謂之樗。其大本擁腫而不中繩墨，其小枝卷曲而不中規矩，立之塗，匠者不顧。今子之言，大而無用，眾所同去也。」莊子曰：「……今子有大樹，患其無用，何不樹之於無何有之鄉、廣莫之野，彷徨乎無爲其側，逍遙乎寢臥其下。不夭斤斧，物無害者，無所可用，安所困苦哉！」惠子有一棵長得歪七扭八，不成器用的大樹，木匠見其不合繩墨規矩，判之爲大而無用的廢物。莊子卻認爲天生我材必有所用。尺有所短，寸有所長。他建議惠子何不將這棵大樹種在廣大的曠野中，樹大成蔭好乘涼，不但可讓人悠然徘徊於樹旁享受閒趣，也可躺在樹下好好睡一懶覺。更可貴者，這樹既被木匠判爲無用的廢物，適得其反的，因此而免於被砍伐的劫難，全生保性命，

眞是因無用而得保命之大用呀！

　　莊子這兩則寓言喻示我們不要被世俗偏狹的有用、無用的矛盾性，二元價值觀所束縛。我們應以開放的心靈、視城以批判性、創造性的多元價值觀來認識、挖掘每件事物內在的存有慣值。換句話說，莊子教世人應突破習俗性的慣性思考藩籬，以自由活潑的思考和想像力批判凡俗的「小知」，創造性地開發事物潛在的、尚未被我們覺察的「大知」、「大用」。在莊子身處的戰國時代，戰爭連年，社會動盪，家破人亡，人活在顛沛流離的亂世中，苦難連連，〈齊物論〉所謂：「與物相刃相靡，其行進如馳，而莫之能止，不亦悲夫！終身役役而不見其功，苶然疲役而不知其所歸，可不哀邪！」不止如此，在當時封建的道德禮法對人思想言行的宰制下，人們憂心觸犯禮法所設的紅線（規範）而受害。人們爲了保存生命財產的安全，所企求的「僅免刑焉」。若能在危機四伏中「全身」、「免刑」、「無傷」才是明哲保身的「大用」。扼要言之，對莊子而言，人活在風雲詭譎的混亂世中，志不在求世俗身外的功名利祿，只求保全人格尊嚴的生命人格。莊子更勉勵人能悠遊於禮法網羅所不及的「無何有之鄉、廣莫之野」妙契道眞，與道冥合，游乎天地之一氣，享受心靈的最高自由，和「采眞之遊」的天樂，亦即享受拔俗之韻的精神性幸福，是整篇〈逍遙遠〉的理趣所在。

第六節 〈養生主〉：以「神」導「形」，養生避害，全眞保性

　　世路多險難，人生多波折，如何避免險難，遊刃有餘地立於不受傷害的明哲保身之境是〈養生主〉的主題。人的生命係由有限的形體與無限可能的精神（亦即靈覺、思想和自由意志）所組成。莊子的形神關係論有四論點：「形神相親」，「以神導形」，「以形傳神」，「形神並茂」。〈養生主〉的主旨闡發形神爲不可分割的有機整體，其中「神」爲第一性，「形」爲第二性，養生論以養神爲主，養形爲從的主從關係。〈養生主〉首段開宗明義地指出：「吾生也有涯，而知也無涯。以有涯隨無涯，殆已；已而爲知者，殆而已矣。爲善無近名，爲惡無近刑。緣督以爲經，可以保身，可以全生，可以養親，可以盡年。」以這段話是總綱性的題旨，後面四段爲詮釋。茲以三小節逐段論述其要旨。

一、緣督以爲經，善惡、刑名雙遣，順「中」爲常德

　　「生也有涯」之「生」指形軀生命之有限性。「知也無涯」指認知心對現象知識的分別、執取和造作。有涯與無涯之對立分化在於心知之造作而有善惡之分，榮顯之「名」與刑罰傷害之別。世俗之人在心知的造作和偏執下，爲善以求名，爲惡則有招致刑罰的機會。養生避傷生之害的原則在「緣督以爲經」的隱喻，吾人頭部中央的經脈稱爲「督」，居虛中的處境。「緣督以爲經」指順虛靜的中道而行，無偏無執，全理在兩行之中才足以保身、全生、養親和盡年。晉代郭象說：「忘善惡而居中，任萬物之自爲，悶然與至當爲一，故刑名遠己而全理

在身也。」**7**因爲身、生、親、年都是造化自然之跡，統攝天地萬物，乃萬物根源性原理的「道」才是深不可測，妙不可思議的所以跡。做爲人思想、自由意志的神明主體，採取虛而無執，靜觀其自化的頤養天年之靈智才是養生之智者。郭象所謂：「夫善惡兩忘，刑名雙遣，故能順一中之道，處眞常之德，虛夷任物，與世推遷。養生之妙，在乎茲矣。」**8**「兩忘」意指既不偏執於善，也不偏執於惡，兼容並蓄善惡二端，辯證性的相融互攝成爲兩行的中道，這是貞定眞常之德的養生妙理。

二、順理順勢解開世事困結以代替外力宰制的治事智　慧——「庖丁解牛」

「庖丁」是在廚房工作的男廚師。他以循理順勢地解開牛體結構的方式來有別於一般人所說的屠宰牛隻。庖丁爲文惠君講解喻示盤根錯結如麻般的政治事物、國事排難解紛應該如解牛般地全盤理解牛身由筋、骨、血脈……等元素所組構的肉身架構。解牛者不能局限於有形的生理結構體，應該對有形結構體所以然的無形的形式原理，亦即自然之理，天理，全牛之整全性的「道」瞭若指掌。庖丁解牛時應該曲盡自己身體姿勢配合理地以貼合牛體，透過他經年累月所厚積的有形經驗及無形之原理，以柔克剛，遊刃於有形與無形之間隙。牛體雖筋骨錯雜卻迎刃而解於刀刃無割折的庖丁妙技。更進一步說，庖丁解牛之技已昇華爲藝術性的演示，悠遊於有形天地間，賞心悅目，遊刃有餘地享受解牛之樂趣。他爲文惠君講解其解牛的深層道理，不是表面上演示的才藝，而是「技進於道」，亦即他的心思與意向與構成牛體的形上之形式原理冥合妙契。這一則寓言，明清之際的王船山解釋說：「大名之所在，大刑之所嬰。大善大

7　清代郭慶藩輯《莊子集釋》，臺北：河洛圖書出版社，1970年，頁130。

8　清代郭慶藩輯《莊子集釋》，臺北：河洛圖書出版社，1970年，頁117。

惡之爭,大險大阻存焉,皆大軱也。而非彼有必觸之險阻也,其中必有閒矣。所
患者,厚其情,厚其才,厚其識,以強求入耳。」[9]庖丁是以十九年,而刀刃卻若
新發於硎,是技進於道,與道冥合,以道率技,以無形之原理運行於有形的牛體盤
骨之間,這是道家,道法自然,順其自然之理的無爲而無不爲的道藝。庖丁是以致
虛守靜,妙契道眞之心態以入於無厚之境,而一般的屠夫未能如庖丁般地「依乎天
理,批大郤ㄐ,導大窾,因其固然,技經肯綮ㄑ(筋肉槃結處)之未嘗,而況大軱
ㄍ(股上的大骨)」。因此,一般屠夫以屠刀強力地以外力介入而與牛體對抗,遇
到險阻和挫折,其屠刀的割折在於其有心有爲之厚,其刀刃「良庖歲更刀,割也;
族庖月更刀,折也」。其險阻之觸,刀刃受險阻,究其原因,來自其心之強求有所
爲而爲。總而言之,庖丁爲文惠君講解的遊刃有餘之解牛道理是喻示無爲之治的因
循自然之理的冶道,避免主客對立,利害衝突,矛盾糾結,相互激發一波波強烈的
抗爭與決裂。當今呈現於臺灣民主政治的兩大黨惡鬥之政局,可能弊大於利,如何
「緣督以爲經」以中道相勉才是政治和睦和諧和樂的理想及道家政治智慧所在。

三、形神自適其適的澤雉

〈養生主〉有言:「澤雉十步一啄,百步一飲,不蘄畜乎樊中。神雖王,不
善也。」自由自在地漫步於水澤中的野雞,大約十步才一啄,百步一飲,卻不願
意被人畜養在籠子裡。因爲被供養在籠中,雖然不必勞神覓食,神氣也不衰,但
是形神俱失去天性的自由,活得並不愉快。這則寓言喻示「道法自然」,萬物宜
「法天貴眞,回歸自然的自然」。澤雉不應被剝奪天性的自然和自由,飲食被人
掌控而他理他然。澤雉若要活得自適其適,形神皆自適而愉快,應回歸其所隸屬
的自然生態環境中,在自由忘適之適的天機自張中,如魚得水般地享受逍遙自在
之樂趣。

第七節 以「虛靜心」知其不可奈何而安之若命的〈人間世〉

　　〈人間世〉末段有則寓言陳述孔子到楚國，有位楚國的狂生走過孔子門前，說：「天下無道，聖人生焉。方今之時，僅免刑焉。福輕乎羽，莫之知載；禍重乎地，莫之知避。……漆可用，故割之。人皆知有用之用，而莫知無用之用也。」人處在亂世衰世的歷史境遇，生活在人心險惡，算計他人可爲自己利用的價值，導致損人利己，使他人橫遭遇害。人是歷史性的存有，沒有選擇歷史境遇的自由，這是歷史的宿命，同時，人也是社會性的存有，不得不與他人交往而共同生活。人若活在危機四伏，動輒得咎而遭險難的吃人社會中如何求福避凶，明哲保身呢？莊子身處戰國的中期，政治動盪，人心險惡，災禍連連的衰亂之世，所謂：「天下無道，……方今之時僅免刑焉。」其全身保性命之法則在於勿炫耀自己是「有用之用」的人才，求名求利，應低調藏鋒頭，以免被人利用而下場悲哀。因此，文末所言「無用之用」才是我們致福避禍的明哲保身之道。

　　清代學者王先謙說：「人間世謂當世也；事暴君處亂世，出與人接無爭其名，而晦其德，此養全之道，末引接輿（楚國狂士）歌之，來世不及待也，往世不可追也，此漆園所以寄慨，而以人間世名其篇也。」莊子認爲在衰亂的人間世之明哲保身法則，應以平心靜氣的心態，走出我執與對他人的偏見，明察客觀的事態，安時而處順，不以物喜，不以己悲，明變且唯變所適，〈人間世〉指出：「且若亦知夫德之所蕩，而知之所出乎哉？德（人的樸素本性）蕩（被牽引越出）乎名，知出乎爭。名也者相軋也，知也者爭之器也。二者凶器，非所以盡行也。」榮顯之虛名與概念界說的分化切割之知識，係順緣生而執著於片面之知的經驗知識，有種種定相，是莊子認爲出於「成心」。「成心」衍生了人間的是非、爭辯，有各種相對的執念。牟宗三稱之爲「執的存有論」。造成是非爭吵的外在之「名」與外在現象之「知」，莊子稱爲是危害世間生活的「凶器」，佛家也稱爲「偏計執」，是世俗生活所以煩惱的來源。

王船山謂〈人間世〉：「此篇爲涉亂世以自全而全人之妙術。」[10]所說的以虛靜的「心齋」順氣冥道工夫以「自全」。〈人間世〉曰：

> 仲尼曰：若一志，無聽之以耳而聽之以心，無聽之以心而聽之以氣。
> 聽止於耳，心止於符。氣也者，虛而待物者也。唯道集虛。虛者，心齋也。

「一志」是任一氣自然地流行，「虛」是不以人爲干預的自然物化。心齋之虛靜才能待物而與物冥而能無傷。「虛」指清靜無爲的容己容人容物，不予對立抗爭的功夫，虛氣是大道的載體。以虛靜心體證蘊於氣中的「大道」才能順氣冥道，安化安命，不逆天理（道統攝一切天理），才是明哲保身的法則。文中還說：「瞻彼闋者，虛室生白，吉祥止止。夫且不止，是之謂坐馳。」房屋內有空隙的虛處才能散發出光明，人所企盼的吉凶是聚焦在不爲外在名利撓心的虛靜心神上。若心神禁不起外在名利之誘惑、牽引而失去虛靜如鏡的明鑑狀態，稱爲形靜而心神蕩越不止的「心馳」。唐代成玄英詮莊子明哲保身的「妙術」說：「耳根虛寂，不凝宮商，反聽舞聲，凝神心符。心有知覺，起攀緣；氣無情意，虛柔任物。故去彼知覺，取此虛柔，遣之又遣，漸階玄妙也乎！」[11]「妙述」就靈修的工夫而言，旨在剝落感官之耳與認知心的偏執，撥雲見月般地呈顯虛靈不昧的心齋，亦即禪家所謂自性清淨心的境界。

值得注意者，莊子不否定感官和認知心的本質和作用，而是透過虛靈不昧的心齋修養，蕩相遣執其偏執性，卻作用的保存正面應有的作用和價值。當代學者徐復觀詮解其中深層涵義說：「莊子既將形與德（屬『神』之範疇）對立，以顯德之不同於形，則他所追求的必是一種精神生活，而不是塊然地生理生活。……不能在人的氣上落腳，而依然要落在人的心上。因爲氣即是生理作用；在氣上開

---

[10] 王船山《莊子解》，卷四，臺北：廣文書局，1972年，頁1。
[11] 郭慶藩輯《莊子集解》，頁147。

闢不出精神的境界；只有在人的心上才有此可能。……所說的氣，實際只是心的某種狀態的比擬之詞，與老子所說的純生理之氣不同。」[12]「唯道集虛」的心齋，不但有開放的曠達心靈，且能用心若鏡如照物，容己、容人、容物而消解我執與他者之執。心齋係由耳而心而氣，逐步進階而得之境界，能大其心地將耳、目、心知俱以超越的肯定，全予以作用的保存。心齋乃有本的心虛之境，又能「徇耳目內通而外於心知」兼容萬化之跡，有本有跡，跡冥（道）圓融為一有機的整體性和諧安詳，這是致虛守靜，兼容並蓄萬物的心齋要旨。

〈人間世〉中當有一真諦，莊子設一重言，借孔子之名氣說：

> 仲尼曰：天下有大戒二：其一，命也；其一，義也。子之受親，命也，不可解於心；臣之事君，義也，無適而非君也，無所逃於天地之間，是之謂大戒。是以夫事其親者，不擇地而安之，孝之至也；夫事其君者，不擇事而安之，忠之盛也。自事其心者，哀樂不易施乎前。知其不可奈何而安之若命，德之至也。為人臣子者，固有所不得已。行事之情而忘其身，何暇至於悅生而惡死！夫子其行可矣！

普天之下有兩大普世原理：一是子女愛親，這是團結在人心而不能解除的天命。另一是以臣事君之義，不論時、地，人臣皆應為君盡忠效命，這是終極性的忠道，人是家庭性的存有，故有真摯的倫理親情。人是政治性的存有，故有君臣之義，兩者皆指向人是道德性的存有。致力於內心修養的人，針對這人世間兩大普世原理的理範，不論哀樂的不同感覺都不改變這兩大普世理範。人不論際遇的窮達皆知不論如何的無可奈何而能安命，這是人終極性的道德典範。莊子的安化與安命安頓了天下兩大戒，消解了人因不知命而產生的人情之傷痛。

---

[12] 徐復觀《中國人性論史》，先秦篇，臺北：臺灣商務印書館，1997年，頁381-382。

第八節　論述天性滿全於內而不役於外物的〈德充符〉

　　〈德充符〉故事寓言中的主角，其人物造形都是形體殘缺不全者，莊子以德（天性）充於內在生命的價值觀來證立形殘而神（精神）美。文中有言曰：「魯有兀者叔山無趾，踵見仲尼。」場景是說魯地叔山有位缺了腳趾的兀者以腳踵走路來求見仲尼（孔子）。孔子對兀者表達惋惜地謂他未能謹慎保護自身才留下遺憾。兀者不滿孔子所言，自謂失趾已成過去之事，且經過一不少時日來彌補過往的傷痕，如今係以比失趾更為高貴的生命人格來請益，怪孔子依然以世俗的眼光來打量自己，乃決絕離去。孔子藉此事施教眾弟子，謂兀者雖肢體殘而不全，猶能自省求上進，何況是身心健全的人更應自勵自策，人往高處走。〈人間世〉係以人間的人倫際性為主題，〈德充符〉則以個人安身立命的個人生命意義和價值為主題。兩篇論文也有共同的課題和超越世俗眼光的解決之出路，那就是莊子筆下的至德之士或至人、神人、真人、聖人在面對人無可奈何的命運限制時，如何安化與安命，〈人間世〉點出：「自事其心者，哀樂不易施乎前，知其不可奈何而安之若命，德之至也。」同理應用，〈德充符〉說：「知不可奈何而安之若命，唯有德者能之。」

　　〈德充符〉寓言中所突出的兀者與常人明顯的差異就在其形軀的殘缺。莊子由精神生命價值優位於形軀生命的人生哲學引導出兀者內在精神世界的終極價值。〈德充符〉說：「自其異者視之，肝膽楚越也；自其同者視之，萬物皆一也。」意指我們若從形器世界觀萬物，則萬物萬形千差萬別，可說是無物不兀，無人不兀，沒有在形貌上不具差異性的。但是就形上的精神世界觀之，則道化萬物，萬物從所源出的根原處觀之，皆同於大通（道）。因此，我們應不再以形貌來取量他人，否則我們將自陷於世俗眼光的成心成見。如果我們「自其同者視之，萬物皆一也」，那就是站在形上學「道通為一」、「通天下一氣耳」的高度來平視萬物，則可消解世俗以貌取人的成心偏見，自我超拔於世俗有色的眼光而

解決倒懸（倒吊身體）之苦了。

兀者叔山無趾質疑孔子為學在求名，「至人」是否將道德禮教之學視為束縛自然生命的桎梏？孔子是否已臻於至人的境界，求老聃賜告。老聃回答：「以生死為一條，以可不可為一貫者，解其桎梏，其可乎！」無趾仍疑惑地說「天刑之，安可解」，當代臺灣大哲牟宗三對「天刑」做了很有深度的詮釋：

> 自「德充於內」言，則謂之絕跡而孤冥，則非其至者也。既非大成渾化之境，而冥亦非真冥也。非真冥者，孤懸之冥也，猶執著於冥也。此猶佛教小乘之怖畏生死而欣趣涅槃也。……佛之涅槃與不涅槃，皆是方便，而其本身即無所謂涅槃不涅槃也。此之謂渾化之大冥。大冥者，冥即跡，跡即冥，跡冥如一也。……不以桎梏為桎梏也，安為受之而已矣。」[13]

對牟宗三而言，道德禮教之跡的超越，其意不在取消跡，而是消解跡之累，亦即不執念於禮教之跡，而在稱情立文，文質彬彬然後君子矣。換言之，不視禮樂教化之跡為桎梏性的天刑，而正面的視之為儒家成德之教的階梯。因此，老聃「以死生為一條，以可不可為一貫」來詮解桎梏與天刑說被視為消極的自釋其懷意義。在牟宗三的見解上，孔子是能積極地轉化桎梏天刑的道家義為一跡冥圓融，名教即自然的調和義。再者，〈德充符〉有「才全而德不形」論，所謂：「是必才全而德不形者也。……德不形者，物不能離也。」係跡冥圓融一通義，〈德充符〉云：

---

[13] 牟宗三《才性與玄理》，臺北：學生書局，1989年，頁219-220。

哀公曰：何謂才全？仲尼曰：死生存亡，窮達貧富……是事之變，命之
行也。……使之和豫，通而不失兌（悦）；使日夜無卻，而與物爲春，
是接而生時於心者也，是之謂才全。何謂德不形？曰：平者，水停之盛
也。可以爲法也，内保之而外不蕩也。德者，成和之修也。德不形者，
物不能離也。

這段借孔子之口說，死、生、得、失、窮、達、貧、富、賢和不賢、毀、譽、
飢、渴、寒、暑皆爲事物自然的變化，天命的流行。人力不足以逆天抗命而遭挫
敗，做爲精神主體的人心，面對一切外在的變化，應常保住内心純和之氣的暢流
而不被擾亂，常保心靈天眞的喜悅之情而不被干擾，這就是不以忤逆之心來順應
外在變化，保全了法天貴眞，隨緣自在的自家生命，謂之「才全」。至於「德不
形」，意指人應處變不驚，效法水的平靜狀態，内心保持冷靜，不生情緒化的
波動，不離本眞之性，以神率形，形神皆不輕舉妄動，自亂腳步，安時處順，
外物不能傷，哀樂不生於心。郭象注曰：「苟知性命之固當，則雖死生窮達，千
變萬化，淡然自若而和理在身矣。」[14]王船山詮釋說：「不滑和者，德也，而謂
之才。……凡物之接，事之變，命之行，皆有應時之和豫以與之符。」「才」與
「德」異名同實，才全者是形神相親並茂的「全德之人」，才全者仍落實於具體
的生活世界中，役物而不役於物，且與物爲春。唐代道士成玄英疏曰：「賢人君
子，形德（才）兩全，生便忘（不執念）生，德充於内者也。」[15]對莊子而言，
才全之人係以虛靜偏執之心，用心若鏡，才能保持内心的和豫和喜悅，以不齊之
齊來齊生死、得失、榮辱、貴賤，遊乎天地之一氣而與物爲春。

　　此外，〈德充符〉提出「無人之情」說，對魏晉玄學提供了聖人有情抑無情
的清談論題。〈德充符〉載曰：

---

[14] 郭慶藩輯《莊子集釋》，頁213。
[15] 郭慶藩輯《莊子集釋》，頁204。

惠子謂莊子曰：人故無情乎？莊子曰：然。惠子曰：人而無情，何以謂
之人？莊子曰：道與之貌，天與之形，惡得不謂之人？惠子曰：既謂之
人，惡得無情？莊子曰：是非吾所謂情也，吾所謂無情者，言不以好惡
內傷其身，常因自然而不益生也。

　　人的形與神，情與欲皆是人生命天生自然的內涵，老子以「道法自然」，莊
子以「順其自然」來啟發安時處順，清靜無執，不妄想妄為來超凡脫俗。莊子主
張明哲保身，全真保性命之常，對於七情六欲之侵害人的生命特別關注。莊子的
「無情」說並非否定人的情欲生活，而是教人有良好的情緒管理，以虛靜無情的
和悅之心，不為外物所累，不被是非、好惡的俗情所牽制。他所說的「常因自然
而不益生也」指人勿以刻意的執念，逆反於自然的方式來養生，勿虛耗精神，勿
曲意勞累形體，以「道」率「情」，以「氣」調和人易波動的情感情緒生活。

第九節　以大道為宗主而師法的〈大宗師〉

「大道」之實存性，係由博大真知的至真之人在其生活世界中實存性的深層體驗而返觀自照地內證聖智。釋德清說：「其大宗師，總上六義，道全德備，渾然大化，忘己、忘功、忘名，其所以稱至人、神人、聖人者，必若此乃可為萬世所宗而師之者，故稱之曰大宗師。」[16]明清之際的王夫之總結地指出：「真人真知一知其所知，休乎天均而且無，全人以闚虛室生白者，所師者此也。故唯忘生死而無能出乎宗，此七篇之大指歸於一宗者也。」[17]〈大宗師〉謂：「知天之所為，知人之所為者，至矣。知天之所為者，天而生也（天生自然之本性）；知人之所為者，以其知之所知，以養其知之所不知，終其天年而不中道夭者，是知之盛也。……有真人而後有真知。」對真人之真知而言，所謂知生命之至境，乃兼知天之所為與人之所知，真知在默契天道的自然之理。「有真人而後有真知，則天下之知皆得其真而不可亂。」真人能契悟自然之理，則在自我靈修的工夫歷程上，自行消解生命本真中不必要的盲昧與貪求，而臻天人交養而不相傷的價值理想境地而能完美地安頓生命之歸根處，〈逍遙遊〉所云「至人無己，神人無功，聖人無名」，乃是返本歸真的工夫歷程中消解我執與身外的功名利祿之執。這是由工夫而超凡越俗，轉俗成真的亦功夫亦境界。終極理想在消解主客、人我、物我的分化對待，將生命意義提升轉化至「天地與我並生，萬物與我為一」的圓融無礙，渾然一體的大化之境。

〈大宗師〉對真人靈臺心（靈府）的心境，表達其致虛守靜，無執念，自自然然歸真反樸，與萬物交融互攝成一有機的和諧的一體化存有。真人不但形神相親，且在道不離器，即形跡開顯所以跡的道之理，可與老子「和光同塵」、佛家「不著一法，不捨一法」互詮互鑑互明，文中有二段對真人妙契道真，與道冥合且同步調的生活情境極為精闢的描述。所謂：

---

[16] 釋德清《莊子內篇憨山注》，卷四，臺北：建康書局，1956年，頁4。
[17] 王夫之《莊子解》，卷六，臺北：廣文書局，1972年，頁1。

　　古之眞人其寢不夢，其覺無憂，其食不甘，其息深深。……其嗜欲深者
天機淺。

食不求厚重美味的眞人，清心寡欲，無妄念妄爲，天機飽滿，因無雜念故「其寢
不夢」。眞人自適其適，與其如池水乾時兩魚相濡以沫，不如來去自如，相忘於
江湖，沒有偏執之見與情感的糾結，所以「其覺無憂」。〈大宗師〉謂眞人「天
與人不相勝」、「且失得者，時也，失者，順也；安時而處順，哀樂不能入也。
此古之所謂懸解也」。眞人無患得患失的傷神，無憂無慮不勞其神，原始生命活
力飽滿所以「其息深深」元氣充盈。

　　古之眞人，不知說生，不知惡死；其出不新，其入不距；翛然而往，翛
然而來而已矣。不忘其所始，不求其所終；受而喜之，忘而後之，是之
謂不以心捐道，不以人助天，是之謂眞人。

古代的眞人不知悅生惡死，對生與死不迎不拒，認爲生死皆非預料所及之事。
事情來了，他欣迎接受，一旦物化，則視爲復歸於自然，這種人生態度是不以
個人心智去逆損大道的流行，不用偏執的人爲力量去幫助天機的發用，這就是
「眞人」的涵義。〈大宗師〉有言：「今一以天地爲大鑪，以造化爲大冶，惡何
往而不可哉？」、「夫大塊載我以形，勞我以生，佚我以老，息我以死。故善吾
生者，乃所以善吾死也。」人生世事一任大化流行，人以無偏執的虛靜心，勿計
較得失，所謂：「且夫得者，時也。失者，順也；安時而處順，哀樂不能入也。
此古之所謂懸解也。」莊子以達觀來順時應物，把人生之「得」視爲時機使然，
「失」則順應時勢的造化弄人，人若然以開放的心靈，安於時機而順應人力所不
能逆的時勢造化，哀樂的俗情不生於心，人悠遊於大道的運化和氣化流行，不計
較而自由快意，乃可開心過生活了。〈大宗師〉假借顏回之口說：「墮肢體，黜
聰明，離形去知，同於大通（道氣），此謂坐忘。」若能以「心齋」、「坐忘」
的工夫，將一切身外之物蕩相遣執，自然就沒有偏執的好惡，人生又有何懸念和

執著的呢？

　　「心齋」、「坐忘」是眞人在生活世界實存性體驗中，有切己實修實悟的進階歷程。王孝漁統攝〈大宗師〉所言，歸結爲第一階段的破「三關」和第二階段的開「四悟」。這是有眞人才能有眞知的修習道眞的工夫進程。所謂突破「三關」的第一關是提升心靈至遺世忘俗的層次；第二關是把心靈提升到不執著外物之患得患失的層次，亦即役物而不役於物的層次；第三關是把心靈提升到將悅生懼死之情斷掉、捨離的解脫層次。總而言之，「破三關」是自覺自發性地將自己的心靈從各式各樣的俗情雜念的糾纏不清中澈底地看破而能通透地完全釋放，突破三關後接著進入第二階段，開顯「四悟」。第一悟是貼合「道」的心靈狀態，稱爲「朝徹」，此時，心靈兼忘（無執念）物我，生死爲同一事變，心靈在新思維新境界中有如初昇於天空的朝陽，清明朗澈的照見一切。第二悟是「見獨」，亦即見到卓然獨立的「道」之眞體，第三悟爲「無古今」，第四悟爲「不死不生」，此二悟是「見獨」或體證道眞後能超越一切現象界的對立和界限。昇華至不受時間制約與死生觀察拘執的精神自由世界。當心靈修持至「四悟」的終極境界，則能不受利害糾纏，生成死毀之干擾，安於恆在性的寧靜而不被打擾心境。莊子歸結至「攖寧」的先驗精神狀態，可謂采眞之遊，與天同遊同樂的天樂境界。《論語》中對顏回的品評是：「一簞食，一瓢飲，居陋巷，人不堪其憂，回也不改其樂。」莊子在〈大宗師〉文中假借顏回之口，提出「坐忘」的工夫所開悟的終極境界，所謂：「墮肢體，黜聰明，離形去知，同於大通，此謂坐忘。」且假借孔子之口說：「同則無好也，化則無常也。」意指人若能與天地精神之「道」相往來，與道的運行同流共化，則認同天無私覆，地無私載，天地豈能對我有私情，人若無私情執念地與大化流行同在，也就無怨尤了。不論個人的運命際遇如何，莊子勸人保有安化安命的心態，樂天安命，因時處順，惟變所適而不必計較，應該自覺地消解一切偏執和隨其而來的痛苦。文中末段舉極其貧困潦倒的子桑猶能鼓琴自唱著說：「吾思夫使我至此極者而弗得也。父母豈欲吾貧哉？天無私覆，地無私載，天地豈私貧我哉？求其爲之者而不得也。然而至此極者，命也夫！」

第十節 〈應帝王〉：無爲之治的道化政治

　　莊子哲學主要關注人活在人間世中，所面對種種複雜苦惱的世俗事，如何提升其心靈超凡脫俗，以拔俗之韻追求法天貴眞，享受消解俗念之偏執，過著身心適其所適的逍遙自在生活。然而，鳥獸不可同群，人究竟是人間世的存有也有其君臣之義所不可逃離世界的社會性和政治性存有。《史記列傳》謂：「周嘗爲蒙漆園吏，與梁惠王、齊宣王同時。」可見他有參政的經歷，而且與當時的掌權者如楚威王等人有遇和一陳己見的理想政治之論述。一般學者多認爲〈大宗師〉是莊子安頓自己生命意義和價值的內聖成己之學。相較之下，〈應帝王〉是不得不處理眾人之事的外王治世之學。郭象注解釋說：「夫無心而任乎自化者，應爲帝王也。」陸樹芝謂：「帝王，治人也，〈應帝王〉治法也。治天下則其事至紛矣，而有爲之治，不若無爲之治。」無爲則遊於虛而實不可測，有爲則鑿破渾沌而反有大害；〈大宗師〉將有爲之治與無爲之治做了對比，凸顯了無爲之治高明於有爲之治。首段即有言曰：「有虞氏不及泰氏（伏羲氏）。有虞氏，其猶藏仁以要人；亦得人矣，而未始出於非人。泰氏，其臥徐徐，其覺於於；……其德甚眞，而未始入於非人。」有虞氏心懷仁義來糾結人心，雖獲得大眾擁戴，卻未曾超脫對事物的繫累。泰氏睡得安適，醒時無憂無慮，體悟大道，渾同自然，毫無物累，其治天下可代表明王的無爲之治。

　　肩吾的老師曰中始（賢者）說：「君人者，以己出經式義度，人孰敢不聽而化諸！」意指爲君之治，親自制定法規制度來規範大眾，有誰能不聽從而受感化呢？狂人接輿聽了不以爲然，想著這種有爲的人治，是違反對自然法之順應，及強人所難之治。自然界中的鳥類爲了求生存，尚且知道高飛以逃避網和箭的傷害，難道人還會無知地觸法蒙害，不如鳥類自保的本能嗎？有位名叫天根者對一位無名人提問治天下的方法，這位無名人認爲這是不討好的問題，回答說：我正要與造物者同遊寰宇，然後又要以清虛之元氣爲鳥「遊無何有之鄉，以處壙埌之野」，你不要以有爲之治的問題來煩我。但是，無名人禁不起天根再追問，於是

針對所問說：「汝遊心於淡，合氣於漠，順物自然而無窮私焉，而天下治。」意指為政者若能以虛靜無執念的心，歸真返樸於大自然的秩序和節奏，順應民心而無自己的私心，則天下自然臻於無偏執之私的太平之治了。

緊接著這一問答的是下段載述陽子居請教老聃「明王之治」，老聃說：「明王之治；功蓋天下，而似不自己，化貸萬物而民弗恃；有莫舉名，使物自喜；立乎不測，而遊於無有者也。」意指明王治理天下，建功立業而不居榮顯之名，遍澤萬物而百姓卻不意識到他的存在，有實質的政績卻不揚名聲，引導萬物各居其所，自得其意，他自己卻莫測高深，悠遊於無窮的形上意境中。莊子所嚮往的「明王之治」不但與老子「生而不有，為而不恃，長而不宰」之無為而無不為的玄德相呼應，且與前述的「至人無己，神人無功，聖人無名」之與道冥合的道化政治相貫通。質言之，老莊的理想政治是清靜無為，與民合光同塵，渾然一體的原始和諧和樂之道化之治。

〈應帝王〉有則捨本逐末，執於外在形跡而疏離於內在所以跡的精神主體的寓言。這是一大段析論鄭國有位能預測人之生死存亡、福禍壽夭為何時的神巫季咸和列子將之與其師壺子牽連看相算命的故事。季咸是要通過一個人外表的形象之徵兆來預測吉凶的。每個人的命相不同，因此，季咸執著於某人在特定時空所呈顯的面相來進行分別之知。當季咸替壺子看相算命時，壺子先示之以生機的暫時關閉是陰勝陽的地文，神巫季咸執於此一時的「相」，見「杜德機」就據以斷「死」，說：「子之先生死矣！弗活矣！不以旬數矣！吾見怪焉，見溼灰（溼灰不能再燃出火，喻示死而難活之面相）。」第二天又來給壺子看相，告訴列子說你的老師遇到我，全然有生氣，我看見他閉塞的生機復活了。壺子說，我剛才給他看的是陽勝陰的天壤，他見到生機，可以請他再來看看相。隔天，列子又請季咸一起見壺子，季咸看完走出來對列子說：你的老師形神變化不定，我無法看他的相，等形相定了我再來看相。壺子事後告訴列子說，我剛才給他看到的是我陰陽二氣相調和的平衡性和氣，淵的水流有九種名稱，我只出示給季咸其中的三種。翌日，列子又請季咸再見壺子，季咸再看到壺子的形色，就驚惶未定逃離現場了。壺子說我剛才出示的是「道」的無窮盡的可能性，我對他顯出應機隨順，

不可爲典要。大化流行不停，我順道隨行，他界定不了我的精神風貌，只好逃走了。列子從此之後，棄文從質，減少人爲的雕琢之工，而復原眞樸的原始生命力，遺世獨立，以虛靜心化解了萬事複雜的紛擾，平靜地享盡天年。

〈應帝王〉解釋其所以然之理，謂：「無爲名屍（聲名之主），無爲謀府；無爲事任，無爲知主。體盡無窮，而遊無朕；盡其所受乎天，而無具得，亦虛而已，至人之用心若鏡，不將不迎，應而不藏，故能勝物而不傷。」意指不貪名氣，不用心機，以無爲之治取代有爲之治。因爲大道是有無限可能性的。勿爲俗事煩心，任運自然，逍遙自在於精神自由的世界，盡情享受天賦本性的自我實現，能破解世俗功名利祿之貪執的至人，虛己以游世，靜觀萬物猶鏡子如實照物，卻不迎不拒。其心不預設立場和目的，無私無我執，無偏見、嗜欲，其無爲之治不樹立政敵，自然沒有矛盾和鬥爭而不被政敵及俗事所傷害。換言之，無爲之治，清心寡欲，心普萬物而無偏私之心。至人惟道集虛，惟虛生明，海納百川，至虛至明，與萬事萬物和諧共生。王船山說：「應者，物適至而我應之也，不自以帝王，而獨全其天，以命物之化，而使自治，則天下莫能出吾宗，而天下無不治，非私智小材，辨是非、治亂、利害、吉凶者之所可測也。」[18]

上述季咸對壺子看相的寓言故事，構作出壺子「四門示相」的深刻寓意，可視爲〈應帝王〉文中引老聃之言「明王之治，……立乎不測，而遊於無有者也」的例證。莊學學者宣穎說：「引季咸壺子事，不過要明帝王當虛己無爲，立乎不測，不可使天下得相其端，以開機智耳。壺子便是帝王垂拱榜樣，季咸便是百姓具瞻榜樣。其取意微妙無倫，粗心對之，乃不曉所謂也。」[19]依其所詮釋明王的無爲之治，隱含了帝王妙契道眞之心，無執、無我，對一般政治人物所追求的功名利祿已超凡脫俗地化解得無跡可尋，自然是深不可測，一般人難以窺視其心而從中牟利。這也就是莊子所言「至人之用心若鏡，不將不迎，應而不藏，故能勝物而不傷」的玄理所在。

---

[18] 王夫之《莊子解》，卷七，臺北：廣文書局，1972年，頁1。
[19] 宣穎《莊子南華經解》，臺北：宏業書局，1977年，頁79。

　　〈應帝王〉文末有一寓意深遠的寓言「渾沌之死」，謂南海帝王與北海帝王常在名叫渾沌的中央帝王處會面。渾沌善待他們至尊，南、北兩帝王感恩擬以善意回報渾沌，南、北兩帝王認為：「人都有七竅，用來看、聽、吃、呼吸，唯獨渾沌沒有，我們為他試著鑿開。」每天可以鑿開一竅，到第七天，七竅都鑿好了，而渾沌死了。「七竅」代表人的感官官能和欲望。渾沌原是無分別心之心，無執念嗜欲，與天地萬物融通無間，渾然一體。等到渾沌被開了官能欲望的七竅後，產生了概念界說切割的分別心，自我意識覺醒而生偏執己知的成見、偏見；同時不同感官的官能欲望油然而生，追逐各種聲色欲望及心理的刺激快感。如是，在人我、物我的自私自利下，種種矛盾和利害衝突迭起；彼此間不再和諧感通，共存共榮，關係惡化，互相傷害，乃至兩敗俱傷，走向衰敗與死亡的結局。原有飽滿生命力的渾沌在南、北兩帝王偏執的善意和成見強加於渾沌，就如海鳥，在魯侯的善意養育下死去。這一寓言喻示了勿以人養鳥，應「用心如鏡」客觀地回到存有者的天賦稟性，應當以鳥養鳥。〈應帝王〉的政治是主張無為之治係以開放的心靈，面對豐富多彩且充滿變化的生活世界，勿以自我封閉的意識形態強加自己的成見和價值觀給具多元差異化的社會。自我意識太過膨脹的有為之治，其善意常適得其反地造成他者的痛苦和悲劇。

第十一節 〈田子方〉「得至美而遊乎至樂」的美學

一、美學與美感的涵義

美學（Aesthetics）的辭源來自德國學者鮑姆加登（Alexander Gottlieb Baumgarten，1714-1762）於1750年在其《關於詩的哲學》一書中首次使用。他把美學界說為一門感性認識的學問，核心問題是哲學對美感價值或美感評價的探索。他認為美學的究極根據，涉及哲學形上學有關超越特性之某些部分。就道家而言，這些超級特性直接且必然地與「道」的本質與活動有關。對道家而言，人在審美活動中所體悟到的超越特性足以揭露「道」可能的形上屬性。直言之，美學以研究美之所以為美的普遍性為主，亦即能引發人的人間美感直觀和品味的共鳴者，再進一步擴充到自然美和藝體美的研究。早於鮑姆加登的希臘哲人亞里斯多德在其《詩學（poetics）》中謂詩比歷史更富哲理且深刻。因為歷史呈現個別事物，詩呈顯普遍事物。他還認為藝術對情緒兼具淨化和療癒作用，對道德之增益，心靈的感化以及對日常之娛樂閒暇與快樂都是有貢獻的。

至於美感的涵義，德國哲學家康德撰成三大批判分別探究知識、道德和審美得以可能的先驗原理，亦即先於經驗且做經驗之普遍基礎，他曾為審美的美感不以概念為根據，而以審美主體內心的愉悅與否為出發點和準據。他提出對美學史影響深遠的審美判斷的四大特徵：第一，就「質」的方面而言，審美判斷無涉於世俗間的利害得失判斷。第二，從「量」的方面說，審美具有非概念性的普通性。第三，就「關係」範疇而言，審美具有無目的性的合目的性。第四，從模態範疇觀之，審美具有非概念的必然性。就第一和第三特徵而言，立基於審美主體的美感心靈，係審美所當具有的普遍性、必然性之根據。其中，所謂「無目的性」指世俗之功利性目的。「合目的性」指不受制於實質內容的質料、屬性等而

就單純形式契合主體自由的心意狀態或精神境界，能自發地產生美感愉悅，就是審美活動的特性。就莊子美學而言，審美不但當具有無執的自由精神狀態，還兼涉及天地萬物純真樸實的本來面目。因此，莊子美學與康德有同處亦有異處。

　　莊子美學的時代處境係在周代禮崩樂壞，政治黑暗混濁，人心險惡，百姓身陷倒懸之苦中，〈齊物論〉描述說：「與物相刃相靡，其行進如馳，而莫之能止，不亦悲夫！終身役役而不見其成功，茶然疲役而不知其所歸，可不哀邪！」又曰：「夫隨其成心而師之，隨獨且無師乎？奚必知代而心自取者有之，愚者與有焉！」意指人心被各種偏執所蒙蔽，心智困限而迷惘，衍生出常有私心嗜欲和認知偏差之成心。莊子生逢大動亂的時代運命，彼時的世俗之人身心所遭受到的桎梏，如活在倒懸狀態般的痛苦。莊子在不可逆的時代痛苦中，如何超越世俗生活之困苦，尋覓一仍具有人生美趣價值的生命情調？他的人生價值取向，莫過於在生活貧困，心理焦慮，精神承受種種壓迫下，企求心靈的美感生活。他一方面可獲致精神上的澈底自我解放和自由；另一方面將心靈提升轉化至與道相冥契，享受悠游自在，盡情享受天地萬物無限美趣的美感人生，精神性幸福。雖然原始文獻對他的生平著墨不多，可是我們可以從他的著作中一窺其性格和生活情趣，他厭倦人與人虛情矯飾，虛偽造作的世俗生活，他喜歡親近自然。書中所謂：「行於山中」、「釣於濮水」、「與惠子遊於濠梁之上」，書中處處可見到他對多樣化的自然萬物有著細緻入微的描繪，創發出令人心悸動的奇幻瑰麗之想像，滿溢著雋永的諧趣。例如，他說：「生物之以息相吹」、「澤雉十步一啄，百步一飲」、「（馬）喜則交頸相靡，怒則分背相踶」，他善於運用曲達美妙的辭語來表述其精神世界的美感趣味。人在七情六欲上所獲致的快感和靈性生命所體驗到的美感，雖然都享有愉悅的感覺，但是其間仍有差異。快感愉悅有待於官能欲望獲得外在刺激性的滿足感，如老子所說的：「五色令人目盲，五音令人耳聾，五味令人口爽。」若有求於外的刺激太多，人會感性鈍化而逐漸麻木的。至終莊子所享受的美感愉悅是一種無所特於個人在世俗生活中，受制於利害得失的滿足感。《莊子‧山木》所云：「人能虛己以遊世，其孰能害之。」「美感」是神遊於天地萬物，康德所謂純趣味判斷，無目的之合目的性。對莊子而言是一種無待

逍遙的精神性幸福。〈知北遊〉所謂：「天地有大美而不言，四時有明法而不議，萬物有成理而不說。聖人者，原天地之美而達萬物之理。是故，聖人無為，大聖不作，觀於天地之謂也。」莊子式的美感是妙契道真，與道冥合同遊的隱默性美感。

二、莊子審美品味的對象及其美感原理

天地有生成化育萬物的無言之美，四時運轉的時序春、夏、秋、冬季節交換的時序美、節奏美，萬物品類繁盛，各有其內在性質的所以然之理及內在存有的價值之美。〈田子方〉說：「至陰蕭蕭，至陽赫赫，蕭蕭出乎天，赫赫發乎地；兩者交通成和而物生焉，或為之紀而莫見其形。」天地陰陽之氣交感、調和而萬物萬端得以生成。〈知北遊〉云：「（道）無所不在。」在諸概念的位階上，「道」高於「氣」、「天地」與萬物。「道通為一」，「氣」充塞天地；是道生發萬物的宇宙元素，亦是「道」的載體，使道落實於氣中，而生成萬物的具體存有者，使萬物皆是實體者。〈庚桑楚〉曰：「道者，德之欽也；生者，德之光也；性者，生之質也。」「道」之生物透過氣化流行，賦予萬物豐富多樣的不同稟性，亦即天然的本質。「道」、「德」、「性」是縱貫的同根性，因氣化萬殊而呈現無限殊別性的差異現象，使具體世界流露著令人嘆為觀止、多彩多姿的，目不暇給之無限美。〈至樂〉曰：「雜乎芒芴之間，變而有氣，氣變而有形，形變而有生，今又變而之死，是相與為春、秋、冬、夏四時行也。」

「道」有無盡的形上屬性，透過氣化流行所產生萬物的生成變化有無窮的可能性，道體氣用，道氣相即不離，「道」是天地有大美的根源，「氣」是呈現展示「道」神化之美的介質。〈知北遊〉說：「人之生，氣之聚也。聚者為生，散者為死。……是其所美者為神奇，其所惡者為臭腐。臭腐後化為神奇，神奇後化為臭腐。故曰：『通天下一氣耳。』故聖人貴一。」萬物的生成與腐朽皆一氣

流行之聚散，通天下一氣耳。莊子〈齊物論〉不但齊美麗、是非、榮辱，在美學上也齊美醜，天地人間時時處處都充斥著氣化流行所煥發的千變萬化之美感。對莊子而言不論是天籟、地籟和人籟皆出乎天然的美聲。莊子書中的人物不論是駝背者，肢體殘缺者……只要形殘神美，皆是以道運氣所呈現的兼容並蓄之美。蓋〈知北遊〉認為人之形骸形塑於精氣，人之精神則生於「道」。〈養生主〉謂形神相親；以神導形，以形傳神，形神並茂。因此，在以形傳神，神為人的精神主體，是第一性的原理上，凡形殘神美者皆具有傳神之美的性靈美感、精神美感。

「聖人貴一」的「一」意指未分化的有機且和諧的整體，具有渾然一體的渾沌之美，人者能以純粹至精的靈臺心（〈庚桑楚〉）或「靈府」（〈德充符〉）「通乎道，合乎德」（〈天道〉）在形神相親並茂的狀態下，以氣化心知流通內外，通透地體道，使人的精神「獨與天地精神相往來」，「一」亦指統攝繁多萬物的根源性原理，亦即賦予機體宇宙同一性的「道」。氣化萬殊，皆內具同根性的「道」，「道」透過「氣」賦予萬物千差萬別的本性，儘管萬物在形貌和本性上千差萬別，且在生命發展的歷程上有著千變萬化的風貌，卻是萬變歸宗於「道」。「道」是大千世界真與美的總根源，「道」無限的形上屬性深不可測，其化生萬物乃妙不可言。在技藝創作之作品而言，莊子以庖丁解牛，技法熟練，出神入化，已至「技進於道」的天人合一境界。〈養生主〉說：「庖丁為文惠君解牛，……臣之所好者道也，進乎技矣。始臣之解牛之時，所見無非全牛者。三年之後，未嘗見全牛也。方今之時，臣以神遇而不以目視，官知止而神欲行，依乎天理，批大郤導大窾，固其固然，技經肯綮之未嘗微礙，而況大軱乎！……今臣之刀十九年矣，所解數千牛矣，而刀刃若新發於硎，彼節者有閒，而刀刃者無厚；以無厚入有閒，恢恢乎其於遊刃必有餘地矣。」庖丁解牛的操刀技法是實用性價值，「技進於道」的「道」是「技」由實用層次昇華至空靈心的境界審美狀態。他初學解牛時，所見之全牛是其所陌生的對立物。三年後「未嘗見全牛」是因為他對牛筋骨紋理的天理，亦即形構的自然之理，精熟到「以神遇而不以目視，官知止而神欲行」，可見其解牛技藝精湛至全然契合牛筋骨紋理的自然規律。這一範例頗符合德哲康德所說主觀目的性和客觀規律性的冥合。庖丁解牛

「以神遇而不以目視，官知止而神欲行」其神乎其技的神感神遇之精神自由，是存有之真和藝術審美之美渾然契合為一整體，可謂臻於逍遙自在，遊心於藝術創作和審美的精神自由之境界。另一方面，牛體筋骨紋理的錯綜複雜，類比著世道險惡，人身處其中如何明哲保身，庖丁解牛「以無厚入有間，恢恢乎其於遊刃必有餘地矣」，喻吾人當以與物無對，消解偏執對立之心，走出我執與物執，以虛靜的空明心境，如〈山木〉所言：「人能虛己以遊世，其孰能害之。」莊子庖丁解牛的寓言有雙重啟示意義，一方面是「技進於道」的美學原理，另一方面則是明哲保身的處世智慧。

三、培養審美的心靈

當代以雕塑「思想者」作品著名的法國藝術家羅丹（Auguste Rodin，1840-1917）認為我們生活的世界，處處都充滿美，我們只是缺乏審美的心靈。西班牙畫家畢卡索（Pablo Ruiz Picasso，1881-1973）自謂一生學畫，直到晚年才體悟到學畫要學純真的赤子之心。老、莊對於審美心靈的培養也有相類似的看法，老子所謂「滌除玄鑒」以超塵脫俗的虛靜心對萬物的本真之性進行整合性的審美觀照。莊子則引導人以「心齋」、「坐忘」的拔俗之韻證悟「朝徹」、「見獨」，亦即以「靈府」、「靈臺心」與「天地精神相往來」與「道」在深層的感通中相冥合。「道」不但是化生天地萬物的根源性原理，更是煥發萬物本真之美的美感本體。培養審美的心靈，得通過與道相契來開發美感的心源。吾人若要從自身生命中實現對「道」的整全性觀照，必須將世俗中所浸染的習心習性進行層層的剝落、漂白或剝落功夫。〈逍遙遊〉所謂：「至人無己，神人無功，聖人無名。」蓋人在社會化、世俗化的過程中形塑出「我執」，從而以自我為中心的生死、得失、夭壽、貧富、美醜……等計較，同時也對身外之物的社會性榮顯、名利、功勞、業績的執著，亦即對身外之物產生「物執」。「我執」與外物之「物執」

使我們逐漸疏離了童稚原有的純眞、坦誠，「嗜欲深者天機淺」，這是我們常以現實功利的眼光衡量俗事，無法以無用之用的審美眼光來感受天地萬物原始的眞美。

莊子提示我們以蕩相遣執的心靈修養工夫，在「吾喪我」的漸進歷程上以「心齋」來復原人本有的天機，重現品賞天地有大美的心靈能力。〈應帝王〉的「渾沌之死」喻示了「七竅」代表我執與物執產生人我、物我的對立分化、矛盾、衝突，導致機體宇宙原始的和諧之裂解，從而導致人與人勾心鬥角，相互否定，淪爲「倒懸」之苦。此際，世界殘破不堪，人我敵視，利害薰心，整個世界景象黑暗、醜陋多，美感少。培養審美的心靈在於消解我執與物執，重返渾沌之道及人渾沌無分別算計的初心——靈臺心。〈山木〉謂：「少私寡欲。」〈大宗師〉提點了「坐忘」靈修功夫，所謂：「墮肢體，黜聰明，離形去知，同於大道，此謂坐忘。」其中「墮肢體」是引導人從七情六欲的束縛中解脫出來。「黜聰明」、「去知」（對立分化的概念切割之知）、「黜聰明」（斤斤計較的精明心機），是引導人從世俗價值觀中各種對立衝突性的是非、得失之算計中超脫出來的工夫。〈大宗師〉認爲人若想遊心於「道」必須經歷三大淨化的心靈的工夫：（一）「外天下」超離對世事進退、榮辱的執迷；（二）「外物」超脫個人貧富美醜、得失的計較；（三）「外生」超離對悅生惡死的懸念與偏執，能「坐忘」而不「坐馳」才眞能放下一切，打開初心地見「朝徹」、「見獨」，心靈淨化至如朝陽始出般的清明通透。〈人間世〉則提出了「心齋」的靈修功夫，所謂：「氣也者，虛而待物者也。唯道集虛。虛者，心齋也。」「氣」是對虛靜心的比喻，耳目心知是現象之知，亦即對有限事物的片面之知，「道」是有無限形上屬性的本體。莊子以非對待性的「獨」來稱呼「道」的自本自根，有情有信。「唯道集虛」係以精神的聚集內斂來對治精神逐物不返的外馳（坐馳），消解我執與物執，達到「無己」、「無功」、「無名」亦即外天下、外物、外生的虛靜心。如此，審美主體在「虛室生白，吉祥止止」的心境下才能油然而生，以純眞無邪的童稚之心感受到有形天地的無限大美。

四、審美心靈的境界美

　　培養審美心靈的蕩相遣執工夫非一步到位的，而是要通過漸次修行，漸次開始的工夫歷程。〈大宗師〉所提「外天下」、「外物」、「外生」的工夫是消解偏執的外在工夫，「朝徹」、「見獨」、「無古今」、「不死不生」是返觀自照的內證本真之性的功夫也是與造化萬物之「道」冥契的內在功夫。步步培養審美能力和藝術作品的創造蘊涵著亦功夫亦境界的漸修、漸悟、漸創作之歷程。《莊子・達生》有則表述藝術創作之心路歷程，所謂：

　　梓慶削木為鐻，鐻成，見者驚猶鬼神。魯侯見而問焉，曰：「子何術以為焉？」對曰：「臣工人，何術之有！雖然，有一焉。臣將為鐻，未嘗敢以耗氣也，必齊（齋）以靜心。齊三日，而不敢懷慶賞爵祿；齊五日，不敢懷非譽巧拙；齊七日，輒然忘吾有四枝（肢）形體也。當是時也，無公朝，其巧專而外骨消；然後入山林，觀天性；形軀至矣，然後成見鐻，然後加手焉；不然則已。則以天合天，器之所以疑神者，其是與！」

梓慶所雕造的鐘架，見者驚嘆其美有著鬼斧神工之藝術造詣，魯侯問他何以能有此境界。他說藝術創作欲達到登峰造極的境界，必歷經一段超然於俗念的聚精會神過程，他自稱用了三天齋戒的功夫，消解了想藉這一作品獲得慶賞爵祿的俗念。他進一步用了五天的時間，超越了世俗性批評是非巧拙的懸念，等他齋戒靈修的功夫過了七天後，他已陶醉在藝術的美感，沉浸在創作的活動中，已得意忘形了。若從〈人間世〉所說的「心齋」功夫來詮解他創作的美感心路歷程，則他進入山林擇取合適的木材時，乃是「聽之以氣」。木匠自剖其心境為：「入山林，觀天性；形軀至矣，然後成見鐻，然後加手焉；不然則已。則以天合天，器之所以疑神者，其是與！」他之所以能以巔峰的藝術美感心境創作出鬼斧神工之

作品，就在於他能「唯道集虛」凝神聚氣，超然物外，技進於道的依順天理「以
天合天」，可謂天人合作之神品，成玄英疏曰：「所以鑢之微妙凝似鬼神者，只
是因於天性，順其自然，故得如此。此章明順理則巧若神鬼，性乖則心勞而自拙
也。」**20**

　　總而言之，《莊子》首篇以〈逍遙遊〉開宗明義，已表顯出只有人的精神
處於絕對自由狀態下，才足以全然釋放美感的心靈，悠「遊」於無言的天地萬物
之美感中。《莊子》全書使用「美」字計五十二次，他藉「游魚之樂」喻示他嚮
往在精神與道冥合的無言之境中，「獨與天地精神相往來」以及與天地並生，與
萬物爲一的物我兩忘的渾全之美。其美感的最高境界是在妙契道眞的氛圍下感受
天地之大美係來自美的主體以天合天之根源之美、大全之美。莊子獨創一「遊」
字來傳達天人合一的美感終極境界。〈大宗師〉所謂：「遊乎天地之一氣，不以
心損道，不以人助天，是之謂眞人。」〈人間世〉說：「乘物以遊心，託不得
已養中，至矣。」〈應帝王〉說：「汝遊心於淡，合氣於漠，順物自然而無容私
焉。」〈田子方〉謂：「遊心於物之初。」「遊心」指精神凝聚，不滯於物地暢
行通達，才能如〈達生〉所言「形全精復，與天爲一」，全精、守氣和養神的極
致才能遊心於一切存在的根源（「道」）縱身於大化之流，參與道、氣的運化，
享盡品賞天地造化之大美。與道冥合係「以天合天」亦即以審美的無限自由心悠
游於天地，審美性的觀照天地萬物所煥發的無言之美。〈田子方〉對此心境的詮
釋是：「老聃曰：夫得是，至美至樂也。得至美而遊乎至樂，謂之至人。」莊子
〈逍遙遊〉之「遊」是「解心釋神」的審美之遊，至樂之樂乃是「天樂」。〈天
道〉說：「夫明白於天地之德者，此之謂大本大宗，與天和者也；所以均調天
下，與人和者也。與人和者，謂之人樂；與天和者，謂之天樂。」這段話最貼切
地表達出莊子審美心靈的至美至樂心境。

---

20 郭慶藩《莊子集釋·下》，臺北：萬卷樓圖書公司，1993年，頁660。

第三章　竹林玄學的時代困境與個體意識之覺醒

第一節　時代的困境

　　人生在世不是孤獨的單體，人是歷史文化的存有，社會、政治性的存有，也是有道德靈魂的存有，具有情誼感通的竹林七賢亦非孤懸於歷史文化、政治、社會、倫理的文人團體。形塑他們的歷史境域，有數項客觀的因素。在主流學術方面，漢代儒家經學末流，古文經學偏執於章句訓詁，流於繁瑣支離。今文經學流於天人神祕感應、讖緯災異說，變調成荒誕不經。在社會倫理方面，孔孟道德自覺，由仁義行的德行倫理，轉折至荀子、韓非子外塑性的、外在規範性的他律倫理。在政治方面，秦漢中央集權式的權威，形成當權者的傲慢和我執性的偏見，以政治強權貫徹當權者偏執性的意志。道德禮法的道德禮法之治異化爲宰制社會的工具，剝奪了人民的政治人權，在社會知識分子階層方面，司馬氏集團的名教之治，獨斷獨行，知識分子失去思想言論和行爲的自由。他們在失去人性尊嚴下，內心苦悶，趨向如何解脫政治、人生的困境，汲取老子形上智慧，莊子逍遙自在的精神性自由和幸福。筆者擬以三大面向論述其涵義。

一、魏晉之際的社會結構形態

　　魏晉的社會，從經濟形態觀之，係一自給自足的農業社會。土地是從事農耕的自然經濟之重要資源或工具。因此，吾人或能由彼時人與土地的相互關係中，了解其社會的人際關係之基本結構。

　　從漢末的黃巾起義，至三國時代，一連串的戰禍，致使許多土地在長期的爭戰中流於荒蕪。許多荒田由於原地主的流徙而成爲無主之田[1]。於是有力量的大

---

[1] 司馬朗提議恢復井田制。《三國志‧魏書十五》，〈司馬朗傳〉：「今承大亂之後，民人分散，土業無主，皆爲公田。」可推知彼時無主之田甚多。

小軍閥、豪門大族強占土地，並且設法招徠失去土地或土地不足的農民耕種所強占的土地。此時，受困於戰亂的農民，也有請求具武力的世家大族予以人身保護的需求。所謂世家大族，除了從官僚體系所派生出來者外，亦有從商人身分通過土地的兼併，將財富集中於土地占有形態，成為具大地主意涵的世家大族，這些富商大賈常不易與「武斷鄉曲」嚴格區分，彼時被通稱為「地方豪強」。

氏族關係的社會組織在中國傳統的社會制度上，長期流傳。這種以血緣為紐帶的結合，在魏晉之際，在世家大族的莊園形塑初期有其積極作用。蓋彼時的世家大族多聚族而居，在兩漢地方機構鄉亭里制失去功能後，世家大族既是民間社會數個大家長制家族之總體代表，則適時地發揮「庇蔭」丁戶、分割國家戶口的機能。其「百室合戶，千丁共籍」（《晉書·慕容德載記》）的態勢，儼然具有地方政權的實質。世家大族之內，貧富分化顯著，因此，貧窮的族人不得不依附顯貴的族人。不論貧窮的或顯貴的族人，尋求團結以借武力自衛是相需相求的。因此，顯赫的族人為了團結宗族子弟，作為屯塢自守、築壁相保的基本力量，就在既有的血緣關係上建立了政治利害的結合。王仲犖先生謂：「新興的世家大族所以帶著特別濃厚的父家長色彩，出現於魏、晉、南北朝時期，就是這個緣故。」[2]

在生產人口方面，大批農民為逃避掠奪及來自政府的苛捐雜稅和繁重的勞役，不得不託庇於世家大族，紛紛向世家大族莊園集中[3]。世家大族在原統一的漢政權崩裂之際，一方面團結宗族弟子，屯塢自守，築壁相保；另一方面，則部勒依附他們的農民成為部曲[4]。同時，與世家大族建立隸屬關係的依附農民，其

---

[2] 王仲犖《魏晉南北朝史》，臺北：仲信出版社，1997年，頁147。

[3] 依附於世家大族以後的農民，按當時規定可免除國家所課的租稅及所徵的力役。雖然，他們仍得負擔世家大族所徵的兵役雜徭，而且「其佃谷皆與大家量分」（《隋書·食貨志》），「被強家收大半之賦」（《通典·食貨典·丁中》），卻仍然比自耕小農所負擔的國家租稅重擔為輕。

[4] 攝王仲犖《魏晉南北朝史》的解釋：「『部曲』這一名詞，原來是兩漢以來的一種軍事建制。漢大將軍營，有五部，每部有校尉一人，軍司馬一人；部下有曲，每曲有軍侯一人；曲下有屯，每屯有屯長一人。『部曲』二字連綴起來，猶如後世的師、團、營、連一樣……本來軍事建制中的部曲，一轉而成了代表軍隊的名詞、士卒隊伍的變稱了。」見該書頁163-164。

任務是，平時爲他們耕田，戰時爲他們打仗。由於戰亂的擴大和延續，使部曲成爲社會結構中人數眾多的階層。雖然部曲需要爲自衛而共同作戰，其主要任務爲佃耕土地。彼時佃耕土地係父子相承的，因此，部曲在參加耕作後，部曲的身分亦屬家世承襲的。

曹操爲了建立以他爲首的中央政權，不能容忍土地與勞動力無限制地流落於世家大族手中。因此，他在經濟上實行屯田制，企圖抑制大族，削弱地方割據的勢力。其具體做法，在於恢復漢武帝以來鹽鐵專賣的政策，將所得的利益用於置買犁牛等生產工具，使農民在其所占有的土地上進行農業生產。屯田制的特色在於曹操用軍事編制的方法將農民組織起來，固定在國有土地，亦即皇室私有的土地上，形成爲國家耕種的土地制度。因此，屯田制除了有抑制大族地方割據的功用外，也兼有控制百姓的功能。曹操在實行屯田制時，考查官吏是否盡職，端視其領導屯田的能力如何。屯田制是曹操厲行名法之治的經濟條件，也是強化中央集權的重要辦法。

然而，曹操的力量畢竟有限，其政權尚需世家大族的支持。因此，他對世家大族不得不採取既抑制又拉攏的態度。如是，代表中央的占田制經濟與表徵地方豪強的塢堡經濟，相矛盾亦相並存。曹操的占田制只是暫時妨礙彼時世家大族的發展。屯田制度在曹操死後，曹叡統治時便開始被破壞，到曹芳時，屯田制隨著豪門世族勢力的逐漸加強而遭到破壞。等到司馬懿打倒曹爽後，司馬氏父子加速了對屯田制的破壞。司馬氏係儒學大族，其所建構的政權，主要靠世家大族的擁護。他爲了滿足世家大族的利益要求，以換取他們的歸附，結合成一強固的統治集團，便把政府的土地與勞動力重新分配。

司馬氏政權用法律、政治的力量，把農民依附在土地上，爲皇室及大臣貴族耕種，這就是西晉的占田制。占田制可謂司馬氏借以保障豪門世族經濟利益所制定的士種制度。貴族官僚在此一制度下，享受了多占田畝的特權，而且可以蔭

庇其親屬享受免役的特權[5]。因此，占田制又可稱為占田蔭戶制，它將曹魏時代具有軍事束縛形式的屯田制[6]，重新編制成小農村組織形式的西晉占田制，該制度對占田和蔭田皆有一定的數字。唐長孺先生謂彼數字有兩種意義：「第一表示對於土地與勞動力占有適當限制。」[7]該制度係在承認既成事實的基礎上加以限制，法令容許一定數量的田客和一定範圍的受蔭親屬。另一意義是，依法令，彼時貴族官僚只要有沾上官職，皆可分別享受占田、蔭庇親屬與募客的權利。其意義在於「滿足占田不足，田客缺乏的貴族、官僚、士人等要求」[8]。

從一般人民的占田和課田關係言，有兩種不同說法。第一種說法較傳統，謂男子每人占田七十畝，女子每人三十畝，只繳納謂田丁男五十畝，丁女二十畝之租。馬端臨《文獻通考》把占田說成授田，至於如何課田則未說明。另一種說法認為課田是一種徭役地租，視占田即是授田。西晉不採漢魏的實物地租，而採徭役地租的方式，因此，課田是政府勒令人民以無償勞動來支付田租。唐長孺先生解釋說：「課田是督課耕田之意。一般人民自十六歲—六十歲，不論你是否自己有田，政府一定要你耕種五十畝（丁女則二十畝）。這是謂『驅民歸農』的意思，占田規定七十畝，政府並不要求你全部耕種，但至少要五十畝田不被荒廢。」[9]課田的用意在解決晉初耕地面積縮小與農業勞動力的不足，乃要求地方官督促人民耕田。課田是徭役地租性質，收穫物全部歸官有。

至於農民的稅率，雖眾說紛紜，但是魏晉時期三七分租，官取其七、民取其三是極普通的稅率。不論是屯田制或占田制，魏晉時代的社會，從經濟結構觀之，土地與勞動力皆被統治階層所控制。農民提供其農業生產力以依附於官僚階層，負擔沉重，生活艱苦，缺乏自主自由的生命權利，堪謂被官僚集團所宰制的弱勢階層。

---

[5]　可參考《晉書・志第十六》，〈食貨〉。

[6]　王仲犖謂：「部曲、佃客是被禁止離開自己的土地。他們倘若沒得到他們主人的允許，而擅自離開自己土地的話，那就作為『逃亡』論罪。」見《魏晉南北朝史》，頁165。

[7]　唐長孺《魏晉南北朝史論集》，臺北影印，出處不明，頁44-45。

[8]　唐長孺《魏晉南北朝史論集》，頁46。

[9]　唐長孺《魏晉南北朝史論集》，頁50。

二、魏晉之際的政治權力與社會控制

魏晉之際，不論屯田制或占田制，諸政權所以能將農民與土地緊密地聯繫起來，產生固定的關係，且督促農民繳納過多的田租、戶調和服力役，係因諸政權握有權力的工具。其權力的工具除了一般性的軍隊、法庭、監獄等外，尚有特殊性的道德禮法，可資強制生活於彼時社會的人遵行這些義務。

至於當時人如何進身官僚體系中，以享用特權，吾人可溯自漢代。漢代的專制君王爲鞏固王權，抑制世卿勢力，乃借提拔部分自由平民和低層貴族來建構官僚體系。觀漢武帝以降，尊經崇儒，官僚多以經術起家。這些以經術致身通顯的官僚，授徒講學，所眾集的生徒爲數可觀，形成一股社會力量。由於這些官僚的子孫亦紹繼家學，進身權貴階層，因而造成累世公卿的局面[10]。東漢取士標榜經明行修，所崇尚的名節在稱著於宗族鄉里的仁義孝悌，由於累世公卿的產生，東漢中葉以後，漸次出現了士族門閥階層，於是成爲被官僚體系吸收的對象，在身分上則逐漸改變。從前「每尋前世舉人貢士，或起畎畝，不系閥閱」[11]，東漢末葉則「選士而論族姓閥閱」[12]，「以族舉德，以位命賢」[13]。如是，大家世族壟斷了政治資源，成爲社會地位顯赫的權貴，亦即社會上的強勢團體，宰制性階層。

東漢的選士所以會演至「以族舉德，以位命賢」，關鍵在選士的方式，其辦法或由地方官吏向中央推薦的地方察舉，或由中央指名徵闢。蓋被察舉或被徵闢的人物，必須獲得鄉閭評定的正面評價。鄉閭評定權常落入大族世家手中。大族世家以經術顯身，掌握品鑑人物的清議權，其品鑑人物的標準取於儒家道德品目，例如「敦厚」、「方正」、「孝廉」、「節儉」等；或標榜治理百姓的能

---

[10] 例如：東漢楊雲官至太尉，兒子秉官至太尉，秉子賜位至司空、司徒，賜子彪亦位至司空、司徒、太尉；凡四世，皆方三公。

[11] 《後漢書・章帝紀》建初元年詔。

[12] 見仲長統《昌言》。

[13] 見王符《潛夫論・論榮》。

力，例如「高第」、「良將」、「秀才」、「卓異」等，出身豪門者由於這一社會階層掌握經術和品鑑人物的清議而享有優勢。

曹操打破取人以德的舊制，改採唯才是用的新策[14]，以期抑制大族勢力的擴張。他擢拔出身細微者任官[15]，打擊朋黨交遊、蔑視清議，努力鏟除對他有威脅性的最大豪門世族[16]，爭取一般的豪門世族之合作。曹丕時代用「九品中正」的選才辦法，試圖由中央掌握任官的人事權。然而，東漢以來的豪門世族已享有幾百年的經濟和政治勢力，地方勢力也已根深蒂固。曹魏政權又不得不向現實勢力妥協。因此，中正制流於以家世高低為品評人才的客觀依據，只能做到「上品無寒門，下品無勢族」的地步[17]。這反映了曹魏政權自身所依靠的社會力量尚屬薄弱。司馬懿能發動「高平陵政變」，推翻曹魏政權，掌握大權，主要原因在於其獲得了當時不滿曹魏政權的豪門世族之支持[18]。

從社會政治思想觀之，司馬氏的政權代表豪門世族階層的利益，史書稱晉代「政治寬簡」，即是對豪門世族的「寬簡」。例如：司馬氏當權後，將一部分曹魏的屯田分賜給官僚，對豪門世族侵占官田及蔭人、蔭戶制採縱容放任的態度。這些漢末的大族世族多在漢代尊經崇儒的傳統下，借通經致仕，可謂經儒世家。東漢經明行修的舉才標準雖然鼓勵了知識分子重視道德修養，然而，利祿之誘也助長了知識分子中沽名釣譽的虛浮不實之社會風氣。葛洪謂「舉秀才不知書，察孝廉父別居，寒素清白濁如泥，高第良將怯如雞」[19]可見一斑。

此外，在司馬氏掌權時代，得勢的世家大族，標榜著禮法之治。他們雖高唱

---

[14] 曹操於公元二〇三年、二一〇年、二一四年、二一七年再三頒布用人唯才的命令。

[15] 《三國志・魏志》卷一注引《魏書》：「（曹操）拔於禁、樂進於行陣之間，取張遼、徐晃於亡虜之內，皆佐命立功，列為名將。其餘拔出細微，登為牧守者不可勝數。」

[16] 曹操曾逮捕世代公侯的弘農楊彪、汝南袁氏四世五公，連根鏟除。殺楊修，捕殺享有盛名的魯國孔融、清河崔琰。

[17] 關於「九品中正制」的始末、內容、用意可參考唐長孺《魏晉南北朝史論集》中〈九品中正制度試釋〉一文，頁85-126。

[18] 司馬懿本人是漢末豪族。觀西晉的開國功臣，例如何曾、王祥、賈充、杜預、石苞、裴秀、劉放等，卻是東漢以來的豪門世族。

[19] 見葛洪《抱樸子・外篇・審舉》所錄的民謠。

孝悌、忠信、廉潔、名節等德目，事實上，像何曾、荀顗之徒，生活奢靡，心胸偏狹，唯名利是計，其標榜道德禮法極其虛偽。彼時的道德禮法不但是嚴尊卑貴賤之別、序男女老幼之異的社會位序機制，而且也是執行不平等的位差倫理之社會控制工具。其具體的實踐法，就是將儒家的綱常倫紀予以法律化、威權化，使之具強制性的社會束縛力。至於其具體內涵，吾人可舉其四大端略述如下：

（一）確立「重罪十條」。吾人觀《北齊律》遵循魏晉禮法結合的原則和實質性的規範內容，總結成「重罪十條」。計有反逆、大逆、叛、降、惡逆、不道、不敬、不孝、不義和親屬之間的犯姦行為，亦即內亂。借刑律的竣法嚴懲來維護綱常倫紀的社會控制功能。

（二）在刑律上實行「準五服以制罪」的原則。所謂「服制」，指以宗法社會喪禮所規制的喪服作標誌，借以規定親屬關係親疏遠近的制度。該制度不但關係著贍養和繼承的權利與義務，且是衡量親屬間相犯，如何確定罪名及量定刑罰輕重的依據。服制愈近，若以尊犯卑，則處置較輕；若以卑犯尊，則處罰較重。

（三）重視立法與司法且嚴懲「不孝」罪。曹魏律明確規定「五刑之罪，莫大於不孝」。晉律則規定不孝棄市。

（四）婚姻關係受門第等級支配。嚴格的等級統治制反映在婚姻關係上，就是婚姻關係上的門第制度。彼時良民與賤民間不通婚，士族與庶族間亦然，否則將受法律制裁。

三、政治人物及名士少有全者的恐怖統治

嵇康（公元二二四－二六三年）可謂為竹林玄學的思想領袖。「竹林七賢」大約活動在齊王芳嘉平初至元帝奐景元年間，亦即公元二四九－二六三年（嵇康被誅的一年）左右。這段時期是司馬氏集團與曹魏集團權力鬥爭最激烈、

最血腥的時期。其間發生的三件大事[20]值得吾人注意。第一，司馬氏父子行為篡逆，殺大臣和皇帝，卻反誣以不孝之罪。司馬師於二五四年脅迫太后以「毀人倫之敘，亂男女之節，恭孝日虧，悖傲滋甚，不可以承天緒，奉宗廟」[21]莫須有之罪名廢曹王芳，送河南看管，改立曹丕另一孫子高貴鄉公曹髦。司馬昭於二六〇年殺曹髦時，也逼迫太后寫了一道指責令，謂曹髦「造作丑逆不道之言」誣謗太后。司馬氏父子自身不忠不義，卻以不孝的罪名加害皇帝，令有良知的知識分子難以容忍。

第二，在這一期間，一些忠於王室的人相繼被殺。例如，忠於魏室的諸葛誕、王經等被誅殺。賈充、王沉等人不以賣主求榮為恥，為虎作倀，被司馬昭升官，政治倫理蕩然無存。

第三，在曹魏集團及司馬氏集團激烈的政權鬥爭中，被捲進政治旋渦中的名士，多遭殺身之禍。例如，享盛名的何晏、夏侯玄、李豐、王廣等人先後被司馬氏所殺。公元二四九年高平陵之變，《晉書‧宣帝紀》載：「誅曹爽之際，支黨皆夷及三族，男女無少長，姑姊妹女子之適人者皆殺之。」所謂「支黨」指曹爽、何晏等八族。當時清談的玄論派當權者，幾乎被殺光，殺人總數當以萬計[22]。

七賢們多不齒於司馬氏的篡位、弒君之陰謀和惡行。當時獲取經濟特權及政治特權的豪門世族，挾名教以自利，像王祥、何曾等有沽名釣譽的孝行，卻參加司馬氏篡位的陰謀，為嵇康、阮籍等人所鄙視。原來有莊嚴意義的人倫道德，在彼時禮與法的結合下，淪為政治工具。禮法一方面被野心政客用以標榜自己，騙取社會的認同和信服，借此以鞏固自己的政治利益、經濟特權。另一方面則被當權派利用來營造忠孝廉潔的意識形態以利於統治，同時也借禮法束縛百姓，打擊異議分子。豪門世族存自私自利之心，凶狠奸險的行為，對禮法的利用和踐踏，

---

[20] 參見許抗生等《魏晉玄學史》，陝西：陝西師範大學出版社，1989年，頁148-150。

[21] 見《三國志‧魏書四》，〈三少帝紀〉，臺北：鼎文書局，1979年，頁128。

[22] 可參考唐修《晉書》，《三國志》裴注引的古籍，《三國志》之《三少帝紀》、《曹爽傳》。

使嵇、阮等人對異化的禮法及操控禮法者作了激烈的批判。以嵇康爲例，批判這些爭權奪利的豪門世族說「勸百姓之尊己，割天下以自私，以富貴爲崇高」[23]，至於禮法已淪爲政爭不已的工具，「賞罰雖存，莫勸莫禁。……刑本懲暴，今以脅賢。昔爲天下，今爲一身。下疾其上，君猜其臣。喪亂弘多，國乃隕顛」[24]。他對現實社會不合理現象之抨擊，集中於其〈釋私論〉、〈難自然好學論〉、〈管蔡論〉諸文中。

「驕盈肆志，阻兵擅權，矜威縱虐」指責司馬氏把持軍政大權，誅戮異己。「刑本懲暴，今以脅賢」直斥司馬氏屢興大獄，以嚴刑作爲政治迫害知識分子的工具。「下疾其上，君猜其臣」指司馬氏父子兄弟們的不忠不義，陰謀篡位。對於司馬氏假借中國歷史傳統的堯舜禪讓說及湯武征誅說以欺蒙世人，企圖爲自身的篡位予以文飾和鋪路，更是不齒萬分。嵇康對司馬氏所擬利用的，具歷史公信力之政權合理轉移說予以否定，他在〈卜疑〉一文中「輕賤唐虞，而笑大禹」，在〈與山巨源絕交書〉中則明確無懼地「非湯武而薄周孔」。

至於被司馬氏集團所利用而異化爲宰制天下人之工具的「名教」，他不但宣稱自幼「不涉經學」，且不像何晏、王弼般的去注經籍，在行文中也不像一般儒生那樣引用「子曰」、「詩曰」。他在〈難自然好學論〉中駁斥「立六經以爲準」、「以周孔爲關鍵」。同時，他爲反抗彼時被司馬氏集團政治化了的儒家意識形態，在其〈與山巨源絕交書〉一文中公然表明「老子莊周，吾之師也」。他在〈難自然好學論〉中露骨地揭穿了尊經尊儒只是統治集團以政治手段來控制天下之利器罷了。他尖銳地指出：

　　求安之士，乃詭志以從俗，操筆執觚足容蘇息，積學明經，以代稼穡；
　　是以因而後學，學以致榮，計而後習；好而習成，有似自然。

---

[23] 夏明釗《嵇康集譯注・答難養生論》，黑龍江：黑龍江人民出版社，1987年。
[24] 夏明釗《嵇康集譯注・太師箴》，黑龍江：黑龍江人民出版社，1987年。

　　統治者將經學世教與功名利祿掛鉤，以胡蘿蔔效應利誘莘莘學子勸學講文而被灌輸統治者所預期的意識形態。一般士子禁不起功名利祿的誘惑，「計而後習」、「學以致榮」，在榮利之途上奔鶩而不自覺自知。

　　總而言之，司馬氏集團所標榜的尊經崇禮，及禮法之士所高唱的教忠教孝之道德仁義等名教，並不是篤信忠孝仁義的內在價值，只是利用為統治上方便的政治工具，亦即賦予其工具價值罷了。他批判了當時現實政治的真相後，提出了一套較理論性的政治史觀，謂：

　　鴻荒之世，大樸未虧，君無文於上，民無競於下，物全理順，莫不自
　　得。飽則安寢，飢則求食，怡然鼓腹，不知為至德之世也。若此，則安
　　知仁義之端，禮律之文？及至人不存，大道陵遲，乃始作文墨，以傳其
　　意；區別群物，使有類族；造立仁義，以嬰其心；制為名分，以檢其
　　外；勸學詩文，以神其教。（〈難自然好學論〉）

　　又云：

　　夫言移風易俗者，必承衰弊之後也，古之王者，承天理物，必崇簡易之
　　教，禦無為之治。君靜於上，臣順於下，玄化潛通，天人交泰。枯槁之
　　類，浸育靈液。六合之內，沐浴鴻流。蕩滌塵垢，群生安逸，自求多
　　福，默然從道，懷忠抱義，而不覺其所以然也。……大道之隆，莫盛於
　　此；太平之業，莫顯於此。（〈聲無哀樂論〉）

　　由嵇康這兩段政治史觀，可知他認同承繼了老莊的政治觀。蓋老子對「人」與「道」的互動關係，透過政治史觀有一歷程性的解釋，所謂：「失道而後德，失德而後仁，失仁而後義，失義而後禮。夫禮者，忠信之薄，而亂之首。」對老子而言，「道」是遍具一切，與物無對待的絕對存有，「道」的體性是不偏執任何一端之有的「無」。萬物與「道」原是無分化無利害對待，渾然一

體的，這也就是嵇康所謂「大樸未虧，君無文於上，民無競於下，物全理順，莫不自得」的境界。莊子亦認為溯本至人類最原始的自然狀態，人與人之間無知識、無利害、無心機。換言之，人與人在無分化對立中，無是非好惡，無憂無慮地過著樸素而和諧的生活，所謂：「民居不知所為，行不知所之。含哺而熙，鼓腹而遊，民能以此矣。」[25]對莊子而言，人性的至真處即天生自然的本性：「性者，生之質也。性之動，謂之為；為之偽，謂之失。」[26]能依順自然本性的資質而活動者是人自然之「為」，不順乎自然的人為活動謂之「偽」，有失人之真性。對嵇康而言，若人們循性率真，「飽則安寢，飢則求食，怡然鼓腹」，亦即能自足於本性，自得於本意，且不自覺自知，則已為「至德之世」了。

對老子而言，人若逐漸疏離了「道」、「德」的真實存有，則原始的素樸和諧就遭到了破壞。究其原因，老子謂：「咎莫大於欲得。」[27]進一步言，一切執於「有」的「有身」、「有知」、「有欲」、「昭昭」、「察察」、「熙熙」、「有爭」乃是產生社會動亂、政治禍害之源。莊子謂自從黃帝、堯、舜以降，興治化之流，澆淳散樸，人開始離性而從心[28]。莊子廣泛而深入地考察人們的諸般名利欲望而劃分為四範疇，各範疇有六種內容，總計二十四神情欲樣態：「貴、富、顯、嚴、名、利，六者勃志也；容、動、色、理、氣、意，六者謬心也；惡、欲、喜、怒、哀、樂，六者累德也；去、就、取、與、知、能，六者塞道也。」[29]簡稱為「四六」。「四六」侵心，則人心險惡，人性難復。統治者有鑑於此而倡仁、義、禮，行忠孝仁義之世教。老子言大道廢而後有仁、義、禮。莊子進一步區分，指認出「道」、「德」是非人為力所能致的自然體性。仁、義、禮是人所能意識和施行的，所謂：「道不可致，德不可至。仁可為也，義可虧也，禮相偽也。」[30]莊子認為統治者造立仁義之禮文以名利誘導人們從之。這種

---

[25] 《莊子·馬蹄》。
[26] 《莊子·庚桑楚》。
[27] 《老子·四十六章》。
[28] 《莊子·繕性》。
[29] 《莊子·庚桑楚》。
[30] 《莊子·知北遊》。

人為外鑠的禮範，諸如繩、墨、規、矩等機巧聰明，卻對人們產生「削其性」、「侵其德」的反作用，使人失「常」性和失「本」眞。蓋「榮辱立，然後睹所病；貨財聚，然後睹所爭。今立人之所病，聚人之所爭，窮困人之身，使無休時，欲無至此，得乎！」[31]仁、義、忠、孝等德目究竟偏執一端，若與利害結合而行，則人心在趨利避害的行爲傾向下，機巧僞詐不擇手段地趨避，是非不斷，衝突迭起，社會更亂，益無寧日，仁義幾乎成爲滿足自私自利的社會工具。因此，莊子批判道：「毀道德以爲仁義，聖人之過也。」[32]

　　七賢透過老、莊解讀司馬氏等禮法之士所推行的名教之治，更是心有契應感合於老莊的政治觀。他們澈底地否定了司馬氏集團虛情假意的名教之治。例如：嵇康認爲在政治化的尊經尊禮下，所謂「明堂」、「調誦」、「六經」、「仁義」、「文籍」、「揖讓」、「章服」、「禮典」皆爲蕪穢之物，應予揚棄[33]。不過嵇康堅決否定的是魏晉之際，司馬氏政權下所行假仁假義的名教之治。他對古聖先王所制定的禮樂教化還是有一定的肯定的，他認爲先王「爲可奉之禮，制可導之樂」[34]猶如皇羲既歿，唐虞（堯舜）亦佳，可見嵇康的政治觀仍具一些先秦儒家的見解，並非全然是道家的立場。

四、結語

　　孔子嘗謂：「鳥獸不可與同群，吾非斯人之徒與而誰與！」（《論語・微子》）人是隸屬於歷史文化的存有。人的文化生活常透過縱向的傳承與創新過程，以及橫向的與他人相攝相融之活動，才能獲致人文生命的充實感和意義性。

---

[31] 《莊子・則陽》。
[32] 《莊子・馬蹄》。
[33] 《嵇康集・難自然好學論》。
[34] 《嵇康集・聲無哀樂論》。

人的文化生活要落實在社會群體中，則需要社會機制。社會機制係個體與群體聯繫的關係網絡。具有個別差異的人依社會所賦予的角色、地位、職位及規範與他人作和諧有序之交往，可進而形成種種群體活動及社會整體的生活。因此，反映個別差異的社會階層形式本無可厚非。當個人被納入社會體系中，按既定的角色與地位，彼此互補、相互配合，不但需要系統化的社會組織，更需社會規範。為了使每個社會成員能熟悉社會組織、社會規範、風俗習慣，教育是進行個人社會化的重要途徑。換言之，建立群體的綱紀及社會教化或世教，對社會整體生活的運行原是不可少的。

然而，魏晉之際，豪門世族在社會變遷中兼併土地，把持戶口（勞動力），形成地方割據勢力。中央政權又拉攏豪門世族的勢力，形成一強勢的利益集團。當這一強勢的利益集團為宰制占社會人口多數的弱勢團體（庶民），鞏固自身既得的不合理利益，而將道德禮法這一社會規範作為一遂己私利的工具時，則道德禮法變為不合理的社會束縛，為廣大的弱勢群體帶來壓抑和苦痛。這是嵇康激烈地批判名教或世教的關鍵所在。

在嵇康的社會史觀裡，自然與人文似乎處於價值的對立面，人在原始的自然狀態之群居生活是最淳樸和諧的了，當人類由自然的群居趨於人為構作成的社會組織形式時，則人越離間自然而越趨於人文的規制而社會化及世俗化。換言之，文明愈盛，則人心愈貪婪墮落，虛偽滋生，演成強欺弱、眾暴寡的社會現象。

嵇康面對司馬氏與豪門世族結合的利益集團所犯下的種種傷天害理的惡行，雖義憤填膺，卻缺乏雄厚的政治、經濟力量與之抗衡。雖然，他或可發動人民潛在的社會力量，可是彼等惡勢力控制和監視森嚴，且若事敗後難免家族大小遭受連誅的殘酷命運。才高性烈、剛腸疾惡的他，在無奈中仍遇事則發，著文以揭露彼等罪行，或以道家的無為自然之玄理批評彼時的名教或世教，也企圖以道家的理想政治進勸當權的惡勢力，最後雖付出了寶貴的生命，卻仍無法有效地改革時局於萬一。這是中國歷史上悲劇的一頁。

吾人從嵇康的社會、政治思想中認識到，合理的社會生活應植基在合理的政治體制上。集權的人治政體易賦予貪婪險惡的政客以力量造成巨大的罪孽。若

集權的中央政權與社會強勢團體相互結合以宰制廣大的人民，則社會正義淪爲夢饜，人權淪喪，人民成爲統治階層濫權奴役的工具。此豈爲人們所願意享有的社會生活。至於如何改革政治體制，主導明確的政治文化，嵇康似乎欠缺制度理性的營造。這在他的社會、政治思想中也是不無遺憾的。

第二節　氣化萬殊的宇宙觀與個體意識的覺醒

　　氣化宇宙論肇始於莊子，醞釀於戰國中晚期，成熟於秦漢時代的黃老道家，在魏晉玄學與美學以及宋明理學有深刻的發展而形成不同的理論特色。「氣」概念在中國哲學流變史中，對形上學、認識論、人性論及價值哲學具有多層面及多面向的影響。「氣」概念的蘊義也非常豐富，「氣」衍生了「精氣」、「元氣」、「靈氣」……等相關概念，不論「氣」或「精氣」、「元氣」，皆將陽與陰解釋爲由氣所分化之兩種具對比性差異的氣。對魏晉玄學而言，道是自然萬象存在和活動的根源，道的無限內涵透過宇宙生成的元素的「氣」——流行的存在，而有氣化萬殊及千變萬化之差異世界。對魏晉美學而言，「道」爲天地萬物所以爲美的根源，氣化流行則成爲人與自然萬象靜態美及動態美的表現憑具。陰陽氣的差異呈現了柔順婉約的柔美及剛健渾雄的壯美，兩者有時相涵攝相往來，呈現了動態的對比之美。道在統攝、調劑陰陽的作用歷程中使人產生了審美性的整全觀照。在人與天地萬物渾然一氣的感通與交融下，藝術創作與美感品賞皆因同根、同構的「氣」而交感共鳴成主客合一、情景交融、心與境之和諧的審美境界。本節先處理「氣」概念在先秦兩漢的論述脈絡，再紹述魏晉時代涉及玄學與美學交會處的「氣」概念之解讀，最後則選取劉勰時建安文學「慷慨任氣」及曹丕所創構的文學批評理論「文以氣爲主」做主題，期能將「氣」在魏晉時代所以能形成美學理論的一項核心概念予以梳理和闡明。

一、「氣」概念在魏晉前的論述梗概

　　「氣」字肇始久遠，我們從殷商甲骨文及西周的金文遺跡中皆見其文字雛形，在語法上作名詞用而具有動態的乞求、迄至、終訖涵義。東漢許慎著《說

文‧氣部》云：「氣，雲氣也，象形。」又解釋說：「氣，饋客之芻米也。從米氣聲。」由象形言雲氣意指自然界氣象變化中所呈現的種種氣息。例如，液態的水遇熱則蒸發而上升至空中成為氣態的蒸氣，遇寒則凝結成固態的冰，或是在春天冰釋時所呈現的氤氳之氣象。由這些信息可約略得知氣在遠方指一有能量可變化轉成不同存在狀態的實有物。「饋客之芻米」，即生米煮成熟飯的歷程，已引申出宇宙生成論的涵義，意謂宇宙元素構作出存在者的雛形，且在肇生後又有持續發展的力量和可能，由所初具的潛在之有變化成實現之有。「氣」字賦予哲學宇宙論概念，筆者首見於《老子‧四十二章》所云：「道生一，一生二，二生三，三生萬物。萬物負陰而抱陽，沖氣以為和。」若以「沖氣以為和」為依據，逆向的理解其層層相因的所以然之理，則可詮解「道」生成萬物的程序。那就是「道」先產生渾沌未分的一氣，再自行分化為在性質上有性質差別的陰氣和陽氣。同根於一氣而來的陰陽二氣，因異質而相吸引，彼此對應感通，和諧互動地交感融洽的和合狀態。所謂「二生三」，由道所衍生的陰陽沖和之氣才得以化生萬象紛然的萬物。「萬物」泛指「道」藉由陰陽交感的沖和之氣所化生的殊別化的個體存在，每一存在者由「道」所秉賦到的本質規定，稱為「德」。換言之，「德」是個物有得於「道」得享有自身的本真之性，亦即物內具得自「道」而有的自然本性或本質。因此，「德」與「道」同質異層。「道」是天地萬物所同出的本根，「德」是個別化的存有者，由「道」所秉受的內在性情及活動力。「道」與「德」構成了老子的道與萬物之間的關係。《老子‧二十五章》表述其中的關係為：「道之尊，德之貴，夫莫之命而常自然。故道生之，德畜之，長之育之，亭之毒之，養之覆之。生而不有，為而不恃，長而不宰，是謂玄德。」道涵具無盡藏的形上屬性，在人對道的認識上，人難以測知道的玄奧，可是透過萬物在存在和活動上所自然顯現的萬般性情和規律，人可藉以認識「道」在不同層次及面向上自我開顯的端倪。綜而言之，在宇宙生成論上，「道」透過陰陽交感的沖和之氣化生萬物，賦予萬物自然本性，亦即「德」。由人的形上認識程序而言，人藉萬物自顯其「德」，亦即稟得自「道」的自然本性，可認識「道」林林總總的端「性」。

　　莊子在〈大宗師〉稱「道」造就萬物的作用爲「造化」，莊子論「道」繼承老子，認爲天地萬物是由無意識的「道」所產生。莊子創「氣」的自然流變說，他以氣的聚散變化來詮解人的生與死，〈知北遊〉云：「人之生，氣之聚也；聚則爲生，散則爲死。」他在〈齊物論〉斷言「道通爲一」，在〈知北遊〉又指出「通天下一氣耳」，他雖未處理「道」與「氣」兩概念間的相互關係，卻也隱含了「道」、「氣」相涵爲一整體性的存在。「道」是藉氣化來產生萬物的存在和變化，「道」是本體論的存有，「氣」則屬宇宙發生論的存有，以「道」率「氣」，以「氣」順「道」，二者相依互動，不離不雜，圓順融洽爲一體。我們由他藉「氣」概念來解釋生死，可推知「氣」爲有機的生命成素和力量（vital force），由於道、氣相涵且爲天地萬物所以生成和變化的本根，因此，人與天地萬物是同根共源的，皆具道、氣的機體同一性。形上學的機體同一性，提供了人生哲學上，人與天地萬物之關係的理解基礎。人與天地萬物雖然在表象上是千差萬別的，且有不可化約的個體性，然而，在存在的根由上皆具道、氣的同源性。因此，人與天地萬物在縱貫的形上同根性下，也涵蘊了萬事萬物橫向的內在聯繫性和感通性。於是，在莊子的天人關係上有了「齊物」的本體觀，天人不是對立的而是緊密聯繫的。同理，人與他者（他人及天地萬物）具有機體的同類感及聲氣相通，休戚與共的感通性。此外，「氣」既爲天地萬物所以生成的有機原質，則生與死只是「氣」變化的「相」之不同，生死的眞相乃一氣之流行變化，生亦氣、死也氣，生與死只是一氣之聚散，氣爲恆在的原質。因此，人的生死係氣自然變化的必然現象，不必執氣化的片面相而悅生懼死。同理，在氣化流行中，生死相乃相連而繫屬於一氣，則莊周或蝴蝶在氣化的個別相上雖不同，卻同是一氣化所呈現的，在氣化流行的變化中，兩者可相互往來，彼此轉換存在相。莊子的氣化宇宙觀衍生了人與人、人與萬物一體的同胞意識，消解了生與死、貴與賤、得與失的片面偏執。莊子的氣化論提升了人生的視域，以天地爲生命的場域，與萬物相感通，與道冥合，與天地精神相往來，陶冶成心胸寬厚，超然物外的達觀人生，亦即逍遙自適的恬淡人生及美感化的人生。就人生境界而言，我們不必把莊子的「氣」拘執於宇宙論的有機原質上，莊子也借「氣」的虛靈活潑義

來喻說其「遊」的精神境界，〈逍遙遊〉所謂：「若夫乘天地之正，而御六氣之變，以遊無窮者，彼且惡乎待哉！」「氣」是道內在於其中的載體，〈則陽〉云：「陰陽者，氣之大者也，道者爲之公。」道透過氣來生成變化萬物，道不離氣，亦當然不離物。因此，人能乘六氣之變，實質上是因順「道」之運行而與化游息，形上的道與形下的氣相涵攝，圓融一體。〈大宗師〉所謂：「彼方且與造物者（道）爲人，而遊乎天地之一氣。」

　　《管子》稷下四篇對戰國中晚期的黃老思想影響深遠，其中〈內業〉有云：「凡人之生也，天出其精，地出其形，合此以爲人。」深信人的生成係由天地之精氣與形氣所結合。該篇亦認爲道、精氣、靈氣三者爲同質性，可相互往來和貫通，所謂：「精也者，氣也，精也。氣，道乃生，生乃思，思乃合。」、「靈氣在心，一來一逝。其細無內，其大無外，……心能執靜，道將自定。」氣由道所派生，人稟受氣之精純靈秀者，對「道」能起靈明體證的作用，人若能有虛明篤靜的心境，不但能體證精氣，且可留存心中而與道相冥合。靈氣與精氣是流動的，陳鼓應認爲〈內業〉所說的「鬼神」乃精氣之流動[35]。孟子的知言養氣與〈內業〉皆注意到對氣的存養，皆能提升人的心境與品格，與道相從地實現存有的本眞。孟子所養的浩然之氣，在於申張天地道德的正氣，〈內業〉則謂：「藏於胸中，謂之聖人。」旨在契應統攝天地萬物的本根而能實現養生與治國的最高理想，臻於人類中最精粹的菁英人物。

　　「元氣」的概念在兩漢的發展頗爲盛行，常見於漢代道家、儒家及道教的典籍中。本文選取與魏晉玄學密切關聯的《淮南子》與王充爲漢代氣論之代表。《淮南子》一書多處論及宇宙生成的程序及原理，其中〈天文訓〉有段論述完整而有條理的氣化宇宙觀，茲節錄於下：

---

[35] 陳鼓應《管子四篇詮釋》，臺北：三民書局，2003年，頁50。

太始（道的別名）生虛霩，虛霩生宇宙，宇宙生元氣。元氣有涯垠，清陽者薄靡而爲天，重濁者凝滯而爲地。……天地之襲精爲陰陽，陰陽之專精爲四時，四時之散精爲萬物。

「宇」指上下四方所構成的空間，「宙」指古往今來構成連續歷程及先後次序的時間，「宇宙」這一複合詞表述時空統合場域。〈天文訓〉認爲道生出虛無狀態的「虛霩」，「虛霩」衍生了宇宙，宇宙衍生了元氣，亦即產生了構成萬物的有機之原質。換言之，宇宙誕生了元氣才能依次衍生天地、陰陽、四時及萬物。元氣是「道」資以產生天地萬物的質料因素，並非宇宙萬物的本體。〈本經〉云：「天地之合和，陰陽之陶化萬物，皆乘一氣者也。」「一氣」指元氣，陰陽乃元氣所分化出來，可認識的狀態才能生成萬物。調劑和合陰陽氣者是終極性實在的「道」。質言之，「道」才是化生萬有之本體。「元氣」一詞在《淮南子》書中的使用並不普遍，「氣」才是全書本體論、形神論、修養論及美學的核心概念。「氣」字在書中的使用多達二〇四次，隨對象及語境的不同而有豐富且多樣的用法。例如，〈本經〉云：「天氣爲魂，地氣爲魄。」、〈內業〉曰：「摶氣如神，……精氣之極也。」、〈精神〉謂：「血氣者人之華也。……而邪氣不能襲。」等氣物關係的論述。在道氣關係上，「氣」開顯「道」，「道」是「氣」顯發和流行的內在理據及動力因。在宇宙論的型態上，《淮南子》的氣化論屬於機體宇宙論解釋生滅變化（包括轉化）的生成論，在〈天文訓〉中陳述了「道」經「氣化」歷程而產生萬物，所謂：「道始於一，一而不生，故分而爲陰陽，陰陽合和而萬物生。故曰：『一生二，二生三，三生萬物。』」可見《淮南子》不但吸取《老子》的宇宙生成論，且改造之。〈天文訓〉把老子「道生一」改造成「道始於一」指陳「道」的原始狀態是渾然一體的「一」。「道」透過派生陰陽二氣，且在「陰陽合和」的協調狀態才化生出萬物，具體而深刻地詮釋了《老子》四十二章豐富的蘊義。

東漢的王充（公元二七—九七年）在《論衡·詩諱》云：「元氣，天地之精微也。」意指元氣是構作萬物的宇宙元素，其性質是極爲精微的。他在〈言毒〉

說：「萬物自生，皆稟元氣。」意指在既予存在的天地中，萬物稟受精微的元氣而自自然然的生發出來，而非出於鬼神意志的支配。筆者曾評論王充的宇宙論，指出：「氣化的過程是天無爲而物自生，是王充破除天的神祕性，確立自然無爲而自生的氣化論，突出其宇宙論之特點。」[36]然而，王充也進一步指出萬物自生所稟的元氣得自天地的合氣，〈自然〉云：「天地合氣，萬物自生。」「氣」概念在王充《論衡》一書中發展得很豐富，林麗雪將書中「氣」字的使用層做過初步的分類。氣之在天者，稱爲「天氣」、「元氣」等；氣之在自然者，如「節氣」、「歲氣」、「雨氣」、「寒溫之氣」等；氣之於「人」的生成者，如「精氣」、「人氣」、「血氣」、「神氣」、「身氣」、「光氣」等；氣之於人事作爲所產生的影響，如「形氣」、「賞氣」等[37]。對王充而言，人不但稟受元氣，且係元氣中品質較優秀的部分，他稱爲「精氣」，〈論死〉所謂：「人之所以生者，精氣也。」我們若再參照他以「精微」釋元氣的講法，他似乎是以「微」來表述元氣的「形」，以「精」來表示元氣的「質」，人所稟受的是元氣中最精微的部分。他在〈初稟〉對人與人之個性和形貌的分殊性、差異性，究其原因訴諸「稟性受氣，形體殊別」。可見人雖同稟精氣，可是仍有質與量的不同而構成人與人之間的差異性，這一論點對魏晉人物美學提供了理論基礎。王充的元氣自然說，吸取自先秦以來「精氣說」的內涵，王充將「氣」的作用由形體彰顯。徐復觀把他定位爲「唯形論」襯托出王充對「神」的疏略[38]。儘管如此，筆者認爲王充的氣論並非物理性的機械論，而是有生命活力的機體論，《論衡・狀留》有言：「草木……元氣所在，在生不在枯。」可資爲論據。

[36] 曾春海《兩漢魏晉哲學史》，臺北：五南圖書出版公司，2005年，頁102。
[37] 林麗雪《王充》，臺北：東大圖書公司，1991年，頁215-216。
[38] 徐復觀《兩漢思想史》，卷二，臺北：臺灣學生書局，1976年，頁610-611。

二、魏晉時代的「氣」論

　　一般而言，魏晉玄學有別於漢代哲學處，在於其主流思想由漢代氣化的宇宙觀轉向玄學的本體論。然而，「氣」概念在魏晉仍有其流脈，且將論題集中在人與人個體性的差異特徵上，對美學有深刻影響。筆者針對這一流脈與人物美學有關者，擇取劉劭、嵇康和郭象為代表。劉劭是魏初人（今河北邯鄲人，其著名的《人物志》成書於正始玄學前），其著書的動機和意向旨在鑑視分別官僚體系中職能分工所對應之人才資質，期能位得其才，適才適所而才盡其用，政通人和。可是《人物志》的理論意義不僅於此，而具有推擴為品鑑一般人物才性的原理。其核心理論係承繼自漢代氣化宇宙的「氣」論，〈九徵〉精要的論述人物才性之別的根由所在，所謂：「蓋人物之本，出於情性。……凡有血氣者，莫不含元一以為質，稟陰陽以立性，體五行而著形。」他將人之生命及其個別的性情差異之來源，皆溯本歸源於「元一」、「陰陽」、「五行」之氣。「元一」指陰陽渾然未分的元氣，由元氣所分化剖判的陰陽之氣構成人內在的本性，亦即人的個性、情感、才能，智力。「五行」構成人的形質軀體而彰著於外。由陰陽之氣所構成的個人心理特質與五行之氣所形構的外在形貌，基於五行出於陰陽的宇宙生成論，我們可藉觀察人之外形而類推出此人的內在心理諸特質。劉劭對人之情性的形成因之詮釋訴諸陰陽五行氣化的宇宙發生決定說。他以「氣」釋人的個別「性」，賦予人自然生命和性格特徵的本根。他在《人物志・流業》把人才能表現的「偏材」（偏至之材）綜合，歸納出十二大類，分述其不同的才能特質及所適任之職務。例如：「偏材」是法家者，其才能特質是「建國立制，強國富人」，其所適任之職務為主掌立法和司法的「司寇」。偏材屬雄傑者，其特質是「膽力絕眾，而材略過人」，可以出任領兵作戰的「將帥」。魏晉時代所崇拜的英雄人物，劉劭不歸納到十二類偏材中。他將英雄獨樹一幟，在〈英雄〉中界說英雄的才性特質為「聰明秀出謂之英，膽力過人謂之雄」。至於統帥整個官僚體系，總覽全局的君主或聖王，劉劭認為其所當具備的才性是「聰明平淡，總達眾

材，而不以事自任」。他還對能「總達眾材」的才性資質做了進一步的內涵說明，〈九徵〉云：「凡人之質量，中和最為貴矣，中和之資，必平淡無味，故能調成五材，變化應節。」「中和」指能遍具十二種偏材而能全方位的平衡發展。「平淡」指所具備的各項才能都很勻稱，沒有特別的短處與長處之突出點。回顧漢魏思想的流脈，王充的自然元氣論所採取的以氣論性之路數對劉劭以氣釋才性，解說人的自然生命與性格特徵之根由，具深刻的啟發，魏晉人物品藻重視人的自然稟賦和個性特徵，崇尚自然美、個性美的審美風尚，顯然是以氣言性審美的時代思潮與風尚的表徵。

嵇康的宇宙生成論及人性論接續兩漢氣性及劉劭才性論的論述脈絡，當然，他也提出自己的創見。由大處而言，他承襲了兩漢以來所建構的「元氣」或「太素」之至一，開展為「陰陽」或「二儀」之二化，再流衍成五行，終成就「眾生」或「萬物」的繁然富有之現實世界。簡言之，這是一、二、五的宇宙萬物生成模式。嵇康的論述也深受這種傳統的宇宙論模式影響。他所論述的宇宙生成論，要義如下：

夫元氣陶鑠，眾生稟焉。〈明膽論〉

浩浩太素，陽曜陰凝，二儀陶化，人倫肇興。〈大師箴〉

夫天地合德，萬物資生。寒暑代往，五行以成。章為五色，發為五音。

〈聲無哀樂論〉

嵇康思想中所提及的「元氣」在宇宙生成程序上較「太素」更為根本。筆者曾在所著的《嵇康》一書中細究兩者之別：「『太素』當為由元氣所發展出來，形構萬物的質料或原素。『太素』進一步分化出可形成自然界萬物存在與變化的陰陽。」[39]「二儀陶化」指萬物的存在與變化皆出於一陰一陽交感的律動歷程。

---

[39] 曾春海《嵇康》，臺北：萬卷樓圖書公司，2000年，頁53。

秦漢以來的宇宙論者咸認為萬物的衍生皆源於陰陽二氣與五行五氣之間交感合和而成。嵇康將人對陰陽氣之不同稟賦所形成的才性之差異，提出了具體的分辨，他在〈明膽論〉一文中說：

> 夫元氣陶鑠，眾生稟焉，賦受有多少，故才性有昏明。唯至人特鍾純美，兼周外內，無不畢備。……故吾謂明膽異氣，不能相生。明以見物，膽以決斷，專明無膽，則雖見不斷，專膽無明，則違理失機。

「明」指人智能的明理能力。「膽」指人意志力的凝聚力和決斷力或魄力。嵇康認為「明」與「膽」可分屬於人的不同才性。聰明者不必然有實踐的膽量。有膽量於實踐力者，不必然有聰明的智力。只有「至人」能兼具識見之「明」與「膽」量的魄力。他在此文中就陰陽氣稟的屬性不同，分辨出人在才性上所以有「明」與「膽」之別，謂：「推氣分之所由，……明以陽曜，膽以陰凝。」明膽之殊其所以然之理在於人所稟受的陰氣和陽氣在質量上，各有深淺、精粗與多寡之不同。他在〈養生論〉中提出了「神氣說」，所謂：「外物以累心不存，神氣以醇白獨著，曠然無憂患，寂然無思慮。」神氣指人的形神關係中，形神是否相親？人能否修成以神導形，形神相備而濟美的理想狀態，這一論點對魏晉的人物審美至為重要。形神論肇始於《莊子·養生主》，《淮南子·精神》則進一步從宇宙生成論的立場，謂氣分為二，清陽者為天，人的精神受之於天。氣之重濁者為地，人之形骸受之於地。人之所以享有生命係得自於元氣或精氣或神的化生，人之死係因人所稟的元氣、精氣或神的衰竭，嵇康的「寶性全真」之養神說立基於此。形神論涉及人的形體美與精神美，對嵇康形神交養說觀之，形神俱美者才是真正完美的人物審美之準據，他在〈養生論〉論形神關係，謂：「形恃神以立，神須形以存。……使形神相親，表裡俱濟也。」他的形神相依，形神相親，以形依神，以神導形，形神兼備，形神俱濟的形神關係論轉化成魏晉人物審美、人物畫之審美的最核心理論了。

郭象透過注《莊子》不斷地向文本提問和自省，層層探索時代境遇的事實

真理，深層的自我理解。他在時代的歷史命限及自我的覺醒中，清晰地自我認同，定位出自我與社群的分際及合適的互動關係。他在遭時不遇的時代中，將安身立命的生命安頓問題係基於個人性命之自足與安適的化境中，這是他對混亂的時代予以超越而能逆來順受的人生智慧。在個體意識的覺醒，生命主體性之確立的思想方向下，郭象《莊子注》涉及「性」字及其所衍生的複合詞，總計多達二百六十八處**40**。其中有「氣性」、「性氣」、「眞性」、「自然之性」……等豐富而多樣的涵義，他認爲人應因順一己的性命本分，亦即「性命」而達「適性」逍遙的人生自得之樂。他雖承認人的性分乃稟受於自然，卻有氣稟命定不可移動之安命說。〈德充符〉注云：「夫松柏特稟自然之鍾氣，故能爲眾木之傑耳，非能爲而得之也。言特受自然之正氣者至希也。下首則唯有松柏，上首則唯有聖人。」值得注意者，郭象爲覺醒及保任個人的主體性，他只取用漢代的氣性爲個人既已存在之事實，卻割斷個人或氣化宇宙生成論之關涉。因此，他極力否認個體的存在來自他生或「爲生」，擬努力證成個體是自生而獨化的，他說：

> 故明眾形之自物而後始可與言造物耳。是以，涉有物之域，……未有不獨化於玄冥者也。故造物者無主，而物各自造，物各自造而無所待焉，此天地之正也。故彼我相因，形影俱生，雖復玄合，而非待也。明斯理也，將使萬物各反所宗於體中而不待乎外，外無所謝而內無所矜，是以誘然皆生而不知所以生，同焉皆得而不之所以得。（〈齊物論〉注）

又舉一例證說：

> 自然者，不爲而自然者也。故大鵬之能高，斥鴳之能下，椿木之能長，朝菌之能短，凡此皆自然之所能，非爲之所能也。（〈逍遙遊〉注）

---

40 〈莊子序〉出現一次，其餘皆出現在《莊子注》的注文中。

　　郭象所表述的自然「概念」，非希臘機械宇宙觀或近代西方自然主義（Naturalism）一切訴諸因果律所制約的自然萬象。機械式的自然因果法則，在因果鎖鏈的連鎖反應下，自然萬象的發生及運作有其不得不然的必然性，乃有待而然的「他然」及他律，而非自發性的自然及因順本性的內在所以然。郭象所表述的自然，如大鵬之能高飛，朝菌之短命，皆其性分自然之所以然。他將王弼所謂自己如此之自然，落實在存在者當下自足的本性上。因此，自然即是萬物之自爾如是，並非外在的他者他然地使之然。這是他所謂眾形之自物，亦即獨化於玄冥者而可言「造物」概念，牟宗三詮釋郭象自爾獨化境界之深層蘊義說：

> 向、郭注莊，平視萬物，各各圓滿自足，自然而然，自化其化，無有生之者，無有然之者。此即「靜觀則無」也。……此不過捲之於主觀化境之觀照：平視一切。任之而圓滿自足。此是一種境界，一種意義。此仍是提起來，虛靈起來，無執無著而至之境界意義。此即是「自然」，此是境界之「自然」，境界之「獨化」，此即是道與無也。**41**

　　郭象的「自生」概念係一無他力宰制性的任物自化之歷程。換言之，萬物之氣性乃任氣性自化之狀態，一切由氣性自發性的湧現，又復歸於自身的自動化成之自然狀態。他所謂自生自爾的「自然」泯化本體與現象，實然與應然之區，非西方訴諸因果法則的機械宇宙觀的理論型態，而較近於機體的宇宙觀。他的氣性乃係自生自爾的「自然」，充滿生機活力，有妙不可思議的生機流行作用，具有玄妙之美，與南朝謝赫「氣韻生動」之美學概念，頗有前後呼應的理論內在連續性。

---

41 牟宗三《才性與玄理》，臺北：臺灣學生書局，1983年，頁271-272。

三、慷慨任氣與文以氣爲主

「氣」概念對魏晉美學的啟發與影響有深刻而多樣的影響，不論是文學批評理論、人物品藻、書法審美、繪畫審美、音樂審美、佛像藝術……等。本文選取建安時代士的自覺之「慷慨任氣」、曹丕〈論文〉之文的自覺，亦即「文以氣爲主」爲範例，探索「氣」概念在魏晉美學的形成中所起的作用。就建安時代的歷史情境而言，建安文人遭逢漢魏政治情勢鼎沸之際，經學所構築的精神堡壘動搖，社會崩解以及人心思變的殘酷事實，文人的個性和才華得以自由舒展。例如，曹操對政局的劇變，人生的短暫和無常，感受鮮明而深刻，創作出著名的〈短歌行〉：「對酒當歌，人生幾何？譬如朝露，去日（過去的日子）苦多。慨當以慷，憂思難忘，何以解憂？唯有杜康（酒名）。」他在有限的人生及悲苦的歲月中卻能感懷時局，頗思作爲以撥亂反正。他在〈秋胡行〉其二之：「不戚年往，憂世不治。」在〈龜雖壽〉的詩作中大抒己志，謂：「神龜雖壽，猶有竟時，騰蛇乘霧，終爲土灰。」、「老驥伏櫪，志在千里，烈士暮年，壯心不已。」劉勰曾在《文心雕龍·時序》中對建安文字之格局與風格品緻做了酣暢淋漓的評論，謂：

> 自獻帝播遷，文學轉蓬；建安之末，區宇方揖。魏武以相王之尊，雅曼詩章；文帝以副君之重，妙善辭賦；陳思以公子之豪，下筆琳琅。並體貌英逸，故俊才雲蓬；……觀其時文，雅好慷慨；良由世積亂離，風衰俗怨，並志深而筆長，故梗慨而多氣也。

「梗慨」意指慷慨，兼及豪壯意。「多氣」指人的神氣茂盛，志意高昂。「梗慨而多氣」亦即「慷慨任氣」，這是劉勰對建安時期文字創作表現出作者生命特質，精神氣象之概括式的點評。鍾嶸在《詩品序》中將「風力」一詞引入詩評，以「建安風力」來概括建安詩歌遒勁剛健或悲涼慷慨的美學品格及風采。

「風力」原是魏晉人物品鑑的用語，「風」指人稟受天地自然之氣而精神飽滿，生命活力勃發的意態。「力」指氣所表現的強度，「風力」既可品賞文士們心志昂揚，生命力充沛的精神氣質之美，也用作為文字理論的批評語。例如，鍾嶸在《詩品》中評曹植：「骨氣奇高，詞采華茂，情兼雅怨，體被文質，粲然今古，卓爾不群。」

劉劭的《人物表》提出鑑識人物個性氣質的方法，透顯出彼時流行著注重人之精神氣質和才情能力的士風，整個魏晉時代崇尚自然，發展出注重人物個性美和才華美的審美風尚。盛源指出：

> 在建安至魏正始這一段時期裡，便主要體現為重「氣」。這裡的「氣」
> 指一個人先天稟賦而來之氣質、個性，於後天的德行修持無關。它亦不
> 同於傳統哲學中作為物質元素的混沌之「氣」，而是指一個人稟受自然
> 「元氣」而形成的獨特氣質、個性及其表現這種氣質、個性的才華。[42]

我們可舉阮籍為例，中年時期的阮籍處於曹魏政權相對穩定期，心懷濟世的建功立業之志，他在十四、五歲時，勤讀《尚書》、《詩經》，慕好古代先賢潛修修己以安人的儒學。另一方面，他精習劍術，憧憬他日在金鼓齊鳴的聲勢中實現建功立業的濟世宏願。阮籍雖處亂世而能保持建功立業的思想格調及情感力度，與阮籍既浪漫亦正直的個性與才華，適恰的表現重「氣」的主體生命格調。建安時期士人的覺醒表達了對生命理想的熱愛，也昂揚了個性，揮灑出才華。他們以主體崇高的生命精神來主導生命氣力，同時，生命氣力可資以表現生命精神。因此，建安時期文士們的慷慨任氣，「氣」的概念是《管子》稷下四篇的精氣說、孟子的養浩然之氣說及王充《論衡·儒增》：「人之精乃氣也，氣乃力也。」說的融合，藉孟子以志帥氣的思路審之，這三種氣說的陶鑄，慷慨任氣的

---

[42] 盛源、袁濟喜《六朝清音》，鄭州：河南人民出版社，2000年，頁45。

「氣」乃是士人意志、情感和思想的綜合力之總體表現。劉勰在《文心雕龍・才略》評阮籍的詩作是「使氣以命詩」，在〈明詩〉中指出建安文人的普遍精神特徵爲「慷慨以仗氣，磊落以使才」。「氣」概念創發爲表露作者在作品，特別是詩作中對時代風氣、個人生命的當下及未來之實存性的情感體驗。「氣」概念在六朝的美學中規創了「風神」、「氣韻」及「風流」等審美辭彙。盛源詮釋說：「在藝術批評中，『氣』指流動不息的生命活力以及與之相關的氣質、個性志趣和情操等。『韻』指超越於形表的幽微淡遠的意味，合爲一詞則指藝術作品，藝術形象所蘊含和表現出的鮮活靈動、餘味悠長的情趣、韻味」[43] 這是對氣韻這一美學專門語辭較明確而易懂的涵義界說。

　　建安時期的文人，在人格生命上昂揚著慷慨任氣的骨氣、風力。他們高蹈其志，內在生命自然率眞，在詩文寫作上，以靈氣、正氣遣詞，神思氣妙。他們在文學作品中才思泉源，逞才顯學，才氣縱橫，充分流露出自己人格生命的感染力和眞切的自我價值感，享受實至名歸的世譽。曹丕《典論》是他身爲太子時寫於不同時間的論文集，成書時間爲建安二十二年（公元二一七年），可惜全書已逸失。〈論文〉這篇具文字批評理論的論文後來被選入《文選》而得以保存，他在文中對建安七子頗爲讚賞，謂：

　　今之文人，魯國孔融文舉，廣陵陳琳孔璋，山陽王粲仲宣，北海徐幹偉長，陳留阮瑀元瑜，汝南應瑒德璉，東平劉楨公幹，斯七子者，於學無所遺，於辭無所假，咸以自咸自以騁騄驥于千里，仰齊足而並馳，以此相服，亦良難矣。

　　曹丕在文中評建安七子的「氣」有不同的調養，導致他們的文學作品有不同的特色和成就。他認爲作者根據自己的才性、氣質來創作，「不可力強而致」。

---

43 唐長孺《魏晉南北朝史論集》，頁56。

曹丕不小看文章之作爲雕蟲小技，他高視爲與《左傳》所說三不朽的立功，同樣具有不朽的歷史價值。他提出了激勵人心的講法：「蓋文章，經國之大業，不朽之盛事。」他的理論根據是人的才氣與天地之氣相貫通，建立了核心命題「文以氣爲主」。在他的文氣理論中，天地與人咸自稟其氣，天地之氣有陰陽、明晦，人之稟氣爲血氣、才氣，兩者在主客合一，情景交融的境界上是盡然相通的。在六朝美學論究文字之創作和美的根源問題上，聚焦在人對世界的通體感通上。南朝中鍾嶸在《詩品‧序》中深切地呼應了曹丕的文氣說，開章明義地宣稱：「氣之動物，物之感人，故搖蕩性情，形諸舞詠。」其要旨在論述藝術與美感的根源，發生在人對天地萬物的美感觀照中的感通。人所以能在情景交融中，產生審美觀照的感通，又究源於人與天地萬物或自然萬象皆源發於一氣的流行與造化。

劉勰在《文心雕龍‧風骨》認爲「重氣之旨」是曹丕論文的特徵。曹丕的文氣說所以具有文字理論意義，在於用「氣」概念來理解和詮釋文學創作者的天生氣質、才情、才華個性、格調。他表述了這些個人化的生命氣質及其所蘊涵的才情與其文字創作的風格和美感品味密切關聯。他在〈論文〉中說：「文以氣爲主，氣之清濁有體，不可力強而致。譬諸音樂，曲度雖均，節奏同檢，至於引氣不齊，巧拙有素，雖在父兄，不能以遺子弟。」曹丕並不否定文學家的後天努力學習可使文章精進，但是，他更強調文學家天賦的才氣情思是影響文學作品之美的關鍵因素。他的文學批評理論之核心處，乃在於本性清濁不同的文學家之生命氣質，在文學創作之格調、品味、性質、高下的評比上具不可或缺的、本質性的影響力度。

「氣」在中國古代哲學中用來理解和詮釋人與天地萬物所以生成的宇宙元素。莊子的「道通爲一」、「通天地一氣」以及「萬物一體」的宇宙觀是中國日後言「天人合一」、「物我渾然一體」、「天人不二」等境界哲學的共同理源。「氣」居銜接形上、形下、渾化本體與現象、貫通人我及物我關係的中介。氣化宇宙觀不是因果律格局下的機械宇宙觀，而是生氣勃發、流行變化無己的機體宇宙觀。莊子的道氣渾然一體論在人性結構上衍生了形神兼備、形神並茂的一體說。莊子的形神說對魏晉文以氣爲主的文字批判理論、人物品藻的審美、人物繪

畫審美、音樂審美、書法審美而言具有美學的普遍原理之地位。形神相濟、形神俱美的形上原理又溯源於道氣關係。「氣」在魏晉美學的形上原理上,具有貫通道與人、物、以及人與人、人與物橫向聯繫的中樞地位。「氣」在魏晉美學中突出了人的稟氣,透過氣來詮釋人與人在才性、個性、感性、情感體驗及抒發的差異或同一。在魏晉美學中,「氣」概念疏理了美的多樣性及詮釋了美感所具有的「感通」原理,充分發展出名士們的自我理解能力和個體意識的深刻覺醒,特別注重人與人之間個性、情感和才性之個別性。

第三節　竹林七賢的生命才情與人格美

相信凡稍識中國文史哲國學常識的人，都能聞名「竹林七賢」。七賢在道德禮法嚴峻、壓抑個性與束縛社會生活、扭曲人性的時代，顯出深刻的反省自覺及尖銳的批判能力。他們咸認爲若缺乏眞誠炙熱之生命情才，則遵守徒具形式之禮法規範何益於風俗世教呢？七賢有深邃的玄智探索玄理，同時，更具飽滿浪漫的情感。因此，他們的生命氣質，情才生命，穎思雋語，精神風貌形成「竹林七賢」的精神文化特質，深爲世人所品賞樂談。綜觀七賢的言行與人格風采，劉伶、阮咸、王戎所載述的史料較少，爲避免累讀贅述，本書留待第八章第二節〈竹林七賢活化莊子的生命情調〉及第十二章〈竹林七賢與酒〉論文，本節則針對阮籍、嵇康、向秀、山濤此四人較豐富而生動處來描述他們的生命才情與人格美。

一、阮籍

阮籍，字嗣宗，陳留尉氏（今屬河南省）人。生於漢獻帝建安十五年（公元二一〇年），卒於魏元景帝四年（公元二六二年）。父阮瑀是「建安七子」之一，曹操親隨吏員。阮籍三歲喪父，年少時已好學不倦，不慕榮華富貴，以顏回、閔子騫爲效法的榜樣。他在年少時有經世之志，一面刻苦攻讀，一面習武，劍術高超，豪氣萬千。《晉書·阮籍傳》載曰：「籍容貌瑰杰，志氣宏放，傲然獨得，任性不羈，而喜怒不形於色。或閉戶視書，累月不出；或登臨山水，經日忘歸。博覽群籍，尤好莊、老。」阮籍富儒、道兼攝的二重生命情調，在道家性情方面他任性放達，縱情山水。在儒家生命情操上，他年少時有經世之志，在日後所著的〈樂論〉中主張音樂的中正平和。在政治教化上他期待具感染人心，移風易俗的功業。

　　正始十年正月春，高平陵事變，曹爽被誅，阮籍年四十歲左右，見司馬氏集團包藏禍心，奪權成功，阮籍顧及可能的禍害及自身，乃不得不小心應對司馬氏的徵召及政治意圖。《晉書》本傳說：「籍本有濟世之志，屬魏晉之際，天下多故，名士少有全者，籍由是不與世事，遂酣飲爲常。」當指正始十年（公元二四九年）司馬氏集團殘殺曹爽集團，取得政權且採名教之治手段。由於司馬氏集團的奪權本身已是不忠不義，因此，在道德禮法上特別強調孝德，尤其是喪禮的禮數是否完備無缺，算計是非，製造利害衝突，藉以爲宰制社會之工具，這是他們操作名教的道德判斷依據。阮籍爲當時廣大的知識分子所矚目，是司馬氏集團極欲拉攏以便攏絡知識分子，號令天下。阮籍雖不齒虛僞的名教之治，也不得敷衍應付，在敏感的政治場合謹言慎行。司馬昭曾欲爲司馬炎之女求婚於阮籍，期能完成政治婚姻。阮籍的深智遠見洞察到可能的禍害，但是對無法脫身於混濁不安的困局倍覺無奈。他面對俗輩獻媚求榮都得不到的政治婚姻，如今卻是天下掉下來的禮物，不但不動心，且採取虛與委蛇以保身而不失己志的辦法。對他而言，醉酒是擺脫政治困境的最佳辦法，於是「籍醉六十日，不得言而止。鍾會數以時事問之，欲因其可否而致之罪，皆以酣醉獲免」。

　　《晉書・阮籍傳》對阮籍的載述中，有一則很生動地刻畫出阮籍的名士風格。文中載曰：「有司言有子殺母者，籍曰：『嘻！殺父乃可，至殺母乎！』坐者怪其失言。帝曰：『殺父，天下之極惡，而以爲可乎？』籍曰：『禽獸知母而不知父，殺父，禽獸之類也。殺母，禽獸之不若。』眾乃悅服。」對嚴名教之政，以孝治天下的司馬氏集團而言，有人報殺母一案，已極爲大逆不道。阮籍卻輕鬆以對，卻應殺父還能接受，怎麼會到殺母的地步呢？一座人皆驚訝阮籍的失言，司馬昭也深以爲不可。阮籍答得中肯，謂禽獸能認母，卻不能認父，殺父者淪爲禽獸同類。若殺母者，則連禽獸都不如了。

　　阮籍的任性放達，流露眞情而越禮俗有其深刻的見解，他在其所著〈清思賦〉中說：「余以爲形之可見，非色之美；音之可聞，非聲之善。」蓋形色、音聲係感官可徵見的表象，在表層現象下是否有表現者心性和行跡對應符合的關係呢？若心跡一致，表現如一則爲眞誠的人士，若心跡不一，表裡不同，文過於

質，眞情與禮數貌合神離則流於虛情矯飾，虛僞不實了。阮籍法天貴眞，不尙虛
文，與其禮文超過內在的眞性情，則他寧可採取任情性之眞的「質」勝於「文」
了。這也是他針對當時政治社會偏執於道德禮法的虛文，特別以「禮豈爲我輩設
耶？」的任誕之言行，來激發世人對情禮不相稱的自覺和名教與自然相左的問
題意識。事實上，阮籍有內在眞切的人之靈性生命的情性，他的越禮任眞性情是
一種間接性的社會、政治批判，這是他在〈達莊論〉一文中所言「清其質而濁其
文」的深層而實謂之涵義所在。《太平御覽》卷四九八引王隱《晉書》：「魏
末，阮籍有才而嗜酒荒放，露頭散髮，裸袒箕踞，作二千石不治官事，日與鈴
（按當作伶，劉伶也）下共飲酒歌呼，時人或以籍生在魏（晉）之交，欲伴狂避
時，不知籍本性自然也。」情眞則意切，有實感則實發顯，情盡則止而不虛矯，
這就是情性生命之自然。阮籍「嗜酒荒放」而有種種任誕越禮之行爲，可說既是
伴狂避時，也是對禮教淪爲虛文及宰制人性尊嚴和自由的深沉抗議，不必然就是
阮籍的本性自然，茲取阮籍之言爲佐證。《世說新語・任誕》云：「阮渾（阮咸
子）長成，風氣韻度似父，亦欲作『達』，步兵曰：『仲容（阮咸）已預之，卿
不得復爾。』」注引〈竹林七賢論〉曰：「籍之抑渾，蓋以渾未識己之所以爲
『達』也。」阮籍之放達是有所爲而爲的對社會、政治流弊之批判。

二、嵇康

　　在魏晉玄學史上，一般人有見於嵇康玄論的嚴謹完整，格局可觀，感佩嵇
康不畏強權，節操有度，義不負心，爲正義而死的悲壯。這對其豐富多采的人格
生命之內涵而言，仍有所不足。本節擬就嵇康的審美興趣及生命美學予以層層剖
析，期能對嵇康整全的生命有所補充性的認識。文中分由嵇康生命情趣之紹述；
藝術才華多樣化的表現；嵇康對生命美感的體驗及其意境等三方面來烘托出嵇康
藝術的生命才華及其玄論中所建構的美學這一領域。

（一）嵇康的生命情性

　　嵇康，字叔夜，生於魏文帝黃初四年（公元二二三年），殉難於魏元帝景元三年（公元二六二年）。魏晉是個人物品評尚美的時代。嵇康兼具了外表的儀態美、率眞且有特色的個性美、才華四溢的才性美及遺世獨行的精神美，表顯出內涵豐富且多采的人格美。首先，我們先品賞其外表儀態之美。據《世說新語‧容止》五條載：

> 嵇康身長七尺八寸，風姿特秀。見者嘆曰：「蕭蕭肅肅，爽朗清舉。」
> 或云：「肅肅如松下風，高高而徐行。」山公曰：「嵇叔夜之爲人也，
> 巖巖如孤松之獨立；其醉也，傀俄若玉山之將崩。」

　　六朝人對人物形貌美的品鑑，常藉自然界的瑰麗物象來喻示、烘托。同時，在以形傳神，形有限意無窮的美感品味下，魏晉人慕好光明鮮潔，晶亮剔透的意象。山濤借孤松之獨立來類比嵇康豪邁不群的孤高。較明白的說，山濤由孤松挺拔獨立的形象，觸類旁通的類比於嵇康高視突兀的形貌[44]，襯托出「爽朗清舉」的正直品貌。先秦時代開創了藉某種美物來比喻人的德化品行。荀子以「玉」比德於君子[45]。山濤以「玉山」比德於嵇康光明磊落，表裡如一的君子人格意象。

　　關於嵇康的個性美，《晉書》謂：「君性烈而才雋。」[46]又《三國志‧王粲傳》注引〈康別傳〉謂：「曠邁不群，高亮任性，不修名譽，寬簡有大量。」其中「性烈」、「不群」、「任性」的特徵語，皆指點出嵇康特立獨行，豪放不拘，自成一格的個性美。「性烈而才雋」係出於隱士孫登對造訪的嵇康之品評。

---

[44] 嵇康七尺八寸的身高，依魏國社瓊的律尺來計算，當時一尺由〈古尺考〉換算可合0.24185公尺，則嵇康身高爲一百八十八點六四三公分，可謂非常魁梧。由山濤之讚賞語，足見嵇康容止的不俗。

[45] 《荀子‧法行》云：「夫玉者，君子比德也。溫潤而澤，仁也。」西漢的劉向在《說苑‧雜言》中說：「玉有六美，君子貴之。」

[46] 《晉書》列傳第十九。

嵇康的哥哥嵇喜爲嵇康作傳時說：「家世儒學，少有俊才，曠達不群。」後又說：「長而好老莊之業。」（《魏志・王粲傳》注）蓋嵇康性行高亮，胸懷儒家的淑世之志。然而，他身處魏晉之際的政治黑暗時代，其志難伸，面對司馬氏集團的龐大惡勢力，其內心不滿卻無力改革現狀。在理想與現實的矛盾衝突中，他感到痛苦、焦慮與無奈，其身、心、靈的安頓逐亦轉向老莊的生命理想，期能超脫現實生活的諸般憂慮與痛苦。

然而，是非分明的嵇康無法實質性的接受莊子超越道德界是非善惡的觀念。由「家世儒學」可知他的人格陶成歷程也有儒家德化人格的向度。他在〈釋私論〉激越直言：「越名教而任自然。」，究其所擬「越」的名教係彼時道德禮法外鑠性的忠孝仁義等德行，非德性主體內在自覺自發的由仁義行。彼時社會所襲習的道德禮法，出於司馬氏集團的強權政治所規範，淪爲依政治需要而爲其服務的宰制性工具。換言之，在現實政權基於利害所運作的道德禮法，已失去道德理性的本真，而異化成造就許多政治惡的工具理性。嵇康對虛僞性的道德禮法之以僞亂眞深惡痛絕。他在〈釋私論〉中對基於利害的算計所趨避的是非，這一庸俗化、功利化的、虛擬化的道德行爲予以嚴詞批判。自己也爲禮教社會所衍生的匿情爲非，踐踏道德本真的劣行感到萬分的痛苦。嵇康所崇尚的是有志節，能躬行實踐的有德之士，他考察歷史人物，標舉出：「若夫申胥之長吟，夷齊之全潔，展季之執信，蘇武之守節，可謂固矣。故無心守之，安而體之，若自然也，乃是守志之盛者也。」[47]足見嵇康是多麼尊崇能敦品勵德，有氣節的眞儒。

竹林七賢之一的山濤獲司馬昭重用，爲選曹郎舉嵇康自代，期能藉此化解嵇康與司馬氏集團的嫌隙和猜疑。風骨凜然的嵇康卻表明不妥協的回絕態度，作〈與山巨源絕交書〉謂：「吾直性狹中，多所不堪，……剛腸嫉惡，輕肆直言，遇事便發。」且以個性疏懶，藉「七不堪」、「二不可」爲託辭，表示自己不能爲禮法所拘束，間接向司馬氏集團表達決裂之意。觀其所言的「七不堪」：「臥

---

[47] 《嵇中散集・家誡》。

喜晚起」、「抱琴行吟」、「性復多蝨」、「不喜作書」、「不喜弔喪」、「不喜俗人」、「心不耐煩」等固不契於當權派的「禮法之士」，若以儒家情理觀之，則實屬小節不拘，大節不逾，至於「二不可」：一是「非湯武而薄周孔」，二是「剛腸疾惡，輕肆直言，遇事便發」，與他所作的〈管蔡論〉、〈太師箴〉保持一貫的立場。那就是嵇康是非分明，好善惡惡，對操持虛偽禮法的司馬氏集團深惡痛絕，勢不兩立的立場[48]。這是嵇康日後所以遭司馬昭殺身之禍的原因之一。

　　嵇康在面對臨刑東市的最後命運時，猶尊嚴無畏，不改往日神情。《昭明文選》舊賦注引曹嘉《晉紀》云：「康刑於東市，顧日影，援琴而彈。」《三國志·王粲傳》注引《魏氏春秋》云：「康臨刑自若，援琴而鼓，既而嘆曰：『雅音於是絕矣！』時人莫不哀之。初，康採藥於汲郡共北山中，見隱者孫登，康欲與之言，登默然不對。踰時將去，康曰：『先生竟無言乎？』登乃曰：『子才多識寡，難乎免於今之世。』為詩自責曰：『欲寡其過，謗議沸騰，性不傷物，頻致怨憎，昔慚柳下，今愧孫登，內負宿心，外赧良朋。』……」嵇康曾著〈養生論〉一文肯定生命的價值，他的悲劇下場肇因於長期畜養了至大至剛的浩然正氣，勇於義不負心，保明其事，做出無求生以害義的抉擇，體現了孟子所謂威武不能屈的大丈夫人格。他在極限境遇中所做的全命終極價值抉擇，不但煥發了個性美也充盡其令人可歌可泣的精神美。

（二）嵇康藝術才華的表現

　　嵇康的生命形態不僅於呈顯其剛毅耿直的正義感，饒富意義的是他煥發出豐沛多采的藝術才華。茲舉其要者，有三端值得表述。

1. 長於書法

　　據嵇康子嵇紹《晉書·趙至傳》載：「趙至年十四，入太學觀，時先君在

---

[48] 司馬氏集團屬於經禮傳家的豪門士族，戴著儒家禮教的假面具，進行篡位的陰謀，自比於伊尹、周公，在殺了曹髦後自謂：「卻遵伊、周之權，以安社稷之難。」（《三國志》）

學，寫石經古文，事訖去，遂隨車問先君姓名。先君曰：『年少何以問我？』至
曰：『觀君風器非常，故問耳。』先君具告之。」**49**相傳嵇康曾刻三體石經於太
學，其中有《春秋》、《尚書》、《左傳》。唐書法家張懷瓘品評曰：「叔夜善
書，妙於草製，觀其體勢，得之自然，意不在乎筆墨。」韋續《墨藪》云：「嵇
康書，如抱琴半醉，酣歌高眠。又若眾鳥時翔，群鳥乍散。」

　　魏晉時期的書法，係以毛筆書寫於布帛或紙上。書法家藉筆墨運行於紙
上，較顯得生動靈活。書法藝術的表現，隨心靈意識的流動，心、手、筆、字、
紙渾然一體，一脈貫通，頗能自由傳達文字內容之外，持筆者胸中所積蓄的深遠
意境。嵇康的風神氣度非凡，審美心胸開闊，其書法作品被品賞爲「觀其體勢，
得之自然」。可見，嵇康的草書揮灑自如，意象鮮明，生動活潑，傳神盡意之至
妙。他的書法筆韻抒懷流暢，充分表露出其崇尚自然，豪放不拘，寬簡有大量的
生命情調。

2. 工於繪畫

　　據唐代張彥遠《歷代名畫記》卷五所載善於作畫的二十三位晉人中，嵇康
列名其中。該書卷十謂嵇康：「能屬詞，善鼓琴，工書畫。」注云：「獅子擊象
圖，巢出圖傳於代。」嵇康的畫作相傳猶留存於唐代，可惜不見於今。嵇康嘗自
述：「老子、莊周，吾之師也。」就老莊哲學而言，天地係任自然的。魏晉人崇
尚自然美、不但講求形似，更注重神似，形與神渾全爲一和諧的、有機的整體，
形神相親相濟，以形傳神是嵇康在〈養生論〉所主張的形神關係說。因此，天地
所任的自然，特別是人與動物係形神兼備的整全的自然生命體。有形的自然指由
形構之理所成的客觀實物之存在。「神」是無形的妙不可思議的自然，係有形自
然內在之本體，亦即具本體涵義的自然。在魏晉的繪畫美學中，強調以形寫神、
意境深遠的寫意畫爲主流。

　　嵇康畫作所取材的獅子、鳥兒皆屬自然物。兩者皆是有生命躍動的活物，要

---

49 楊勇《世說新語勇校箋》，卷中，〈棲逸〉篇十八，臺北：明倫出版社，頁57。

在畫作中表現出歸眞返樸，一任自然，機趣活現，妙不可言的本眞狀態。崇尙自然美的畫家在審美觀照中應進行精微的妙觀逸想，爲了觀照物如的本眞，作畫者宜摒除一切主觀的意計造作，在生活世界中與作畫的主題進行素樸的、本眞的、全幅活生生的映照。我們雖無緣得見嵇康的畫作，觀其如何取景、構圖、布色，然而，其作品既被品評爲晉代二十三位具代表性的畫家中，可想見其畫當屬魏晉繪畫藝術主流的意境畫。由其「獅子擊象圖」中的「擊」及「巢出圖」的「出」皆動狀詞觀之，嵇康取獅子和鳥生命動能的動態張力，即用顯體地詮解了獅子與鳥兒栩栩如生的神情或意態，體現魏晉時代傳神寫意的畫風。

3. 精於琴藝

嵇喜在〈嵇康傳〉中紹述嵇康：「彈琴詠詩，自足於懷抱之中。」嵇康處在荒謬不義的歷史境遇中，有志未伸，內心擔負著時代沉淪的無限悲痛。他在〈琴賦〉中感慨的說：「物有盛衰，而此無變。滋味有厭，而此不倦。可以導養神氣，宣和情志，處窮獨而不悶者，莫近於音聲也。」遭時不遇，心志難展的嵇康，內心常滿懷憂患與落寞，他在〈贈秀才入軍〉詩之十七中謂：「彈琴詠詩，聊以忘憂。」之十八謂；「琴詩可樂。」凝神撫弦是他飄揚無窮心思的最佳心靈出路。換言之，寄情琴音是嵇康活在悽慘的現實境遇中最能忘憂，也最能感受到世上所殘存的純眞和純美了。

嵇康在〈琴賦〉一文中，深刻精微的表達了他對琴樂器的了解及對琴音之美的無限喜愛及神往。世人對他這篇文章的評價，不僅於讚賞其寫作技巧的高妙，更折服於嵇康高雅的音樂心懷及嫻熟圓美的琴藝造詣。嵇康基於其深刻的彈琴體驗，指認出琴聲音樂之美妙，頗能表達豐富而玄遠的心聲。

《世說新語·雅量》六條載曰：「嵇中散臨刑東市，神氣不變。索琴彈之，奏〈廣陵散〉。曲終曰：『袁孝尼嘗請學此散，吾靳固不與，〈廣陵散〉於今絕矣。』」南朝江淹〈恨賦〉力言嵇康臨刑前的神采是「神氣激揚。濁醪夕引，索琴晨弦」。將嵇康臨難不苟，面對死亡猶尊嚴無畏，神色自若的風骨形象，描繪得生動感人，〈廣陵散〉的琴曲具動人心弦的極高張力，能奏活這一琴曲在當時屬高難度。嵇康是當時被人認爲是能彈這一琴曲的知音。蓋〈廣陵散〉

之能精彩彈出，不僅需具備高超的琴藝以表現曲調的形式美，演奏者更需貝備相應於琴曲內在生命的心靈意識及人格內涵。嵇康具足了時代深沉的感懷及憂患，更涵具了超越現實利害，大義凜然的正義感。因此，內在的心曲與外在的琴曲若合符節，主客交融通貫爲一體，尚奇任俠的嵇康所喜愛的〈廣陵散〉據學者考證乃因嵇康「痛魏之將傾，其憤恨司馬氏之心，無所於洩，乃一寓於〈廣陵散〉」**50**。〈廣陵散〉一方面可將嵇康的琴藝發揮到高峰境界，使他的藝術生命得以臻最飽滿、最自由之至境，另一方面寄情於該曲可淋漓盡致的剖明心志。嵇康臨別之際能選擇所摯愛的人間樂曲，曲終的刹那，嵇康如彗星般的短暫而光亮之生命與〈廣陵散〉共同成爲絕響，爲後世交織成永恆的典範與追思。

三、向秀

　　向秀，字子期，約生於公元二二七年，卒於公元二七二年，河內懷縣（今河南武陟西南）人。天資穎慧且好讀書的向秀雖名列竹林七賢之一，卻不像阮籍、阮咸、劉伶等人耽溺飲酒和任誕的言行。他的生命氣質和生命才情與其他六賢，顯然有不同的特別處。《晉書》本傳謂向秀「清悟有遠識」。他從童年時代，就爲同縣出身的七賢之一的山濤賞識，或許基於年齡的差距較大，彼此沒有深厚的交情。向秀與嵇康、呂安較爲親近，可是在生命氣質上，嵇康傲世不羈，呂安放逸而超邁世俗，向秀較爲平實而雅好讀書，向秀在〈思舊賦〉中自述：「余與嵇康、呂安接近，其人並有不羈之才，然嵇志遠而疏，呂心曠而放。」喜歡讀書的向秀在二十歲時曾寫過一篇〈儒道論〉，可惜已失傳，我們從他後來所撰的《莊子注》一書中可看出，向秀的儒道立場持儒道調和的取向。

　　《世說新語‧言語》注引〈秀別傳〉曰：

---

50 戴明揚《〈廣陵散〉考》，《嵇康集校注》，北京：人民文學出版社。

少爲同郡山濤所知，又與譙國嵇康，東平呂安友善，並有拔俗之韻。其
進止無固必，而造事營生；業亦不異。常與嵇康偶鍛於洛邑，與呂安灌
園於山陽，不慮家人有無，外物不足怫其心……後康被誅，秀遂失圖，
乃應歲舉到京師，詣大將軍司馬文王。文王問曰：「聞君有箕山之志，
何能自屈？」秀曰：「常謂彼人不達堯意，本非所慕也。」一坐皆悅。

　　向秀的拔俗之韻表現在他的進、退、行、止不意、必、固、我而能與時推
移不故步自封。因此當其摯友嵇康被誅後，識時務者爲俊傑，明哲保身的向秀
通情達理，不執於箕山之志，而能逆來順受，與時勢相推移而保全性命於亂世，
且能虛應故事而不同流合汙。《昭明文選》卷十六〈秀思舊賦序〉云：「余少
與嵇康、呂安居止接近，其人並有不羈之才。」「不羈之才」指向秀與嵇康、呂
安襟懷開闊，大節不越而小節不拘，從容大度，悠然自得的精神氣度。然而，此
三人同中也有異外，《世說新語・文學》註引〈秀別傳〉曰：「秀與嵇康、呂安
爲友，趣舍不同，嵇康傲世不羈，安放逸邁俗，而秀雅好讀書。」嵇康、呂安的
不羈之志表現在曠邁任心的得意上，向秀則表現在他活解了崇尚逍遙自在的《莊
子》一書上，他在針對嵇康〈養生論〉一文而作〈難養生論〉云：「有生則有
情，稱情則自然。」他所說的自然，有別於嵇康「越名任心」之心靈意識流動之
自然，而係實然之事理，客觀化的天理自然。

　　向秀不僅在治學立場上採儒道兼綜，且在他的人生行事及生活理念上也融入
其間。例如：他在攝食養生方面，以適性爲自然，既不「絕五穀」、「去滋味」
卻也無非漫無節制，他在〈難生論〉中說：「飢而求食，『自然』之理也，但當
節之以禮耳。」他心目中所認可的合理之禮文是順情性而設計的，他在此文中指
出：「富與貴，是人之所欲也自但求之以道，不苟非義。」他縱使爲保全性命於
亂世而屈就於司馬昭的屬下，他也拿捏於儒、道的有爲與無爲之間，因此，《晉
書》卷四十九〈本傳〉謂向秀「在朝不任職，容跡而已，卒於任」。

四、山濤

山濤，字巨源，河南郡懷縣人，與向秀同鄉，生於漢獻帝建安十年（公元二○五年），卒於太康四年（公元二八三年），享年七十三歲。少孤而貧。唐修《晉書》卷四三〈本傳〉云：「濤年四十，始為郡主簿，功曹，上計掾，舉孝廉，州郡部河南從事。」可知他四十歲之前猶平民身分，早年境遇不佳，正始八年，曹爽專權，有傳司馬懿稱疾，山濤去職歸隱，及其二次入仕，則與晉室婚姻有關。唐修《晉書》卷四十三〈本傳〉曰：

> 與宣穆后有中表親，是以見景帝。帝曰：「呂望欲仕耶？」命司隸舉秀才，除郎中，轉驃騎將軍王昶從事中郎。久之，拜趙國相，遷尚書吏部郎。

《晉書》卷三十一〈宣穆張皇后傳〉曰：

> 諱春華，河內平皋人也。父汪，魏粟邑令，母河內山氏，司徒濤之從祖姑也。

由文獻得知山濤係景文兄弟輩，「見景帝」之稱謂方式，證知司馬師已嗣位大將軍，時間當為嘉平四年（公元二五二年）以後之事，與山濤前次離官職有八年之久。山濤再入仕至逝世達三十多年，未嘗棄司馬氏而別從魏室。因此，《晉書·本傳》司徒表曰：「臣事天朝三十餘年。」山濤忠勤於晉室，受晉室器重得見於本傳載述曰：「及武帝受禪，以濤守大鴻臚，護送陳留王詣鄴[51]。」

---

[51] 鄴，魏氏五都之一，而始建國之地也。魏政權失落後，故國王公，孤臣遺民多聚居此地。晉室山濤督守此地，有若西周管、蔡負責監督殷之遺臣般的意義。

　　山濤的才華主要顯露在咸寧四年以迄太康三年任僕射主管選職這五年多的任期。《晉書・本傳》載曰：「每一官缺，輒啟擬數人。……濤所奏甄拔人物各為題目，時稱山公啟事。」《世說新語・政事》亦載曰：「山司徒前後選殆周偏百官，舉無失才，凡所題目，皆如其言。唯用陸亮，是詔所用，與公意異，爭之不從。亮亦尋為賄敗。」「山司徒」指山濤，他所選拔的人才可說遍及各種職類且知人善識，他品評歸類的各式人才，皆如其舉薦般的各稱其職，可謂適才適所。唯有任用陸亮是由晉武帝直接詔用者，與山濤意見不合，雖然山濤力爭而未果。結果陸亮任職不久，就因受賄而被免職，可見山濤識才之明過人。同書同篇還載曰：「山公（山濤）以器重朝望，年踰七十，猶如管時任，貴勝年少，若和（和嶠）、裴（裴楷）、王（王濟）之徒，並共宗詠。」山公啟事存見於今者已不多，《全晉文》卷三十四搜輯最眾，得五十二條，得略見其真情。茲引《太平御覽》一百十九載曰：「詔，侍中缺，當復得人，誰可者？雍州刺史郭奕、右衛將軍王濟，皆誠直忠亮，有美才，侍中之最高者也。」《晉書・本傳》載述山濤對人才性的品鑑效益說：

> 每一官缺，輒啟擬人，詔旨有所向，然後顯奏，隨帝意所欲為先。故帝之所用，或非舉首，眾情不察，以濤輕重任意，或譖之於帝，故帝手詔或濤曰：「夫用人惟才，不遺疏遠卑賤，天下便化矣。」而濤行之自若，一年之後，眾情乃寢。

　　山濤詮選人才，縱使有隨帝意而有輕重之排序，然他所啟擬的人選皆屬的當之人選，故帝之所用，縱使非首舉，也能不錯任人職。因此，《世說新語・政事》注引〈竹林七賢論〉曰：「濤之處選，非望路絕。」可見山濤之任銓選，實至名歸。其為人處世亦多獲世人佳評，如袁宏《名士傳》謂：「王夷甫推嘆濤，晻晻為與道合，其深不可測。」《世說新語・賞譽》曰：「王戎目山巨源（山濤）如璞玉渾金，人皆欽其寶，莫知名其器。」註引顧愷之〈畫贊〉曰：「濤無所標名，淳深淵默，人莫知其際，而囂然入道，故見者莫能稱謂，而服其偉

量。」又〈賢媛〉註引〈晉陽秋〉曰：「濤雅量恢達，度量弘遠，心存事外，而與時俯仰。」山濤之人格精神「與道合」而彰顯出「度量弘遠」、「璞玉渾金」令見者「莫能稱謂，而服其偉量」。山濤人格特質的似璞、似深、似道，說明了他所以爲「竹林七賢」的賢者生命氣象。

第四章　竹林玄學的論辯方法──以嵇康爲範例

第一節　魏晉的談風、論辯方式及論題

　　魏晉時代儒學陵替，雅好道家思想的玄學彌漫，談辯之風鼎盛。蓋彼時代，干戈擾攘，社會政治處於動亂變遷中。處於彼時代的人們在備嘗變亂無常之苦中，漸喪失承平時所建立的價值信念與精神安頓。然而，在社會政治轉變與傳統思想失去倚靠之際，知識分子也藉以解脫數百年來既定思想之鉗制與羈絆。再加上前景的茫茫、性靈的苦悶，有識者在此思想自由的亂世中，個體意識覺醒，在凝思論辯中，不但發展了個人的才學，也促成了自由討論、善談好辯的學術風氣。

　　清議的題材，偏重在人物的品評。然而，在談論的過程中，展示了談論本身的言辭佳妙、音制特美，頗能引人入勝，蔚為時風。何啟民先生說：

> 在某些事理的討論上，論難的方式是必須的，然而在趣味的保持上，以期獲得更多的群眾上來看，美音制，是更為有效的。辭清語妙的談論，雖談的是人物，而談論的本身，即為顯示其人才能的一種。在重視學識才能的漢魏之交，美音制的談論，與乎論難的合流，是一個必然的發展趨勢。因為如此一來，更可以表現其人的學識才能。[1]

何先生所謂美音制的談論與論難的合流，乃就是歷史上所謂的「清談」。盛行於魏晉社會的清談之風，吸引了各方人士的參與興趣，諸如帝王、宗室、權臣、貴戚、文人、術士、佛徒、婦孺，幾乎網羅社會各個階層的人物。盡管參與者的身分背景、稟賦學養各有不同，然而在談辯之事上，可謂興致勃勃，難以扼抑[2]。參與清談者雖幾乎遍及社會各階層，卻係以世族文士為主流。彼時，世族文士樂意於結交性嗜相近、思想投合者為友，或酣飲暢談，或相偕於遊山玩水。於是，

---

[1] 何啟民《嵇康——中國歷代思想家（十五）》，臺北：臺灣商務印書館，1978年，頁1612。
[2] 林麗真博士論文《魏晉清談主題之研究》，第二章第三節，臺北：臺灣大學中文研究所，1978年。

日久無形中自然形成一文士團體，自由論辯，蔚爲風氣。

至於談辯本身不拘形式，只要二人以上起了興致，隨時隨地皆可進行。清談的談座多探論難方式，談座成爲辯場。論辯不僅較量兩方的理據，且摻以辯論的取勝技巧[3]。劉邵《人物志・材理》云：「理勝者，正黑白以廣論，釋微妙而通之；辭勝者，破正理以求異，求異則正失矣！」所謂「理勝」者，指以內容取勝；「辭勝」者，指以音辭取勝。在辯談中，若要致勝，不但內容要言之有理，且還要講究辯談技巧的運用。劉勰所謂：「必使心與理合，彌縫莫見其隙；辭共心密，故人不知所乘。」[4]換言之，爲了破彼說、立己言，辯談致勝的過程中，當務求辭理俱全。參與清談人士才學的深厚、膽識的遠大、辯術的巧妙成爲辯場致勝的三要件，至於談辯的方式，田文棠先生謂：

> 最主要的是「主」、「客」問難式，先由主家提出內容及個人的見解，即爲「豎義」。然後一客或數客問難，也叫做「咨疑」、「作難」。對于客家提出的問題或看法，主家要予以「辯答」，這樣經過互相對答，多次往還，就可以把問題搞清楚，即所謂「送一難」而「通一義」。對於雙方爭執不已，一時還搞不清的問題，允許各自保留意見，並由第三者出面「釋二家之義，通彼我之懷，常使兩情皆得，彼此俱暢」。[5]

在人多的談座上，清談的進行有主持人。他可能就是「豎義」的主家，也可能是大家賞識的清談高手。主持人手執塵尾[6]，或以助談鋒，或以顯身分，蓋執塵尾以主導談辯，猶似名爲塵的大鹿，搖動塵尾以指揮群鹿的行動方向般。名士、清談和塵尾在彼時常是組合談座的畫面。至於談座形式，首先發難者可設問

---

[3] 詳見何啟民《魏晉思想與談風》，臺北：臺灣學生書局，1976年，頁14。

[4] 《文心雕龍・論說》。

[5] 田文棠《魏晉三大思潮論稿》，陝西：陝西人民出版社，1988年，頁8。

[6] 1960年，中國考古學者在新發掘的南京西善橋大墓中，發現一抶名爲《竹林七賢圖》的石刻，上有阮籍執塵尾的圖像。《世說新語》中，多次描述魏晉人手執塵尾進行清談的景象。例如，〈容止〉謂：「王夷甫（王衍）容貌整麗，妙於談玄，恆捉白玉柄塵尾，與手都無分別。」

一難，使對方先說，亦可自標一理，先陳己意。一旦有人立論，則對方可提出己見，尋隙辯駁。如是，主客往返對質一遍，謂之一番，若首先立論者不服，則可提出反駁而進行第二番以下的論難，宜至對方折服。若雙方進行數番後，仍難分難解，則需要第三者交通兩方意見。亦即「釋二家之義，通彼我之懷」。

談論之風，侯齊王芳正始年間，何晏、王弼之談座，乃樹立規模，發揚光大。其中何晏為關鍵人物，蓋何晏身為漢室外戚貴族之後，曹操之養子兼女婿，位居吏部尚書之要職，擁有用人權。何晏本人才學出眾，乃以此清望挾其權勢，領導吏部，設談座，吸收人才，談風因而大盛，魏都也成為當時談論的中心。由於談座之設屬自由開放性質，並無人數限制，只要有興趣、膽量、才學者，均可參加。一旦有機會大展才華，則可獲取盛名，王弼即為一顯例。這也是促成談風鼎盛之因。觀當時座談的盛況，或夜以繼日、通宵達旦，或廢寢忘食、流連不歸。談士們互逞思致，極盡辯才，高潮迭起，歷久不衰，且至東晉南北朝，甚至佛教界高僧的參入，更是推波助瀾。

至於凝注談辯技巧學術內涵，《文心雕龍·論說》云：「魏之初霸，術兼名法；傅嘏、王粲，校練名理。」劉申叔先生對這點有所闡釋，他說：

> 魏祖提倡名法，趨重深刻，故法家縱橫又漸被於文學。……王仲宣介乎儒、法之間，其文大都淵懿，惟議論之文推析盡致，漸開校練名理之風，已與兩漢之儒家異貫。蓋論理之文，「跡堅求通，鈎深取極」，意尚新奇。文必深刻，如剝芭蕉，層脫層現，如轉螺旋，節節逼深。不可為膚里脈外之言及鋪張門面之語，故非參以名法家之言不可，仲宣郎開此派之端者也。（《漢魏六朝專家文研究·論各家文章與經子關係》）

考「名理」一詞，初見於《三國志》。〈荀粲傳〉謂傅嘏善名理[7]。又〈鍾

---

[7]　《三國志·魏志》，卷十，〈荀粲傳〉注引。

會傳〉則稱鍾會精練名理[8]，當初善名理者，是以品評人物才性為其先驅。注家實事求是，檢核名實的踏實做法，名家辨名析理的謹嚴方法皆有助於清談論辯的精細，值得注意者，談辯名理，雖起自品評人物的才性之理，卻不拘限於此。對這點，牟宗三先生有所解釋，他說：

> 名理一詞，乃概括之通稱，而才性與玄理，則是指謂之殊目。魏初一
> 段談才性者名為談名理，只是該一段歷史只有才性，尚無玄論。及至
> 《老》、《莊》、《易》之玄論出，直接指謂名之，曰玄遠、玄言、玄
> 理、玄論。反省地以通稱概括之，亦得曰名理、思理、理義、義言。是
> 則，名理一詞乃提升而為通稱。其黏付於才性乃是事實之偶然，並非本
> 質之必然。此義決定，則「玄學名理」自為合法之詞語。是則無論才性
> 或玄理，俱可名為名理。[9]

因此，「名理」蓋指彼時文士平日所深究之理，及與人申理談辯時所依據之理，不論才性之辯或玄遠之論，皆有其所究所持之理，可統稱為「名理」。《文心雕龍・論說》謂：「論也者，彌綸群言，而研精一理者也。」文士們在座談上各標一理，據理與他人力辯。林麗真女士嘗就魏晉清談之主題撰文，將彼時清談論題歸結為玄理性或實理性，統括而論皆以「理」為歸宗。她說：「雖然這兩大類談題，『玄』、『實』有別，但其所求，無非都是一個『理』。實理性的談題，求的是行事法則的『事理』；玄理性的談題，求的是個人安身立命的『哲理』，或宇宙萬物的『形上之理』。總之，魏晉清談所求的，乃是一切人、事、物的『所以然』或『所當然』之理。」[10]

至此，吾人可進一步來說明魏晉談風的論題。魏晉文士所聚談者既可概稱

---

[8] 《三國志・魏志》，卷二十八。
[9] 牟宗三《才性與玄理》，第七章第二節，臺灣：學生書局，1975年，頁242-243。
[10] 林麗真博士論文《魏晉清談主題之研究》，臺北：臺灣大學中文研究所，頁422-423。

「名理」，「名理」兼攝才性與玄理，則屬於行事法則之實理性的才性與屬於事物形上本質的玄理或形上之理，當爲魏晉清談的主要論題。因此，若單舉才性名理或玄學名理，皆不是代表清談的論題。趙書廉先生說：

> 玄學與清談是兩個不同的概念。玄學是以一系列特定的哲學概念、範疇構成的哲學體系，而清談則是魏晉時期出現的範圍廣泛、論題豐富、學科繁雜的一種社會思潮。它們二者無論哪一方都不能把另一方完全包容進去。[11]

他的意思係謂「清談」的概念外延大於「玄學」的概念外延。然而，「清談」就其本身爲一種魏晉文士談辯的形式前言，它應指的是一種特殊的思潮表達或持論方式，未必就可全等同於「思潮」本身。「玄學」則爲「清談」所談辯的題材、論題或實質內容。「清談」則爲「玄學」的表達或討論方式。兩者互爲表裡，係形式與內容的關係。當然，玄學思潮的盛行，與「清談」的風行所起的推波助瀾是有密切關係的。趙先生近於牟先生處，是他將魏晉清談的內容大約分爲善談玄學者與善談名理者[12]，猶牟先生約分爲才性與玄理。不過牟先生的「名理」賦予兼攝才性與玄理的廣義，較趙先生僅謂爲「以探究名實關係爲宗旨」廣闊。

那麼「魏晉清談」又何謂？唐翼明先生曾著《魏晉清談》一專書，他試爲清談語辭下一現代定義：

> 所謂「魏晉清談」，指的是魏晉時代的貴族知識分子，以探討人生、社會、宇宙的哲理爲主要內容，以講究修辭與技巧的談說論辯爲基本方式

---

[11] 趙書廉《魏晉玄學探微》，鄭州：河南人民出版社，1992年，頁121。
[12] 趙書廉《魏晉玄學探微》，鄭州：河南人民出版社，1992年，頁124-125。

而進行的一種學術社交活動。**13**

　　唐先生還進一步地作了詮釋。他認爲魏晉清談從本質意義而言，係一精緻的智力、學術活動，有著特定的內容和形式，且發展出一套約定俗成的規則。清談的內容是「探討人生、社會、宇宙的哲理」，清談的方式則是「講究修辭與技巧的談說論辯」。唐先生可說是分清了形式與內容的區別，且他所謂的清談內容不拘限於以易、老、莊三玄所謂的玄理，也不拘限於清談早期的人物品鑑之理或才性論。同時，他也指出標準的清談所談的是抽象的、形而上的理，非具體的、形而下的事，且取證當時人所說的「理」、「名理」、「虛勝」、「玄道」、「義理」、「微言」、「玄言」、「道」等**14**。唐先生這一番澄清確有助於吾人對這方面相關問題的了解。然而，清談所談辯的具體論題有哪些呢？吾人似無必要在此巨細無遺地一一臚列，而可列舉其中具哲學思辨性的主要問題資以明示。湯一介先生在《郭象與魏晉玄學》中通過《人物志》所談及的若干問題，探求了從漢末到魏晉的思想發展中所呈現的主要論題：

> 「才性問題」是要給人性找存在的根據，「有無問題」是要給天地萬物找存在的根據，「一多問題」是要給社會（當然是指封建社會）找存在的根據，「聖人問題」則是給當時人們的理想人格找根據。**15**

　　「才性問題」從《世說新語・文學》「鍾會撰《四本論》」條注引《魏志》云：「四本者，才性同，才性異，才性合，才性離也。」「有無問題」係探討宇宙萬物的本根問題，亦即本體論的問題。「聖人問題」討論聖人有情或無情、老子不如孔子以及有爲無爲等問題。吾人可予以補充者，尚有自然與名教問

---

13 唐翼明《魏晉清談》，臺北：東大圖書公司，1992年，頁43。
14 唐翼明《魏晉清談》，臺北：東大圖書公司，1992年，頁43-44。
15 湯一介《郭象與魏晉玄學》，臺北：谷風出版社，1987年，頁23-24。

題，王弼的言意之辯問題，本末體用問題，又據《世說新語・文學》載：「王丞相過江左，止道〈聲無哀樂〉、〈養生〉、《言盡意》，三理而已。」所謂「三理」係指竹林玄學的名士嵇康所著的〈聲無哀樂論〉和〈養生論〉，西晉人歐陽建的《言盡意》。此外，形神問題，如范縝的《神滅論》、佛僧的「眞俗之談」、「不眞空論」等也是清談談辯中值得注意的問題。

第二節　嵇康的求知方法

　　嵇康由於自幼失父，所承的家學淵源不深。同時，吾人從其傳記及其他相關史料中也看不出他有何重要的師授和師法。因此，嵇康的學識似乎是靠著他的聰明與好學所自學而成的。他雖然與何晏有親戚關係，可是在清談界中，並無聲聞與卓譽。觀其著作可看出他博洽多識，思維細密，吾人可推知嵇康頗長於文論，以論辯文著名於學界。劉勰《文心雕龍・才略》謂嵇康「師心以遣論」，但在〈論說〉中稱讚他的論文「允理而不支離」。我們可先探討他所理解的知識原理與求知方法，再考察他在論文中的論辯方法。

　　嵇康對知識的原理和方法雖無專題專論，然而，他關於這方面的見解可散見於他的論文集中。他肯定經驗是知識的起源，但是他頗注重經驗在時空中的連續性。他從經驗在時空中連續性的發展歷程來考察事物的始末、歷程、因果關係。換言之，他強調時空條件對一經驗做充分觀察，較完整理解的重要性。他批判一般人在經驗認知上因忽略時空條件的影響，以致犯了一些認識上的錯誤。他以「交賒」為說，謂一般人在常識經驗上易犯「交賒相傾」及「見交非賒」等認識上的錯誤。據侯外盧先生的解釋：「所謂『交』，意味著時間空間的近，所謂『賒』，意味著時間空間的遠。……又含有現實與預期的意義。」[16]嵇康提出交、賒兩概念，係將事物在時空條件上做遠近的對舉，以及事物於現實性和預期性的對舉。

　　「交賒相傾」見於〈養生論〉：「抑情忍欲，割棄榮願，而嗜好常在耳目之前，所希在數十年之後，又恐兩失，內懷猶豫。心戰於內，物誘於外，交賒相傾，如此復敗者。」意指人為了養生益壽強為抑制隱忍內心的情欲需求，雖「割棄榮願」，但自身所嗜好的對象物卻常誘惑於眼前。如是，所希求的養生益壽效果遠在數十年之後，可立即滿足的嗜欲就在眼前，嗜欲卻又是傷生損壽的。

---

16 侯外盧主編《中國思想通史》，第三卷，北京：人民出版社，1957年，頁175。

因此，內心交戰不已，矛盾不決，嗜欲物引誘於外。遠的善果及近的淺利皆爲所欲，相互衝突矛盾，且擔心兩頭落空，在取捨不定的心情下來從事養生功夫，終歸是要失敗的。嵇康教人認識事物與人互動的交賒之理，而作一明智的判斷與抉擇，他在〈答難養生論〉一文中說：「智者則不然矣。審輕重然後動，量得失以居身，交賒之理同，故備遠如近，慎微如著，獨行眾妙之門，故終始無虞。」生活行事的判斷、抉擇與篤行建立於吾人對事物明智的深刻認識。

「見交非賒」見於他寫的〈答釋難宅無吉凶攝生論〉，文中謂：「藥之已病，其驗交見，故君子信之；宅之吉凶，其報賒遙，故君子疑之。今若以交賒爲虛……若守藥則棄宅，見交則非賒，是海人所以終身無山，山客曰無大魚也。」藥到病癒，效驗立判於眼前，故易信服人。住宅風水的吉凶報應，需長時間醞釀，不易顯見，故一時難使人信服。若吾人在認識上，將顯而易見的「交」視爲「實」而予以肯定，而以一時難察的「賒」誤認爲「虛」而予以否定。如是，則對兩種不同的事物有所見有所不見，得失在於能否認識它。因此，對嵇康而言，對事物的經驗認知，時空條件的遠近差異具有決定性。因著事物運動變化所需的不同時空條件，方得以顯現事物和功用，嵇康的交賒之理成爲吾人認識事物的兩種認知方式或原理。換言之，他的交賒原理不是指同一事物先後發展情況的交與賒，而是指不同性質的分殊事物在運行變化上的不同情況，有「交」與「賒」之不同事況與認識方法。

嵇康也批判了經驗知識常受囿於主觀性和時空背景、視域的限制。他在〈養生論〉中說：「（常人）以多自證，以同自慰，謂天地之理，盡此而已矣。」「多」是指相類似的經驗個例在數量上相對的多。事實上，此「多」是否到達充分的數據以解釋某一現象的常態或常模，當成一疑問。再者，訴諸經驗事例所構成的法測，係歸納法所概括的經驗法則，在「眞」的準確性而言，只具概念性，不具必然性。所謂「同」指同一人對同一事物以獲致的先後雷同的經驗，或不同人對同一事物所獲致的似同經驗。若吾人據以下一判斷而得一概念知識，很可能只流於單向的或片面的認知。因爲，吾人很可能尚未經驗到具相異性的其他個例，或於雷同相似中只察其同，未精辨人微以觀其間之異。總之，吾人若只

在主觀經驗中採「多」取「同」而遽下一判斷，常有可能失於偏頗。蓋嵇康說：「天地廣遠，品物多方，智之所知，未若所不知者眾也。」[17]因此，世俗之人若局限於自己有限的經驗中，執「多」、「同」而不採開放的探討知識態度，則很難深入精微的事理中。嵇康說：「以多同自減，思不出位。使奇事絕於所見，妙理斷於常論；以言變通達微，未之聞也。」[18]

同時，嵇康還認爲並非一切知識皆來自於可觀察的直接經驗。有的知識係來自間接經驗或理性的分析、辯證、推論。他說：

夫至物微妙，可以理知，難以目識。（〈養生論〉）

夫神仙雖不目見，然記籍所載，前史所傳。較而論之，其有必矣。

（〈養生論〉）

「至物」係指異於平常經驗事物的特殊存有或存有著。在嵇康的哲學術語中，頗多「至」字，例如「至人」、「至明」（〈明膽論〉），「至樂」、「至和」（〈聲無哀樂論〉），「至理」（〈答難養生論〉）。「至」指絕對的，無上的，亦即最精微細緻的存有，非感覺經驗可直接認識者。因此，「至物」是難以目識的，但可以藉其他方法認識。例如，「神仙」雖非視覺對象，但可由書中文字的記載，亦即間接經驗去獲知，也可「較而論文」。「較而論文」屬於理性對比的分析、交相的辯證之推理知識，亦即「理知」。對嵇康而言，「至明」、「至和」、「至理」……的世界，是較經驗界深入的奧妙的世界。對人而言，只憑靠感覺經驗是不足的，而需要理性抽象的思辨、證論。換言之，對人的認識而言，是形而上的「理」之世界。嵇康用「探賾索隱」[19]、「變通達微」的抽象認識方法來指謂。

---

[17] 夏明釗《嵇康集譯注·難宅無吉凶攝生論》，黑龍江：黑龍江人民出版社，1987年，頁160。

[18] 夏明釗《嵇康集譯注·答難養生論》，黑龍江：黑龍江人民出版社，頁69。

[19] 夏明釗《嵇康集譯注·答釋難宅無吉凶攝生論》，黑龍江：黑龍江人民出版社，頁185。

　　所謂「探賾索隱」、「變通達微」乃是就可觀察的實然現象，探求其不可目見的所以然之理，或超越的所以然之理。用嵇康自己的說法來解釋，「若玄機神妙，不言之化，自非至精，孰能與之？故善求者，觀物於微，觸類而長，不以己為度也」，「苟知然，果有未還之理。何不因見求隱，尋端究緒」[20]。玄機神妙的至精，指經驗語言難以指涉的存在之所以然。善求者當細察可見的現象而「尋端究緒」地探索其所以然之理。欲明存在的所以然之理，嵇康頗注重「尋端究緒」以究其理源。他說：「夫論理性情，折引異同，固當尋所受之終始，推氣分之所由。順端極末，乃不悖耳。今子欲棄置渾元，捃摭所見，此為好理綱目，而惡持綱領也。」[21]以認識人的性情為設例，我們不但觀察其實然表現，更要進一步探求其所以然之理。若見人與人之間的性情有同異，則要追究求知各個人性情的大來源和發展的始末。對性情能溯源其始自，順始源尋其衍生發展的脈絡，如此才能對性情的本末作一完整的、條貫的認識。若能這樣的「順端極末」亦即「尋端究緒」，自然能對事物作一全面的了解。若是，我們從整體與部分和部分與部分的關係網絡中「持綱領」，則綱舉目張，自然容易理順其綱目了。侯外廬先生從立論的角度對「順端極末」、「持綱理目」作了清楚的論釋。他說：「所謂『端』，便是論題的總綱，論題的基本意義。所謂『末』，便是論題的細節，以及論題可能支蔓到的旁枝。把握住論題的總綱或其本意義，便可以暢快地到達論題的一切細節旁支。」[22]

　　此外，我們從嵇康的文論中也發現他也揭發了矛盾律和排中律這種基本而自明的邏輯原理。他在〈難宅無吉凶攝生論〉中謂：

　　既曰：「彭祖七百，殤子之夭，皆性命自然。」而復曰：「不知防疾，
　　致壽去夭，求實於虛，故性命不遂。」此為壽夭之來，生於用身，性命

---

[20] 夏明釗《嵇康集譯注‧答釋難宅無吉凶攝生論》，黑龍江：黑龍江人民出版社，頁185。

[21] 夏明釗《嵇康集譯注‧明膽論》，黑龍江：黑龍江人民出版社，頁137。

[22] 侯外廬主編《中國思想通史》，第三卷，北京：人民出版社，1957年，頁179。

之遂，得於善求。然則夭短者，何得不謂之愚？壽延者，何得不謂之智？苟壽夭成於愚智，則自然之命，不可求之論，奚所措之？凡此數事，亦雅論之矛盾矣。

若持壽夭命定論，卻又申言壽命的長短端視於吾人是否善於保健養生，一方面又堅持壽命的長短不可以人爲地努力追求，而操之於命運的決定。如此，不是犯了「矛盾」之誤嗎？嵇康設例所說明的「矛盾」之誤，相近於邏輯中的矛盾律。在邏輯中，若一命題所肯定的事態，「主是賓」，與另一判斷所否定的事態，「主不是賓」，從時間、空間以及其他任何條件來看，都完全相同的話，則依矛盾律，此兩命題是不能同時共存的。換言之，如果命題「主是賓」成立，則「主不是賓」這一命題不能同時成立；反之亦然[23]。因此，嵇康的設例，「壽命的長短是運命所注定的」與「壽命的長短不是運命所注定的（因爲在保健養生上的人爲努力，可以決定壽命長短）」這兩命題係矛盾對當的關係。再看嵇康在〈答釋難宅無吉凶攝生論〉中的一段論式：

按如所論，甚有則愚，甚無則誕。……
欲彌縫兩端，使不愚不誕，兩機董墨。
謂其中央，可得而居？恐辭辨雖巧，難可俱通。

按邏輯中的排他律：「全然同一的主詞與賓詞，只能形成兩個具有矛盾對當的判斷，沒有第三個可能。」換言之，兩個具有眞正矛盾對當的判斷，既不能同眞，又不能同僞，因而必是一眞一僞。故基於一方判斷的眞，即可知另一方判斷的僞；基於一方判斷的僞，就可知另一方判斷的眞[24]。今嵇康的設例論式爲：「甚有則愚，甚無則誕。」兩命題間構成矛盾對當。從「甚有則愚」爲眞，

---

[23] 見柴熙《哲學邏輯》，臺北：臺灣商務印書館，1972年，頁152。
[24] 見柴熙《哲學邏輯》，臺北：臺灣商務印書館，1972年，頁152-153。

則推知「甚無則誕」爲僞。從「甚無則誕」爲眞，則推知「甚有則愚」爲僞。換言之，兩者間不是「愚」，就是「誕」。不能同時既愚且誕爲眞，或不愚不誕爲僞。「謂其中央，可得而居？」這就是嵇康對排中律（亦即排他律）的認識與運用。

第三節　嵇康的論辯方法

　　檢視嵇康的文集，可發現一特色。那就是除了詩、〈琴賦〉、兩篇絕交書、〈太師箴〉、〈家誡〉和〈卜疑〉外，餘皆爲以「論」爲名的論辯性文章。在十三篇論文中，我們進一步考察，發現除了〈釋私論〉一篇係嵇康獨自論說外，其今皆爲問難返往的對辯形式。其中除了〈管蔡論〉係針對流行的時論而發外，其餘皆有特定的對辯人。例如：嵇康作〈養生論〉，向秀駁以〈難養生論〉，嵇康復反駁以〈答難養生論〉；張遼叔作〈自然好學論〉，嵇康作〈難自然好學論〉駁之；阮德如作〈宅無吉凶攝生論〉，嵇康作難，阮氏釋難，嵇康又答釋難；〈明膽論〉是嵇康與呂安之互難文；〈聲無哀樂論〉係假託東野主人與秦客作七問七答。在相互問難往返的論辯過程中，大致而言，首先發談端者，先標一理以出新意。駁難者乃針對立論之欠妥處，尋隙詰難以破之，且兼樹己見。原發端樹義者若不服，則可提出答辯。如此問難往返的論辯，或爲一番或二番，皆屬論辯的結構形式。觀嵇康的論辯文，在往返論難中求理勝過於求辭勝，爲立一理或駁倒對辯者之理，莫不極盡其精密的分析能力，反復詰難的批判力和懷疑精神。

　　劉邵《人物志・材理》云：「若說而不難，各陳所見，則莫知所由矣！由此論之，談而定理者尠矣。必也聰能聽序，思能造端，明能見機，辭能辯意，捷能攝失，守能待攻，攻能奪守，奪能易予。兼此八者，然後乃能通於天下之理；通於天下之理，則能通人矣！」今依劉邵所云聽序、造端、見機、辯意、攝失、待攻、奪守、易予等八項論辯技巧，衡諸嵇康的論辯文，更能看出嵇康的才學與膽識兼俱、辭理俱全，辯術多端且靈活運用，堪謂爲魏晉玄論的一大典範。侯外廬等說：

　　嵇康的文論中，百分之七十以上是辯難的文章。這巨大數量的辯難文章中，包含著他的辯論方術的義例，也顯示了在許多問題上，他的辯論方

術的具體運用。這種辯論方術的義例與具體應用，雖然在其體系上是一系列的詭辯，但是，在形式問題上面，卻閃出些光彩，對中國的邏輯學的發展，是有貢獻的。**25**

侯外廬等人在《中國思想通史》第三卷《魏晉南北朝思想》中辟專篇撰寫研究《嵇康的論辯方術的義例與具體應用》之成果，可謂現今學者們研究嵇康論辯方法這一課題中，最完整而具規模者。該篇研究報告中，將嵇康的論辯方法綜合歸結為六項，我們可以根據文意條列如下：（一）「順端極末」、「持綱領理綱目」。（二）先求確立普遍的自然之理，再舉古義以詮釋。（三）運用形式邏輯中的排中律。（四）假設一些可能的解釋，再逐一批駁之。（五）借用可資模擬的事例之成理，證成所擬立論者。（六）尋找一般論辯上常易犯的失誤。六項中（一）、（二）、（三）、（五）較屬於證成一知識理論的正面方法。（四）、（六）則較傾於詰難駁斥一言論的解構方法。其中（一）與（三）我們已申述於前一節，茲對其他四項予以衍義申述，藉以展示嵇康的論辯方法。

（一）先求確立普遍的自然之理，再舉古義以詮釋

嵇康在〈聲無哀樂論〉一文中說：

> 夫推類辯物，當先求之自然之理；理已定，然後借古義以明之耳。今未得之於心，而多恃前言以為談證，自此以往，恐巧歷不能紀耳。

「推類辨物」是要探尋出所論辯的事物之「類」因與「種」因，借以界定該事物的內涵或共相。對該事物所界定的共相或內涵，亦即該事物的基本特徵或屬性。事物的基本特徵或屬性係事物自身所蘊涵的客觀之理，亦即「自然之理」。

---

25 侯外廬主編《中國思想通史》，第三卷，北京：人民出版社，1957年，頁179。

「理不足」，按戴明揚《嵇康集校注》云：「四定」吳鈔本原鈔作「足」。墨校改。應爲「理已定」，然後再借古義以詮釋，使該事物所以然之理更爲明白清楚，被人所接受。若對事物不論究其所以然之理，心中無一定理，僅「多恃前言以爲談證」，則終究難免陷於漫無依歸的缺失。嵇康在〈答釋難宅無吉凶攝生論〉中謂「持論有工拙，議教有精粗」，「善求者，觀物於微，觸類而長，不以己爲度」。「觀物於微」是探究事物所以然之理。由於「夫至理誠微，善溺於世，然或可求諸身而後悟，校外物以知之」（〈答難養生論〉），對事物形上的自然之理，不但需借古義詮釋明白，且需佐證以切身的經驗或「外物」的例證。因此，「自然之理」應是事物自身所蘊涵的客觀之理，「得之於心」係指獲致理性認知心的認可，並非如侯外廬等人所說的「師心之見」。嵇康說「校之以理，負情之對，於是乎見」**26**亦可資爲證。

（二）假設一些可能的解釋，再逐一批駁之

嵇康謂：「廣求異端，以明事理。」**27**例如，在〈聲無哀樂論〉一文中，秦客舉「若葛盧聞牛鳴，知其三子爲犧」爲例以佐證聲有哀樂說。嵇康借東野主人之口謂「願借子之難，以立鑒識之域」，針對秦客的舉證，假設一些可能的解釋再一一分析駁斥。其假設與解析有三：

1. **或當與關接，識其言邪？**

> 其辯難爲「若當關接而知言，此爲孺子學言於所師，然後知之。則何貴於聰明哉？夫言非自然一定之物，五方殊俗，同事異號……故異域之言，不得強通」。

---

26 夏明釗《嵇康集譯注·答難宅無吉凶攝生論》，黑龍江：黑龍江人民出版社，頁176。

27 夏明釗《嵇康集譯注·答難宅無吉凶攝生論》，黑龍江：黑龍江人民出版社，頁176。

2. 將吹律鳴管，校其音邪？

其辯難為「若吹律校音，以知其心，假令心志於馬，而誤言鹿，察者固當由鹿以弘馬也。此為心不繫於所言，言或不足以證心也」。

3. 觀氣采色，知其心邪？

其辯難為「此為知心，自由氣色，雖自不言，猶將知之。知之之道，可不待言也」。

（三）借用可資模擬的事例之成理，證成所擬立論者

例如：嵇康說養生之宜，易腐化的五谷不如上藥，而向秀的辯難為「肴糧入體，益不逾旬，以明宜生之驗」。嵇康「藉以為難」反駁謂：

> 今不言肴糧無充體之益，但謂延生非上藥之偶耳，請借以為難。夫所知麥之善於菽，稻之勝於稷，由有效而識之。假無稻稷之域，必以菽麥為珍養，謂不可尚矣。然則世人不知上藥良於稻稷，猶守菽麥之賢於蓬蒿；而必天下之無稻稷也。若能仗藥以自永，則稻稷之賤，居然可知。（〈答難養生論〉）

就一般世人的經驗知識而言，稻優於稷，稷優於麥，麥優於菽，若無稻稷可食，則只好退其次，求取菽麥猶勝於取用蓬蒿。然而，上藥與稻稷相較，則上藥又優於稻稷了，依世俗擇優劣之常理，若有上藥來養生的話，則自當勝於取食五穀了。

（四）尋找一般論辯上常易犯的失誤

約有三則：

1. 因概念範疇的模糊所產生的歧義，導致了思想的謬誤

以前面所引導的若葛盧聞牛鳴知哀情事爲例，將之整理成三段論證的論式，可得：

若葛盧聞牛鳴而知其三子爲犧之哀（大前題）

牛鳴是一種聲音（小前題）

故聲音是與哀樂有關的（結論）

三段論證係討論大端詞、小端詞及中詞等三個語詞所代表的三個類（class）之相互蘊涵的關係。每一個語詞只能明確地代表一個類或一個概念，今作爲中詞的「牛鳴」在大前題中的概念內涵義指牛的語言。在小前題中卻意指一種聲音。「聲音」的概念與「語言」的概念並非全等同的一個概念，而是各有其內涵的兩個概念。因此，這個三段論證中三個語詞卻指點了四個概念，代表四個類，違反了三段論證的基本規則，因此是謬誤的。嵇康的論辯方法中最長於概念的分析法，他常常在論難中以反復問難的論證形式，辨名析理。他很注重每一語詞所代表的概念內涵，透過概念的分析澄清一語類所表達的概念內涵，再借精確的概念內涵，對照出不同語詞的不同概念。〈聲無哀樂論〉七難七答的主客反覆問難是一典型的論辯文結構形式。文中，他經過細密的概念分析後，將「聲」劃入自然的範域，「哀樂」則劃入人主觀的情感世界中。將「聲」與「哀樂」分析爲兩個不同的概念後，他作出「心之與聲，明爲二物……揆心者不借聽於聲音也」這一結論。

2. 以必然喻未必然之誤

在張叔遼的〈自然好學論〉中，以口之於甘苦出於自然，來喻人類的自然好學。嵇康在〈難自然好學論〉中駁斥道：

夫口之於甘苦，身之於痛癢，感物而動，應事而作。不須學而後能，不待借而後有。此必然之理，吾所不易也。今子以必然之理，喻未必然之好學，則恐似是而非之議。

口、身等為人天生的生理機制，有其生理機能上的制約反應，亦即受生理的因果律所決定、控制。至於好學與否係人心理、精神活動的傾向。人在心理、精神活動上有其主觀的好惡與自由意志的抉擇。換言之，人對諸般學科的好學與否有其興趣、利害需求等因素可供其取捨，因此，好學與否是不必然被決定的，與生理機能必然受生理法則之決定不同。

3. 「不盡」與「偏是」之誤

在進行論辯時，若未將導出一結論的必要而充分之理由周詳論述，而有所疏遺，便是「不盡」之誤。從不完備的論辯條件出發，亦即由「不盡」所得出來的結論便是「偏是之議」。例如，嵇康在〈難宅無吉凶攝生論〉中說：

論曰：專氣致柔，少私寡欲；直行情性之所宜，而合養生之正度。求之於懷抱之內，而得之矣。又曰：善養生者，和為盡矣。誠哉斯言，匪謂不然。但謂全生不盡此耳。

這是「不盡」之例。又謂：

今信徵祥，則棄人理之所宜，守卜相則絕陰陽之凶吉，持智力則忘天道之所存，此何異識時雨之生物，因垂拱而望嘉谷乎？是故疑怪之論生，偏是之議興，所托不一，烏能相通？

這是「偏是」之誤。

嵇康論辯方法多端，應用靈活，頗有可觀處。劉申叔先生屢加稱美以為最勝，謂其「持理連貫，條理秩然」。觀《嵇康集》十三篇論辯文中，雖有豎義立

論處，卻未建構一完整的理論體系。觀其論辯文多問難辯駁之文，抽絲剝繭，條分縷析，以精密嚴謹取勝。岑溢成先生撰〈嵇康的思維方式與魏晉玄學〉一文，謂「心無所措於是非」的嵇康參加時人之論辯，「他的目標顯然不會是申明自己的主張，確立自己的立場，他的做法無寧是把對方的立場推翻，以期達致瓦解對方對於自己的立場和主張的執著」**28**。這一觀點倒是頗具新意的。

---

28 語見《鵝湖學誌》，第9期，臺北：東方人文學術研究基金會，中國哲學研究中心，1991年12月，頁51。

第五章　從規範倫理與德行倫理省察魏晉名教危機

　　自然與名教的衝突和協調，是研究魏晉思想的一項核心問題。歷來對此一問題的論述已斐然可觀。本節擬由孟子所言：「由仁義行，非行仁義也。」[1]這一倫理學上的命題來區分德行倫理與規範倫理二種類型的倫理學。其間，「由仁義行」界定爲發自人內在德性自覺而存養推擴於外在行爲實踐的德行倫理，「行仁義」則界定爲刻意學習仿效外鑠性的社會規範，亦即向外襲取一制式的規範而實踐倫理的行爲，期能符合社會期望而求賞避罰的規範倫理。我們審視魏晉的名教，亦即一套由官方權威及社會承傳的風俗習慣所形成的規範體系爲外鑠性的規範倫理。本節先回溯這套倫理規範在歷史的脈絡中如何形成？其目的何在？主要的內容及特色何在？再檢視這套倫理規範如何產生偏差，其所以然之故爲何？阮籍及嵇康如何批判這種外在規範性的倫理？嵇、阮越名任心的倫理行爲是否爲德行倫理？最後則評論這二種倫理的得失及可能的會通之路。

---

[1]　《孟子・離婁下》。

第一節　形塑於東漢白虎通會議後
　　　　的道德禮法

東漢章帝建初四年（公元七九年）召集儒生聚集於白虎通，講論五經在今古文的同異。章帝不但親臨這次統一經義經說的會議，且親自裁決，令班固編輯會議結論，定名為《白虎通義》或《白虎通》。這是皇帝欽定的儒典，在東漢深具權威性，所頒定的三綱六紀規範，實為人倫規範的憲法，其影響根深蒂固，延及魏晉時代，蔚為傳統的倫理文化。三綱六紀奠基於有血有緣的宗法社會結構上，以家族的際性倫理為架構，嚴格規定著人倫之隸屬關係，其人倫的規範內容如下：

> 三綱者，何謂也？謂君臣、父子、夫婦也。六紀者，謂諸父、兄弟、族
> 人、諸舅、師長、朋友也。故《含文嘉》曰：「君為臣綱，父為子綱，
> 夫為妻綱。」又曰：「敬諸父兄，六紀道行，諸舅有義，族人有序，昆
> 弟有親，師長有尊，朋友有舊。」何謂綱紀？綱者，張也；紀者，理
> 也。大者為綱，小者為紀，所以張理上下、整齊人道也。人皆懷五常之
> 性，有親愛之心，是以綱紀為化，若羅網之有紀綱而萬目張也。[2]

以家族血緣關係為主軸的「三綱六紀」，這套規範體系將人倫之環節、隸屬關係有清楚的解說。其中，「六紀」架構和規範，既包括如諸父、兄弟、族人、諸舅的血緣關係，亦括及如師長、朋友的社會關係，顯示當時豪強勢力已相當龐大。值得注意的是「朋友」一倫並無血緣關係，何以納入六紀？就字面意思而言，〈三綱六紀〉說：「朋者黨也，友者有也。」據黃樸民的詮解：「所謂的『朋友』，實際上就是依附於豪強的『賓客』。他們與主人之間沒有血緣關係，

---

[2]　班固等撰集《白虎通疏證》，卷八，〈三綱六紀〉，陳立疏證、吳則虞點校，中華書局，1994年，頁373-374。

身分上又有相對的獨立性，爲了使主人與『賓客』兩相安定，和衷共濟，故名之曰『朋友』。」[3]我們若追問這套倫理規範的究極依據所在，則可上推至漢人所篤信的陰陽五行之宇宙觀。〈三綱六紀〉說：「三綱法天地人，六紀法六合。君臣法天，取象日月屈信，歸功天也。父子法地，取五行轉相生也。夫婦法人，取象六合陰陽，有施化端。」[4]可見，其人倫規範系統依據陰陽五行說，我們可再舉一較具體的佐證，〈五行〉云：「男不離父母何法？法火不離木也。女離父母何法？法水流去金也。」[5]火不離木，水流去金，誠自然現象，有其自然法則之理，漢人則提升至形上學的普遍意義，推天道以明人事，且據以規範人倫道德。我們不難理解顧頡剛所言：「漢代人思想的骨幹，是陰陽五行。無論在宗教上，在政治上，在學術上，沒有不用這套方式的。」他接著陳述漢人思想的內容爲「有陰陽之說以統轄天地、晝夜、男女等自然現象，以及尊卑、動靜、剛柔等抽象觀念；有五行之說，以木、火、土、金、水五種物質與其作用統轄時令、方向、神靈、音律、服色、食物、臭味、道德等，以至於帝王的系統和國家的制度。」[6]白虎通以陰陽五行的宇宙論模式來規範人倫及人事，構築了一套非常綿密、完整的理論體系，在其體系中的隸屬關係上，有其演變的規律和方法。

在《白虎通義》所規範的人倫結構方面，特別標榜宗族的結構及相互關係，由其所專論的五宗與九族可觀其聯繫的線索。蓋自周代以來，家庭是一種經由血緣關係而連結以共同生活的社群。家庭是社群結構的基本單位，周代不但重視家庭，且將之擴展至家族、宗族。因此，宗族觀念一直到兩漢、魏晉皆深植民心，宗族所具有的社群力量還超過家庭。對中國社會而言，基於血緣的承繼所延綿的家族生命是不容斷絕的，這也是孟子所謂「不孝有三，無後爲大」，以及重視家庭倫理的儒家思想爲主流的緣由。特別是東漢時代，士族地位之竄升，以及豪門大族經濟實力的彰顯，更突出宗族之力量。情勢發展至魏晉時代，士族分化

---

[3]　黃樸民《董仲舒與新儒學》，臺北：文津出版社，1992年，頁189。
[4]　黃樸民《董仲舒與新儒學》，頁375。
[5]　黃樸民《董仲舒與新儒學》，頁195。
[6]　顧頡剛《漢代學術史略》，臺北：天山書局，1985年，頁1。

成豪門士族如司馬懿，以及寒門士族如阮籍、嵇康。司馬懿集團在對曹爽集團的長期鬥爭中，所以能獲致壓倒性的勝利，乃得力於他成功的橫向整合了豪門士族的社群力量。

　　《白虎通義》有關儒家德教之記述頗豐。書中認為人情有五性，懷五常，不能自律自成，得以由聖人以五常之道教化才能使人民成德。五經為成德之教的經典，分別為：《禮》是禮的教導，《樂》是仁教，《書》是義教，《易》是智教，《詩》是信教。在儒家德性教育中，以孝道為第一德教，論述最多。漢人頗重視孝道，《漢書・惠帝紀》顏師古注曰：「孝子善述父之志，故漢家之諡，自惠帝以下皆稱孝也。」[7]漢季，上自天子下至庶人莫不讀《孝經》，《白虎通義》曰：「於《孝經》何？夫孝者，自天子至庶人，上下通《孝經》者。」[8]孟子早已言孝悌之道是人與生俱有的良知和良能，《論語・學而》云：「孝悌也者，其為仁之本與。」在中國古代以宗法為社會的底性下，孝道溝通了家庭倫理與政治倫理，君父一體，敬老尊賢形成中國道德觀念的獨特風貌。《白虎通義》載：「宗廟有不順者為不孝，不孝者黜以爵。」[9]不順宗廟者被判為不孝，削去爵位的處罰非常嚴厲，在兩漢魏晉的規範倫理中，他律取向的孝道格外受重視。《白虎通義》云：「以尊君父，重孝道也。夫臣之事君，猶子之事父，欲全臣子之恩，一統尊君，故必朝聘也。」[10]「孝」德的內在意義是對父母親的愛敬和順從，再由血緣的親疏關係推擴為愛敬親族中不同輩分的長輩。這是縱貫橫攝式倫常。此外，孝向政治界的外推意義是事君，且成為人在社群生活中立身處世的基本原則。因此，孝德在兩漢魏晉的三綱六紀中起了溝通家庭倫理與政治倫理兩領域的規範倫理。

---

[7] 班固《漢書》，卷二。
[8] 黃樸民《董仲舒與新儒學》，頁446。
[9] 黃樸民《董仲舒與新儒學》，頁289。
[10] 《白虎通義》，〈朝聘〉。

第二節　名教的倫理規範性質及其危機

　　《白虎通義》的規範倫理之性質是將德、禮、刑三者結合爲一體，相輔相成以作爲規範人倫的準則，所謂：「故諸侯朝聘，天子無恙，法度得無變更，所以考禮、正刑、壹德以尊天子也。」[11]「考禮」、「正刑」、「壹德」是道德禮法之治的內在性質，延展於魏晉時代。若論三者間的序級，則以德教爲主，刑治爲輔。《白虎通義》說：「君子重德薄刑，賞宜從重。」[12]重德慎刑是儒家政治的本質，孔子說：「道之以政，齊之以刑，民免而無恥。道之以德，齊之以禮，有恥且格。」[13]三綱中家庭倫理占二綱，六紀幾乎全爲宗族倫理。在《禮記・禮運》所言：「父慈子孝、兄良弟悌、夫義婦聽、長惠幼順、君仁臣忠十者謂之人義。」的十義中，家庭人倫占八項。因此，名教的倫理規範之性質，實以家庭倫理爲主軸。家庭倫理肇端於夫婦，有夫婦然後有親子，進而有兄弟姐妹等。因此，《白虎通義》對夫婦提出了規範性的倫理要求，所謂：「夫婦者，何謂也？夫者，扶也，扶以人道者也。婦者，服也，服於家事，事人者也。」[14]丈夫以寬厚體貼的人道來扶持妻子，妻子則以禮規相夫教子，服事公婆，夫婦有和順之德，家庭才有和睦幸福的可能。在家庭倫理推擴轉化成社會倫理及政治倫理方面，孝德格外重要，處於樞紐的地位，我們由《白虎通義》引《論語・爲政》的孔子之言，即可知其重要性，「故孔曰：『《書》曰：孝乎！惟孝，友於兄弟施於有政是亦爲政也。』」[15]在漢代君父一體的人倫架構下，移孝作忠，忠孝兩全爲其政教合一的倫教目的，所謂：「尊人君、貴功德、廣孝道。」[16]顯而易見的，「孝」德是兩漢魏晉時代，由家庭倫理轉軌爲政治倫理，實踐帝王所期待於

---

[11] 《白虎通義》，〈朝聘〉。
[12] 《白虎通義》，〈考黜〉。
[13] 《論語》，〈爲政〉。
[14] 《白虎通義》，〈嫁娶〉。
[15] 《白虎通義》，〈五經〉。
[16] 《白虎通義》，〈宗廟〉。

臣僚的「忠」德之關鍵性環節，不容忽視。余英時在其〈名教危機與魏晉士風的演變〉一文中指出：「魏晉所謂『名教』乃泛指整個人倫秩序而言，其中君臣與父子兩倫更被看作全部秩序的基礎。」[17]

　　再審視《白虎通義》規範性倫理的禮與刑之要素。禮的消極作用在規範人心及其言行，知進退、守節度，禮規的森嚴可收約束不軌之言行的社會軟性制約之收效，禮的積極作用則在「尊天地、儐鬼神、序上下、正人道也」[18]。禮的倫理規範主要是針對有知識及文化教養的士大夫階層，亦即社會的知識分子。《白虎通義》對禮治與刑治的對象有著明確的區分，所謂：

　　刑不上大夫何？尊大夫；禮不下庶人，欲勉民使至於士。故禮為有知制，刑為無知設也。庶人雖有千金幣，不得服。刑不上大夫者，據禮無大夫刑，或曰：捶笞之刑也；禮不及庶人者，謂酬酢之禮也。[19]

禮教的意義在覺醒士大夫的道德自覺，而能油然生誠敬之心，這是人文精神的展現。《白虎通義》謂：「孔子曰：為不敬，吾何以觀之哉？」[20]該書還對禮教倫理規範的內容要義和人文價值予以詮解，謂：

　　朝庭之禮，貴不讓賤，所以明尊卑也；鄉黨之禮，長不讓幼，所以明有年也；宗廟之禮，親不讓疏，所以明有親也。此三者行，然後王道得，王道得然後萬物成，天下樂。[21]

禮教的目的在教導人明朝廷的尊卑之別，知鄉黨的長幼之序，在宗廟祭祖先時能

[17] 見余英時《中國智識階層史論》，臺北：聯經出版社，1993年。
[18] 《白虎通義》，〈禮樂〉。
[19] 《白虎通義》，〈五刑〉。
[20] 《白虎通義》，〈禮樂〉。
[21] 《白虎通義》，〈禮樂〉。

辨血緣關係的親疏之別，疏導人情，使人在尊卑、長幼、親疏的差別位分上，上下有序，秩然有距。就《禮記》一書所言，禮分成經禮和曲禮兩大部分。經禮確立階級制度、等級制度、宗法制度；曲禮則制定婚嫁、喪葬、祭祀等儀式。曲禮是經典禮的枝葉，行使在士大夫階層之間。不論是經禮還是曲禮，都是明定社群在政治生活及社會生活中所存在的血緣關係及階級關係。禮教的要務在教人認識和實踐所制定的一套行為規範，體現社群生活中尊尊、親親、賢賢及男女有別的人文精神。

至於「刑」指法律上的刑罰，係享有權威的統治者依據所頒定的刑法來處罰犯法者罪行之總稱。換言之，刑法是一種具強權性格的社會控制，用以嚇阻人逾越法規，約束個人行為，建立社會秩序，以安定社群生活紀律為目的。《白虎通義》高度肯定刑治之設，係應天地人情而起，具有佐德助治的實際功能。我們可舉其二則言論為例證。其言為：

> 聖人治天下，必有刑罰何？所以佐德助治，順天之度也。故懸爵賞者，
> 示有所勸也；設刑罰者，明有所懼也。[22]
> 科條三千者，應天地人情也。五刑之屬三千；大辟之屬二百，宮辟之屬
> 三百，腓辟之屬五百，劓墨辟之屬各千。張布羅眾，非五刑不見。[23]

顯然，其刑治的思想與法家，特別是韓非子有密切關係。那就是針對人性好利惡害的實然性向，制定具勸懼作用的二柄。觀其刑罰之苛，細目之繁，可知五刑之治是挾利害之心，對人施以威迫利誘的手段，使人民基於利害的算計而有所懼怕，不敢犯法。刑治雖有對人民偏差行為以強權進行矯治的功效，然而，當權者是否會把刑治視為一鞏固一己政治私利，挾刑治為工具或利器來樹立權威，壓制他人具內在合理性的言行呢？同時，當權者若過度操弄禮法刑治，不但使正直的

---

[22] 《白虎通義》，〈五刑〉。
[23] 《白虎通義》，〈五刑〉。

人受到壓抑，也使迫於利害而守禮法者謹守禮法之規範而無恥惡之行。甚者，居心不良者是否會利用禮法的規範，虛情矯飾，沽名釣譽，成為圖取個人官位及利祿的偽君子呢？若是的話，則不難看出名教在操法弄術的當權者運作下將異化、變質而成宰制社會，禍國殃民的工具，不啻是名教的危機，也將是時代的不幸。

　　三綱六紀這套結合德治、禮治及刑治的道德禮法在東漢及漢魏當權的豪門士族，視為一套有效控制各級社群的嚴密規範體系。《莊子・天下》說：「春秋以道名分。」這套道德禮法之治在宗法社會的結構性底下，嚴格的區分每個人在社群中的名分。當權者透過教育和禮法規範，依名分定位分，再依位分定理分，依理分定規設教，使社群中的人物在所屬行的風教或禮教中，形塑出一種宗法道德的意識形態。這種意識形態化的宗教倫理規範，日積月累地打造出超穩定的綱常及社會結構。魏晉時代的當權者將這套道德禮法做為宰制性的工具，為自己政治權力的利益而遂行表面上有正當性的政治之惡。阮籍在〈大人先生傳〉一文中痛批著說：「君立而虐興，臣設而賊生。坐制禮法，束縛下民。……汝君子之禮法，誠天下殘賊、亂危、死亡之術耳。」嵇康在其〈與山巨源絕交書〉中也指出：「阮嗣宗口不論人過，吾每師之，而未能及；至性過人，與物無傷，唯飲酒過差耳。至為禮法之士所繩，疾之如讎。」他在文中自認內斂以避禍不如阮籍，他之所以拒絕山濤推薦他入朝作官，主要的理由在「人倫有禮，朝廷有法，自惟至熟，有必不堪者七、甚不可者二」。可見這套當時為朝廷所奉行的倫理規範，對嵇康而言，已鉗制人的言行自由及壓抑人的自然本性至有所不堪忍受及不可苟同了。對阮籍而言，禮法的規範體系已淪為官僚集團集體虐民而異化成「殘賊、亂危、死亡之術」了。

　　道德禮法在操控者別有所圖的異化下，除了成為威迫的政治工具，也具有利誘的工具價值。東晉袁宏〈後漢紀〉：「李膺（李元禮）風格秀整，高自標持，欲以天下風教是非為己任。後進之士有升其堂者，皆以為登龍門。」[24]李膺為東

---

[24] 卷二十一，「延嘉二年」條內。

漢末年人，既標舉「天下風教」，則求官位利祿者投其所好，也標榜風教名節以為自身圖入仕之途的「登龍門」術。蓋漢代取士用人，在尊經尊孔的聲浪下，標榜崇高的德性，取人以德，諮詢於鄉黨清議。因此，士人在鄉黨若有德名，則可藉薦舉、徵辟之途而入仕獲得富貴。清儒趙翼說：「蓋當時薦舉徵辟，必採名譽，故凡可以得名者必全力赴之，好為苟難，遂成風俗。」**25**因此，我們不難理解魏晉時期，如王祥、何曾、荀顗等三大孝著儒冠、儒服、用儒言，卻佐司馬氏集團奪權篡位而成為魏末晉初之三公。他們雖然在外、人前一副中規中矩的君子言行，可是背後卻是小人行徑。例如：何曾一食萬錢極為奢侈浪費，對家僕呼之則來，揮之則去，對犯小錯者，勃然大怒而施以撻伐之酷行，可謂心與跡不一，這真是儒家名教的內在危機。唐人吳筠作〈神仙可學論〉指出：「中知以上，為名教所檢，區區於三綱五常，不暇閒道。」**26**明清之際的顧炎武著《日知錄》卷十七有「名教」條，說：

> 君臣上下懷利以相接，遂成風流，不可復制。後之為治者亦何術之操？曰，唯名可以勝之。名之所在，上之所庸，而忠信廉潔者顯榮於世。名之所去，上之所擯，而怙侈貪得者廢錮於家。即不無一二矯偽之徒，猶愈於肆然而為利者。

「名教」的危機也在於虛情矯俗的偽君子，利用名教的崇高性和道德性以「肆然而為利」遂其私利嗜欲。其嚴重性在其以虛偽的名教來摧毀名教所原來擬表徵的美德，使具內在價值的人倫道德因此而被不明事理真相的世人所唾棄，人倫道德面臨被扭曲、利用而破產的危機。

---

25 趙翼《廿二史劄記》，卷五。
26 見清代董誥：《全唐文》，卷九二六。

第三節　由德行倫理檢視嵇、阮的品德

首先，我們得為德行倫理學下一界說，沈清松在〈德行倫理學與儒家倫理思想的現代意義〉一文中，曾有過扼要的涵義界說，他指出：

> 德行倫理學重視人本來具有良好能力的發揮，而且在發揮自我的過程中也注意良好關係的實現。在教育上，它重視倫理的判斷，知道在什麼樣的情況下判斷是非而不是遵守義務，重點是在能判斷是非善惡，培養實踐智慧（Phronesis），並且養成長久的好習慣，也就是美德。[27]

他將德行倫理學與康德的義務倫理做一對比性的定義。他所說的人本有能力之發揮係指人性本有的能力之卓越化。他所說的「良好關係的實現」指人與人之間的良好關係的全面開展。這兩方面都是人的美德所在。他認為對道德判斷的訓練及實踐勝於對道德義務本身之學習。在德行的踐履上，良好行為習慣的培養，遠勝於對自律本身的強調。質言之，遵守義務旨在成全德行，而非倒過來，如康德般地主張德行就在於人能克制私心雜念，服從義務。我們選擇阮籍與嵇康在當時具有爭議性的行為作例子，來論究他們不合名教規範的行為是否具有德行的意義和價值。

阮籍最令時人爭議的行為是他遭母喪的作為。《世說新語・任誕》載：

> 阮籍遭母喪，在晉文王（司馬昭）坐，進酒肉。司隸何曾亦在坐，曰：「明公方以孝治天下，而阮籍以重喪，顯於公坐，飲酒食肉，宜流之海外，以正風教！」文王曰：「嗣宗毀頓如此，君不能共憂之，何謂？且有疾而飲酒食肉，固喪禮也！」籍飲啖不輟，神色自若。

[27] 該文收入《哲學與倫理》論文集，上冊，臺北：輔仁大學出版社，1995年，頁275。

喪禮爲禮之最，父母親的喪禮是表徵子女是否守孝道的指標。阮籍遭母喪期間按禮規是不能赴宴會的。可是他卻無視於禮規的森嚴，公然赴當時提倡以孝治天下的當權派公然的挑釁。在座的禮法之士何曾深切的不以爲然，他認爲有失世教的立場和威信，乃當即斥責阮籍悖禮的大逆行爲，且以端正風教的正當理由進諫司馬昭將阮籍流放邊疆以整飾風教。司馬昭卻婉轉的替阮籍緩頰，說阮籍遭喪母之痛，形神憔悴不堪。他反而怪罪何曾爲何不能以同情心來擔憂阮籍身體的健康狀況，且還補充說身體虛弱不堪時，縱使在非常時期，也可以酒食滋補身體也是人之情理容許的範圍內。阮籍聽了更是神色自若的飲酒食肉。司馬昭對阮籍的特別容忍，一方面是阮籍慎言不臧否人物，對自己不曾非議過，沒有威脅性和傷害性。另一方面，阮籍是位對知識分子具感召力的才子名士，乃是司馬昭籠絡、吸收的對象。

　　與阮籍母喪期間相關而引起非議的第二種異常行爲，據《晉書・阮籍傳》載曰：

> 裴楷往弔之，籍散髮箕踞，醉而直視。楷弔唁畢便去。或問楷：「凡弔者，主哭，客乃爲禮。籍既不哭，君何爲哭？」楷曰：「阮籍方外之士，故不崇禮典。我俗中之士，故以軌儀自居。」

喪禮爲人倫之大禮，阮籍醉飲散髮的居喪方式是矯情悖禮的行爲。裴楷以自己是「俗中之士」，所以才遵從喪禮的規範。同時，裴楷將阮籍所以不尊崇喪禮的禮制典教，將他喻爲「方外之士」。其蘊義指俗中之士所本乃俗情，而阮籍則爲超越俗情而有方外之士的高貴情操，亦即高情。事實上，阮籍是反對俗化的，徒具禮儀度數的外在倫理規範，他是性情中人，對母親秉性至孝。《晉書・阮籍傳》評阮籍「至孝」，《世說新語・任誕》注引《魏氏春秋》說：「籍性至孝，居喪雖不率常禮，而毀肌滅性。」因此，他是有眞情而非虛情矯飾，造作示人的矯情。他孝親的眞情是一往情深的專情，一任性情之純眞，非世情俗見所能拘礙。他不屑於禮俗之士襲取外鑠性的規範典制而「服有常色，貌有常則，言有常度，

行有常式」以至於「唯法是修，唯禮是克」（〈大人先生傳〉）。他所以被人視爲方外之士，是因冀求莊子齊生死的忘情之境，藉以排遣所陷悲情之故，他的「毀頓如此」、「臨訣號窮」又是其悲情無以化解下所顯的不能自己之哀慟。事實上，阮籍孝親的眞情在遇母喪時深陷儒家的鍾親及道家忘情之間迴盪徘徊，萬般的矛盾和痛苦。

我們再審視嵇康冤死於司馬昭及鍾會藉禮教殺人的事故。《三國志・魏書・王粲傳》注引《魏氏春秋》的敘述：

> 及山濤爲選曹郎，舉康自代，康答書拒絕，因自說不堪流俗，而非薄湯武，大將軍（司馬昭）聞而怒焉，初，康與東平呂昭子巽友及巽弟安親善。會巽淫安妻徐氏，而誣安不孝，囚之。安引康爲證，康義不負心。保明其事。安亦至烈，有濟世志力。鍾會勸大將軍因此除之，殺安及康。

嵇康與呂安志趣相投合，友誼篤厚。《晉書・嵇康傳》載：「東平呂安服康高致，每一相思，輒千里命駕，康友而善之。」嵇康且常「與呂安灌園於山陽」[28]，亦即兩人一起在菜園澆水。嵇康認識呂巽在先，而後再結識呂安且成爲知交，呂安對不堪忍受的家醜，向嵇康表明擬舉發呂巽。此舉不但將使呂巽身敗名裂，且將爲呂氏家族造成後患無窮。嵇康出面費力調解，達成呂氏兄弟不得相害的協議。不料，呂巽私心太重，捏造不孝的罪名，誣陷呂安入獄。嵇康寫下沉痛的〈與呂長悌絕交書〉，謂：「都（按：呂安小名阿都）之含忍足下，實由吾言。今都獲罪，吾爲負之。吾之負都，由足下之負吾也。」因此，呂安要嵇康做人證來洗刷自己的清白時，嵇康無畏與強權們的間隙，義無反顧的挺身而出。此際，鍾會乘機進言於司馬昭，結果司法審判變質成政治謀殺，無辜的殺害了呂安和嵇康。

---

[28] 《世說新語・言語》注引〈向秀別傳〉。

　　鍾會所以對嵇康有怨尤，據《魏氏春秋》的載述：「會，名公子，以才能貴幸，乘肥衣輕，賓從如雲。康方箕距而鍛，會至，不爲之禮，會深銜之，後因呂安事，而遂譖康焉。」**29**鍾會彼時已是司馬昭的寵臣，對嵇康當眾所予以的冷漠無禮及屈辱，沒齒難忘。他和何曾都具有豪門士族的社會身分，與阮籍、嵇康所隸屬的寒門士族身分是有矛盾和對立的。豪門士族也是標榜名教之治的禮法之士，若就魏晉社會的階層結構性質及外鑠性的規範倫理而言，我們可以借用陳戰國的扼要界說：「所謂『名教』，就是把符合封建統治階級利益的政治觀念、道德觀點，立爲名分，定爲名目，號爲名節，制爲功名，以之來進行『教化』，規範人們的言行。」**30**標榜道德禮法爲社會倫理規範的名教之治，若滲入執政者階層利害的算計，則推行名教之治的動機及目的不單純。名教易流於爲政治強權所把持，道德判斷常會因政治利害衝突的因素而受黨同伐異所左右。同時，把名教之價值透過政教合一的途徑，使掌名教者的權力擴大，對政治的運作更具宰制性，對社會可營造出一種封閉性的意識形態來全面控制一般人在社會生活上的思想及言行。名教的當權者在意識形態的偏執及權力意志的宰制下，易將原具內在價值的名教，異化爲挾利害之心來以利誘威迫他人的工具。易言之，名教本身是善的，但是落在有私心雜念的政客手中，則名教的價值理性（道德理性）異化爲宰制性的工具理性。因此，在政治立場及利害的衝突下，何曾對阮籍的「死孝」判斷，以及鍾會對呂安的「生孝」判斷，質變成現實政治利害算計下的判斷。這就是何曾要判阮籍放逐，以及鍾會等人要判呂安死罪的真正原因所在。

　　呂安與嵇康非常鍾情，彼此都珍惜深厚的情誼。劉孝標謂呂安「志量開曠，有拔俗風氣」**31**。因此，呂安斷非不孝之子，卻被呂巽誣告摑母而被鍾會等人編織不孝罪名而處死。我們再看鍾會爲嵇康編造死罪的罪行。

---

29 《世說新語‧簡傲》，劉孝標注引《魏氏春秋》。鍾會乃東漢末年大書法家鍾繇之子。

30 見《魏晉玄學史》，西安：陝西師大出版社，1989年，頁206。另外，張蓓蓓〈「名教」探義〉一文做了周詳的考察，客觀的解說，可參考所著《中古學術論略》，臺北：大安出版社，1991年，頁1-48。

31 劉孝標注《世說新語‧簡傲》：「嵇康與呂安善，每一相思，千里命駕。」引《晉陽秋》語。

（鍾會）言與文帝（司馬昭）曰：「嵇康臥龍也，不可起。公無憂天下，顧以康爲慮耳。」因譖：「康欲助毋丘儉，賴山濤不聽。昔齊戮華士，魯誅少正卯，誠以害時亂教，故聖賢去之。康、安等言論放蕩，非毀典謨，帝王者所不宜容，宜因釁除之，以淳風俗。」帝既昵聽信會，遂並害之。**32**

嵇康被背上「言論放蕩」、「非毀典謨」、「害時亂教」等罪名而被誅，成爲以禮教殺人的歷史例證。嵇康自述是位剛腸嫉惡，遇事便發的漢子。他在言志詩也自謂：「貴在肆志，縱心無悔」（〈述志詩〉二首之一）、「肆志養浩然」（〈與阮德如〉詩）。他是藉非湯、武而薄周、孔，越名教而任自然的言行，勇敢的戳破司馬氏篡權的陰謀以及禮法之士的虛僞性及對社會大眾的欺騙性。他的被殺是鍾會挾怨報復，私仇公報，以及司馬昭借誅一位有聲望的名士來警告、壓抑一些桀驁名士的殘酷政治需要。嵇康自認他的死罪乃繫因於他的「顯明臧否」（〈幽憤詩〉）。嵇康的義行博得千古美名。他是有正確道德判斷且有堅毅的道德意志來貫徹他義行的有德之士，卻被違反名教的罪行被誅。《世說新語・雅量》注引王隱《晉書》謂：「康之下獄，大學生幾千人請之。於時豪俊皆隨康入獄，悉能喻一時散遣，康竟與安同誅。」若此一載述屬實，則表徵了社會最後良知所在，他們是嵇康有義德的歷史見證人。

---

32 《晉書》，卷四十九，〈嵇康傳〉。

第四節　從德行倫理檢視名教外鑠性的規範倫理

　　竹林七賢生逢魏、晉嬗替之際，眞摯的信奉忠、孝、仁、義的內在價值，且在人格生命中體現了這些美德的本質。可是，他們非常鄙視司馬氏等豪門士族，藉標榜忠、孝、仁、義的名教外衣，亦即外鑠式的道德禮法之規範架構來宰制人們，將禮法綱常及刑名法術扭曲爲篡位竊國的利器。公然向虛僞名教挑戰的嵇、阮認爲工具化的名教已淪爲野心政客遂行政治惡的資具。因此，阮籍高唱：「禮豈爲我輩設耶！」嵇康也直指吃人的禮教已令他「七不可，二不堪」。更有甚者，嵇康在〈釋私論〉大膽提出「越名教任自然」的尖銳命題，因爲嵇康已看透了在強權操控下，道德禮法的變質。他在〈答二郭〉的詩文中，自喻爲身陷名教網羅危險中的一隻孤鳥，「常恐纓網羅」，在焦慮著急下意欲「翔區外」而「滄瓊溯朝露」。他在〈贈秀才入軍〉詩十九首其一（《先秦漢魏晉南北朝詩》作〈五言贈秀才詩〉）中自比爲失去儔侶的鸞鳳意欲「逍遙遊太清」。他在述志詩中也深切的表達其擬衝破名教網羅的強烈心意，所謂：「焦鵬振六翮，羅者安所羈？浮游於太清中，更求新相知。比翼翔雲漢，飲露滄瓊枝。」他在〈與山巨源（山濤）絕交書〉中明確的指出朝廷有法，人倫有禮。然而，禮法之士的所作所爲與一己的至性衝突，而有所不堪者七項，深覺甚不可者有二項。其內容爲：

　　臥喜晚起，而當關呼之不置，一不堪也；抱琴行吟，弋釣草野，而吏卒守之，不得妄動，二不堪也；危坐一時，痺不得搖，性複多蝨，把搔無已，而當裹以章服，揖拜上官，三不堪也；素不便書，又不喜作書，而人間多事，堆案盈機，不相酬答，則犯教傷義，欲自勉強，則不能久，四不堪也；不喜弔喪，而人道以此爲重，已爲未見恕者作怨，至欲見中傷者。雖瞿然自責，然性不可化，欲降心順俗，則詭故不情，亦終不能獲無咎無譽，如此，五不堪也。不喜俗人，而當與之共事，或賓客盈

坐，鳴聲聒耳，囂塵臭處，千變百伎，六不堪也；心不耐煩，而官事鞅
掌，機務纏其心，故放煩其慮，七不堪也。又每非湯、武而薄周、孔，
在人間不止，此事會顯，世教所不容，此甚不可一也；剛腸疾惡，輕肆
直言，遇事便發，此甚不可二也。

嵇康的七不堪二不可，已細緻的描述出官場上束縛人身心自由的名教（或世教）
之惡。他曾謂「至性過人」的阮籍亦被「禮法之士所繩」，此亦其自況之詞。他
在〈釋私論〉中將禮法之士視爲小人，將之與其心目中的眞君子進行了對比式的
較論，謂：

夫稱君子者，心無措乎是非，而行不違乎道者也。何以言之？夫氣靜神
虛者，心不存于矜尚；體亮心達者，情不繫於所欲。矜尚不存乎心，故
能越名教而任自然；情不繫於所欲，故能審貴賤而通物情，物情順通，
故大道無違；越名任心，故是非無措也。是故言君子，則以無措爲主，
以通物爲美；言小人，則以匿情爲非，以違道爲闕。

他所說的「是非」指禮法之士所標榜的典章制度之規範，及一套套形名度數的行
爲準繩。這些涉及個人現實利害的機制，使一般人不得不挾利害之心，虛情矯飾
的曲意屈從以趨吉避凶，如《晉書》卷三十三〈何曾傳〉、卷三十九〈荀顗傳〉
所載的禮法人士，以衿尙之心，措意於是非的規範繩墨，企圖獲取孝名，鞏固名
望，本質上卻是令人不齒的佞臣。嵇、阮對困於名教之成心、習心、利害算計之
心的消解，師習老莊，取法老子的虛靜心及莊子以大道齊物的無執心，提升心靈
至齊是非，沒貴賤的化境。用嵇康的話說就是對名教能越名任心而無措。
　　在嵇、阮之前的王弼已指出：「自然親愛爲孝，推愛及物爲仁。」[33]質言

---

[33]　王弼《論語釋疑》，注《論語・學而》第二章「孝悌也者，其爲仁之本歟」語，見皇侃《論語義疏》引。

之，一切名節禮教的運作，例如忠孝仁義等，都必須本著自然無執的心態出發，才眞能得其本、守其母。嵇康在〈難自然好學論〉中說：「自然之得，不由抑引之六經；全性之本，不須犯情之禮律。固知仁義務於理僞，非養眞之要術，廉讓生於爭奪，非自然之所出也。」因此，他所說的「越名任心」當指任心在無偏執狀態下的自然，這是心靈境界義的「自然」，亦即境界的自然。嵇康所否定的挾利害之心爲私心雜念所措意之是非，並不反對允當的自然無匿情之是非。他在〈釋私論〉說：「心無所衿而情無所繫，體清神正而是非允當。忠感明天子而信篤乎萬民，寄胸懷於八荒，垂坦蕩以永日，斯非賢人君子高行之美異乎者。」我們看裴希聲爲嵇康子所作的〈嵇紹碑文〉云：「愛敬出於自然，而忠孝之道畢矣！」然而，王弼、嵇、阮等在德行倫理所謂的「自然」也有依違於儒道之間，有難以定調的難處。《晉書》卷四十九載述一段王戎與阮瞻的對話：「王戎曾問說：『聖人貴名教，老莊明自然，其旨同異？』阮瞻即答曰：『將無同。』」若以「自然」爲境界語，則儒道在此涵義上皆可肯認自然爲名教之正確心態，名教應以自然的心態來遵行。若從德行倫理學來檢視道與儒，則二家對人自然本性的特質有不同的論述。再者，儒家境界義的「自然」當有深刻的道德自覺及存養推擴的修持歷程。《孟子・盡心下》云：「可欲之謂善，有諸己之謂信，充實之謂美，充實而有光輝之謂大，大而化之之謂聖，聖而不可知之謂神。」因此，從德行倫理觀名教的規範倫理是行仁義，雖然禮法之士在行爲上遵守了外在規範，有其正當性，卻缺乏內在的道德感，在動機、內在動力和目的上頗有可議處。同時，若從德行倫理來省察越名教而任心之自然，問題在道德主體是否具忠孝仁義的深層道德意識？心中是否有道德法則及純眞純善的道德意志，而不只是徒具道德感而已？若缺乏這些環節，則出於自然的道德禮法其質量的深廣度將如何？這也是值得深思的重要問題。

第五節　從規範倫理省察出於自然的名教

　　嵇、阮等七賢雖主張越名任心之自然，然而，從史書所記載的文獻觀之，他們確有忠孝仁義的純眞行爲。可是就他們爲當時社會所矚目的名士而言，他們的言行及風度對社會引起了不同的反應。有識有志之士，視他們爲賢者，是正直的有德之人，可爲精神範式。可是許多知其然不知其所以然的一般社會大眾而言，在敬佩之餘，盲從地起而效之，卻只得其皮相，未得其眞髓，造成令人遺憾的傷風敗俗之行爲，如東晉的八達。《世說新語・德性》注引王隱《晉書》曰：

> 魏末，阮籍嗜酒荒放，露頭散髮，裸袒箕踞。其後貴游子弟阮瞻、王澄、謝鯤、胡毋輔之之徒，皆袒述於籍，謂得大道之本。故去巾幘，脫衣服，露醜惡，同禽獸，甚者名之爲通，次者名之爲達也。

這種敗害社會善良風氣的行爲，不僅盛行於貴游子弟，甚至連朝廷大臣也沾染了。像裴頠等士族，不滿彼時「口談虛浮，不遵禮法」（《晉書・本傳》）的風氣，而以〈崇有論〉來辯論證成外鑠性的規範倫理有其正當性和必要性。

　　事實上，個人在私領域中較公領域可享有較多的自由和自在的生活，但是在公共領域中仍須遵從公共規範。若個人在公領域的社群生活中，越名任心，雖有道德感，但是在道德法則的判斷上若人各有殊見，在道德行爲實踐上缺客觀的普遍化之準則或規範，則群居合一的社群生活如何可能呢？當然，公、私領域如何劃清？公共的倫理規範當由誰來制定，誰來執行，其制定及創制、複決的權力和程序如何合情合理的設計？同時，規範倫理的尺度之寬嚴及申述管道，公正人士的機制建立，都是值得深思的問題。質言之，合情合理的公共倫理規範在人類的社群生活中仍有其功能和必要性。

第六章　越名教與任情性之自然

第一節　自然生成論

　　竹林七賢雖未有系統化的宇宙生成論之著述，但是仍可教見於他們的相關著作中，茲以嵇康爲例。

　　嵇康關於宇宙發生說及宇宙構成說，在其著作中不是主要的論題，但仍可見到零散的言論。從他這些有限的、涉及宇宙觀的言論，顯示了他仍承受秦漢氣化宇宙觀之影響。他說：

> 夫元氣陶鑠，眾生稟焉。（〈明膽論〉）
> 浩浩太素，陽曜陰凝，二儀陶化，人倫肇興。（〈太師箴〉）
> 夫天地合德，萬物貴生。寒暑代往，五行以成。故章爲五色，發爲五音。（〈聲無哀樂論〉）

　　嵇康雖提及解釋宇宙發生論的「元氣」、「太素」、「天地」，但未分別澄清三概念的內涵，且也未對三者間在宇宙發生的生化歷程上所處的先後步驟及相互關係作明確的解釋。不過透過秦漢的宇宙觀，吾人仍可略悉一二。蓋《乾鑿度》謂宇宙源發生成的歷程階序爲：太易→太初→太始→太素。其中「太初」謂之爲氣之始，「太素」者謂之爲質之始。此外，《白虎通》亦有云：「始起先有太初，然後有太始，形兆既成，名曰太素。」綜合漢代兩種頗具影響力的典籍，吾人可推知嵇康的「元氣」較「太素」更爲根本。「太素」當爲由元氣所發展出來，形構萬物的原料或元素。「太素」進一步分化出形成自然界萬物存在與變化的陰陽。「二儀陶化」指陰陽、乾坤對萬物的陶冶變化。「天地合德，萬物資生」承自《易》的宇宙觀，《易‧繫辭下》第六章有云：「乾，陽物也。坤，陰物也。陰陽合德，而剛柔有體，以體天地之撰。」坤卦《象》曰：「至哉坤元，萬物資生。」至於「寒暑代往，五行以成」顯然是漢代陰陽五行的宇宙觀之遺緒。蓋黃河中流的中原氣候屬東北季風型氣候，其特徵是東方象徵春氣溫，南

方象徵夏氣熱，西方象徵秋氣涼，北方象徵冬氣寒。與「木」之滋生，「火」之炎熱，「金」之肅殺及「水」之寒冷有擬似處。漢人於是把四時、五方位、五行及五行序數相配，「五」的紀數，「五行」的屬性範疇，成為漢人用以普遍解釋宇宙萬物之質性、結構、運行規律和功能作用的理論範式。嵇康顯然仍受秦漢流行的五行說之影響，認為寒暑的迭相往來、萬物的衍生皆溯源於陰陽二氣與五行五氣交互的感應作用，合和而成。吾人再觀嵇康在〈聲無哀樂論〉一文中謂由陰陽五行化生而來的「五音」，其形上的體性稟賦著作為宇宙本根的「道」之「和」、「平和」、「太和」、「至和」，與秦漢以來宇宙觀氣論中的「中和」說頗契合。

第二節　自然人性論

它於人情性的自然傾向方面，嵇康在〈難自然好學論〉一文中針對張遼叔〈自然好學論〉而有所論述。張遼叔認為喜、怒、哀、樂、愛、惡、欲、懼係人本性本有的自然反應，可隨外物之誘發而宣洩流露出來。從而論證六藝禮樂，學之也能恰悅性情，人樂意學習這些經典，而此樂學之心亦屬自然而然的生命活動之表現。嵇康持反駁立場，他認為甘苦痛癢乃屬生理的自然反應。可是，好學乃人心計度後天的利害而始致，非人性之本然。他說：

> 夫民之性，好安而惡危，好逸而惡勞。……及至人不存，大道陵遲，乃始作文墨，以傳其意；區別群物，使有類族；造立仁義，以嬰其心；制其名分，以檢其外；勸學講文，以神其教。故六經紛錯，百家繁熾，開榮利之途。……是以困而後學，學以致榮；計而後習，好以習成，有似自然……推其原也，六經以抑引為主，人性以從欲為歡。抑引則違其願，從欲則得自然。

嵇康認為人的天性是崇尚安逸閒恬的。讀經習禮是勞苦之事，所以要學經禮，係因人離開了原始渾然不分的自然狀態，統治者以人為中心確立分化對立性的知識，執名定規以推行名教之治，借以建構社會秩序，有效地控制社群生活。為了建立社會共識，不得不迎合人的榮利之心，以利祿、榮顯等社會資源「勸學講文」，引誘人學習官方所設定的一套有關社會生活的知識、思想，接受官方所規約的一套社會行為規範。生活於這一社會機制與文化環境下的人們，以好利避害之心，計較得失、榮辱後，將六經視為可獲致諸般世俗利益的手段而學習之。為政者，則以權位、利祿、榮顯等世俗利益為手段，誘世俗之人讀經習禮，實則欲情這一過程以形塑一套制式的思想、價值觀和行為模式，以便利統治、鞏固政權為目的。總而言之，嵇康認為六經是外鑠抑引人性的。若將六經之研習與社會

利益割斷，反方向地判定爲負面價值，視六經爲汙穢之言，仁義的規範形式爲臭腐，修揖讓則變駝背，害處當前，那麼人們是否仍願學，且好學呢？嵇康著此文顯然是對標榜儒家禮法世教，以司馬氏政權爲核心的豪門世族大膽地予以批判。嵇康勉力地要掙脫當權的豪門世族加諸整體社會的儒學思想禁錮，揭穿彼等以倡道德禮法的虛僞性，擬以露骨的批判來衝破世俗名教的社會束縛。

第三節　阮籍的「禮豈爲我輩設耶？」

阮籍（公元二一〇―二六三年），父親阮瑀，從學於蔡邕，係建安七子之一。阮籍出身於世業儒學的大族，其〈詠懷詩〉第十九云：「昔年十四五，志尚好書詩。被褐懷珠玉，顏閔相與期。」他少年時代沉浸於儒家經典，且曾以孔門德性著稱的顏淵和閔子騫爲自我期許的典範。其早年所著〈樂論〉表露了他崇尚儒家禮樂教化的經世之志。然而，嘉平元年（公元二四九年），司馬懿發動政變，誅殺曹爽、何晏等八家。他的政權基礎是大族高門，亦是儒學世家，爲排除異己，鞏固政權，因而提倡名教，特別是孝道。事實上，他們是借「不孝」、「蔑視禮法」等罪名來翦除異己。阮籍逢此際會，頗不得志，只能懷激憤、憎恨和無奈之怨情，與若干心氣相通之士，遊遁於竹林。按《晉書·阮籍傳》所載：「籍本有濟世志，屬魏晉之際，天下多故，名士少有全者，籍由是不與世事，遂酣飲爲常。」

司馬氏政權雖重用王祥、何曾、荀顗等禮法之士，然而，他們只是將朝廷之法，人倫之禮[1]，異化爲迫害異己的工具。事實上，他們之中有的人只是戴著道德面具，披著禮法外衣的僞君子，爲貪圖一己的權位榮華不惜賣己求榮，或奢侈無度。茲取《晉書》所載若干事略以見其素行。

《晉書·荀顗傳》載：「顗明《三禮》，知朝廷大儀，而無質直之操，唯阿意苟合於荀勗、賈充之間。初，皇太子將納妃，顗上言賈充女姿德淑茂，可以參選，以此獲譏於世。」[2]《晉書·何曾傳》載：「然性奢豪，務在華侈。帷帳車服，窮極綺麗；廚膳滋味，過於王者。……食日萬錢，猶曰無下箸處。……劉毅等數劾奏曾侈汰無度，帝以其重臣，一無所問。」[3]阮籍對像王祥這樣的人，雖曾受魏帝恩禮，竟不顧魏室的危難，攀附司馬氏，憤慨地批評說：「雖非明

---

[1] 所謂「禮法」，嵇康〈與山巨源絕交書〉一文指稱是「人倫有禮，朝廷有法」。
[2] 《晉書》，臺北：鼎文書局，1980年，頁1151。
[3] 《晉書》，臺北：鼎文書局，1980年，頁998。

君子，豈暗桑與榆。世有此聾瞶，芒芒將焉如。」⁴他對這些缺乏節操，趨炎附勢，又標榜禮法之士的表裡不一頗為不齒，其〈詠懷詩〉對彼時禮法的虛偽性多所戳破，例如：

> 洪生資制度，被服正有常。尊卑設次序，事物齊紀綱。容飾整顏色，磬折執圭璋。堂上置玄酒，室中盛稻粱。外厲貞素談，戶內滅芬芳。放口從衷出，復說道義方。委曲周旋儀，姿態愁我腸。⁵

「洪生」指鴻儒，他們所謂的禮教，不過在執名分以謹守禮法的制數。質言之，服有常色以嚴尊卑之別，道貌岸然地不苟言笑，飾容貌，可是內心醜惡不堪；滿口道德仁義，且謂為肺腑之言，實際上，生活奢侈無度。阮籍暗諷司馬氏標榜以禮治天下，而骨子裡卻蔑君臣之分，以下犯上，行陰謀篡位之舉。因此，他認為那些禮法之士繁文縟節的應酬禮儀非常虛偽。司馬氏集團所推行的禮法，只不過是宰制下民的工具，天下之大患。阮籍在他晚期的作品〈達莊論〉及〈大人先生傳〉中對淪為天下大患的禮法及現實政治的君臣之制進行了極激烈的批判。今取其〈大人先生傳〉文中兩段話為證。他說：

> 誦周、孔之遺訓，嘆唐、虞之道德。惟法是修，惟禮是克。手執珪璧，足履繩墨。行欲為目前檢，言欲為無窮則。少稱鄉閭，長聞邦國。上欲圖三公，下不失九州牧。
>
> 今汝（禮法之士）造音以亂聲，作色以詭形，外易其貌，內隱其情，懷欲以求多，詐偽以要名。君立而虐興，臣設而賊生。坐制禮法。束縛下民，欺愚誑拙，藏智自神。強者睽眠而凌暴，弱者憔悴而事人。假廉以

---

⁴ 郭光《阮籍集校注》，鄭州：中州古籍出版社，1991年，頁199，〈詠懷詩〉其五十七。據《晉書·王祥傳》載：「及高貴鄉公之弒也，朝臣舉哀，祥號哭曰：『老臣無狀！』涕淚交流。」阮籍此詩即指該事。蓋王祥不乘此時退隱，反而拜官不已。

⁵ 郭光《阮籍集校注》，鄭州：中州古籍出版社，1991年，頁210，〈詠懷詩〉其六十七。

成貪，內險而外仁。……汝君子之禮法，誠天下殘賊、亂危、死亡之術耳，而乃目以爲美行不易之道，不亦過乎！

　　道德原係人類出於惻隱、恥惡、正義感、是非觀念的心靈活動之自覺，從而自由抉擇，自我期許與自我實踐。換言之，道德原是出乎人源發於內心善意，且表露於自身行爲的高貴生命活動。禮法原是民族和社會在長期人文化成的人際脈動中所形塑的合情合理之行爲規範。換言之，禮法應是人群居生活中，情誼通感、相敬相愛、通達人情事理的倫理規範。其目的在促進群體生活的交融、安悅與和諧，亦即禮法是安頓群體生命的儀文典制。然而，道德禮法若全權操控在集權的野心政客手中，則被利用成以「詭形」、「詐僞」、「欺愚誑拙」之手段，騙取人民的崇拜、服從和效忠。實質上，野心政客們是借道德禮法來「求多」、「要名」，以滿足財富、權力、名位的自私欲望。他們以嚴刑的威迫和名利之賞的誘因來推行道德禮法，道德禮法也因之而流於虛僞不實，不具內在價值，缺乏內在的誠意也就顯得極不「自然」了。如是，名利薰心，禮法愈密，機心巧詐愈甚，造成「殘賊、亂危、死亡」的偏、險、悖、亂之社會和政治現象，當然被阮籍視爲禍患之具了。

　　阮籍不僅在內心厭惡司馬氏的篡逆行徑和禮法之士的虛情矯飾，且任一己的眞情至性，以具體的行爲來表達對彼時虛僞禮教的唾棄。蓋彼時禮教頗重「孝」，特別講求人子是否善盡喪親之禮數，借以判別盡孝與否。阮籍遭母喪，猶當司馬昭面前坐進酒肉，何曾欲加害他，而曰：「明公方以孝治天下，而阮籍以重喪顯於公坐，飲酒食肉，宜流之海外，以正風教。」[6]事實上，阮籍異於世俗禮規的行爲，並不必然可據以判定其內心無孝道觀念[7]。又如彼時禮教森嚴，規定嫂叔不通問，可謂苛刻得不近人情。阮籍於嫂嫂返娘家時，前往致候，人或

---

[6]　見《世說新語・任誕》。

[7]　見《世說新語・任誕》，該條注引《魏氏春秋》載：「籍性至孝，居喪雖不率常禮，而毀幾滅性，然爲文俗之士何曾等深所仇疾，大將軍司馬昭愛其通偉而不加害也。」

譏之,他回答說:「禮豈爲我輩設耶?」[8]平心而論,不近情理的禮俗規範,悖逆人內在的眞情實感,勉強遵循,反而虛僞而不自然了。若再鼓動社會輿論,運用政治權威來逼人就範,則倒眞是桎梏人眞實的性靈生命了。

　　嵇康(公元二二三—二六二年)著名的〈與山巨源絕交書〉簡單扼要地表達了他的思想、性格及其對禮法和司馬氏集團的鮮明立場。這封信表明了他不願在司馬氏政權下任官,公然與之決裂。他具體地提出了所以拒官職的理由,謂:「人倫有禮,朝廷有法,自有至熟,有必不堪者七,甚不可者二。……統此九患,不有外難,必有內病。」觀其所言「七不堪」者,例如不喜歡寫官場上相酬答的書信,將「犯教傷義」、「不喜吊喪,而人道以此爲重」云云,一方面係因嵇康的個性放任自適不願受禮俗拘束,另一方面是因爲他對司馬氏集團所標榜的虛僞之禮教深惡痛絕,借這封信予以公然侮蔑,大膽反抗。吾人考察其「甚不可者二」,其一爲「每非湯、武而薄周、孔,在人間不止此事,會顯世教所不容」。然而,就歷史而言,湯武是以武力取天下,影射司馬昭厚植武力以謀篡奪曹魏政權。周公是輔佐成王的臣子,孔子祖述堯舜,而堯舜是禪讓天下的。這也暗喻司馬氏身爲輔佐君主之臣,卻陰險地造勢布局,進逼曹魏傀儡王室禪讓天下。再觀嵇康寫的〈管蔡論〉,他借周公攝政,「管蔡流言,叛戾東都」的史事,稱許管、蔡,責斥周公,實則借古史論今,稱許反司馬氏而起義被殺的王凌、毌丘儉和諸葛誕,而對狠毒謀篡的司馬氏予以諷刺。嵇康蓄意對彼時以湯、武自比的司馬昭這般公然非議,其被政治謀害的下場也可想而知了。

　　嵇康自謂另一甚不可者,乃自述「剛腸疾惡,輕肆直言,遇事便發」。這是他生性剛直,有正義感,不懼強權,難忍不可忍之事,仗理直言。他雖預知自身的言行會觸怒當權者而將遭受被迫害之後果,然而尚俠任奇的他,若不任性情之實,率性情之眞,則自我壓抑更難堪受,自我扭曲的「內病」才是生命中難以忍受的眞正痛苦。因此,嵇康「越名教而任自然」一語,簡潔有力地道出其澈底否

---

[8] 郭光《阮籍集校注》,鄭州:中州古籍出版社,1991年,頁210,〈詠懷詩〉其六十七。

定彼時虛偽名教，而回歸自然，展現眞我的終極立場[9]。

[9]　夏明釗《嵇康集譯注・釋私論》，黑龍江：黑龍江人民出版社，1987年，頁120。

第四節　嵇、阮自然觀的理源及所賦予的涵義

　　《晉書‧阮籍傳》謂：「籍容貌瑰傑，志氣宏放，傲然獨得，任性不羈。……尤好《莊》、《老》。嗜酒能嘯，善彈琴。當其得意，忽忘形骸。」嵇康〈與山巨源絕交書〉中自謂：「老子、莊周，吾之師也。……達能兼善而不渝，窮則自得而無悶也。」又〈幽憤詩〉亦云：「抗心希古，任其所尚。托好老莊，賤物貴身。志在守樸，養素全眞。」可見嵇、阮處悶世思遁，既不願爲野心政客的禮法所束縛，也無力於改革現實以兼善天下。順著他們崇尚自由、愛慕自然的個性，兩人皆自將生命安頓於忘俗「得意」、「自得而無悶」的老、莊思想。兩人都雅好老、莊，他們任個人情性生命之眞實的自然觀，可說是源自於老、莊了。

　　就老子哲學而言，作爲天地萬物總根源的「道」，係存有活動的本身，亦即存有。在「樸散則爲器」（《老子‧二十八章》）的宇宙發生論中，道透過自身分殊化的複雜歷程而化生萬物。「德」係人與萬物稟承自道，內在於己的自性和自發自成的能力。換言之，「德」係各存有者稟得於「道」的存有，是經由「道」的化生與內在而有的，亦即原始整全的道以分殊化的方式臨在於個物內的存有。《老子》謂：「道生之，德畜之，物形之，勢成之。是以，萬物莫不尊道而貴德。道之尊，德之貴，夫莫之命而常自然。」（《老子‧五十一章》）因此，每一個體天生自然的本性，皆源於道且可通透於道。個物各循其性，自發自長，不但在自展其德中有所自得，且亦是回歸於道，充分表現道的方式。因此，個物在尊道貴德，循性以自展其德，密合於道的整個過程，可謂之自然。簡言之，自然對老子而言統攝了道的體性和任個物自展其德的道用。

　　「自然」一詞出於《莊子》書凡六見[10]，其存有論與宇宙論承繼《老子》的基本觀點。《莊子》的〈大宗師〉認爲「道」乃萬物之統宗，道是絕對的、整全

---

[10] 計見於莊書〈德充符〉、〈應帝王〉、〈天運〉、〈秋水〉、〈田子方〉五篇。其中〈天運〉二見。

的，〈齊物論〉以道觀物，物物皆源於道，乃道之分殊化的多樣性。〈秋水〉謂：「天在內，人在外。」一切天生自然的固然物，例如牛馬之生理結構，是人所不能改變的。若人依主觀意志所外加於自然者，例如絡馬首、穿牛鼻以供人用，則屬人為的。因此，幾天賦內在的為自然，若非如此，則是非自然的。在他處理人與自然的關係上，順任自然為一大原則。所謂「天而不人」、「與天為徒」皆強調任天之自然。

　　人類亦是自然的一部分。因此，人若能心齋坐忘以「外天下」、「外物」、「外生」，則虛靜以待物，在一任情性之真的心境下，適性適情適意，亦即適性逍遙，悠然自得。若執於主觀的成心而有所待，則「迷亂而不能自得也」**11**。道是物類萬殊的終極統合者，「真人」、「至人」或「神人」是能在精神修養上，亦即內心生活上，層層地自我超脫世俗的拘絆，全幅地與道相融合。其精神上的自我修養歷程，係一人與整個自然交融無間，渾然不分，共融於道、統合於道的歷程。此際，人的精神全然沉浸在自然之中，深刻且生動地享受融合於道的至悅之境。

　　阮籍〈樂論〉謂音樂的體性本乎天地萬物的體性，該體性係一整體的、自然的和諧，提出「自然之道，樂之所始也」。他以禮樂立教言內外，謂：「禮定其象，樂平其心，禮治其外，樂化其內。」雅樂的平淡自然，在對人民潛移默化的陶冶中使人心平氣定，使人精神平和。蓋對他而言，音樂平和的自然體性，能感染轉移人的心志，「至樂使人無欲」，回復人稟承於道體之原有的平淡自然。因此，人承自道體的平淡自然，使人原處於純樸未虧的道德之世。當阮籍日益認識到道德禮法隨政治鬥爭的黑暗性、殘酷性而虛偽不實時，揚棄了原先預期的「禮治其外」的外鑠形式，而轉趨「樂化其內」之無欲氣定的內心生活境界中。屬於他晚期作品的〈達莊論〉和〈大人先生傳〉是這一思緒脈絡的成果。

　　阮籍在〈達莊論〉中發揮了莊子〈齊物論〉「道通為一，萬物一指」之

---

11 《莊子·秋水》。

論，卓然標立「自然」爲宇宙天地萬物之本源。他說：「天地生於自然，萬物生於天地。自然者無外，故天地名焉。」自然爲道體，亦道用亦道相。因此，以道觀物，萬物各自足於自然之性，價值無分軒輊，「自然一體，則萬物經其常」。蓋天地所生的萬物，雖萬象殊然，事實上，物名之不同，人見狀異而從異名分別之，係人所使之然，而非物然。若吾人對異狀異名之萬物，自其同處觀之，皆出乎自然。自然（道）爲統合萬物之最高存有。事實上，天地萬物皆存在和活動於自然之中，各得其性，各安其分而無易軌之慮，和諧並育是自然的常道。簡言之，物物各適其性，各循其性之自然，性律雖無轍跡，然而，物物各居其所則可自得自足焉。

他因順自然之真之化來批判、解構，彼時禮法之士挾利害得失所規制的名教之弊。他說：「名利之涂開，則忠信之誠薄；是非之辭著，則醇厚之情爍也。」強權和賞罰、得失相結合下的禮法規制，驅使眾人守什五之數，審左右之名，以致繁稱是非，競逐趨利，背質追文，凡此，皆導致人悖離自然之真，陷執於人爲之累，衍生「父子不合，君臣乖離」的不自然情事。據此，我們了解到阮籍的自然觀係教吾人，返歸道體之真實，超拔現實的人我、是非、利害……之對立衝突，轉趨於人與人、人與天地萬物的交融和諧，亦即萬物和諧並育、共存共融的一體觀。

與〈達莊論〉成姐妹作的另一文〈大人先生傳〉，阮籍借莊子的思想更深刻地批判彼時之變質的禮法。他還建設性地提出走出禮法束縛之苦，走向自由的心靈生活，修性以全真的精神修養方法。那就是大人先生的「神貴之道」，蓋「神者，自然之根也」，而「神貴之道存乎內，而萬物運於外矣」。神妙無方的大人先生以道爲心，心若明鏡，任萬物之此起彼落，相與推移，無拒無迎，自然而然，不被他者使之然。能享受這種神貴之自然的人，才是真正臻於逍遙之士。逍遙之士在於有逍遙無執的心靈，亦即心中無彼我之對立，是非利害的計較，無忿激，去好尚。扼要言之，阮籍由該文構作出「超世而絕群，遺俗而獨往」的全真之大人先生。

第五節　嵇康的人性觀及「越名教任自然」

　　阮籍〈達莊論〉及〈大人先生傳〉的理境，在嵇康的〈釋私論〉中有更深刻的理論奠基。阮籍在〈大人先生傳〉中先質疑「天下之貴，莫貴於君子」的世俗論調，終則譏諷整衣冠正容貌的禮法之士，將之貶喻為如蝨處褌中，不離敗絮。嵇康在〈釋私論〉中對君子賦予莊學的新涵義，而正面推許之。其莊學內涵，儒家名義的「君子」，係「氣靜神虛」，不矜尚是非好惡，亦不陷溺在情欲之牽繫的內心亮達者。簡言之，「夫稱君子者，心無措乎是非，而行不違乎道者也」。「⋯⋯故能越名教而任自然越名任心，故是非無措也。」越名任心已是虛靜無執的境界。與阮籍〈大人先生傳〉中「不知乃貴，不見乃神」義相通。兩人皆擇取了《莊子・逍遙遊》中「至人無己，神人無功，聖人無名」[12]之旨趣。蓋嵇康從現實社會中深刻了解到，許多人事的紛爭和衝突，深究其中原因，常係肇端於我執。我執指人常囿於自身的知識、經驗、利害去區分是非、善惡，計較一己的得失、苦樂、禍福。人人受制於我執，則易處於對立、衝突，相互間做出損人利己之事，禍患連連，痛苦不斷。

　　若人能無心於世俗是非的計較，體亮心達於廓然大公的大道，則能成為無矜無尚、通物達道的君子了。相形之下，小人之至惡在於「匿情矜吝」，存矜尚之心，情係於所欲，虛情矯飾，藏私心懷陰謀，做出傷天害理之事。因此，君子「顯情無措」，小人「匿情為非」，形成尖銳對比。嵇康對君子小人的判別也追溯到吾人心境之有措無措，匿情或顯情上。換言之，嵇康從一人內在動機意念上之匿情與否判君子小人之別。小人所以匿情藏私在於其心有措於世俗之禮法是非，刻意勉強迎合以騙取財貨名利等社會資源，因此，小人的有措之心，對自私自利的藏匿掩飾之行為，違道而極不自然。嵇康認為真正能通物順道的君子在於「矜尚不存乎心，故能越名教而任自然」。他在〈釋私論〉中說：

---

[12] 成玄英譯曰：「至言其體，神言其用，聖言其名，其實一也。」

君子之行賢也，不察於有度而後行也；任心無窮，不議於善而後正也；
顯情無措，不論於是而後爲也。是故，傲然忘賢而賢於度會，忽然任心
而心與善遇，儻然無措而事與是俱也。

稽康的「任自然」從〈明膽論〉言，固然有因循各人個性發及情性命之發
展，順任各個人的才性天賦義。但是在自然與名教對舉下的「任自然」，應當指
毫無曲折地因順吾人大公無私的心，那就是源於宇宙大道，與「道」渾然同體，
無主客對立，無是非分化，好惡判然的虛靜道心、這一顯情無措的虛靜道心，除
了無邪和大公無私外，還有些什麼特徵呢？稽康「越名教而任自然」所針對的是
名教異化淪爲矯性造作的不息然現象。稽康在其另一篇著名的〈養生論〉中指出
其境界乃「清虛靜泰，少私寡欲」。他在〈答難養生論〉一文中說「若以大和爲
至樂，則榮華不足顧也。以恬澹爲至味，則酒色不足欽也」。由於恬靜、和諧
而意足，既無措於世俗禮法所肯定的榮華富貴，則「愛憎不棲於情，憂喜不留於
意，泊然無感，而體氣和平」（〈養生論〉）。

稽康「任自然」的自然觀，質言之，不但是其對現實政治社會的批判立
場，在他據以解讀和解構彼時已變質異化的名教[13]外，他也據以描畫了一條建構
達觀、健康的生命價值觀，那就是接引吾人「順天和以自然」、「任自然以托
身」，追求吾人精神上之至樂和至味的心靈生活。其慕好天地萬物自然美的無限
心懷及其遊心玄默、與道相契共融的天人合一深度，係最能作爲此中有眞意的
見證。

---

[13] 關於「名教」一詞的基本意涵，陳戰國先生作了簡要的解釋：「所謂『名教』，就是把符合封建統治階級利
益的政治觀念、道德觀點，立爲名分，定爲名目，號爲名節，制爲功名，以之來進行『教化』，規範人們的
言行。」見《魏晉玄學史》，西安：陝西師範大學出版社，1989年，頁206。臺灣的張蓓蓓女士在《「名教」
探義》一文中作了翔實細密的考察，具體見張女士所著《中西學術論略》，臺北：大安出版社，1991年，頁
1-48。

第七章　對儒家經學的繼承和批判

第一節　漢魏之際的經學流變脈絡

一、經學的由來及涵義

　　漢武帝舉賢良文士對策，前後數次，終受董仲舒〈天人三策〉影響，採取「罷黜百家，獨尊儒術」的學術文化政策。獨尊儒術係以政治力干預學術，將帝國思想大一統於儒學，官方以「經」之名尊稱儒典，始於漢武帝設立五經博士[1]。儒家的六經被稱爲「六藝」始於漢人，最早見於賈誼《新書・六藝》所云：「詩、書、易、春秋、禮、樂，六者之術，謂之六藝。」漢武帝立五經博士後，「經」一辭遂成爲正式且普遍化地尊稱儒典的名稱。「經」字和書名連在一起，則至南宋時才有的[2]。漢武帝在獨尊儒術下，將《詩》、《書》、《禮》、《易》、《春秋》五部儒書法定爲「經典」，這五本經典成了規範漢代政治和社會生活觀和秩序的準據，從而凝聚了官方的意識形態。既確立了五經的正統和學術權威，從而衍生了研究五經的學術成果，形塑了「經學」[3]。筆者曾對經學產生的意涵做過界說：「在漢代所謂『經學』係指儒家者流和官僚集團對朝廷所法定之『經典』的闡發和論說，由此而累積建構的學問。」[4]

---

[1] 《漢書・武帝本紀・建元五年》載：「春，罷三銖錢，行半兩錢。置五經博士。」

[2] 屈萬里先生考宋人廖剛所著《詩經講義》爲「詩經」一詞最早的使用，此書約成於南宋初年，其後，「易經」、「書經」、「詩經」等成了普遍的稱法。

[3] 「經學」一詞首見於《漢書・兒寬傳》，文中謂武帝時：「以寬爲掾，舉待御史，見上。語經學，上說（悅）之。」

[4] 曾春海《兩漢魏晉哲學史》，臺北：五南圖書，2008年，頁83。

二、經學的功能及漢魏之際的衰微

　　漢武帝獨尊儒術，其目的是意圖面對六朝存遺的博雜紛擾之多樣化思想，擬以尊經尊儒來統合，期能達成政治大一統，以鞏固漢帝國政權爲目的。爲配合政治上安邦定國的大治理想和目的，潛心治經，享有漢代儒宗盛名的董仲舒藉助《公羊春秋》創發一己思想，致力發展成理論，蔚爲左右政治思想的時論。他在上疏的條奏和其著作中，常宣示《春秋》之「道」、「義」、「法」，於是逐漸在經學發展史上形成經義即理論的思潮。同時，他爲了實現關心政治及導正政治趨向之目的，特別建立了「通經致用」的學風，他拓展出《公羊春秋治獄》，堪謂爲漢儒典範，蔚成漢代以《春秋》決獄、以《尚書》的〈洪範〉察變及吸取〈禹貢〉的思想資源來治河，此外，他又以《詩》三百篇當諫書之根據，充分反映了他治經學以通經致用之淑世取向。經學在漢代營造了統攝政治與文化之最高的儒家意識，吸納戰國所流傳的百家之學，取得中國文化發展的核心價值及宗主地位，具有維繫人心及促進中國文化之連續性和整體性的功能。

　　漢武帝獨尊儒術之「獨尊」意指將儒家典籍推尊到經典的權威地位後，只許學者研究、闡揚，不許質疑、批評和悖反。不僅如此，他還採取開治經的利祿之途以資誘因。例如：漢公孫弘由於治《春秋》經有成而得以從布衣而擢升至天子三公的尊榮地位，被封爲平津侯。漢元帝之後，「公卿之位，未有不從經術進者」[5]。然而，通經致仕之途，所通之經當立爲學官之「經」。在西漢時，以董仲舒爲代表的用漢代通行之隸書寫成的今文經學被立爲學官，至於不能立爲學官的家學，只能在民間授受傳播，如：用先秦篆書寫成的「古文經」。周予同在爲皮錫瑞《經學歷史》所寫的〈序言〉中扼要地指出兩者間的特色及流弊，他說：

　　　　今文學以孔子爲政治家，以「六經」爲孔子致治之說，所以偏重於「微

---

[5]　皮錫瑞《經學歷史》，北京：中華書局，1959年，頁101。

言大義」，其特色爲功利的，而其流弊爲狂妄；古文學以孔子爲史學家，以「六經」爲孔子整理古代史料之書，所以偏重於「名物訓詁」，其特色爲考證的，而其流弊爲繁瑣。

今文經學家藉「經」論政，動輒從經書中摘用可資發揮己意的語句，常流於主觀臆解附會，謂爲經書中的微言大義。今文經較側重通經致用，以產生功利性的政治、社會效益爲目的，其流弊爲荒誕不經，空疏而不著實際。古文經學家視孔子是史學家，在學術研究的取向上較側重歷史文獻的考辨、整理和章句訓詁，其流弊是繁瑣而歧出了所以然之理的探索，缺乏對時代人生與政治困境的啟發性意義。由於董仲舒將解經之學的內容摻入了晚周鄒衍談陰陽五行的五德終始說以及先秦天人感應的災異說，構成一套神祕的天人感應政治學。兩漢之際的儒學傾向於方士化的異化，讖緯、符命流行，藉著對經學的依附而產生深廣的影響力，也給漢代經學帶上了迷信、荒誕的面紗。東漢的王充指出迷信與不理性的尊古是漢代學術發展的兩大障礙。

經學的滋長在漢代又衍生了讖、緯。「讖」指圖讖或讖記，係「詭爲隱語，預決吉凶」的神祕性預言。漢儒爲了增加讖言的權威性而利用孔子的聖人地位及儒家經典的神聖性來附會讖言，例如：附會於《春秋》經者有《春秋》讖。「緯」指緯書緯學，相較於「經」類比於織布的縱線，「緯」則類比於織布的橫線。因此，緯書係附會經書而另編的新書，其內容既有注經者，也有譏刺時弊者，內容複雜，有神化孔子的荒誕言說處。讖緯是經學的支流。漢章帝建初四年（公元七九年）召集儒生們聚集於白虎觀，這是一場論辨五經同異、統一經義的定調會議。章帝親臨且裁決、做結論，命班固將會議結論編輯，定名爲《白虎通義》或《白虎通》**6**。該書雖兼採古文經說，卻以今文經學爲主，大量徵引讖緯，其人倫道德觀係董仲舒與讖緯的合流。《白虎通義》所確立的讖緯經學爲東

6　該書有不同的名稱，《後漢書・班固傳》稱《白虎通德論》；《隋書》、《舊唐書》稱《白虎通》；《新唐書》稱《白虎通義》。

漢的正統儒學。《白虎通義》強化三綱六紀爲攝家庭、社會和政治全面倫理網羅，幾乎可說是東漢社群倫理的憲法，其功用旨在穩固和永續漢帝國的專制政權，其所確立的三綱六紀成爲封閉的倫理意識型態，魏晉政權標榜道德禮法的名教之治所本。所謂三綱大義雖在儒家經典中無明文載述，卻見於《禮緯・含文嘉》。《白虎通義・三綱六紀》引之，且進一步闡釋爲：

> 三綱者何謂也？謂君臣、父子、夫婦。六紀者謂諸父、兄弟、族人、諸舅、師長、朋友也。故〈含文嘉〉曰：「君爲臣綱，父爲子綱，夫爲妻綱。」又曰：「敬諸父兄，六紀道行。諸舅有義，族人有序，昆弟有親，師長有尊，朋友有舊。」何謂綱紀？綱者張也，紀者理也。大者爲綱，小者爲紀，所以張理上下，整齊人道也。

「紀」由「綱」衍生，較綱低一層。回溯歷史，三綱倫理源出於先秦《韓非子・忠孝》所云：「臣事君，子事父，妻事夫，三者順則天下治，三者逆則天下亂，此天下之常道也。」這是一套由宗法血緣的社會結構所衍生之宗法封建社會下的宗法倫理。「綱」原指提綱的總繩，引申其義爲人倫關係中居於主要或支配地位義。質言之，這是君統率臣、父統率子、夫統率妻的宰制性倫理、位差性倫理。董仲舒謂：「諸所受命者，其尊皆天也。雖謂受命於天亦可。」[7]蓋子受命於父、臣受命於君、妻受命於夫，受命者爲尊，統屬者卑，故「尊壓卑，固其義也」。而「卑勝尊」則是逆命，逆命者當被克制。因此，董仲舒授法入儒，將儒家倫理法家化，成爲封建威權式的規範倫理。在他所改造的三綱倫理下，君、夫、父爲強勢階層，擁有統率、宰制臣、妻、子的尊權威。相對的，居位階之下的臣、妻、子淪爲弱勢階層，失去人格的尊嚴和道德人格的主體性，成爲君、夫、父的依附體，喪失了人天生爲人所應有的人權（做人的基本人權）。這套封

---

[7]　《漢書・董仲舒傳》。

建性的宗法倫理不但運行於東漢，卻成為魏晉時代豪門士族的權柄，道德禮法之
士壓迫弱勢團體的魔咒。

三、漢魏之際儒家經學詮釋的轉向

　　漢武帝雖採董仲舒的對策，罷黜百家，獨尊儒術。然而，當我們考察董仲舒
所建構的今文經學詮釋學中，卻是出入百家之學，其中尤以黃老之學、法家、陰
陽五行說為甚。因此，漢代經學實質上是兼採諸家，形成以儒、道、法為主要思
想結構的陽儒陰雜之經學。其中值得我們特別注意者是東漢末年銜命統合今古文
經學的經學大師鄭玄和王肅。東漢後期的經學詮釋學發展出兩個主要趨勢，一是
漸離棄漢儒既會的注經糟粕，例如：章句訓詁、讖緯附會之類，改採以傳解經，
以簡馭繁之路向。其二是汲取老莊學說中尋找對現實諸般問題進行辨析理解和詮
釋的思想資源。經學在表述形式及內容的轉化，為醞釀魏晉玄學提供了必要的前
提，鄭玄和王肅是這一轉折過程中的關鍵性人物。

　　我們從鄭玄所注撰的《易緯乾坤鑿度》、《易緯乾鑿度》以及其《論語》
注中即可看出其儒道兼綜的解經取向，例如：他注《易緯乾坤鑿度》：「太易
始著，太極成，太極成，乾坤行。」時云：「太易，無也。太極，有也。太易
從無入有，聖人知太易有理未形，故曰太易。」[8]他詮解「性無生，生復體」
這一命題時說：「天地未分之時無生，生與性天道精，還復歸本體，亦是從無
入有。」[9]這是採取《老子》以無為本體，萬物之生成係「從無入有（有生於
無）」的宇宙生成論以及「返者，道之動」的形上律動原理。他在詮解「天數

---

[8]　參見嚴靈峰編《無求備齋・易經集成》，卷一五八，臺北：成文出版社，1967年。鄭玄注《易緯乾坤鑿度》
　　（據清乾隆四十年「武英殿聚珍叢書」本影印），卷上，〈乾鑿度〉，頁8。

[9]　參見嚴靈峰編《無求備齋・易經集成》，卷一五八，臺北：成文出版社，1967年。鄭玄注《易緯乾坤鑿度》
　　（據清乾隆四十年「武英殿聚珍叢書」本影印），卷上，〈乾鑿度〉，頁8。

一，九，二十五」時說：「一者，無也。用之，爲九。數成爲用盡二十五。」以「一」爲無形無狀卻又具涵無窮形上屬性的本體，係統攝天地萬物的絕對體（至一）。「用之，爲九」，「九」指天數之最大者，意指本體的作用至大，有無限的可能性。「二十五」是《易・繫辭上》所謂五個天數：一、三、五、七、九的總和，表徵天道的發用數紀。他在詮解「虛無感動，清淨炤哲」這一語句時，鑑於此句係解釋《易・繫辭上》中「寂然不動，感而遂通」之涵義，乃資取《老子》天清地寧，本體的體性是寂然清淨的，才能運行萬物之思想，提出：「炤，明也。夫惟虛無也，故能感天下之動。唯清淨也，故能炤天下之明。」[10]鄭玄引《老子》的思想資源來闡釋易學研究著作《易緯乾坤鑿度》，就某種意義而言，不但啟動魏晉時期以《老子》玄解《周易》之趨勢，也樹立了經學玄學化的操作典範[11]。鄭玄的《論語》注雖已亡佚，我們猶可從馬國翰輯佚的《論語鄭氏注》略見數斑，例如，他注〈學而〉「子曰：爲政以德，譬如北辰居其所，而眾星拱之。」處說：「德者，無爲。譬猶北辰之不移而眾星拱之也。」[12]儒家係以德治來感化人民，培養人格自律的德化人格方能「無爲」，鄭玄則明顯地採《老子》「無爲而無不爲」的玄德來詮解《論語》的「無爲」。

漢魏之際，中原局勢劇變，唯有荊州政局安定且優禮文士，各地學者群至，形成學術中心而衍生荊州學派。其中宋衷對《周易》及揚雄的《太玄》、《法言》皆有研究和著述[13]。雖然宋衷著作已經多佚，但是，我們仍可由李鼎祚《周易集解》一書中略窺其易學風格乃是重義理而兼採象數；此外，宋衷解《太玄》已捨棄了揚雄占十象數、禍福、吉凶之途，亦即他已超越數術而直探宇宙

---

[10] 參見嚴靈峰編《無求備齋・易經集成》，卷一五八，臺北：成文出版社，1967年。鄭玄注《易緯乾坤鑿度》（據清乾隆四十年「武英殿聚珍叢書」本影印），卷上，〈乾鑿度〉，頁3。

[11] 金春峰在其所著《漢代思想史》（北京：中國社會科學出版社，1987年）一書中，全面性地歸納出鄭玄引《老》注《易》的四項要點：一是自然無爲，物性自得；二是本體寂然虛無清靜；三是從無入有，有生於無；四是以理釋道。詳情請閱該書頁609-611。

[12] 見鄭玄撰《論語鄭氏注》，卷一，頁300。收入《玉函山房輯佚書・四》，江蘇：江蘇廣陵古籍刻印社。此則邢昺疏本作包曰；皇侃疏本作鄭曰。

[13] 《全後漢文》卷八十六「宋衷」條云：「衷一作忠，字仲子，南陽章陵人。劉表據荊州辟爲五業從事，有《周易注》十卷、《太玄經注》九卷、《法言經》十二卷。」

本體與生成變化之理，對玄思有啟迪之功。王弼嗣祖父王粲亦屬荊州學派，在其《文集》中，也偶見老莊思想，例如：寡欲、守靜，可能與當時宋衷好言天道有關。王肅曾隨宋衷一起讀《太玄》[14]，是荊州學派的重要人物之一。他所著的《孔子家語》是留下來的唯一完整作品，此書最大特色就是以道家思想補充論證儒家思想，明顯地具有儒道兼綜之特色。有人認爲《孔子家語》中儒道兼綜的突出特色表現在三要點上：（一）《孔子家語》大肆渲染孔子拜老子爲師；（二）宣稱西周是按照儒家的原則來治國安民的；（三）《孔子家語》所論述的「道」已含具道家形上思想[15]。

　　由鄭玄及荊州學派的學者著作中可看出，他們已在儒、道相摩相盪的關係中兼綜儒道。這一學術趨向，標幟出漢代儒家經學在漢、魏之際已轉化成經學的玄學化，玄學豐富且深化了儒家經學的內涵，經學則提供了玄學的舞臺，提升了玄學之曝光率和傳播力度。《論語》與《周易》是儒家哲學的兩大支柱，《老子》是原始道家哲學的首要經典。經學的玄學化，正始玄學時期的何晏、王弼頗具建樹之功，他們的著力處都在上述三本學術鉅作。何晏的相關著作有《周易解》、《論語集解》與《道德論》，王弼的相關著作有《周易注》、《論語釋疑》和《老子注》。兩人在道體儒用的詮釋原則下，使《周易》、《論語》從古文經的訓詁讖緯、繁瑣僵化的缺點及今文經學奇怪荒誕的流弊中脫胎換骨，從經學的危機中獲致轉機。學者們已具共識性地認爲：「玄學經學是玄學的一部分，是玄學家關於儒家經典的注疏說，其特徵是用老莊思想解釋儒經，並且只把儒經作爲一種憑借，重點不在疏通經義，而在發揮注釋者自身的見解。」[16]因此，魏晉玄學又在學界被稱爲「新道家」，其所以區別於先秦原始道家處，就在於兼綜儒道。

---

[14] 《三國志‧魏書》，卷十三，〈王肅傳〉中云：「（王肅）年十八，從宋衷讀《太玄》，而更爲之解。」臺北：鼎文書局，1990年，頁414。

[15] 見許抗生等著《魏晉玄學史》，第一章〈魏晉玄學的產生及其思想的淵源〉，西安：陝西師範大學出版社，1989年，頁22-25。

[16] 任繼愈編《中國哲學史‧魏晉南北朝》，北京：人民出版社，1988年，頁627-628。

第二節　阮籍對儒學之繼承及對儒學
異化之批判

竹林玄學時期，無疑地，阮籍和嵇康是其中的思想精英分子。從他們留下的著作中，不難發現他們少年時代皆企求內聖成德及為社會、國家建功立業的儒者志業。他們早年皆受到「建安風骨」的薰陶和深刻影響。蓋建安文人承受社會崩解的殘酷歷史事業，同時，也欣逢長期僵化的社會意識逐漸解放。在這一新舊社會文化銜接的過渡時期，個體意識覺醒，文人的個性和才華得以自由舒展。「慷慨任氣」是建安時期知識分子的普遍精神特徵，後世稱這種精神特徵為「建安風骨」乃緣於一方面對人生短暫而無常的哀嘆，例如，曹操〈短歌行〉所謂：「對酒當飲，人生幾何？比如朝露，去日（過去）苦多，知我憂者，唯有杜康。」另一方面他們有漢代儒家所標榜的《左傳》所言立功、立言及立德等人生三不朽的價值理想，心中又胸懷大志，企求建功立業，名留青史，曹操〈秋胡行〉其二言：「不戚年往，憂世不治。」、〈龜雖壽〉謂：「神龜雖壽，猶有竟時，騰蛇乘霧，終為土灰。」、「老驥伏櫪，志在千里，烈士暮年，壯心不已。」

一、阮籍對儒學的繼承

阮籍父親阮瑀，文學才華高，傲然獨得，任性不羈，係著名的「建安七子」之一，早年曾受學於蔡邕，深受曹操父子所賞識。阮籍雖早年喪父，但是他在才藝、性格、風貌上與其父很神似。

阮籍青少年時期適逢曹魏政權的相對穩定期，頗具建功立業的壯志。《晉書・阮籍傳》描述他「嘗登廣武，觀楚漢戰處，慨嘆曰：『時無英雄，使豎子成名。』」此外，《太平御覽》中的《魏氏春秋》稱讚說：「阮籍幼有奇才異質，

八歲能屬文，性恬靜。」他在十四、五歲時，勤讀《尚書》、《詩經》，慕好儒家先賢顏回、閔子騫，潛修內聖外王的儒學志業[17]。不僅如此，他還勤習劍術，志在他日參軍，期能在旗陣飄飄、金鼓齊鳴的聲勢中，伸展自己建功立業的淑世宏願。當然，他也深情期待能有大好的參政良機，在聖君賢臣的齊心協力下，共創儒家治國、平天下的千秋大業。在慘酷的高平陵事件前，阮籍有二篇涉及儒家經學的著作：〈通易論〉、〈樂論〉。陳伯君宣稱阮籍：「一方面論《易》、論樂，一方面『尤好老莊』，兩者顯然不是同時並存，而是有時代先後的。他的思想，可以說是由『儒』入『道』。」[18]儒家的政治理論是以德治爲主、刑治爲輔，重德慎刑。此說可溯源於《論語・爲政》，孔子曰：「道之以政，齊之以刑，民免而無恥；道之以德，齊之以禮，有恥且格。」德治是培養道德感及美德的德性倫理學傾向，刑治是嚇阻人造成社會惡的規範倫理學傾向。荀子主張禮樂教化以導正人們的社會人格，他認爲樂教旨在融通人與人的內在情感，使人我在其樂融融的樂教中融洽感通，交融成渾然一體，而無人我的疏離和對立。禮教則承繼周代宗法社會結構的社群秩序及群己界限下的道德規範，明分使群，釐清位分和理分，維繫男女、老幼、尊卑、貴賤之禮教。阮籍的〈樂論〉本著儒家樂教的傳統，重申儒家「安上治民，莫善於禮；移風易俗，莫善於樂」的德治教化思想。他在〈樂論〉一文中謂：「禮樂外內也。……尊卑有分，上下有等，謂之禮；人安其生，情意無哀，謂之樂。……禮定其象，樂平其心；禮治其外，樂化其內，禮樂正而天下平。」對阮籍而言，若要治理好國家，則需禮、樂、教、刑四種機制之運用，此四者分別發揮安治社會國家之功能，交互爲用，且互補共濟於天下的平治。阮籍說：「刑、教一體，禮、樂，外、內也。刑弛則教不獨行，禮廢則樂無所立。」[19]至於其〈通易論〉要旨將於第九章論述。

---

[17] 見阮籍〈詠懷詩〉第十九首自述云：「昔年十四、五，志尚好書詩，被褐懷珠玉，顏回相與期。」
[18] 陳伯君《阮籍集校注》，北京：中華書局，1987年。
[19] 陳伯君《阮籍集校注》，〈樂論〉，北京：中華書局，1987年，頁89。

二、阮籍對儒學異化之批判

　　阮籍、嵇康等人皆不齒司馬氏集團的篡位、弒君之種種陰謀和惡行。同時，壟斷政治、經濟特權的豪門世族，挾道德禮法的名教機制來宰制、打擊與自身利益有衝突的對象。像王祥、何曾等人以沽名釣譽的行爲獲致榮顯和厚祿，卻參加司馬氏篡位的陰謀以鞏固自己既得的利祿，深爲阮籍、嵇康等人所鄙視。對竹林七賢而言，道德禮法有其純正和莊嚴的意義，可是落在人面獸心、衣冠禽獸的禮法之士手中，卻異化爲醜陋的政治工具。質言之，漢代營造的龐大禮教體制在魏晉之際，淪爲野心政官用以相互吹捧、標榜，目的在騙取社會的認同和信服，奪取自己的政治特權和經濟利益。就另一面向而言，當權派利用禮法機制來營造儒家式忠、孝、廉、潔的封閉型意識型態以束縛百姓，控制社會且打擊異議分子，嵇、阮等竹林七賢看透了當權的豪門世族包藏禍心、凶狠奸詐的惡行，於是不約而同地對濫用和踐踏名教的禮法之士進行了激烈的批判。

　　阮籍在〈大人先生傳〉一文中尖銳地批判名教當權者以國家機器，濫用權力分化人際關係爲尊卑貴賤的差等階級，建構一套權貴宰制下屬階級，造成剝削、壓迫等不公不義的道德禮法規範。他針對弱勢團體所受的種種歧視、凌辱之痛苦，資借道家哲學來批判不合理的儒家已被異化的名教社會。阮籍極力主張，人類在原始的自然狀態中是相互平等的，名教社會中的貴賤之分、尊卑之別是以人類爲中心所製造出來的社會屬性，並非人天生的本眞之性。他對漢代尊經尊儒所營造出來的異化之名教體制及其封閉的意識型態，義憤塡膺地狠批，所謂：

> 今汝（禮法之士）造音以亂聲，作以詭形，外易其貌，內隱其情，懷欲以求多，詐僞以要名，君立而虐興，臣設而賊生，坐制禮法，束縛下民。欺愚誑拙，藏智自神。強者睽眠而凌暴，弱者憔悴而事人。假廉而成貪，內險而外仁。……汝君子之禮法，誠天下殘賊、亂危、死亡之術耳，而乃目以爲美行不易之道，不亦過乎！

　　儒家原來純正的名教尙美譽，實至而名歸。以名爲教，其目的是勸善興賢，德化人格，營造善良的社會風氣。若以賞罰、利害爲手段推行名教，則利欲薰心的人，不自覺地捨本逐末，把手段倒轉成目的，於是矯情造作，假仁假義滋生，沽名釣譽，心懷不軌的僞君子層出不窮。阮籍痛斥他所目睹君臣官僚體系「坐制禮法，束縛下民」，虛僞的君子形象及淪爲政治惡的工具化禮教，是造成天下「殘賊、亂危、死亡」等禍害的凶手。此外，他還著〈獼猴賦〉一文，以擬人化的筆法，借人們所熟知的詭詐獼猴來比擬戴名教面具的禮法之士，所謂「外察慧而內無度」、「巧言而僞眞」。阮籍對這幫通經致仕、累世爲官的經禮世家、政治權貴頗爲不齒，對他們衣冠禽獸的敗德行爲予以嚴厲譴責。他在生活上也一本天生的眞性實情來駁斥不合情理，違反人之常性的漢魏儒家禮教，例如：當時禮教森嚴，爲防止不倫之情發生，設立種種對人不信任的禁忌。其中之一是規定常住同一屋簷下的嫂叔不得通問，可說眞是苛刻得不近人情了。阮籍於嫂嫂返娘家時，本著平常心和人之常情，趨前致候，有人知道了而譏笑他不懂禮教。阮籍卻瀟灑自如地說：「禮豈爲我輩設耶？」蓋儒家的禮文化原是發乎情、止乎禮，不通人情事理的禮教，若壓抑、悖逆人內在的眞切情感，且壓迫人勉強遵循，當然會顯得虛情僞飾而失去眞實感，反而令人感到不自然了。

第三節　嵇康對儒學之繼承及對儒學異化之批判

一、嵇康對儒學之吸收

　　嵇康的父親早逝，他是在母親孫氏及兄嵇喜的養育下，才長大成人。《三國志》注引〈嵇氏譜〉述及嵇康先世，僅舉其父兄，以及其兄嵇喜所作〈嵇康傳〉，文中只約略述及「家世儒學」。可是，我們從他所撰〈與山巨源絕交書〉中所云「不涉經學」，及其所著〈管蔡論〉、〈難自然好學論〉二文中恣意駁斥六經及反對當時官方所屬行的禮法觀，難免有不一致之疑慮。然而，我們在嵇康的〈思親詩〉中流露出情真意切的親情，他說：「恩親德兮邈已絕，感鞠育兮情剝裂。嗟母兄兮永潛藏，相形容兮內摧傷。感陽春兮思慈親，欲一見兮路無因。望南山兮發哀嘆，感几杖兮涕汍瀾。」他與哥哥嵇喜的手足情誼從其贈兄以「鴛鴦于飛」、「雙鸞匿景旦」描述其間的形影不離之感情，以及兄從軍後，嵇康以詩中「獨行踽」、「佳人不存，能不永嘆」等詞語來表露他對兄弟之情的思念不已。嵇康詠懷親子之情與兄弟之情的詩作，與《詩經》同類題材的作品，相互契應輝映，他將《詩經》中的倫理親情在其生活世界中鮮活地再現。儒家經學對他而言是人文價值的信仰，人生的真諦，不能淪為只是通經致仕，求個人榮華富貴的進身階而已。因此，他所說的「不涉經學」及其撰〈管蔡論〉的動機在批判淪為工具價值的儒家經學及利用周、孔的道德形象來偽裝自己，欺世奪權的司馬氏集團。

　　嵇康的家世據推測當與經學曾有段純正的密切關係。蓋魏明帝（曹叡）太和二年（公元二二八年）下詔：「尊儒貴學，王教之本也。……申敕郡國，貢士以經學為先。」嵇康時年六歲，處在魏陪都譙郡（今安徽省亳縣）的政治特區，當受過儒學的教育和薰陶，曾著《春秋左氏傳音》的經學類著作，可惜今已佚失。儘管如此，我們仍可從現存的嵇康詩文中得知，他對儒家《易》、《書》、

《詩》、《春秋左傳》等經典相當熟悉，常在詩文中取用自如。相傳嵇康曾經在
太學刻三本石經，其中有《春秋》、《尚書》、《左傳》等三種石經。據嵇康子
嵇紹所述，載於〈趙至傳〉云：「趙至年十四，入太學觀，時先君在學，寫石經
古文，事訖去，遂隨車問先君姓名。先君曰：年少何以問我？至曰：觀君風器非
常，故問耳。先君具告之。」[20]嵇康的書法也係一名家，唐代書法家張懷瓘書斷
云：「叔夜善書，妙於草製，觀其體勢，得之自然，意不在乎筆墨。」韋續《墨
藪》云：「嵇康書，如抱琴半醉，酣歌高眠。又若眾鳥時翔，群鳥乍散。」書法
盡意說是魏晉所流行的書法藝術。嵇康的書法造詣被書家評為「觀其體勢，得之
自然」，得知其筆韻揮灑自如，生動活潑，傳神之至，流露出崇尚自然、豪放不
拘的生命情調。

　　筆者認為最足彰顯嵇康儒家經學思想的嵇康著作，是他臨死前一吐真言的
〈家誡〉一文。此外，就其行為而言，最能體現他所尊信的儒家精神價值者，
在於他為了司法正義而挺身為朋友呂安出庭作證而招致的死刑。據史載，嵇康好
友呂安，其妻被兄呂巽所汙，嵇康不忍見呂氏兄弟家庭的破裂，乃介入其間的
糾紛，調解了家醜而暫息事端。呂巽、鍾會皆是司馬氏集團的掌權要人，呂巽為
保權位，擔心紙包不住火，乃惡人先告狀，反誣告其弟不孝，冠上莫須有之名。
剛腸疾惡、見義勇為的嵇康[21]不顧自己的政治風險，毅然挺身而出，在法庭上仗
義直言，願為呂安作證洗冤。鍾會見縫插針，挾怨報仇[22]，乘機陷害嵇康，司馬
昭被譖言所惑，一時間採信鍾會對嵇康所羅織的「言論放蕩」、「非毀典謨」、
「害時亂政」等罪名。司馬昭認為嵇康是司馬氏集團篡權位計畫的戳破者，也是
剛直的反抗者。於是，嵇康慘遭定罪，被判誅殺，成為政治迫害的殉道者。據載
云：「康之下獄，太學生幾千人請之，於時豪俊皆隨康入獄。……康竟與安同

---

[20] 楊勇《世說新語勇校箋》，卷中，〈棲逸〉十八，臺北：明倫出版社，頁57。

[21] 嵇康撰〈與山巨源絕交書〉以「七不堪」與「二不可」的理由拒絕被推薦官職，且文中自述「剛腸疾惡，輕肆直言，遇事便發」為其甚不可之一。

[22] 據《世說新語‧簡傲》載：「鍾會精有才理，先不識嵇康，鍾要於時賢之士俱往尋康。康方大樹下鍛，向子期為佐，鼓排，康提槌不輟，旁若無人，移時不交不言。鍾起去。康曰：『何所聞而來？何所見而去？』鍾曰：『聞所聞而來，見所見而去。』」蓋彼時鍾會已投靠司馬氏集團，嵇康因此而不齒於他，故意不理他。

誅。」**23**對人生有諸多美麗願景的嵇康，原對生命有無限的珍愛，撰成魏晉時代受士林矚目的鴻文〈養生論〉。他雖懂得遺世忘俗，明哲保身地自全性命於亂世之理，然而，人生而人，豈無內在的仁心義性，對司馬氏集團為陰謀奪權而不仁不義的殘害賢良，又豈能無動於人性內在的不忍人之心與是非之心呢？因此，他難以遏止內心泉湧不已的同情心與正義感，義無反顧地做了人性尊嚴之高貴抉擇，知其不可而為之地為呂安向司法討公道。這是生與死一線之間的抉擇，此際，對嵇康而言，其〈養生論〉中的「寶性全真」雖是保全生命於亂世的明智之見，但是，無條件地實現仁風義舉，成全人性的尊嚴和靈性生命之價值更崇高。嵇康用自己寶貴的生命證成了孔子所未見之人，《論語・季氏》：「孔子曰：『隱居以求其志，行義以達其道，吾聞其語矣，未見其人也。』」他的凜義行更是孟子眼中具浩然正氣的大丈夫，蓋《孟子・告子》云：「生，亦我所欲也；義，亦我所欲也。二者不可得兼，捨生而取義者也。」對孟子而言，能充養浩然之氣的大丈夫，其大義應凜然地不為貧賤所移、威武所屈、富貴所淫。嵇康為正義獻出了他寶貴的生命，堪謂竹林七賢中的第一大丈夫。

〈家誡〉是嵇康在獄中寫給他兒子的家書，也是臨死前對兒子真誠的叮嚀，屬於家訓性質。〈家誡〉的思想屬性是儒家經學中的為人處世之要旨，迴異於嵇康先前的作品，〈家誡〉全篇的論述以「守志」來言「君子」的人格特質。文中開門見山地以「人無志，非人也」來勉勵兒子作君子之志，盛讚申胥、夷齊、展季、蘇武等人能固守志節。其中的「夷齊」指伯夷和叔齊，殷商末期孤竹國（今河北省盧龍縣南）國君的兩位兒子。孤竹君擬立叔齊為君位的繼承人，叔齊卻讓位給哥哥伯夷，伯夷不肯，其理由是要順從父親的意思，隨後就出走了。叔齊也不肯繼位，也出走了。武王滅商，建立周王朝，伯夷、叔齊解讀其意義是以臣伐君，不仁不義，採取「不若避之，以潔吾行」的回應態度，大義凜然地不食周粟。兩兄弟選擇隱居在首陽山（今山西省永濟縣南），以採食野菜山果度

---

23 《世說新語・雅量》注引王隱《晉書》。

日，最後仍難免餓死。五百年後，孔子將伯夷叔齊推尊爲潔身自愛、保全志節的典範，《論語・微子》載曰：「子曰：『不降其志，不辱其身，伯夷、叔齊與！』」孟子認爲士最重要的事莫過於「尚志」，他詮解「尚志」說：「仁義而已矣。殺一無罪，非仁也；非其有而取之，非義也。居惡在？仁是也；路惡在？義是也。居仁由義，大人之事備矣。」[24]嵇康〈家誡〉的「守志」說可證立係本源於儒典中的《論語》、《孟子》。嵇康自知「剛腸嫉惡，輕肆直言，遇事便發」種下了大禍，他對牽累家人感到虧欠之至，他愛子心切地在〈家誡〉中懇切告誡嵇紹千萬要慎言謹行。他在〈家誡〉中叮嚀說：「夫言語，君子之機。機動物應，則是非之形著矣，故不可不慎。若於意不善了，而本意欲言，則當懼有不了之失，且權忍之。」嵇康叮嚀嵇紹「慎言」係出於愛護兒子，要兒子懂得在險惡的人心和世局中能自我保護性命的安全，千萬勿因失言而禍從口出，遭遇不測之災妄。嵇康〈家誡〉所云：「夫言語，君子之機。」其語典出於《易經・繫辭上・八章》：「言行，君子之樞機，樞機之發，榮辱之主也。……子曰：『亂之所生也。則言語以爲階。君不密則失臣。臣不密則失身。幾事不密則害成。是以，君子慎密而不出也。』」可見嵇康對儒家經典的沉潛與造詣。

二、嵇康對儒學異化之批判

嵇康對心懷小人之心，又在外貌言行上刻意僞裝儒家君子人格者，深惡痛絕。他看多了這種表裡不一的僞君子，他無法容忍這些欺世盜名、貪利的戴道德面具者。因此，他寫了篇〈釋私論〉，留下千古名句「越名教而任自然」，平白地來說就是勸世人卸下社會名教的面具，脫掉名教規範的外衣，期待人們能自然地流露出眞實的內在自我。「釋」是開脫、去離之意，「私」指隱匿個人內

心的眞感情。嵇康以「唯懼隱之不微，唯患匿之不密」的語句來深刻描述這些虛情假意的藏私者。〈釋私論〉以闡述公私之理來區分公私與是非在概念理解上是有區別的。他用分析的思辨方法指出一位縱使心存善念良意的人，若一直對人隱埋這一善念良意，則此人仍是有隱匿之情的「私」。同理，一位自私自利的人，若能把內心的意欲坦白地說出來，讓人家理解，他仍是屬於無隱之情的「公」範疇。他分辨出許多人在公領域中，由於有隱情而不告知於人則「類是而非」。有些人雖然有非善之念，卻不隱埋地表白出來，就光明磊落地做人而言，這些人仍是「似非而非」的。嵇康用辨名析理的方式釐清「公私之理」與「是非之理」是可區隔的，他撰〈釋私論〉的旨意在務求具善意者應表露出心意以盡其善意，如此，善而能公然示意者可無所顧忌而貫徹其意。心存非善念者，若能表白出來讓大家來公評，則被客觀判定爲不善之念，則欲行私者無僥倖之心而接受公評而補救其非善之念，嵇康在〈釋私論〉中列舉了許多歷史人物爲範例來剖析深微而曲折之理，痛批隱埋私情的巧掩飾者，內心不算計對名教規範依違之利害，所謂：「夫稱君子者，心無措乎是非。」他以論證的方式剖明「夫氣靜神虛者，心不存乎矜尙；體亮心達者，情不繫於所欲。矜尙不存乎心，故能越名教而任自然」。他以心不算計對名教規範依違所造成的個人利害結果，才是大公無私的眞君子，心懷不可告人的有隱情者，猶巧言令色地虛情矯飾，這是僞君子，卻是眞正的小人。因此，匿情與否？是嵇康公私之辨的最關鍵判準了。這一判準也尖銳地迂迴地狠批了經禮世家中，有些心跡不一的儒家禮法之士。

漢代的獨尊儒術，就客觀面而言，反映了社會發展的條件和需求。儒家經學適合宗法社會的經濟結構及血緣倫理。漢代獨尊儒術，以政治力強行干預學術，期能收思想大一統於儒學而得鞏固政權之效。漢武帝設五經博士，以利祿引誘讀書人研究儒術。在其所營造的儒化意識型態中，經典和儒家聖人構成判斷是非的唯一標準，此一標準形同國法，在標榜道德禮法之治的威權下，背離此一準據者，常被視爲「離經叛道」、「非聖無法」的名教罪人。罪輕者被摘官貶職，罪重者殺頭，嵇康就是典型的例子。兩漢魏晉以集權政治來統一思想，不但可使士人崇拜聖人經典，同時，無形之中也轉化成對政治權威的崇拜。因此，尊經尊儒

的思想大一統說，在鞏固政權、統一國家的形勢而言，是有其價值的，然而，對社會、學術、人生觀的多元互補性之發展是不利的，那將會限制人的個性發展，壓抑個人獨特的才智和創造力。許多貪圖榮祿的經學家順著政治風向球而言說，若是，則經學一時之間淪爲政治的奴婢，失去其標舉公是公非的監督和制衡作用。在魏晉之際，漢代四百年的經學根深蒂固，統治者莫不在官方立場上標榜經學，以經明行修來恩賜利祿，造就了不少經禮世家。例如：公孫弘靠著研究《春秋》就由布衣而升入天子三公，封爲平津侯。漢元帝以後，公卿的權位幾乎都是以通經術爲獵取管道。

　　章句之學原爲今文經學家利祿之階，其體系龐大，委曲支派，語多附會，一部經典若爲經師章句一番，則可繁衍至數十、百萬言，例如：「若秦延君之注〈堯典〉十餘萬言。朱普之解《尚書》三十萬言。」[25]劉歆在〈移書讓太常博士〉一文中痛批：「往者綴學之士，不思廢絕之闕，苟因陋就寡。分文析字，煩言碎辭，學者罷老，且不能究其一藝，信口說而背傳記，是末師而非往古。」劉歆針對經學的章句之煩瑣及悖於經義兩大弊端而批評，班固在《漢書‧藝文志》序的評論，也依據此說。劉勰在《文心雕龍‧論說》扼要地批評說：「通人惡煩、羞學章句。」這是漢代獨尊儒術下的結局。嵇康在魏晉之際對經學的餘緒，寫下了〈難自然好學論〉予以露骨地批判。他在文中採取《老子》所謂仁義及禮教的產生係因人類失去在「道」的涵融下，人與天地物一體和諧的狀態，人與人之間爲爭奪利益而相互對立、分化，在紛擾無序中，需求政治統治者標榜仁義的價值，創製一套禮教規範，外鑠於人，期能建立一有方圓規矩的禮序社會，安定社群生活，企求長治久安，嵇康認爲這些道德禮法的細密規範不是出自人天生的愛好，而是無中生有，且以外力涵化到人身上來的。他在〈難自然好學論〉一文中說：

---

[25] 劉勰《文心雕龍‧卷十八‧論說》。

夫民之性，好安惡危，好逸而惡勞。故不擾，則其願得；不逼，則其志從。洪荒之世，大樸未虧，君無文於上，民無競於下；物全理順，莫不自得。……若此，則安知仁義之端，禮律之文。

　　他認為道德禮法之森嚴以及理論依據的經學，是人的自我意識覺醒，為追求所算計的自身利益，人我之間相競爭而產生亂象。統治者為了撥亂反正，才造設仁義規範，講明規範的所以然之理，於是才有經學的誕生及開通經致仕的榮顯仕途。他在該文中說：

大道陵遲，乃始作文墨，以傳其意。區別群物，使有類族。造立仁義，以嬰其心。制其名分，以檢其外。勸學講文，以神其教。故六經紛錯，百家繁熾，開榮利之途，故奔騖而不覺。

　　他認為積學以明經，積習以踐禮規，其為學本質是人向外學習攝取的，不是人自然的性向而好學有成的。他說：「六經以抑引為主，人性以從欲為歡，抑引則違其願，從欲則得自然。」依他之見，人天生是好逸惡勞，喜歡自由自在，不願意受制約拘束的，六經「抑引」，禮律「犯情」，仁義「理偽」，都逆反人的自然性向，按人的天生本性是不會自然愛學六經的。但是兩漢以來治經學者多如過江之鯽，也是不可否認的事實。嵇康又如何解釋呢？他露骨地指出，其所以然的誘因在於朝廷開了經學取士的榮顯之途、利祿之道。假設，朝廷反其道而行，「以六藝為蕪穢，以仁義為臭腐」，則此刻正在埋首經學之士會仍然好學不倦呢？還是會立刻拋棄經學？嵇康對否定經學的深刻分析及批判，確實切中經學的弊端，頗足發人省思。

第四節　向秀的儒學思想

《世說新語·文學》注引〈向秀別傳〉有二則關於向秀著作的敘述。

其一：

秀與嵇康、呂安爲友，趣舍不同，嵇康傲世不羈，安放逸邁俗，而秀雅好讀書，二子頗以此嗤之。後秀將注《莊子》，先以告康、安，康、安咸曰：「此書詎復須注，徒棄人作樂事耳。」及成以示二子。康曰：「爾故復勝不？」安乃驚曰：「莊周不死矣。」

其二：

後注《周易》，大義可觀，而與漢世諸儒互有彼此，未若隱莊之絕論也。

然而，向秀的《莊子注》與《周易注》皆已佚失。現今僅存〈向子期難養生論〉一篇，該文係與嵇康討論養生問題而作，收入《嵇康集》中。可珍視的是這篇僅存的遺作充滿了較濃厚的儒家思想。向秀針對嵇康〈養生論〉中所論述的形體養生法及心理、精神養生法，分別予以分析、質疑、檢驗而提出所駁斥的理據。在向秀反駁的文獻依據及理出中呈現出豐富的儒學思想資源。透過這些文獻，我們得以證明向秀「雅好讀書」的範圍中，涉及不少儒家的典籍，機成其思想得以形成的儒家元素。

首先紹述向秀對嵇康形體養生論之批駁。向秀在〈難養生論〉中說：

夫人受形於造化，與萬物並存，有生之最靈者也。…有動以接物，有智以自輔。此有心之益，有智之功也。若閉而默之，則與無智同。何貴於有智哉？有生則有情，稱情則自然。若絕而處之，則與無生同。何貴於有生哉？

　　向秀認為人的形體稟受於天地自然，與萬物並存且互動。然而人有心智能力而成為萬物之靈，人的靈智對大自然有認知作用以及創造技藝來改造自然以適應生活且能不斷提升生活的品質。因此，在求生及文明進步的過程中，人的心智益顯珍貴。若為了修生而收斂心智活動，則豈不與植木、動物一樣的沒有智能，人又何以能以心智功能為萬物之靈呢？人之貴為人的特質又何在呢？再者，人天生就有諸般情感生活的欲求，如能稱心如意，這是合乎生命自然的發展。若在養生工夫中斷掉情感生活的需求及七情六欲的享受，那麼人的生命缺乏生機和情趣，則人的生命意義和價值又有什麼顯得較其他物類生命尊貴的呢？

　　向秀以心智的知識活動和技藝的發明來突顯人類生命之尊貴，與荀子的思路頗契合。《荀子・非相》云：「人之所以為人者，何以也？曰，以其有辨也。」《荀子・王制》曰：「人有氣、有生、有知亦且有義，故最為天下貴。」他所認為人的感性生活需求的滿足是一種快樂和享受也與《荀子・樂論》思想符合。更值得一提的是，向秀肯認人在生理、心理的感性欲求上有其正當性及合理性，不但與荀子〈禮論〉的論旨一致，且與荀子〈君道〉所賦予的政治任務相扣合。荀子〈君道〉有言：「君者，何也？……曰：善生養人者也；善班治人者也；善顯設人者也；善藩飾人者也。善生養人者人親之，善班治人者人安之，善顯設人者人樂之，善藩飾人者人榮之。四統者俱，而天下歸之，夫是之謂能群也。」向秀對嵇康在〈養生論〉所提及之「絕五穀、去滋味、窒情欲、抑富貴」皆不以為然。他認為人的感官嗜欲，好榮惡辱的社會心理法則，都是天生的自然需求。他明文徵引《周易・繫辭》上、下傳的典故：「天地之大德曰生，聖人之大寶曰位」、「崇高莫大於富貴」來肯定人類在生活上追求富貴以及君王以創造財富來凝聚歸附的大眾，是合乎大眾心理活動之法則的。不但如此，他還徵引神農、后稷、周、孔、顏、冉來肯定歷來的聖賢來業。〈難養生論〉說：

　　神農唱粒食之始，后稷纂播殖之業。鳥獸以之飛走，生民以之生息；
　　周、孔以之窮神，顏（回）冉（求）以之樹德（行）。賢聖珍其業，歷
　　百代而不廢。

　　《淮南子・脩務》云：「神農乃始教民播種五穀。」民以食為天，神農氏教百姓播種五穀，解決了糧食供應的民生問題，為萬世所感念。后（君主也）稷是古代周部族的始祖之一，姜嫄所生，名棄，曾於堯、舜時代任農業官吏，教人民繼續發展種植五穀事業，而成為後世敬拜的先聖先賢。周公、孔子、顏回等聖賢皆稱述且繼承神農、后稷的農業文明，後世聖賢也珍重其以農業養民安生的偉大業績。向秀還在該文中徵引《詩經》的〈商頌・烈祖〉：「亦有和羹」、「黃耇無疆」，〈幽風・七月〉：「為此春酒，以介眉壽」及《左傳・桓公六年》：「博碩肥豚」等文本中的句子來駁斥嵇康所謂五穀非養命之宜、肴醴非便性之物的不合常理。向秀認為人追求感性欲望的滿足，享受世俗物質生活的幸福有其正當性，合乎自然之理。向秀強調這些欲望的正當性、合理性之關鍵在「但當節之以禮耳」。這一民生消費倫理與《荀子・富國》所說的「節用以禮」是相互呼應的。我們從向秀這些庸常的論點中不難理解他對孔、孟、荀及《周易》、《詩經》、《左傳》的儒家思想是融會貫通、取中用宏的。最後，向秀認為當民生消費欲望得不到合理滿足時，不但造成身心的痛苦，同時，在可欲的對象當前時，人若為了養生緣故而自我壓抑欲望，也會造成心理的失衡和不健康。

第八章　竹林玄學與道家、道教

第一節　阮籍、嵇康和山濤的老子思想

　　「竹林七賢」成爲學術性的專有名詞，我們考索目前的傳世文獻，可見於晉・陶潛《群輔錄・竹林七賢》[1]、《世說新語》[2]、梁・釋慧皎《高僧傳》[3]、《水經注》[4]。《世說新語・任誕》引《晉陽秋》曰：「于時風譽善于海內，至於今詠之。」[5]由此載述可推知早在劉義慶之前，「竹林七賢」的名聲早已風靡海內了。竹林七賢的思想蔚成「竹林玄學」，其思想的成素學界咸論斷爲儒道兼綜且係道體儒用的結合方式。本節針對此七賢中較有文獻可查閱的阮籍、嵇康和山濤三人，究明其思想所以形成的老子思想元素。

一、阮籍對老子的詮解

　　阮籍（公元二一〇—二六三年）除了才華洋溢的詩賦創作外，也有涉及論評儒道的〈樂論〉、〈大人先生傳〉以及涵蓋魏晉玄學核心論題的三玄，亦即他的〈通易論〉、〈老子贊〉、〈通老論〉、〈達莊論〉。我們若要理解他的老學思想，得透過他的生命情性及人生情調，他在時局曲折變化的歷程中的個人際遇、

---

[1]　該書中載曰：「魏步兵校尉陳留阮籍，字嗣宗；中散大夫譙嵇康，字叔夜；晉司徒河內山濤，字巨源；建威參軍沛劉伶，字伯倫；始平太守陳留阮咸，字仲容；散騎常侍河內向秀，字子期；司徒琅邪王戎，字濬沖。」臺北：藝文印書館，1966年，頁22。

[2]　劉宋・劉義慶《世說新語・任誕》：「陳留阮籍，譙國嵇康，河內山濤，三人年皆相比，康年少亞之。預此契者：沛國劉伶，陳留阮咸，河內向秀，琅邪王戎。七人常集於竹林之下，肆意酣暢，故世謂『竹林七賢』。」見余嘉錫《世說新語箋疏》，臺北：華正書局，2002年，頁727。

[3]　書中謂：「後孫綽製〈道賢論〉，以天竺七僧，方竹林七賢，以護匹山巨源。」北京：中華書局，2007年，頁24。《世說新語・文學・36》亦注曰：「〈道賢論〉以七沙門比竹林七賢。遁比向秀，雅尚《莊》、《老》。二子異時，風尚玄同也。」見余嘉錫《世說新語箋疏》，臺北：華正書局，2002年，頁224。

[4]　北魏・酈道元注，民國・楊守敬等人疏《水經注疏・卷九・清水》有相關的載述，南京：江蘇古籍出版社，1999年，頁805。

[5]　北魏・酈道元注，民國・楊守敬等人疏《水經注疏・卷九・清水》，南京：江蘇古籍出版社，1999年，頁727。

存在感受及著作表現。他所涉及的老學思想可舉其所著的二殘篇〈老子贊〉、〈通老論〉以及儒道兼攝的〈樂論〉，和儒道對比視域下的〈大人先生傳〉。茲逐一予以析論。

（一）阮籍生命情調中所蘊育的老子精神特質

據《晉書》卷四十九〈阮籍傳〉載曰：「籍容貌瑰傑，志氣宏放，傲然獨往，任性不羈。」反映出阮籍相貌不凡，個性鮮明，氣質從容自然，《老子‧二十章》所謂：「我獨泊兮，其未兆。」亦即其淡泊恬靜，淡定無執的人格特質。本傳又描述他的生命情性：「或閉戶視書，累月不出；或登臨山水，經日忘歸。博覽群籍，尤好莊老。嗜酒能嘯，善彈琴。當其得意，忽忘形骸。」他能閉戶讀書歷數月之久，可見他頗有《老子‧十六章》「致虛極，守靜篤」的虛明寧靜、讀書明理以致遠的內心修養，《老子‧二十六章》所謂「燕處超然」的安適生活之喜好。其「登臨山水，經日忘歸」可見他有愛好自然，親近山水的生活情趣。他「當其得意，忽忘形骸」足以說明他能如《老子‧二十九章》所言「去甚、去奢、去泰」不經意於形體感官的七情六欲，在「恬淡為上」[6]的生命情調中享受「知足之足，常足矣」[7]。〈阮籍傳〉評他「尤好莊老」這點可由他〈詠懷詩〉中自云：「昔年十四、五，志尚好《詩》、《書》。被褐懷珠玉，顏、閔相與期。」[8]雖自謂志尚《詩》、《書》的儒典，心懷顏、閔的儒家人物範式，卻湧現了《老子‧七十章》「被褐懷玉」的語典，可見積澱在他潛意識中的《老子》經典之功力。透過這一自述，我們得知阮籍崇尚老子宗自然的精神自由，不但呈現在他少年的生命情懷，也顯露在他所涉獵的古代典籍中。

6　《老子‧三十章》語。
7　《老子‧四十六章》語。
8　見〈詠懷詩〉五言其十五。

（二）〈老子贊〉

　　「贊」係多用於頌揚典範性人物的一種文體[9]。阮籍此文是篇頌揚老子的贊文，雖然殘缺太過，我們仍可由數殘句中得知他心目中的老子形象。〈老子贊〉曰：「陰陽不測，變化無倫。飄颻太素，歸虛返眞。」意指老子妙契道眞，在精神境界上與「道」冥合相融，其生命與道相洽同運無他人可比擬。歷史上活過的老子雖已往生，其精魂早已臻「歸虛返眞」與天地原始、天眞的太素原質長相左右。令人質疑的是〈本傳〉有言：「籍本有濟世志，屬魏晉之際，天下多故，明士少有全者，籍由是不與世事，遂酣飲爲常。」所謂「天下多故」究指何事呢？此「天下多故」的劇變，其關鍵在正始十年（公元二四九年），四十歲的阮籍遇上腥風血雨的政治大風暴，在司馬懿集團與曹爽集團的大對決中，曹爽集團潰敗，被誅三族的人數多達六、七千人，所羅織的罪名是「大逆不道」的儒家政治大帽子。遭時不遇的阮籍不但不能一展儒家經世功業的宿願，且得在政治低氣壓以及司馬昭極力籠絡和利用阮籍的莫名恐懼下，他不得不轉向於老子明哲保身、莊子逍遙世外的精神價值出路上。

（三）〈通老論〉

　　今僅見殘存的三小段。其中的第一、第二小段見於《太平御覽》卷一，第三小段見於《太平御覽》卷七十七[10]。此篇旨在闡釋《老子》的核心思想。第一小段的文本是：

> 聖人明於天人之理，達於自然之分，通於治化之體，審於大慎之訓。
> 故君臣垂拱，完太素之樸；百姓熙怡，保性命之和。

---

[9]　《文心雕龍・頌贊》說：「贊者，明也，助也。昔虞舜之祀，樂正重贊，蓋唱發之辭也。」
[10]　參見韓格平《竹林七賢詩文全集譯注》，校注(1)，長春：吉林文史出版社，1997年，頁135。

具有形上智慧的為政者應究明「天人之理」、「自然之分」，就典據和理源而言，係出自《老子・二十五章》：「域中有四大，而人居其一焉。人法地，地法天，天法道，道法自然。」道性自然，賦予天、地、人內在自然的本性。因此，阮籍強調人應深明「自然」是「道」的性質，推天道以明人事。政治上以道化民大而化之的根本原理在究明道所分別賦予人和萬物內在的自然本性，順應客觀界事物的自然本性之律則，因循萬物自然之性分。「大慎之訓」指人應對天人之理、萬物自然之性分，辨析入微、謹小慎始、因而不禁、循而不塞，才能實現黃老之治的君逸臣勞、垂衣拱手、無為而治。就老學的理脈而言，乃《老子・五十一章》所謂：「道生之，德畜之，物形之，勢成之。是以萬物莫不尊道而貴德。道之尊，德之貴，夫莫之命而常自然。……生而不有，為而不恃，長而不宰，是謂玄德。」阮籍申明此中深意，指出「完太素之樸」才是尊道貴德的玄德，若能達到百姓祥和、圓成萬物自然性命的實現和整體和諧，才是老子無為而治的至高智慧。

第二段的文本為：

> 道者法自然而為化。侯王能守之，萬物將自化，《易》謂之太極，《春秋》謂之元，老子謂之道。

這段旨意在闡明「道」因循萬物的殊別化的自然本性，使萬物自發性的自生自化自成。侯王若能推天道以治政理民，萬物將在免除外在干擾、宰制的自由自在氛圍下自然的生成化育。阮籍認為《老子》、《易經》與《春秋》在道化政治之最高理境上是相互通達的。〈通老論〉第二段本於《老子・三十七章》：「道常無為而無不為，侯王若能守之，萬物將自化。」萬物的「自化」是透過太素的氣化歷程所使然。《老子・四十二章》云：「道生一，一生二，二生三，三生萬物。萬物負陰而抱陽，沖氣以為和。」文中「沖氣」的「沖」，《說文》曰：「通搖也。」引申有激盪之意。「和」指和氣，蓋陰陽二氣相激相盪，於是產生和氣。

莊子以「氣」之聚散解釋生死。「太素」指能構成萬物的形質之氣[11]。漢代鄭玄釋「太極」一詞曰：「極中之道，淳合未分之氣也。」[12]漢代何休注《春秋・公羊傳》：「（魯隱公）元年春王正月。」曰：「變一爲元。元者氣也，無形以起有形，以分造起天地。」可見，阮籍汲取秦漢以來的氣化宇宙論，將視爲宇宙元素的「氣」融入老子之「道」和「沖氣」中而釋「自化」。

　　第三段：「三皇依道，五帝仗德，三王施仁，五霸行義，強國任智，蓋優劣之異，薄厚之降也。」顯然，阮籍針對《老子・三十八章》所云：「故失道而後德，失德而後仁，失仁而後義，失義而後禮。」做了歷史退化歷程性的詮釋，只是將失義後降級的「禮」改稱爲「強國任智」，意指戰國七雄任用「智」，取《老子・六十五章》「民之難治，以其智多，故以智治國，國之賊」的典故[13]

（四）〈樂論〉

　　儒家與道家思想就整個周代思想與文化而言是同源而分流的，至戰國中晚期、秦漢之際就所崛起的黃老思想而言，儒道在長期的縱向發展中也有橫向的交流而匯合於儒道兼綜的魏晉玄學。道家的特質在建構出一套深微的形上思想，儒家則通透人情世故而有道德禮法的人文化成說。荀子的〈樂論〉及《禮記・樂記》皆可爲例證。阮籍的〈樂論〉不但儒道兼綜，且呈現出道體儒用的哲學架構，那就是將老子的形上學發展成形上美學，接合以樂教感化人心、陶成和諧社會的儒家人文化成論。我們研讀阮籍的〈樂論〉發現他不但能入於《老子》且能出於老子所建構的音樂形上美學之核心論點。阮籍論述音樂美之形上根源在「天地之體，萬物之性」亦即天地萬物客觀獨立的自然本性，所謂：

---

[11] 西漢《易緯乾鑿度》云：「夫有形生於無形，乾坤安從生？故曰：有太易、有太初、有太始、有太素。太易者，未見氣也。太初者，氣之始也。太始者，形之始也。太素者，質之始也。氣形質具而未離，故曰渾淪。」由行文理脈觀之，「太素」指形質之氣，亦即形構萬物的質料因。

[12] 蕭統編，李善注《文選》，卷十九，〈張茂先勵志詩〉，上海：上海古籍出版社，1986年，頁921。

[13] 若社會發展到智巧詭詐的智慧型犯罪時，則法高一尺，魔高一丈。因此，若治國者用智巧治國，則易反效果地促使人民衍生智巧詭詐，罪惡滋生，這是最低等的政治型態。

夫樂者，天地之體，萬物之性也。合其體，得其性，則和；離其體，失
其性，則乖…。道德平淡，故五聲無味。不煩則陰陽自通，無味則百物
自樂，日遷善成化而不自知，風俗移易而同於是樂，此自然之道，樂之
所始也。**14**

音樂的生成可溯源於天地萬物自然的體性，亦即「自然之道」，那麼「自然之
道」的「自然」與天地萬物有何形上關係呢？他在〈達莊論〉說：「天地生于自
然，萬物生于天地。……自其同者視之，則萬物一體也。」**15**從自然哲學而言，
音樂是由「聲」之元素所構成，此「聲」之生發源於自然，對阮籍所論述的脈絡
而言當承襲戰國秦漢以來黃老之學所持的氣化宇宙觀。

　　據湯用彤的研究成果指出，阮籍、嵇康學說中的「自然」當指漢代所傳承的
「元氣」，在漢代黃老道家的氣化宇宙論中，「氣」概念可依其存在的不同狀態
而有三義，可分別為「渾沌」、「法則」與「和諧」。其間，「渾沌」一詞意指
不可分割的狀態（undifferent state），如老子所謂的「恍惚」，莊子所言之「渾
沌」。這些語詞係用以表述宇宙始初的原狀態。「法則」的涵義指漢人相信「元
氣」是蘊含法則和秩序，遍在天地人物之間，元氣、陰陽、五行、四時皆有其法
則可依循。天有三綱可言，地有六紀之辨，天地對應人類世界則有三綱六紀的倫
常。至於「和諧」的概念意指由天、地、人所共構的整全性存在係一具和諧性的
整體。就單一概念來區分，則「和」指混沌無分的狀態，「諧」指法則、規律。
因此「自然之道」意指大自然所以能和諧有序的律則，理出《老子・十四章》：
「能知古始，是謂道紀（道的規律）。」阮籍和嵇康皆精於音樂，咸認為音樂的
和諧之美本於大自然的和諧，亦即宇宙之「天和」（cosmic harmony）**16**。阮籍
在〈樂論〉中有言：「故律呂協則陰陽和，音聲適而萬物類。」音樂樂曲的和諧

14　陳伯君校注《阮籍集校注》，卷上，〈樂論〉，北京：中華書局，1987年，頁138-139。
15　陳伯君校注《阮籍集校注》，卷上，〈樂論〉，北京：中華書局，1987年，頁138-139。
16　參閱湯用彤《魏晉玄學論稿》，上海：上海古籍出版社，2005年，頁136-138。

美繫於「律呂協」且契合於陰陽交感的和諧勻稱狀態。

　　「律呂協」立基於八音、五聲能合乎陰陽氣交感的「常處」及樂器的「常教」，他在〈樂論〉說：

> 八音有本體，五聲有自然，其同物者以大小相君。有自然故不可亂，大小
> 相君故可得而平也。……有常處，故其器貴重；有常教，故其制不妄。

「八音」指金、石、絲、竹、匏、土、革、木八種不同的材質，這八種材質各有疏別化的屬性，亦即各有所對應的不同樂器之製作，例如：青銅（金屬類）可鑄成編鐘，磬石可冶成石聲，絲、竹可分別製成琴瑟和簫管等。此外，製作不同樂器的材質也有出產地和品種的講究，例如，適合植竹的產地，在多樣品種中又以孤竹的音質為佳，這是「常處」意。「五聲有自然」的「五聲」指宮、商、角、徵、羽，「五聲有自然」的「自然」指「氣」透過五聲之振動而發出有數紀的音律和音色。不同的樂器皆可透過氣流的振動而發音，各有其客觀的自然法則。黃潔莉詮釋其中蘊義說：「五音的音高來自於弦長比，而弦長比又是根據生律法而來，因此有一定的規律可循，不可相互凌越，否則各音或各律的音高便會改變，進而影響到均與調。」[17]兩漢魏晉時代將音律納入天地陰陽的氣化理論來解說，阮籍〈樂論〉表述了「氣」、「數」與「音律」的相互關聯性。顯然，他受了道家與陰陽家的影響，建構出其以聲依律的音樂自然美學。

---

[17] 見黃潔莉〈阮籍〈樂論〉思想釐析〉，載於《哲學與文化月刊》，433期，臺北：哲學與文化月刊社，2010年，頁66。《晉書·律曆志》將五音中的宮音之數定為81，徵之數54，商之數72，羽之數48，角之數64。參見繆天瑞《律學》，北京：人民音樂出版社，2002年，頁47。

（五）晚期的〈大人先生傳〉中的老學思想元素

司馬氏集團取代曹爽集團當權後，標榜忠孝仁義的禮法之治，阮籍深刻的了解到他們只是把禮樂刑政的禮教當做宰制異己、鞏固自己政權的工具。阮籍在文中的寫作策略上設計彼時俗儒的「君子」形象，不與「君子」同流合汙的「隱士」和「薪者」的人物造型。他將之對比老子聖人般的「大人先生」之崇高境界，他批判彼時戴著儒家面具的偽君子及所構作爲惡多端的禮法說：

> 今汝造音以亂聲，作色以詭形；外易其貌，內隱其情，懷欲以求多，詐偽以要名；君立而虐興，臣設而賊生。坐制禮法，束縛下民。
>
> 今汝尊賢以相高，競能以相尚，爭勢以相君，寵貴以相加，驅天下已趣之，此所以上下相殘也。竭天地萬物之至以奉聲色無窮之欲，此非所以養百姓也。……汝君子之禮法，成天下之殘賊、亂危、死亡之術耳。

我們從這二段文字，可見證到阮籍運用不少《老子》的哲學來批判其所處時代之變質、異化的禮教。例如：他批判彼時禮法之士「造音以亂聲，作色以詭形」顯來是汲取了《老子·十二章》：「五色令人目盲；五音令人耳聾。」人若長期陷溺在聲色的感官刺激之欲望滿足中，則會趨於感性鈍化和疲累，導致乏味且傷生害性。他抨擊禮法之士「尊賢」、「競能」、「爭勢」、「寵貴」導致「上下相殘」的亂象，其所以然之理與《老子·三章》「不尚賢，使民不爭；不貴難得之貨，使民不爲盜；不見可欲，使民心不亂」的論述相符應。他指責禮法之士榨取百姓財物以窮盡自己的聲色之欲，將禮法異化成造成天下「亂危」、「死亡」的方術，實記取了《老子·七十五章》「民之飢，以其上食稅之多」的古訓。他痛批彼時的禮法之士所製作的禮法爲「坐制禮法，束縛下民」，與《老子·三十八章》「夫禮者忠信之薄，而亂之首」不但相契應，且爲老子所言之不虛，做了史實性的見證，他認爲「大人」之可貴，就在於其能從失道喪群的敗壞社會中，發揮歸眞返樸以振衰起蔽的清明力量，他受到《老子·三十八章》「上德不德，是

以有德；下德不失德，是以爲德。上德無爲而無以爲；下德無爲而有以爲。……故失道而後德，失德而後仁，失仁而後義，失義而後禮」的歷史智慧及形上思想，提出了正本清源的崇高理想，在〈大人先生傳〉中說：「昔者天地開闢，萬物並生；大者恬其性，細者靜其形；陰藏其氣，陽發其精，害無所避，利無所爭。……各從其命，以度相守。明者不以智勝，闇者不以愚敗。……保身修性，不違其紀。惟茲若然，故能長久。」這一理想國資取了老子的形上政治智慧。人應法道順一切自然的本性和律則來順物應世，使天下人與萬物「各從其命，以度相守」才能長治久安。

二、嵇康的老學思想

　　嵇康（公元二二三—二六二年），字叔夜，曾任職曹魏中散大夫，故世稱「嵇中散」。他的著作有所散佚，主要部分流傳至今，計有《嵇康集》十卷[18]，明代以後，始改題作《嵇中散集》。嵇康思想所形成的老學成素，不但表現在其詩作中，也散見其諸多論文中，更較集中於其所著〈養生論〉、〈答難養生論〉、〈聲無哀樂論〉、〈釋私論〉、〈難自然好學論〉及〈太師箴〉這六篇論文中。當然，他具有道家風格的情才生命及性格特徵是主要的主觀因素，我們可逐一論述以構作出他老子思想的整體風貌。

（一）嵇康富有道家生命情調的個性和生命氣質

　　《嵇康集》首卷首篇〈五言古風〉尾四句有云：「鳥盡良弓藏，謀極身必危。吉凶雖在己，世路多險巇。安得反初服，抱玉寶六奇。逍遙遊太清，攜手相

---

[18] 《嵇康集》原有十五卷錄一卷，《春秋左氏傳音》三卷，《聖賢高士傳贊》三卷等。東晉孫盛（約公元三一〇—三八〇年）在所著《魏氏春秋》中稱「康所著諸文論六、七萬言，皆爲世所玩詠」。

追隨。」深刻揭露在爭權奪利的世路險惡層出，易成為奸詐者利用的工具和打擊的對象，不是其短暫而寶貴的生命所能託付的人生價值所在。他覺悟出不受世俗價值誘惑所羈，人若能自發性的看破世局，在心境上超塵脫俗、歸真返樸於美好單純的原始心靈狀態，肯定自己自然的生命情才，追求個性、才性的自我實現，才是人生的常道。詩文中的「逍遙」一詞源於莊子語，意向於精神自由。「太清」是道家所嚮往的純粹完美的境界。尋查《老子》一書，〈三十九章〉：「天得一以清，地得一以寧，神得一以靈。」蘊義著人若要活出精神生活的靈性，應師法大自然的天清地寧狀態。他在四十歲被捕入獄後作〈述志詩〉二首，猶言：「浮游泰清中，……沖靜得自然，榮華何足為。」他在〈酒會詩〉中亦自述：「猗與莊老，棲遲永年。」但是他瀟脫的道家生命情調，並不必然失去對人間世之黑暗和苦難的關懷及責任感。《三國志・魏書・王粲傳》附載云：「譙郡嵇康，文辭壯麗，好言老、莊，而尚奇任俠。」蓋嵇康也受過崇實的儒學教育，感情真摯，言辭懇切，身歷西晉司馬氏的奪權篡殺之狠毒，形格勢禁，他也滿懷義憤，其「尚奇任俠」反映出他有改造現實以實現理想的志向及勇氣。

　　嵇康妙契道真、深刻體驗人與大自然渾然一體的玄妙境界，洋溢在他〈贈秀才入軍〉詩之十四：「目送歸鴻，手揮五弦，俯仰自得，游心太玄。」我們可透過《老子》與之相呼應的二章來詮釋其與老子哲學聲氣相通、情性相合處。《老子・十六章》有云：「歸根曰靜，是謂復命。復命曰常，……知常容，容乃公，公乃全，全乃天，天乃道，道乃久。」萬物雖多樣雜陳，其生命歷程趨向於萬物所從出的本根，回歸靜默深淵的眾生本根，亦即返復性命之根源，亦即回歸於「道」所賦予萬物性命的常律。人若能洞察這一歸根復命的形上常律常道，才能獲致與道相通的道智，才能如「道」般的容受萬物而無偏私。這種廓然大公，周遍無拒斥的美德，是天道自然的玄德，這是人與天道滲透無間、渾然一體的接合劑，也是天人合一的永恆相。這也是《老子・六十五章》所云「常知稽式，是謂玄德。玄德深矣遠矣；與物返矣！然後乃至大順」的一貫之理，嵇康觀察到日出後終將日落，倦鳥朝出後終將歸巢於黃昏，他契悟這一玄德玄理，將心靈昇華到與物無隔，情景交融的真樸道境。他在實存性的體驗中，感受到他全然自得的與

道渾化爲一體，亦即「俯仰自得，游心太玄」堪謂爲《老子》書中得道的上士了。

　　在嵇康具哲學性的論文中不乏反映其老子思想處，〈聲無哀樂論〉在學界多所論及。本文擬由其〈釋私論〉、〈養生論〉及〈太師箴〉三文分別析辨其所吸收的老子哲學資源。

（二）〈釋私論〉

　　「釋」是消解，去除的意思，「私」指用私心算計、隱藏個人私心妄念以圖謀不軌的欲求。〈釋私論〉是一篇對公私之理縝密思辨、層層剖析以闡明其所以然之理的專題性論文。他在文中開門見山的說：

> 夫稱君子者，心無措乎是非，而行不違乎道者也。何以言之？夫氣靜神虛者，心不存乎矜尚；體亮心達者，情不繫乎所欲。矜尚不存於心，故能越名教而任自然；情不繫於所欲，故能審貴賤而通物情。物情順通，故大道無違；越名任心，故是非無措也。……匿情矜吝，小人之至惡；虛心無措，君子之篤行也。是以大道言：「及吾無身，吾有何患！」

就語境而言，嵇康有鑑於彼時的名教之治採外鑠性的規範倫理，以人外在的社會性言行是否依違框架式的道德行爲規範來定是非行賞罰。一般社會人士爲趨吉避凶而口是心非、言不顧行。爲迎合經驗可檢證性的具體規範而算計利害得失，而衍生許多虛情矯飾、沽名釣譽、遷就名教禮規而違悖內心情性意向之自然。因此，在僞君子、眞小人充斥之下，嵇康資取《老子·十六章》「致虛極，守靜篤」的明訓。他指出眞正的君子在性行上應率眞的不預存主觀算計性的是非成見，行爲表裡一致不違背自然之道。符合自然之道的人，內心不執著自負矜誇的意向，才能如老子所謂「氣靜神虛」。嵇康認爲心中不藏私欲雜念的人才是「體亮心達」的任自然者。因此，眞能任自然者，當能深明大道的運行且能順物理通人情者。對嵇康而言，隱匿內心眞情而虛情矯飾者就是「私」，心胸坦蕩，無私

無欲望執求者才是「公」。他特別以《老子》「及吾無身，吾有何患」¹⁹作爲警醒世人的諫言。

　　他舉一範例釐清「有非」與「無私」的非、私之辨。東漢某司空自述其兄之子生病，他一個晚上往視十次，然後一覺到天亮。但是，當他自己的兒子生病時，整天未能看望，因此而通夜未能入睡。嵇康在〈釋私論〉中分析說，若心中有實話卻不能實說者乃是「私」，若能實話實說者就是「公」。就這位司空在這件事的表現而言，是其行爲有不對的地方，但不是「私心」。他還界說「善」爲無吝嗇的美德，「非」是心有謀算、隱情而不能開誠布公。因此，這位司空能直率的表露眞情是「無私」，但是他矯情地一夕十往而安寢，卻因終朝不往而通宵難眠，以致在倫理實踐上有瑕疵。總而言之，「無措」並不等同於在德行上完美無缺，而是指有誠實的可取處。美好的德行應滿足「無私」和「無非」兩要件。他將公私與是非兩組概念範疇結合起來，進行了四等級的評價。有合乎「是」的善行且無私者爲第一等級；雖有可非議處，且能有公然坦白的言行者爲第二等級；行爲雖有不對處，卻不巧言令色者又次之；最令嵇康不齒者是像當時禮法之士，帶著僞善面具刻意做道德秀藉以沽名釣譽騙取利祿，卻隱匿不可告人的邪惡意念者是非之大者。

（三）〈養生論〉

　　嵇康作〈養生論〉探索人在形神上的健康長壽及如何獲致幸福人生。文中在思想和用語上顯然受到《老子》、《莊子》的深刻影響，不僅如此，他也出入於漢末以來道教神仙長生之說和道教養生功法的啟發。我們從該文中也辨識出其深受老子思想影響處。第一，在形神關係上，他說：「神躁于中，形喪于外，猶君昏于上，國亂于下。」顯然源取於《老子·二十六章》：「靜爲躁君……躁則失君。」命題中以人的精神主體喻「君」，生理、情緒喻「身」，若精神煩

19　《老子·十三章》云：「吾所以有大患者，爲吾有身。」

躁不安，則情緒起伏不定、言行躁動無常，猶如昏君治國，則導致危亂不安。那麼，嵇康如何安定人的心神才能使精神生活修養得安康愉悅而不焦慮困苦呢？於是衍生第二點。那就是他在〈養生論〉的精神修養方法上主張：「修性以保神，安心以全身，愛憎不棲于情，憂喜不留于意，泊然無感，而體氣和平。」可從《老子》書中多處見到精要語，在「安心以全身」方面，可說是延展了《老子·十章》：「專氣致柔，……滌除玄覽。」而致無欲無妄作的內心安寧狀態。我們可以說嵇康的養神說旨在營造性靈生活的平和、寧靜及幸福。他在〈答（向秀）難養生論〉中提出養神的根本方法在「無執無為，遺世坐忘以寶性全真」，且進一步深刻而周全的分析出人之所以未能實現「寶性全真」的原因。他說：「養生有五難，名利不滅，此一難也；喜怒不除，此二難也；聲色不去，此三難也；滋味不絕，此四難也；神虛精散，此五難也。……五者無於胸中，則信順日濟，玄德日全，不祈喜而有福，不求壽而自延，此養生大理之都所也。」我們綜觀這五大傷生害性的因素：聲色、滋味屬生理官能的感性欲望，《老子·十二章》早有明言：「五色令人目盲，五音令人耳聾，五味令人口爽；馳騁田獵，令人心發狂。」人若陷溺在低層次的感性欲望之刺激和滿足，則頻率過高而終將導致感性鈍化而漸覺乏味無趣。他所說的「名利」為心理欲望，「神虛」係指追逐上述欲望的過程中所耗損的精力，「喜怒」為得失的計算所衍生的心理性的苦樂反映。若要免除人生理、心理上條件制約反應之苦樂枷鎖，解脫身心俱疲的追逐之苦，則應自覺性的修養至「五者無於胸中」、「玄德日全」的境界。嵇康在〈與山巨源絕交書〉中說：「吾傾學養生之術，方外榮華，去滋味，遊心于寂寞，以無為為貴。」「無為」是老子所肯認的「道」之「玄德」，是人追求人生至福所當追求的最高形上智慧。《老子》書中處處閃見這種金玉良言，例如《老子》所言：「知足者富」[20]、「知足不辱，知止不殆，可以長久。」[21]事實上，佛學認為人生無常，苦是由人的貪、嗔、痴、謾（欺瞞、詐偽）、淫五種心理毒素所導致的

---

[20]　《老子·三十三章》。
[21]　《老子·四十四章》。

病害，老子以一言以蔽之，謂：「禍莫大於不知足。」[22]老子還提預防醫學式的方法啟示，所謂：「爲者敗之，執者失之，聖人去甚、去奢、去泰。」嵇康提出相應合之論述，在其〈養生論〉中說：「清虛靜泰，少思寡欲。知名位之傷德（人的自然本性），故忽而不營，非欲而強禁也；識厚味之害性，故棄而弗顧，非貪而後抑也。」老子深識人生之苦常因爲物所累、爲情所遷，乃提出對治性的法寶，《老子》曰：「我有三寶，持而保之。一曰慈，二曰儉，三曰不敢爲天下先。」[23]

（四）〈太師箴〉[24]

嵇康雙攝儒、道政治思想，虛擬太師規戒帝王爲政之道的口氣，寫成富韻文的政論性文章。文中採取三步驟論述，由道家自然無爲的政治思想轉折至儒家的禮法之治，最後針對漢魏禮法之治的流弊提出針砭性的建言。在政治史觀上顯然採取《老子·十八章》所云「大道廢，有仁義，智慧出，有大僞，六親不和有孝慈，國家昏亂有忠臣」的無爲、有爲之辨以及〈三十八章〉所云「故失道而後德，失德而後仁，失仁而後義，失義而後禮。夫禮者忠信之薄，而亂之首」的歷史哲學性之政治史觀立場。

嵇康採取類似辯證法的論證方式，於首段描述上古從混沌元氣至陰陽天地生成的宇宙生成，另一方面在人類世界「人倫肇興」到「終禪舜禹」、「君道自然，必託賢明」。其大道無爲，人法道性自然的自然法之運行下，自然界與人類世界交融成原始自然的淳樸與和諧安寧。他在政治理念上所訴諸的賢明之「明」，其理源可追溯至《老子》：「知常曰明，不知常，妄作凶。」[25]具形上

---

[22] 《老子·四十六章》。

[23] 《老子·六十七章》。

[24] 太師，官名，始置於西周。周公輔佐幼主成王，任職位「師」，召公爲「保」。「師」、「保」即太師、太保，掌軍政大權，爲政治上的長老監護制度。雖廢制於戰國時期，漢又設置，位階高於太傅。歷代相沿而以太師、太傅、太保爲三公，表徵恩寵而無實職。「箴」係多用韻文寫成寓勸戒爲目的之文辭，形成一種文體。《文心雕龍·銘箴》謂：「箴者，所以攻疾防患，喻針石也。」

[25] 《老子·十六章》曰：「致虛極，守靜篤。萬物並作，吾以觀復。夫物芸芸，各復歸其根，歸根曰靜，是謂復

智慧的善治者能深明道性之常律，在師法自然的道化政治理想上，呈現出〈太師箴〉所云「默靜無文，大朴未虧。萬物熙熙，不夭不離」的萬物和諧並育，各得其性、各遂其生的理想生態。

　　然而，在人類文明史的發展下，人智妄作而歧出於大自然的常道常律，失卻了「默靜無文，大朴未虧」的原始和諧狀態。嵇康在〈太師箴〉中描述了對原始和諧自然情境的否定現象。他在第二段中說：

> 下逮德衰，大道沉淪。智惠日用，漸私其親。懼物乖離，攘臂立仁。名利愈競，繁禮屢陳。刑教爭馳，天性喪眞。季世陵遲，繼體承資。憑尊恃勢，不友不師。宰割天下，以奉其私。

《老子》有言：「大道廢，有仁義；智慧出，有大僞；六親不和有孝慈；國家昏亂有忠臣。」**26**當人類疏離以自然爲本性的大道後，治者以智巧創制各種禮法來撥亂反正。事實上，以人爲的智巧治國，適得其反的開啟了人間的智巧文化。法高一尺，魔高一丈，人民因放縱奢欲而以詭詐的智巧對付統治者所創制的禮律法規。爲政者的貪婪喪失原本純樸的自然本性，不斷謀算更苛刻的律文宰制民眾，巧取橫奪民膏民脂以滿足私心奢欲。如此的墮落政治、腐化人性，導致當權者不信任其貪官汙吏，百官與百姓在利益衝突下也仇視憎恨最高當權者。嵇康指出這是政治惡滿盈，造成禍亂叢生且惡質化，國家走上衰敗覆亡之危險路途。嵇康身處當時腐化的禮法之治，以史證經地印證了《老子》所云：「朝多利器，國家滋昏；人多伎巧，奇物滋起；法令滋彰，盜賊多有。」**27**

　　嵇康在第三段以辯證的統合，以道化政治爲本，儒家正面的、健康之禮教爲

命。復命曰常，知常曰明，不知常，妄作凶。知常容，容乃公，公乃全，全乃天，天乃道，道乃久。沒身不殆。」原始天眞的自然，在道法自然、無爲而無不爲的狀態下，渾化萬物成自發性的整體和諧。因此，嵇康所訴求的賢明之「明」繫於全然深刻的契悟「道」之體性及其發用運行萬物的常道常律。

26　《老子・十八章》。

27　《老子・五十七章》。

輔，提出導正亂象，回歸儒道互補的康莊政治。他總結地說：「順乃造化，民實肯效。治亂之源，豈無昌教？穆穆天子，思聞其愆，虛心導人，允求讜言。師臣司訓，敢獻在前。」意指遵循堯舜之道，回歸道化政治，人民一定肯與政府合作效力。施政的棄暗返明，昌明教化仍屬正當而必要。爲政者應以老子沖虛爲懷，誠摯地廣求正直的諫言。〈太師箴〉是嵇康對當局的政治諫言，在儒道雙攝的政治思想中，仍崇尚以法「道」爲本的老子政治智慧。

三、深得老子政治智慧的山濤

　　山濤（公元二○五－二八三年），字巨源，河內懷（今河南武陟西）人，《世說新語・文學》注曰：袁宏作《名士傳》，「以夏侯太初、何平叔、王輔嗣爲正始名士。阮嗣宗、嵇叔夜、山巨源、向子期、劉伯倫、阮仲容、王濬沖爲竹林名士。」東晉袁宏雖將山濤列入玄學發展的第二階段，亦即竹林時期的名士，然而他的生命特質頗似虛懷若谷、玄智深邃的老子。《世說新語・賢媛》注引王隱《晉書》曰：「韓氏有識，濤未仕時，戲之曰：忍寒，我當作三公，不知卿堪爲夫人不耳！」可見山濤持有以老子政治智慧淑世之志。在他青年時期，正逢曹爽與司馬氏兩大集團明爭暗鬥的緊張敏感時期。他深刻了解政治的險惡，因此，他能從容地沉潛以俟時，審慎地應對仕途上的每一境遇。王戎說山濤：「如璞玉渾金，人皆欽其寶，莫知名其器。」顧愷之在所著〈畫贊〉評點他說：「濤無所標明，淳深淵默，人莫見其際，而其器亦入道。故見者莫能稱謂，而服其偉量。」裴楷曰：「見山巨源，如登山臨下，幽然深遠。」[28]除他人的品評外，我們可以看看他的妻、友評語。據《世說新語・賢媛》載曰：「山公與嵇、阮一面，契若金蘭，山妻韓氏覺公與二人異于常交，問公，公曰：『我當年可以爲友

---

28 《世說新語・賞譽》。

者，唯此二生耳。』……妻曰：『君才致殊不如，正當以識度相友耳。』公曰：『伊輩亦當以我度爲勝。』」其注引《晉陽秋》曰：「濤雅素恢達，度量弘遠，心存事外，而與時俯仰，嘗與阮籍、嵇康諸人著忘言之契。至於群子屯蹇於世，獨濤保浩然之度。」山濤妻評其夫的人格特質爲有不平凡的「識度」，山濤也舉嵇、阮同樣的「度爲勝」來自我認同其生命情才。「度」兼具氣度恢宏與識度深廣的雙重涵義，其識度與氣度體現了《老子・二十一章》「孔德之容，惟道是從」的形上智慧，也彰顯了《老子》所言「不自見，故明；不自是，故彰；不自伐，故有功；不自矜，故長。古之所謂曲則全者」[29]的處世智慧。

　　在講究出身家世、社會門第的魏晉政治文化，山濤一直到四十歲時才有步入政壇的時運[30]。在山濤的政治生涯之表現上，他與何晏同樣的擔任掌人事擢才爲職責的吏部尚書，且同樣汲取了老子的政治智慧。何晏在其《論語・衛靈公注》中說：「任官得其人，故無爲而治也。」意指「任官得其人」是實踐老子無爲而治的必要方法[31]。山濤執政時，吏治自東漢末年以來歷長久之腐化、積蔽無數。山濤的擢才表現不僅「任官得其人」且革新政風。《晉書・山濤傳》曰：

> 濤再居選職十有餘年，每一官缺，輒啟擬數人，詔旨有所向，然後顯奏，隨帝意所欲爲先。故帝之所用，或非舉首，眾情不察，以濤輕重任意。或譖於帝，故帝手書詔誡濤曰：「夫用人唯才，不遺疏遠單賤，天下便化矣。」而濤行之自若，一年之後眾情乃寢。濤所奏甄拔人物，各爲題目，時稱《山公啟事》。

至於《山公啟事》所載山濤奏甄拔的人物，是否適才適所且才盡其用？我們可得

---

29 《老子・二十二章》。
30 《晉書・山濤傳》曰：「始爲郡主簿、功曹、上計掾。」
31 何晏在其選官的績效裡，確實持「無爲而治」的理念選拔出一批有作爲的人才。《晉書・傅咸傳》載曰：「正始中，任何晏以選舉，內外知眾職各得其才，粲然之美于斯可觀。」傅咸在政治派別屬性上與何晏係敵對派系，因此，他對何晏的評斷有可信度。

知於《世說新語・政事》載曰：

> 山司徒前後選，殆周偏百官，舉無失才，凡所題目，皆如其言，唯用陸
> 亮，是詔所用，與公意異，爭之，不從。亮亦尋為賄敗。

山濤在處世上不但活用了老子「曲則全」的明哲保身之道，在知己知彼方面也
落實了《老子》所言：「知人者智，自知者明。」[32]其知人論世之應變智慧可由
一事例得見。嵇康被誅前，將兒子嵇紹託孤給山濤[33]，嵇紹在喪父後二十年，已
二十八歲，山濤遵守信言，將他推薦給朝廷。嵇紹猶有二十年前的殺父之仇之心
結，山濤引用老子與時消息的圓應用世智慧，以「天地四時，猶有消息，而況人
乎」[34]說服了嵇紹上任官職。山濤至老都持一貫的老子清靜無為、道化天下的政
治智慧。本文以《晉書・山濤傳》一段載述為結束語，其言為：「濤中立於朝，
晚值後黨專權，不欲任楊氏，多有諷諫，帝雖悟而不能改。後以年衰疾篤，上疏
告退曰：『臣年垂八十，救命旦夕，若有毫末之益，豈遺力於聖時。迫於老耄，
不復任事。今四海休息，天下思化，從而靜之，百姓自正。但當崇風尚教以敦
之耳，陛下亦復何事。』」山濤堪謂真切實踐了《老子・二十二章》「聖人抱一
（道）為天下式」這一形上智慧的老子精神追隨者。

---

[32] 《老子・三十三章》，意指能了解別人之長短善惡者，有知人識才的智慧；能深刻自我理解無誤者，乃具有自
知之明。

[33] 《晉書・山濤傳》曰：「康後坐事，臨誅，謂子紹曰：『巨源在，汝不孤矣。』」

[34] 《世說新語・政事》。

第二節　竹林七賢活化莊子的生命情調
　　　　　── 莊學的人生理想與實踐

　　正始十年（公元二四九年），以司馬懿爲首的豪門世族集團，澈底打垮了以曹魏爲首的曹魏政權，取而代之，司馬氏集團代表儒家經學及森嚴的禮法之承傳者，亦即標榜道德禮法的名教之士。就實質而言，他們不是具道德自覺的由仁義而行者，卻是造立仁義的人爲經驗規範，藉強權來厲行仁義的暴力集團[35]。問題的關鍵在於司馬氏集團刻意將道德禮法營造成名教機制及國家的意識形態，把道德禮法異化成政治鬥爭及社會控制的利器。有些道德禮法之士爲了沽名釣譽而極虛情矯飾地戴著名教的虛僞性面具來整肅異己。有些正直的知識分子不但不樂於建立功業的仕途，且對司馬氏集團猖狂肆虐的政治手段恐懼自畏，擔心禍患降臨。因此，一些名士們紛紛避世隱居，志同道合地寄情於老、莊，因爲老子認爲「大道廢，有仁義」[36]，「故失道而後德，失德而後仁，失仁而後義，失義而後禮，夫禮者忠信之薄，而亂之首者」[37]。莊子在〈齊物論〉指出：「道惡乎隱而有眞僞？言惡乎隱而有是非……道隱於小成，言隱於榮華。」「道」是統攝且運行人與天地萬物的本根，「道」蘊涵無限的形上屬性，卻被在見識上有成就但是對偏執於己見的人所隱蔽而不自覺，以眞僞之辨強行分化自然萬象。此外，虛矯之言，起於求粉飾而自圓其說，且又以是非的偏執掩蓋了客觀面上事物的全貌[38]。莊子不拘執於任何一家之言所衍生出的是非觀。莊子痛斥人世間各種主觀性的成見不自覺地編成心理上的塵囂韁鎖而自我束縛，扭曲了、傷害了及異化了自己純眞的自然本性。莊子指引人若要離苦趨樂，則當自發性地下心齋工夫以淨化出單純透明的純眞心靈，亦即眞人、至人、神人般的純眞心靈，超然物外，遺

---

[35] 《孟子‧離婁下》曰：「由仁義行，非行仁義也。」「由仁義行」屬於具德性體內在道德自覺的德性倫理形態。「行仁義」屬造立社會共同的行爲規範，外鑠性的規範倫理形態，亦即社會涵化的塑造社會人格之取向。

[36] 《老子‧十八章》。

[37] 《老子‧三十八章》。

[38] 在莊子的時代，名家、墨家皆喜用詭辯炫耀其智，儒家與墨家之徒各堅信自家的是非觀而一成不變。

世脫俗，享受逍遙自在的自得之樂，快意人生。處在政治強權以名教爲手段，宰制世人的時代，竹林七賢崇尚自然，爭取個人的個性自由，對外鑠性的道德仁義持批判立場的道家玄理，特別是莊子瀟灑自如、適性逍遙的生命情調。

　　七賢們在不寬容的政治黑暗時代，儒家的經世之治未能如願地抒發，那麼，他們如何走出時代的苦悶心情，尋求個人精神的託付、內在心靈的愉悅呢？我們先追問「竹林之遊」[39]活動的主要概況。據王曉毅的研究指出，「竹林之遊」主要有兩次：第一次發生在正始至嘉平之際，核心人物是嵇康、山濤和阮籍，動機在避世。他說：「總之，到正始八年之後，嵇康的一些退出政局的好朋友，經常聚集在河內山陽嵇康園宅附近的竹林中飲酒清談，於是出現了關於竹林七賢的傳說。」[40]在竹林七賢的心目中以莊子之徒自居，表徵出玄學思潮由正始玄學的老學主軸轉向了莊學。同時，玄學所論述的主題，也由政治理想的無爲之治轉向了聚焦於個體生命的自由和情趣。值得注意者，七賢的竹林之遊不如東晉蘭亭會的風流瀟灑，此際是面臨高平陵事件這場政治暴風雨之前的寧靜，七賢們在逍遙的風情下，隱藏著不安的心靈，焦慮地等待著政治暴風雨的來臨。第二次的竹林之避，時間在甘露至景元之際，中心人物是嵇康、向秀和呂安，動機在表達對司馬氏集團統治的不滿，對抗名不符實的名教之治[41]。竹林七賢的竹林之遊未必是憑空杜撰，王曉毅認爲：「可能以某次七人的竹林聚會爲原型，時間發生在正始九年（公元二四八年）的可能性最大，因爲該年七賢均無官職，有可能同在山陽。」[42]

　　竹林七賢雖然面臨共同的歷史大環境，但是每個人的家世背景不同，何況是處在崇尚個性自主、才性自由和情感自覺的個體意識覺醒之時代風尚中。七人皆有其獨特的人格、生命才情和行事風格。所以「竹林七賢」、「竹林之遊」的說

[39] 「竹林之遊」一詞最早出於王式所言，《世說新語‧傷逝》載：「王濬沖爲尙書令，著公服，乘軺車，經黃公酒壚下過。顧謂後車客：『吾昔與嵇叔夜、阮嗣宗共酣飲於此壚。竹林之遊，亦預其末。自嵇生夭、阮公以來，便爲時所羈紲。今日視此雖近，邈若山河。』」

[40] 見《歷史月刊》，1991年四月號，頁52。

[41] 參閱王曉毅《嵇康評傳》書中的分析，廣西：廣西教育出版社，1994年。

[42] 參閱王曉毅《竹林七賢考》，刊於《歷史研究》，2001年第五期，頁97。

法，也反映出他們也有聲氣相通、情性相感的生命品位和情操所在。他們各自有獨特的生命風格，又有共同相契合的生命情調，可說是和而不同。筆者先析論他們個別的生命氣質、獨樹一幟的言行舉止，再尋出他們異中之同的生命風神和氣度，編織出竹林七賢的生命情調所在。

一、「天地一逸氣」的浪漫文人——阮籍

阮籍在〈達莊論〉、〈清思賦〉、〈大人先生傳〉、〈樂論〉中對莊子哲學多所理解、吸收和轉化成個人精神世界的理想。盧盛江論及阮籍玄學思想與莊子哲學的緊密關係，謂：

> 他把莊子引入玄學，通過探討莊子的自然哲學、宇宙哲學，探討莊子所謂無何有之鄉的人生境界。阮籍在理論上和人生實踐上，把莊子的順世遊世哲學發揮得淋漓盡致，他從莊子〈逍遙遊〉中尋找到了解脫人生苦惱的方式。[43]

《世說新語》以記載阮籍爲主的內容共有二十一條，在七賢中是屬於較多者。從這些精彩紛呈的載述中，將阮籍刻畫成私生活極爲浪漫放達，在政治場合上又極爲小心謹慎的雙重性格。他是性情中人，在一般社交生活上，他對待認識的人喜厭當下分明，頗契莊子任眞順情的人生態度。例如：他三十九歲時認識才十五歲的王戎[44]，阮籍察識出王戎宅心玄遠，洞達事理，於是對王戎的喜愛之情直接溢

---

[43] 盧盛江《竹林七賢與中國文學》，收入李天會、鄭強勝主編《竹林七賢與魏晉文化》，河南：大象出版社，2007年，頁205。

[44] 據《晉書·阮籍傳》所載，阮籍卒於景元四年（公元二六三年），年五十四。故其生於建安十五年（公元二一〇年），《晉書·王戎傳》謂王戎卒於永興二年（公元三〇五年），年七十二，依此推出其生年爲青龍二年（公元二三四年），得知阮籍大王戎二十四歲。

於言表。《晉書‧王戎傳》云：「阮籍與渾（王戎父）為友，戎年十五，……而籍與之交。籍每適渾，俄頃輒去，過視戎，良久然後出。謂渾曰：『濬沖清賞，非卿倫也。共卿言，不如共阿戎談。』」阮籍是王戎父執輩的朋友，可是當阮籍初識王戎，發現這位十五歲的少年氣宇不凡，情趣萬千，立即被吸引。此後，阮籍每次訪王渾，卻探視王戎的時間較長，且不諱言地告訴王渾與其子王戎的交談較與王渾的對話來得投機有趣。此外，阮籍在母親喪禮上也無所顧忌地以白眼色蔑視討厭的人士，以青眼示對來客的歡迎之意。《晉書‧阮籍傳》載述阮籍在喪禮上「見禮俗之人，以白眼對之。及嵇喜來弔，籍作白眼。喜不懌而退。喜弟康聞之，乃齎酒挾琴造焉，籍大悅，乃見青眼。由是禮法之士，疾之若仇」。

　　阮籍天生傲骨，稟受天地之逸氣，他在「閉門視書」的文化生活上，或「登臨山水」地親臨大自然懷抱上，皆能一往情深至渾然忘我的莊子物我兩忘之化境。他善飲酒、能發嘯、會彈古琴，沉醉在自我的精神世界中，悠然自得至忽忘形骸，他的快意人生，時人多謂之痴，其痴可謂一任情性生活專注之痴，非世俗禮法所能拘礙，當屬寄深情厚意於世俗之外的情痴。《世說新語‧任誕》：「阮公鄰家婦有美色，當壚酤酒。阮與王安豐（戎）常從婦飲酒，阮醉，便眠其婦側。夫始殊疑之，伺察，終無他意。」注引王隱《晉書》又說：「籍鄰家處子有才色，未嫁而卒，籍與無親，生不相識，往哭，盡哀而去。」阮籍帶比他小二十四歲的王戎赴酒家，阮籍留連女店主的美色，甚至醉臥其旁，這是純淨的愛慕欣賞之情，並無雜念，可說是風流而不下流。後則述及阮籍僅久聞鄰家女有才色，未嫁而死，阮籍竟感紅顏薄命，哀從中來，不禁對不相識的鄰家往哭盡哀，雖不合當時喪禮禮規，卻一顯阮籍任情之真。阮籍的任性放達，是放而不淫蕩。

　　此外，《世說新語‧任誕》載述：「阮籍嫂嘗還家，籍見與別，或譏之，籍曰：『禮豈為我輩設耶？』」魏晉時代禮教森嚴，特別在男女有別及情感生活上防患得特別嚴格，彼此為防止叔嫂間互動太親密，以致量變而產生質變，有叔嫂不通問的習俗。阮籍認為此一禮法風俗未免因噎廢食，因此，叔嫂在同一家庭中長期相處，天天見面，相互關心的言行係人情之常，不通問的規範太違反人性。他的嫂嫂準備回娘家一趟，雖是小別，在感情上也有些不捨。阮籍無視於禮俗的

存在，他追求的是情感自覺下眞實自然而健康的情感生活表現。對他而言，只有莊子若在世才能眞正了解其心意所在，世俗人挾利害算計之心強辯是非，攻難紛起，多執於片面的成心偏見。阮籍著〈達莊論〉一文，認爲能以宏觀視域全面了解事相者則知「大均淳固，不貳其紀，清淨寂寞空豁以俟。善惡莫之分，是非無所爭」。因此，阮籍不拘泥於世俗禮法所衍生的是是非非，他是誕而不亂。

另一則是有關阮籍在母親喪禮上的任誕怪行，謂：

> 性至孝，母終，正與人圍棋，對者求止，籍留與決賭。既而飲酒二斗，舉聲一號，吐血數升。及將葬，食一蒸肫，飲二斗酒，然後臨訣，直言「窮矣！」舉聲一號，因又吐血數升。毀瘠骨立，殆致滅性。裴楷往弔之，籍散髮箕踞，醉而直視，楷弔唁畢便去。或問楷：「凡弔者，主哭，客乃爲禮。籍既不哭，君何爲哭？」楷曰：「阮籍既方外之士，故不崇禮典；我俗中之士，故以軌儀自居。」時人嘆爲兩得。

阮籍違背禮俗的行爲所以奇特，是以其性情之純與深，逸出禮俗的拘制，一任內在生命的自然感發，情感的自由釋放。他不拘軌儀而爲莊子所說的「方外之士」，也是汲取了莊子超化生死之執的智慧。《莊子‧養生主》云：「安時而處順，哀樂不能入也。」《莊子‧齊物論》謂：「道通爲一」、「通天下一氣耳」，萬變不離其宗（道）。因此，莊子密契於道，以氣化來齊生死一如，面對生命大限時，化悲超情，臻於不齊之齊的化境。阮籍效莊子忘情之途，以排遣此悲情之苦。因此，他在母喪期的「圍棋」、「飲酒」、「食肉」是他仿莊子鼓盆而歌的安化超然所採取的方式。但是，他在母親的告別式上的「臨訣號窮」、「吐血數升」是其對母親至孝的悲情無以化解安頓下所顯的哀慟。《莊子‧人間世》云：「子之愛親，命也，不可解於心；臣之事君，義也，無適而非君也，無所逃於天地之間。」阮籍難逃喪母的哀痛，是人之自然的常情、天地的大則。

當時的禮法之士指投靠司馬氏集團，標榜道德禮法的士族團體。茲取何曾爲例。《世說新語‧任誕》謂：

阮籍遭喪母，在晉文王坐，濟肉，司隸何曾亦在坐，曰：「明公方以孝
治天下，而阮籍以重喪，顯於公坐，飲酒食肉，宜流之海外，以正風
教。」文王曰：「嗣宗毀頓如此，君不能共憂之，何謂？且有疾而飲酒
食肉，固喪禮也。」籍飲啖不輟，神色自若。

可見道德禮法之士忌恨蔑視道德禮法的阮籍受到司馬昭的器重，擬除之而後快。
鍾會如此，何曾也不例外。司馬昭執政時倡道德禮法之治，標榜孝道最力。阮
籍對這一集團深感厭惡，卻又不得不表面應付[45]，這是阮籍內心最矛盾，也是最
痛苦的地方。我們從他一首〈詠懷詩〉中可體會出他惡劣的心情，他在該詩中
說：「嘉樹下成蹊，東園桃與李。秋風吹飛藿，零落從此始。……一身不自保，
何況戀妻子？」他自覺連自己的性命都難保，又哪顧得上妻子與兒女呢？司馬
昭曾說：「然天下之至慎者，其唯阮嗣宗乎！每與之言，言及玄遠，而未嘗評論
時事，臧否人物。可謂至慎乎！」[46]阮籍是慎而有智，卻也有自我壓抑的委曲和
苦悶。《晉書·阮籍傳》云：「阮籍時率意獨駕，不由徑路，車跡所窮，輒慟哭
而反。嘗登廣武，觀楚漢戰處，嘆曰：『時無英雄，使豎子成名！』」他在錯綜
複雜的險惡政局中，爲求苟活得在極小的夾縫中尋找自己苟安的夾縫，自全於亂
世。所謂「率意獨駕，不由徑路」象徵了他不拘禮法的深層意識中是厭棄世俗
的。他的「車跡所窮，輒慟哭而反」在車跡所窮，無處可依之處，意識到天地之
大，展望前程，竟無容身處，自覺到一己的有限、孤獨及存在價值的虛無感。

　　他訪高士孫登後，寫了一篇著名的〈大人先生傳〉，文中表明了他對禮法
之士的極端鄙夷。他譏諷這群禮法之士說：「汝君子之禮法，誠天下殘賊亂危、
死亡之術耳！而乃目以爲美行、不易之道，不亦遇乎？」由這段話也可深層地體
會到阮籍心路歷程的曲折起伏、煎熬與超脫，他少年時「本有濟世之志」，正

---

[45]　司馬昭繼位於公元二五五年，高平陵邊變後的第七年，阮籍母喪時間約在司馬昭執政不久時，可能在公元
　　二五六年前後。
[46]　《世說新語·德行》注引李康《家誡》。

始時期（公元二四○－二四九年）難免受何晏、王弼「正始之音」的影響而開始轉入老學，作〈通老論〉一文，謂：「道者，法自然而爲化。」等司馬氏控制政權以名教爲工具制約社會，殘殺異己，進行對曹魏政權的篡奪，他在〈大人先生傳〉中尖銳地批判禮法之士，同時，在對現實澈底失望之餘，其人生價值取向轉向莊子。莊子兼具輕時傲物與順世安世的兩面性，阮籍面對現實虛僞惡毒的名教之治是輕蔑傲世的，他面對未來的生命價值託付，則選擇了莊子順世遊世的一面。他嚮往莊子所創闢的無是非利害、尊卑貴賤、逍遙浮世的「無何有之鄉」。他不願捲入名教的漩渦，時刻算計著人我的是非對錯與隨之而來的利害得失。他的人生觀轉向莊子的〈齊物論〉：「天地與我並生，而萬物與我爲一。」及〈逍遙遊〉中無待逍遙之眞人、至人、神人境界。他後期的著作〈達莊論〉公然地推崇莊學，批判儒教名學。他在文中認爲儒家的六經是以人的意識形態爲中心，人爲地分化了社會階層，劃定名分及禮規外鑠於人，且將外在派任的社會屬性誇張爲絕對的價值體系。事實上，衡之於整全之道，儒家學說局限於「一曲之說」。他認爲莊子從天地自然出發，以「道」來渾化一切，統攝整個世界，係一旁通統貫的「寥廓之談」。阮籍認爲莊子有見於異化的名教導致家殘國亡，人人不堪苦累，不得「終其天年」，而提出深得其心的宇宙觀及人生觀。他在〈達莊論〉中以「故至道之根，混一不分，同爲一體」來理解莊子形上世界的本根論。在這一形上學基礎上他抉擇了莊子的人生論爲其終極價值觀。他在〈達莊論〉中說：「至人者，恬於生而靜於死。生恬，則情不惑；死靜，則神不離。故能與陰陽化而不易，從天地變而不移。生究其壽，死循其宜，心氣平治，不消不虧」、「今吾以飄飄於天地之外，與造化爲友，朝飧湯谷，夕飮西海，將變化遷移，與道周始」。因此，阮籍雖說其生命爲儒道兼攝，但是他在心路歷程的曲折變化之中，他是由儒轉向老子，最後則歸依於莊子的精神世界。

二、既峻烈亦恬靜的嵇康

　　魏晉時期的人物品評崇尚個性美、才性美，尤喜尚智兼鍾情的名士氣質。嵇康七尺八寸的身高約今日的一百八十八點六四三公分高，當屬身材修長，容止不俗的才子。善於品評人物的山濤以「玉山」為譬喻來狀述嵇康，表示嵇康風神氣度的爽朗。他用「孤松」形容嵇康高視突兀的形象，挺拔於流俗，光明磊落，曠邁不群的個性美。這是山濤藉由孤松挺拔獨立的形象，隱喻嵇康卓然獨立的人格美感意象。《三國志·王粲傳》注引康別傳謂：「君性烈而才雋。……曠邁不群，高亮任性，不修名譽，寬簡有大量。」[47]嵇康的任性和寬宏大量的人格特質與他愛好老莊有關，《晉書》本傳謂康自云：「託好老莊，賤物貴身，在在守業，養素全真。」他同阮籍一樣憎恨虛偽的禮法之治，厭棄標榜名教下的仕途，他性好素樸真實，傾心於老莊之學，意在莊子式的遁世逍遙。他在所著〈與山巨源絕交書〉中自稱：「老子、莊周，吾之師也。」生逢亂世的嵇康天生麗質，被人品賞為龍章鳳姿，天質自然，卻不藻飾，他生具多才多藝的藝術才華。

　　他在藝術創作上的造詣，我們可從一些文獻得見載錄和品評。嵇康的書法成就，據唐代書法家張懷瓘的評語是：「叔夜善書，妙於草製，觀其體勢，得之自然，意不在乎筆墨。」韋續《墨藪》云：「嵇康書，如抱琴半醉，酣歌高眠。又若眾鳥時翔，群鳥乍散。」戴明揚《嵇康集校注》云：「錢塘楊廷筠以御史督學南畿，有兄弟爭嵇叔夜手蹟，弟請田三十頃易之，致訟，御史命立寶書堂公貯之。」[48]魏晉流行書法盡意的風尚，側重筆墨運於紙上的生動靈活性，藉此傳達作者沉澱在心靈意識中的深意。嵇康的草書被後世見者評為「觀其體勢，得之自然」，可想見其草書是以形寫意，以形傳神，透露了他崇尚自然，豪放不拘的生命情調。嵇康也善於繪畫，據唐代張彥遠《歷代名畫記》卷五所載錄的

[47] 《晉書》，卷四十九，臺北：鼎文書局，1976年。
[48] 戴明揚《嵇康集校注》，臺北：河洛圖書出版社，1978年，頁394。

二十三位晉代畫家中，嵇康名列於其中。卷十謂：「嵇康……能屬詞，善鼓琴，工書畫。」注云：「獅子擊象圖，巢出圖。」嵇康在古琴的造詣上，更是最爲人所讚嘆，嵇康的哥哥嵇喜在《嵇康傳》中對他的樂評是「彈琴詠詩，自足於懷抱之中」。嵇康自己則在其〈贈秀才入軍〉詩中之十七謂：「彈琴詠詩，聊以忘憂。」之十八謂：「琴詩可樂。」可見他的感情生活豐富且活潑，心聲詩情躍然於作詩與彈琴中。他傷時感物的悲痛與辛酸，常藉琴音來抒發，悠揚的琴聲產生自我共鳴的音效，堪撫慰其孤高而不得志的落寞。他在〈琴賦〉一文中說：「可以導養神氣，宣和情志，處窮獨而不悶者，莫近於音聲也。」嵇康在顛沛流離的亂世中，雖有知音不遇的惆悵，內心不時泛起冷寂的落寞感。但是，他是位高水平的愛樂者，卻藉著凝神撫弦抒發無窮心思，獲致最佳心靈出路。他在〈與山巨源絕交書〉中感慨地說：「顧此恨恨，如何可言，今但願守陋巷，教養子孫，時與親舊敘闊，陳說平生，濁酒一杯，彈琴一曲，志願畢矣！」享受彈琴的快樂與逍遙自在，成爲嵇康在苦悶的現實生活中最能忘憂，也最能感受到人間殘存的純眞和純美了。他在〈贈秀才入軍〉詩之十九中，藉著琴聲與自然萬象感通無間，交融出至眞至樂的玄美意境，所謂：「目送歸鴻，手揮五弦，俯仰自得，遊心太玄。」這是他在清虛明覺的平淡高致中妙契道眞，體現了千古絕唱的玄妙之美，這是一幅體現了《莊子・大宗師》「畸於人而侔於天」的莊子生命情調。又《世說新語・雅量》載：「嵇中散臨刑東市，神色不變，索琴彈之，奏〈廣陵散〉。」他以所鍾愛的琴聲超越了人我的對立、生死的執著而物我兩忘地與「道」渾化爲一，是莊子破生死執的齊物智慧之深刻見證。

　　《莊子》書中有篇論述追求人生究極價值的〈養生主〉一文，嵇康則有〈養生論〉及〈答難養生論〉二文。莊子在文中點破人生之困境與苦惱導因於心知執取所自造的。世俗之人將自我封限於小我，與他者分化對立。由於自我常陷溺在一己的心知執取而在與世人競逐之途中衍生了善惡、成敗、得失、貴賤、榮辱、生死等種種對立與懸念，以致患得患失，煩惱與痛苦永無寧日。莊子認爲吾人若能體悟「道通爲一」、圓應無方的因順萬物不齊之齊，則以離形去智的工夫提升自我心境至無執之心境。此心境使人以曠達之姿逍遙物外，靜觀萬物之本眞

而自得之。此時，其心境澈底放開、放下物執和我執，以無比的悠閒和從容享受與「道」通順契合的無限精神自由與和諧的恬適幸福。〈養生主〉文中藉穿插著庖丁、古師、澤雉、秦失等四則寓言，環環相扣地闡明「緣督以爲經，可以保身，可以全身，可以養親，可以盡年」。「督」[49]指在虛靈明覺的心境中，與「道」相契，化掉一切人爲造作，〈大宗師〉所謂「安時而處順，哀樂不能入也」。「重生」、「保生」、「養生」、「達生」和樂活是《莊子》一書人生哲學的核心概念。莊子在養生論上雖言形神交養，其價值取向較側重養神，旨在營造性靈生活的平和及寧靜。嵇康在〈養生論〉中提出「修性以保神，安心以全身」的精神修養法，他闡釋了安心修性的旨要，所謂：

> 清虛靜養，少思寡欲。知名位之傷德，故忽而不營，非欲而強禁也。……外物以累心不存，神氣以醇白獨著，曠然無憂患，寂然無思慮。又守之以一，養之以和，和理日濟，同乎大順。

嵇康遙契莊子的養神說，以「少思寡欲」進行心境上的靈修，發展出境界形態的養生論。我們從嵇康的〈養生論〉可看出，他是一位才情放達，崇尚自然與自由的莊學式哲人。他在飽經現實的曲折和憂患後，深識貴賤榮辱只是一枕之黃粱，在無可奈何下感悟到個人精神生活上的自由與自足之樂的可貴。嵇康認爲每一位由自然中稟受性命而來的人，理應享有純眞和全然的原我，追求心靈上自主自適的眞趣。人活在現世中不應受任何外在的、人爲的侵擾和束縛。當人的生命與運化自然的「道」融化爲一體時，人在大自然中才足以安適性靈而在心境上獲致永恆感。他在〈贈秀才入軍〉詩之十四中自述其與大自然交融無間中，實存性地體驗出「和理日濟，同乎大順」的玄妙，所謂：「目送歸鴻，手揮五弦，俯仰自

---

[49] 「督」，原係中醫學上的術語，指人體上經絡分布的督脈。清代郭慶藩《莊子集釋》曰：「船山云：奇經八脈，以任督主呼吸之息，身前之中脈曰任，身後之中脈曰督。督者，居靜而不倚於左右，有脈之位而無形質。」可推知「督」指「道」所賦予的自然萬象的形上理律。

得，遊心泰玄，嘉彼釣叟，得魚忘筌，郢人逝矣，誰可盡言。」他在心靈深處，將心靈與自然融合而物我兩忘地沉浸在渾然無我（無執）的美趣中。他深得莊子的真精神，在生命情調上，兩人可謂是跨越千古的知己，如果他們可以相遇相交而共遊的話。

三、性好老莊、幽遠明達的山濤

山濤，字巨源，河南郡懷縣人，與向秀同鄉，生於漢獻帝建安十年（公元二〇五年），卒於晉武帝太康四年（公元二八三年），終年七十九歲。山濤年幼喪父，家境貧窮，其人品卻歷練成胸襟開闊，抱負遠大。山濤好老莊之學，為人小心謹慎，介然不群，雖然仕途平步青雲，生活卻非常節儉，頗契道家清心寡欲、懷素抱樸之志的生命情調。山濤在竹林七賢中年紀最長，他和嵇康、阮籍等人能成為至交，主要歸因於他為人處世的風神氣度以及性好老莊的共同志趣，《世說新語・賢媛》載：

> 山公與嵇、阮一面，契若金蘭。山妻韓氏，覺公與二人異於常交，問公。公曰：「我當年可以為友者，唯此二生耳。」妻曰：「負羈之妻，亦親觀狐、趙；意欲窺之，可乎？」他日，二人來，妻勸公止之宿，具酒肉。夜穿墉以視之，達旦忘反。公入，曰：「二人何如？」妻曰：「君才致殊不如，正當以識度相友耳。」公曰：「伊輩亦常以我度為勝。」

山濤接受其妻窺視達旦的請求，可見他有寬容的氣度，圓應無執的虛靜心態。觀其與妻子間的對話，也看得出他們相互間的尊敬和從容自信。一個人的才性稟自於天生麗質，一個人識度能力則來自於人格涵義的寬宏大量，不但能察人之短，

更能欣賞他人的優點。山濤妻子以超人的「識度」來品評山濤，山濤也欣然告訴其妻，他的朋友也以這一人格特質來讚許自己，可見他的落落大方。

《世說新語・賢媛》注引《晉陽秋》：「濤雅量恢達，度量宏遠，心存事外，而與時俯仰。」顧愷之評點他說：「濤無所標名，淳淵默人莫知其際，而頵然亦入遁，故見者莫能稱謂，而服其偉量。」他風神氣度上的偉量及識度的通達，不只是他能享竹林七賢之「賢」名，也是他在仕途上能公正地為國舉才的深層原因所在。他在險惡的政治環境中能較嵇康、阮籍等人顯得老練、圓融，也在於他淳深淵默的深沉性格。《晉書》本傳云：「（濤）又與鍾會、裴秀並申款昵。以二人居勢爭權，濤平心處中，各得其所，而俱無恨焉。」這是他深刻體現道家「和光同塵」的處世智慧，他的和而不同也詮釋了《莊子・齊物論》以虛靜心對待多樣化的自然萬物，以「道」的高度行不齊之齊。他的人生態度和一些政治意態明顯的是具道家傾向的。他對老莊自然涵義的體認，透過人類歷史客觀形勢的發展來詮釋。《世說新語・政事》記載山濤於嵇康被殺後十八年，推舉其子嵇紹為祕書丞。嵇紹彼時屏居師門，欲辭不就，山濤勸解說：「為君思之久矣！天地四時，猶有消息，而況人乎？」意指大自然有消息的推移變化，人也應順應自然大律，隨著客觀形勢的變化而應變，這才合乎自然理律。按《禮記》：「父之讎，弗與共戴天。」山濤言出於《易・豐卦象傳》：「天地盈虛，與時消息，而況於人乎！況放鬼神乎！」魏晉時《易》、《老》、《莊》以玄理相通成三玄，山濤以玄理理解《易》，顯然持道家立場。

山濤性好老莊是有文獻根據的，《晉書・山濤傳》云：「濤早孤，居貧，少有器量，介然不群。性好老莊，每隱身自晦。」《世說新語・賞譽》記載了王戎對時人詢問出濤的義理取向的回答：「此人初不肯以談自居，然不讀老莊，時聞其詠，往往與其旨合。」山濤對老莊的喜好側重在吸收老莊的生命智慧，落實在現實生活中，有別於向秀好老莊著重讀書與撰寫上。東晉的大畫家顧愷之慕好

竹林名士，曾撰山濤的畫讚曰：「濤有而不恃，皆此類也。」**50**「有而不恃」典出於《老子・五十一章》：「生而不有，爲而不恃，長而不宰，是謂玄德。」觀山濤對財物的處理態度，確實有符合此一精神處。據《晉書》本傳的記述，山濤雖然家境貧寒，可是在他仕途通達、享高官厚祿時，卻將自己的財物散給家境較苦的親朋好友們，自己依然遇著簡儉的生活。他素好簡樸生活與他愛好老莊哲學有關。《老子・六十六章》云：「以其不爭，故天下莫能與之爭。」山濤在四十歲以後的仕途中曾數度向朝廷請求引退或辭職，不但未被准許，且步步高升，可說是他深諳老子不敢爲天下先和與人不爭的「隱身自晦」。老莊在辯證法中均主張不偏執於一端而採取辯證性的綜合。《老子・五章》謂：「多言數窮，不如守中。」《莊子・齊物論》則主張「聖人和之以是非休乎天均，是之謂兩行」、「樞始得其環中，以應無窮」。山濤在生活此界中感悟到「守中」及「兩行」的隨順變化，不執於一端的辯證法原理。他把知雄守雌、和之以是非的兩行思想活用於變化莫測的世局及詭譎的政情中，以不爭和無私來因時處順、隨遇而安。因此，他雖然不屈於權貴，有著「介然不群」的人格特質，可是他在險惡的世局大浪中毫髮未傷，可說是得自莊子的達觀應變、與時俯仰的玄智和善巧應世之方。

四、神解莊子的向秀

　　向秀可說是七賢中對莊學研究及對後人影響最深的莊學愛好者與實踐者。《世說新語・文學》云：「初，注《莊子》者數十家，莫能究其旨要。向秀於舊注外篇解義，妙析奇致，大暢玄風。」劉《注》引《向秀傳》曰：「秀與嵇康、呂安爲友。……秀將注《莊子》，先以告康、安。……及成，以示二子，康曰：『爾故復勝不？』安乃驚曰：『莊周不死矣。』」可見向秀深契莊子內在的生命

精神，對該書所蘊含之哲思與穎語能妙析奇致，令其好友嵇康和呂安讀之超然，感動深切，視為神解莊子。劉《注》引《竹林七賢論》解釋說：「秀為此義，讀之者無不超然，若已出塵埃而窺絕冥，始了視聽之表，有神德玄哲，能遺天下，外萬物。雖復使動競之人，顧觀所徇，皆悵然自有振拔之情矣。」魏晉玄學在中國哲學史上饒富意義的是莊子的發現，除了名士們在風神氣度上表現出莊子瀟灑飄逸的生命情調外，向秀的《莊子注》所奠基的莊學理論貢獻是別開生面的。向秀的《莊子注》之所以能超越舊家的注解，而直通莊子的心靈，不只是基於他對莊子的喜愛和研究的深入，更係因於向秀外務不足擾其風流瀟灑的真性情吧！因此，顏延年在〈五君詠〉一文中評點向秀：「探道好淵玄，觀書鄙章句。」《晉書》本傳謂：「莊周著內外數十篇，歷史才士雖有觀者，莫適論其統也，秀乃為之隱解，發明奇趣，振起玄風，讀之者超然心悟，莫不自足一時也。」可惜的是，向秀此注已佚失，還好其中有些佚文散見於東晉張湛的《列子注》一書中。因此，向注雖不傳，若我們就張湛《列子注》所引，與傳世的郭象《莊子注》作一對照，雖不得全貌，亦可考見一些差別處。

　　向、郭認為萬物的形成和變化都出自於自己而然、自生自得。因此，在存在價值的安立上，向、郭認為凡存在皆有其充分的合理性，於是，提出了天理自然和安分自得的人生觀。世間人物的種種差異和個別的處境皆隱然有其天然合理處。因此，自然無為的真諦在人當有自知之明，所作所為不應逾越自己的本分。因此，人當樂天安命於自己所處的時際，不強求自己分外的標的物，人生才會自然感受到內心的自由和快樂。其間的人生哲理與莊子的道通為一、與道俱行、安時處順、自足自適、曠達逍遙的生命情調遙相呼應。向秀面對自然與名教、道家與儒家之間的交涉問題，他採取的是《莊子·齊物論》得其環中的「道樞」、「和之以是非而休乎天均」，以「道」辯證性的運行法則來並行「道」與「儒」。換言之，他以道樞的兩行原理，融通道與儒的對立，玄同儒道而保其渾整性。他認為道德禮法有其根深蒂固的歷史脈絡和文化生態，亦有其合理的自然根據，他對俗人的虛情矯飾地利用名教機制頗不以為然，這是有違名教的內在自然合理性。他對道家任自然的精神入髓甚深。因此，向秀與嵇康鍛鐵於柳樹下，

面對趨炎附勢的鍾會帶著名教的面具來訪，表現得旁若無人，神色自若。他隱居山陽時，與呂安每日種菜灌園，「不慮家之有無，外物不足以怫其心」[51]。他得莊子兩行哲學的精髓，玄通儒道，不固執於一端。因此，他不像嵇康般激越地越名任心，剛腸疾惡，遇事便發，也不像阮籍般的以怨憤之情，冷眼看世間而冷嘲熱諷，也不像山濤般善巧於官場，俱服朝野。向秀可說具足了尚智兼鍾情的名士人格特質，在嵇康被誅，他隨順情勢的自然發展而任跡於朝廷後，曾再路過嵇康的舊居，感念故人，寫了〈思舊賦〉一文，動人心弦地說：「惟追者以懷今兮，棟宇在而弗毀兮，形神逝其焉如。昔李斯之受罪兮，嘆黃犬而長吟。悼嵇生之永辭兮，顧日影而彈琴。託運遇於領會兮，寄餘命於寸陰。」他不但對遇難的故友舊情綿綿，且緬懷與嵇康等人共度的竹林之遊才是一生中最快樂的時光。如今，人生的幸福已遠逝不再，時不我與，人事及心情已非，落寞地「寄餘命於寸陰」了，其至情至性感人肺腑，令人也不禁隨之不勝唏噓。

五、曠邁抒志的酒仙──劉伶

　　劉伶，字伯倫，沛國（今江蘇沛縣）人，其生平事蹟見於史書所載者，僅見於《晉書》、《世說新語》、《竹林七賢論》。《晉書》卷四十九云：

劉伶，字伯倫，沛國人也，身長六尺，容貌甚陋，放情肆志，當以細宇宙、齊萬物為心，澹默少言，不妄交遊，與阮籍、嵇康相遇，欣然神解，攜手入林。初，不以寒產有無介意，常乘鹿車，攜一壺酒，使人荷鍤蓋而隨之，謂曰：「死便埋我。」其遺形骸如此。……當為建威參

軍，泰始初，對策盛言無爲之化，時輩皆以高第得調，伶獨以無用罷，
竟以壽終。

劉伶身高約一百四十五公分**52**，容貌醜陋，在竹林七賢中與嵇康形成強烈的對
比，現存資料與他有關者，多屬與道德禮法不符合的言談及一些怪誕的行爲。他
的一生大致上是在放情肆志的自由浪漫中度過。《世說新語・容止》對他的個性
氣質描述成「貌甚醉悴而悠悠忽忽，土木形骸」。意指常處在酒醉茫茫、神情素
樸而飄逸恍惚的狀態。他胸襟開闊，性情豪邁而不拘小節。另一方面，他在社
交生活上不濫與人交往，沉默寡言，對世事俗情不留心。劉伶經常手裡抱著一壺
酒，乘著鹿拉的小車，交代僕人提著鋤頭跟在車後，言明自己若醉死，就隨地埋
葬。他的齊生死（一死生，齊萬物）、放浪形骸，不執人意地與天地萬物渾融爲
一之韻味，頗契莊子齊物、逍遙之旨。他曾在泰始年間上書，主張「無爲而化」
的政治理念，卻被斥爲無益的對策。當時，跟他同輩的很多人獲得高第官位，只
有他被罷了建威參軍的官職。從另一方面來說，劉伶活在名士多故、少有全者的
亂世中，能苟全性命而壽終，也是「塞翁失馬，焉知非福」的大幸了。

　　他的「細宇宙、齊萬物爲心」可見諸《世說新語・任誕》的記載，嗜酒如命
的他，起酒興之際，甚至脫衣裸身於屋內，當他人以此譏笑他時，他竟回答說：
「我以天地爲棟宇，屋室爲褌衣，諸君爲何入我褌中？」他的放情肆志與嵇康、
阮籍的超脫精神可說是《莊子・齊物論》「道通爲一」、「天地與我爲一」的心
境寫照。他有一回喝醉了酒，跟鎮上的人起了衝突，對方憤怒地捲起袖子，欲揮
拳打他。劉伶從容不迫地告訴對方，自己像雞肋般細瘦的身體，哪裡有地方可以
安放老兄的拳頭呢？對方聽了，不禁一笑而放下了拳頭。劉伶的機智和幽默化解
了這場人間的對立性衝突，體現了莊子應世的智慧。又有一次，他的酒病發作得
很嚴重，要求妻子供酒，他的妻子急哭了，把酒灑到地上，摔破酒瓶，涕泗縱橫

52　據陳捷《中國度量衡》一書載，一尺相當於24.12公分，上海：上海商務印書館，1934年。

地苦勸他爲了健康得把嗜酒之癖戒掉。劉伶卻以自己已無能爲力了，必得在神明前發誓，靠宗教的力量以能戒得掉。因而，要求妻子爲自己備酒肉向神明發戒酒誓，他的妻子勸戒心切，信以爲眞，一切照辦，劉伶跪在神桌前，卻祝告神明說：「天生劉伶，以酒爲名，一飲一斛，五斗解酲。婦人之言，愼不可聽。」[53]言畢，取過酒肉，又吃喝得酩酊大醉，酒已成爲劉伶生命中唯一可享受不盡的眞趣了。《莊子・漁父》說：「眞在內者，神動於外，是所以貴眞也。其用於人理也，……飲酒則歡樂。」劉伶嗜酒不是虛情矯飾，而是出於喝出酒中的眞味，抒發出內心的眞情眞趣，這是莊子所說的出乎天性、契合個人本性的「天樂」。因此，他的嗜酒不能只從他容貌醜陋、個性孤僻、不善社交、爲了暫時逃避世間的煩惱和心情的苦悶而以酒澆愁的消極價値看待。

　　當然，他活在政治險惡的黑暗時代，名士少有全者，仕途不如意，有人被迫退隱，有人卻不得不委身官場以圖苟安性命於一時。劉伶內心的悲愴和難耐的孤獨及鬱悶是難被他人全然了解的。他在這悲慘的歲月，辛酸的盛年裡又如何排遣內心的落寞與無奈？他如何營造苦中的作樂呢？我們可從他的五言詩〈北芒客舍〉中，了解他的詩心與詩情所透露的生命情調。他說：「泱漭望舒隱，黤黮玄夜陰。寒雞思天曙，振翅吹長音。蚊蚋歸豐草，枯葉散蕭林。陳醴發悴顏，巴歈暢眞心。繿被終不曉，斯嘆信難任。何以除斯嘆，付之與琴瑟。長笛響中夕，聞此消胸襟。」[54]「北芒」即今河南洛陽市北的北邙山，東漢、魏晉的王侯公卿多葬於此。「客舍」猶言客居、寄居。他在詩中陳述在天色昏昧的無月之夜，獨對四周深沉的漆黑。挨寒的雞盼望著天亮，以便能抱翅雄鳴啼出響亮的長音。蚊蚋遍藏於茂盛的草叢裡，枯葉紛落於蕭條的林木中。痛飲甜酒才足以消解憔悴的容貌，奏出漢魏時期名爲巴歈的武樂才足以舒展苦悶的心靈。蓋在被子裡等候天亮的到來，心中所泛起的憂傷愁滋味，令人難忍受。試問什麼可以消散心中濃郁的憂傷呢？只有寄濃情於琴與瑟了，此時，忽然傳來夜半長笛聲，傾聽長笛聲不禁

---

[53] 《世說新語・任誕》。
[54] 〈北芒客舍〉，見逯欽立輯校《先秦漢魏晉南北朝詩》，上冊，北京：中華書局，1983年，頁552。

消解了心中所積累的愁緒。劉伶詩中謂長夜難眠，借酒壯志，憧憬在巴歈武樂的激勵下，一展建功立業的宿志。然而，他感嘆遭時不遇，有志未伸的怨尤。此時象徵滌邪歸正的悠揚笛聲，緩解了他心中的幽怨。在情懷曲折而細膩的全詩中，使人品味出劉伶高昂志向與現實黑暗的強烈落差，可想見此詩表達了劉伶早期的心態與後期崇尚無爲之治及作〈酒德頌〉的心情，迥然有別。

　　劉伶在〈酒德頌〉一文中塑造了嚮往莊子獨與天地相往來的宏達先生之精神境界。他在文中所謂「大人先生」，在阮籍那兒也曾寫下〈大人先生傳〉，「大人」出自《周易》原經，例如，乾卦九五爻爻辭：「飛龍在天，利見大人。」在魏晉託意爲令人尊敬的、高人般的長者。劉伶與阮籍在文中分別使用的「大人」表徵著他們心中所仰慕的人格典範。胡旭指出：「如果將其與《世說新語》、《晉書》等典籍中關於阮籍和劉伶的記載進行對比的話，不難發現，劉伶筆下的『大人先生』，其實就是阮籍和劉伶的複合體。」[55]這篇文章可能代表劉伶淑世之志難伸，轉向「細宇宙、齊萬物爲心」莊子式的曠達肆情之生命情調，當爲劉伶生命後期之作品。他在〈酒德頌〉首段將自己心志託意於所杜撰的「大人先生」形象。他形容大人先生將開闊的天地視爲居室，萬年時光視爲宛如片刻，把日月譬如居室的門窗，八方原野看作庭院小徑。大人先生肆情縱意地以天空爲幕帳、大地爲臥席，整天過著無所事事的飲酒自適之生活。劉伶在文中以大人先生自況，氣象不凡，氣度恢弘，所使用的語詞如「天地」、「日月」、「八荒」、「泰山」、「雷霆」等，其實讀之令人深感措意超凡。文勢語氣汪洋恣肆，超脫了俗世所拘限的時空，其逍遙自如的精神，出神入化，無滯無礙，令人神往。

　　他在文中不但抒發了《莊子・齊物論》「天地與我並生，萬物與我爲一」的宇宙人境界，也展現了《莊子・人間世》中「心齋」與〈大宗師〉中「墮肢體，黜聰明，離形去知，同於大通」的「坐忘」心境。大人先生在酣醉之際，已冥與道合一，茫茫拋棄一切外在的塵俗雜務，無所待於外。文中謂貴介公子及縉紳處

---

55 見胡旭〈竹林七賢與竹林之遊〉一文，刊於李天會、卷強勝主編《竹林七賢與魏晉文化》，河南：大象出版社，2007年，頁241。

士等道德禮法之士對大人先生的玩世不恭怒瞪雙目、咬牙切齒。但是，大人先生卻諷刺他們像蜾蠃與蟋蛉的「二豪」。在他眼中道德禮法之士無事生非地造立是非、貴賤，徒生紛紛擾擾，使世事動盪不安，世俗所重規的仕紳、處士在其心中只不過是纖介如水中的浮萍。以大人先辱自喻的劉伶所以能馳其神思，不拘執於凡塵，他是以莊子「心齋」、「坐忘」的修養工夫，蕩相遣執，超脫感官上的聲色之誘，昇華俗情物欲，離形去智的顯發真君，同於大通，性道合一，這就是劉伶何以願與幽靜的山林為伍，悠閒自若。他的竹林之遊是一淨化心靈，沉思玄理，才獲致莊子般的深智。同時，他唯酒是務的「酒」使他在微醉中，放下心中的掛礙，形神相親，形裨兼備，放鬆了對生死、禍害、是非的計較，與莊子離形去智的「坐忘」之境有異曲同工之妙。〈酒德頌〉中以大人先生自況的劉伶超然於心知之執，了脫於情識之結，勘破死生之惑，看透了榮辱、是非只是一朝風雲烈日。他的借酒舒展，澆己塊壘、自得於恣意自適的人生觀，是莊子齊物、逍遙另一面向的生命情調之發顯。

六、任達不拘的阮咸

　　阮咸，字仲容，陳留尉氏（今河南省開封附近）人，阮籍哥哥武都太守阮熙之子。竹林七賢中關於阮咸的載述史料甚少，在七賢中受關注最少，未見流傳的作品，算是七賢中最名低聲微的了。他的年齡比王戎稍長，是七賢中年紀第二小的，其生卒年已不可考。他是阮籍的姪子，其放誕不拘禮法的行為與阮籍不相上下，兩人被合稱為「大小阮」。叔姪之間雖有輩分的差距，卻不拘形跡，常像朋友般地共同遊息。大小阮皆崇尚老莊思想，鄙視道德禮法之士的偽君子作風，鄙視流行於權貴間的繁文縟節。我們從少量流傳至今的史料觀之，多載述阮咸不拘禮法而被禮法之士譏笑的任誕行為。我們從這些事例中卻可生動地想像他的生命情調。

《世說新語‧任誕》云：「阮仲容、步兵居道南，諸阮居道北；北阮皆富，南阮貧。七月七日，北阮盛晒衣，皆紗羅錦綺；仲容以竿掛大布犢鼻褌於中庭。人或怪之，答曰：『未能免俗，聊復爾耳！』」按當時的民俗，七月七日有家家戶戶晒衣習俗，無形上各家藉此展示機會進行貧富的較量。阮咸雖不能免俗，卻採取了不同流俗的作為。阮咸雖在財物上貧窮，可是其士族之優越門第和身分並不比人差。當時的名士夏天常喜歡穿犢鼻褌，既通風涼爽，看起來也較灑脫自在。這種短褲較便宜為窮人家常穿，阮咸卻以長竿掛起犢鼻褌，雍容大度，毫不自卑，頗有莊子自足自得、輕時傲物之風。

《世說新語‧任誕》有一則云：「諸阮皆能飲酒，仲容至宗人間共集，不復用常栢斟酌，以大甕盛酒，圍坐，相向大酌。時有群豕來飲，直接去上，便共飲之。」阮咸赴宗人的聚會，不再用常栢斟酌，改以甕盛酒，大家圍坐在一起相向大酌以盡興。此時，有群豬聞酒香而來飲，阮咸不以為意，與豬共飲，阮咸狂飲酒到情致高放處，係出於自然的率性，敢於真情流露，無視於俗情的計較。阮咸用別人認為任誕的行為來落實莊子宇宙論中「通天下一氣耳」及人生論中〈齊物論〉所高標的「天地與我並生，而萬物與我為一」的玄通大道之境界。

《世說新語‧任誕》另有一則載及阮咸的任情越禮之行為。魏晉重門第觀念，形成了階級隔閡的時代。士族政治講究血統上的尊卑貴賤，特別是呈現在婚姻上，在那個講究門當戶對的時代，士族與寒門、役門間的通婚是醜聞。結婚的禁忌和繁文縟節特別多，《晉書》本傳載：「（阮咸）居母喪，縱情越禮。素幸姑之婢，姑當歸於夫家，初云留婢，既而自從去。時方有客，咸聞之，遽借客馬追婢，既及，與婢累騎而還。」阮咸的縱情不但越禮而且在喪禮上的失態被人解讀為大不孝。然而，《世說新語‧任誕》的敘述與本傳略有不同，其載述為：「阮仲容先幸姑家鮮卑婢，及居母喪，姑當遠移，初云當留婢；既發，定將去。仲容借客驢舊重服自追之，累騎而返。曰：『人種不可夫！』即遙集之母也。」古代有「不孝有三，無後為大」，娶妻生子以延續香火是人子的大孝，阮咸在母親喪禮時用這種大膽唐突的行為方式，頗有以實質性的行為內容及真情來挑戰世俗僵化的禮法，不無對森嚴冷酷的禮法予以挪揄的意味。

七、機靈應變、率性自如的王戎

　　王戎，字濬沖，生於公元二三四年，卒於公元三〇五年，琅琊臨沂（今山東臨沂）人。他出身於有名望的大族，王衍、王澄、王導、王敦等著名人物皆是他的親族輩。王戎的祖父曾任魏朝的涼州刺史、貞陵亭侯，王戎從小的優渥生活，塑成了他的個性中的一部分特質，少年時即以聰明、勇敢聞名。《世說新語·雅量》說：「王戎七歲，嘗與諸小兒遊，看道邊李樹多子折枝，諸兒競走取之，唯戎不動，人問之，答曰：『樹在道邊而多子，此必苦李。』取之，信然。」他七歲時能見路旁的李樹結實纍纍到枝條都因受壓太重而垂了下來，推測其果實可能苦澀才不被路人採食。因此，他不為所誘惑，同遊的小朋友自採食後，確證王戎的先見之明。該條注引《名士傳》云：「戎由是幼有神理之稱也。」又載：「魏明帝於宣武場上斷虎牙，縱百姓觀之。王戎七歲，亦往看。虎承間攀欄而吼，其聲震地，觀者無不辟易顛僕。戎湛然不動，了無恐色。」注引《竹林七賢論》曰：「明帝自閣上望見，使人問戎姓名而異之。」[56]可見王戎小時候不但聰明，且膽識過人。此外，《晉書》本傳又載述王戎的眼睛特別明亮，炯炯有神，凝視而不眩。裴楷見了，驚嘆說：「容眼爛爛，如巖下電。」在莊子的〈養生主〉中特別強調人的形神關係中，飽滿自主的精神最具主體性，以形傳神，以神導形。魏晉的人物審美風尚，主張形神相親、形神兼備。因此，王戎的神采奕奕特別引人矚目，在他小時候就特別受阮籍的鍾愛，也深受時人的品賞。《世說新語·賞譽》載曰：「王濬沖、裴叔則二人，總角詣鍾士季，須臾去後，客問鍾曰：『向二童何如？』鍾曰：『裴楷清通，王戎簡要。後二十年，此二賢當為吏部尚書，冀爾時天下無滯才。』」王戎和裴楷在小時候即氣宇非凡，如鍾會所預測，日後皆成為西晉政壇上的要人。

　　王戎生長於門閥世家，不免受家人的價值觀影響，持入世之志。因此，王

戎相較於嵇、阮，欠缺嵇康玄學家及阮籍文學家的氣質和韻味，也沒留下著作。阮籍很可能鑑於王戎執意於世俗的官宦之志，因此曾譏諷他為俗物。據《世說新言‧排調》載述：「嵇、阮、仙、劉在竹林酣飲，王戎後往，步兵曰：『俗物已復來敗人意！』王笑曰：『卿輩意，亦復可敗邪？』」阮籍雖然當其他人的面譏諷王戎為俗物，王戎卻不生氣，從容回話說，像您們這等人是遇事看得開，不計較的，會有誰能掃你們的酒興呢？阮籍賞識王戎甚久，他對王戎知之甚深，王戎他知道阮籍的話並無惡意，因此，很有風度地以機智之言化解彼此的尷尬，這是王戎具幽默感的穎語，令人佩服。

王戎遇大喪面臨了真情與禮文的取捨問題，《世說新語‧德行》載曰：

> 王戎、和嶠同時遭大喪，俱以孝稱，王雞骨文床，和哭泣備禮。武帝謂劉仲雄曰：「卿數省三、和不？聞和哀苦過禮，使人憂之！」仲雄曰：「和嶠雖備禮，神氣不損；王戎雖不備禮，而哀毀骨立。臣以和嶠生孝，王戎死孝；陛下不應憂嶠，而應憂戎。」

王戎與和嶠在處理大喪的情禮關係上，有很大的差異。和嶠講究喪禮的儀文度數，很周備地遵守禮制服喪，可是精神氣色不差。王戎無心籌備禮數儀文，悲傷愈常，導致健康情況不良，「哀毀骨立」。《晉陽秋》也載述此事，謂：「戎為豫州刺史，遭母憂，性至孝，不拘禮制，飲酒食肉，或觀棋弈，而容貌毀悴，杖而後起。時汝南和嶠，亦名士也，以禮法自持。處大憂，量米而食，然憔悴哀毀，不逮戎也。」[57]王戎有哀思之情，為大喪而過度悲哀，和嶠則較顧及別人的觀感而備妥禮數。王戎一任真情之感發，不拘外在禮數形式，可謂任情越禮，宗白華謂：「晉人藝術境界造詣的高，不僅是基於他們的意趣超越，深入玄境，尊重個性，活機活潑，更主要的還是他們的『一往情深』。」[58]王戎對親人「一

---

[57] 見劉孝標注《世說新語‧德行》。

[58] 宗白華〈論《世說新語》和晉人的美〉，收入《美學散步》，上海：上海人民出版社，1981年。

往情深」，遇大喪時難掩哀痛的心情，以致「哀毀骨立」，感動劉仲雄而請武帝擔憂王戎的健康情況。《莊子・漁父》云：「眞者，精誠之至也。不精不誠，不能動人。故強哭者雖悲不哀，……眞悲無聲而哀。」王戎體現了莊子所說的眞悲而哀。《世說新語・傷逝》載曰：「王戎喪兒萬子，山簡往省之，王悲不自勝。簡曰：『孩抱中物，何至於此？』王曰：『聖人忘情，最下不及情；情之所鍾，正在我輩。』簡服其言，更爲之慟。」王戎自述是位鍾情者，亦即非常重感情的人，有眞情才能眞悲切，可見他是率眞的性情中人。

　　由於政情險惡，世事無常，王戎晚年在性格上卻變得貪財和吝嗇。我們可從《世說新語・儉吝》數條陳述他行事的小氣，例如：「王戎有好李，賣之，恐得其種，恆鑽其核」、「王戎儉吝，其從子婚，與一單衣，後更責之」、「王戎女適裴頠，貸錢數萬，女歸，戎色不說，女遽還錢，乃釋然」，以及「司徒王戎，既貴且富，區宅僮牧，膏田水碓之屬，洛下無比，契疏鞅掌，每與夫人燭下散籌計」。這是對王戎極端吝嗇的行爲刻畫，不過，今人怪異的是他爲什麼會將拿去市場販售的李子逐一鑽破李核，以防別人得其好種子？其舉止也表現出他深諳事故，胸有城府，但是也眞是小氣到極點了。據劉孝標注引《晉陽秋》曰：「戎多殖財賄，常若不足。或謂戎故以此自晦也。戴逵論之曰：『王戎晦默於危亂之際，獲免憂禍，既明且哲，於是是在矣。』」衍中其意蘊，王戎賣李鑽核的行爲是在亂世中對不確定的未來缺乏生計上的安全感。因此，這種令人費解的行爲，或者是爲了苟全性命於亂世的自毀形象之韜晦策略。然而，王戎的行止也未必盡是令人詬病的，《世說新語・德行》載云：「王戎父渾有令名，官至涼州刺史，渾薨，所歷九郡義故，懷其德惠，相率致賻數百萬，戎悉不受。」王戎也有雍容大度之慷慨義行。又據《世說新語・雅量》所述：「王戎爲侍中，南郡太守劉肇遺筒中箋布五端，戎雖不受，厚報其書。」王戎晚年的貪財吝嗇，或許是出於過度的克勤克儉吧！他雖有財富，卻不揮霍，雖然少了莊子的放達灑脫，卻也是值得莊子肯定的率眞簡樸的人。

　　本節係以散點式的論述方法，分別就竹林七賢每個人的精神風貌，從其個性、才華、情感生活及言談行止中來刻畫出他們不同的名士氣質。然而，他們之

所以會有「竹林七賢」的共名，不只是他們有共同的時代大命運、共同的時代困
境及共同的「竹林之遊」。筆者認為他們所以有此共名，是因為他們有共同的精
神狀態相互感通而聯繫在一起。這種貫通在他們七人生命精神之同流共貫處是莊
子的精神世界。羅宗強謂：「嵇康是第一位把莊子的返歸自然的精神境界變為人
間境界的人。」[59]此一評論突出嵇康的名士氣質中有鮮明而深厚的莊子精神，我
們僅從嵇康的詩作中可見到劉勰《文心雕龍‧明詩》所云「惟嵇志清峻」的莊學
精神。然而，莊子的精神世界其內涵何其豐富、多樣而深邃，其他六賢也以不同
的獨特方式把莊子任自然的精神境界化為人間境界。因此，就七賢的精神功能及
所表現的生命情調而言，莊子的精神世界是他們共享的富源及調性，竹林七賢從
不同的層次和面向，把莊子的精神世界轉化成五彩繽紛的生命情調，是莊子哲學
分殊化的呈現。然而，七賢所體現的莊子哲學，雖有分殊化的方式，可謂殊途而
同歸，百慮而一致，他們同是莊子豐富多彩的生命情調之化身。我們可以說七賢
的生命情調與莊子的精神境界之間是理一分殊的相互關係。

---

[59] 羅宗強《玄學與魏晉士人心態》，浙江：浙江人民出版社，1991年，頁101。

第三節　嵇康、阮籍的道教思想及現代意義

　　道教使魏晉玄學一些名士的人生價值理想、形神觀及養生法、神仙思想產生深遠的影響。竹林七賢皆崇尚老莊，就史料可考，其中有求仙學道之言行者有阮籍和嵇康。

一、嵇康有取於道教的形神觀及養生法

　　道教至魏晉時期，一方面吸收老莊思想建構道教理論體系，另一方面受到漢代黃老思想及傳統醫學的影響，講究形神相合。嵇康受道教經典前驅的《太平經》在形神思想上之影響甚深。《太平經》成書於東漢末年，承繼漢代黃老思想，認爲人的生命係由精、氣、神三要素所構成。《太平經》云：「神者乘氣而行，故人有氣則有神，有神則有氣，神去則氣絕，氣亡則神去。故無神亦死，無氣亦死。」貴生養生，寶性全生是道家道教共同的核心思想。道教特別側重避世、養生、貴己、輕物、追求身心的平衡發展，和諧相濟、形神俱安。嵇康於其〈與山巨源絕交書〉中說：「吾頃學養生之術，方外榮華，去滋味，游心於寂寞，以無爲爲貴。」他的〈養生論〉立基於形神相依互賴的關係，衍生了形神共養的主張，期能達到「形神相親，表裡俱濟」的形神融合的健康狀態。他在形神關係中主張「神爲形之主，形依神爲從」，謂「精神之於形骸，猶國之有君也，神綜於中，而形喪於外，猶君昏於上，國孔於下也」。這種說法呼應了《太平經》所謂：「前有形體而無精神，若有田宅城郭而無長吏也。」意指形體如城郭、精神爲掌管城郭的長吏，以喻之理，相契合。

　　嵇康「思欲登仙，以濟不朽」[60]，卻鑑於常人稟氣已定，難積學致仙，乃退求其次「但願養性命」[61]，他的「養性命」，原則爲遠害生之事，畜養益生全性之工夫。嵇康受道教經典前驅的《太平經》在形神思想上之影響甚深，認爲人的生命係由精、氣、神三要素所構成。寶性全生是道家、道教共同的核心思想，追求身心的平衡發展，和諧相濟、形神俱安。他在形神關係中主張「神爲形之主，形依神爲從」，他綜合道家、道教的研究成果，總結出養生有「喜怒不除」、「聲色不去」、「滋味不絕」、「神虛精散」等五難，這五種有害養生之事，皆「名利不滅」，肇因於陷溺於欲望的貪婪中而不自覺地傷生害性。以「滋味不絕」爲例，當代營養學論證出高油、高鹽、高糖等厚重的調味品，積漸成變地危害人體健康，會造成肝火虛旺、分泌不調、心氣浮躁、亢奮易怒，情緒起伏大。老子教人認識到「五味令人口爽」，教人「去甚、去奢、去泰」、「恬淡爲上」。道教典籍《太清中黃眞經》謂：「內養形神除嗜欲。」又《胎息祕要歌訣·飲食雜忌》云：「禽獸爪頭支，此等血肉食，皆能致命危，……，生、硬、冷須慎，酸、鹹、辛不宜。」飲食清淡，少食生冷，多食有機食物已成當前營養健康飲食的經典法則。在攝食養生的有益法方面，嵇康提出「蒸以靈芝，潤以醴泉，晞以朝陽，綏以五弦」（〈養生論〉），以「晞以朝陽」爲例，也就是他所說的「呼吸吐納」（〈養生論〉）、「咀嚼英華，呼吸太陽」（〈答難養生論〉），「呼吸吐納」是道教提倡的一種調息運氣的呼吸法，可深度吸納有血液循環的氧氣，大量排除體內的二氧化碳，促進新陳代謝的有氧呼吸法。例如：《河上公注·能爲第十》說：「治身者，呼吸精氣。」適度的晒太陽，溫和的陽光可助人體維他命D的吸收和運轉，可健全骨頭，已是目前醫學研究成果中不爭的事實。

　　《老子·三十三章》云：「知足者富。」〈四十四章〉曰：「知足不辱，知止不殆，可以長久。」意謂一個人若富甲天下而仍貪心不足，則仍是感到貪乏而

---

[60] 〈贈秀才入軍〉詩十九首其八，戴明揚《嵇康集校注》，北京：人民文學出版社，1962年，頁180。

[61] 見〈答二郭詩三首〉：「但願養性命，終已靡有他。」戴明揚《嵇康集校注》，北京：人民文學出版社，1962年，頁63。

缺乏滿足感的快樂。同理，若知足則能常樂，且可避免與他人爭利時可能招致的屈辱、危險，同時，也可保持生命的長久平安。嵇康〈養生論〉中也主張清心寡欲，修養與道冥契的精神生活，寶性全真是畜養精神生活健康快樂的途徑。他在〈養生論〉說：「清虛靜泰，少思寡欲，……寂然無思慮，又守之以一，養之以和，和理日濟，同乎大順。」意謂吾人若能心胸達開朗，在於無起心動念的欲望貪執，守道養德，身心和諧，與他人、萬物融洽，生活和順於大道的自然運行，則是精神生活富足，自得其樂的養神法。《老子河上公章句》七十二章說：「守五性，去六情，節志氣，養神明。」《老子想爾注》七章也指出：「求長生者，不勞精思求財以養身，不以無功劫君取祿以榮身，……不與俗爭，……猶福在俗人先。」該書貴生思想本於《老子・二十五章》：「道大，天大，地大，人大。域中有四大，而人居其一焉。」闡明其蘊義謂：「四大之中，何者最大乎，道最大也。四大之中，所以今生處一者，生，道之別體也。」對道家、道教而言，人與大自然係統合於「道」而同源、同構、互感，人的生命既透過「道」之精、神所氣化而來，嵇康「寶性全真」的養神說指向「遊心太默」的境界形態養神說。

二、嵇康、阮籍仙境化的人生理想

阮籍〈詠懷詩〉第二十二者中有云：「願登太華山，上與松子遊。」剖心志願學仙，跟隨古仙人赤松子超脫塵世。第十五者曰：「千秋萬歲後，榮名安所之？乃悟羨門子，嗷嗷今自蚩。」意指世間虛名煙滅於千萬年之後，感悟到古之仙人羨門子的超脫世間的行為，如今反而覺悟到以往為世間的榮辱而悲苦，實在是想不開。嵇康更是傾心嚮往神仙的境界，刻意作〈遊仙詩〉曰：「王喬棄我去，乘雲駕六龍。飄颻戲玄圃，黃老路相逢。」他甚至幻想能透過採藥煉丹，服食成仙，其〈遊仙詩〉所謂：「採藥鍾山嵎，服食改姿容。蟬蛻棄穢累，結交家梧桐。」他在〈幽憤詩〉中表露自己有隱逸長生之志，曰：「採薇山阿，散髮

巖岫，永嘯長吟，頤性養壽。」在道教理論中可資養壽的丹藥係生命元素，旨在補全精、氣、神。採藥須知藥材生產的時節，煉藥須知火候之祕，烹煉之方。此外，張三豐又有內藥、外藥的區分，所謂：「內藥是精，在自己身中而產，可以養性。外藥是氣，在造化爐中而生，可以立命。」事實上，內藥外藥乃先天之氣一味。兼求並顧內、外藥才足以全性保命，亦即盡性至命，而產生入聖登眞之功效。在採藥養壽方面，嵇康對道教的了解和信仰顯然較阮籍深刻。此外，上古有抒懷作用的「嘯」，得力於道教煉氣的功法，不但可以發洩心中怨尤的情緒壓力，且具有美感。孫登是阮籍、嵇康的著名道士，隱居在蘇門山中。阮籍訪孫登，以長嘯來剖明心志，孫登以回應之嘯，聲若「數部鼓吹，林谷傳響」。我們由前述嵇康的詩中，得知他採「永嘯長吟」的養生法來「頤性養壽」。阮籍〈大人先生傳〉中的大人先生被描述爲「生於太元之先，稟自然之氣，沖虛凝遠，莫知莫極」，文末謂「眞人游，駕八龍，曜日月，載雲旗」，頗具道教神仙的形象色彩。

三、阮籍、嵇康所吸收的道教思想對當代之意義

就〈養生論〉而言，衍生於道家哲學的道教養生理論，被嵇康視爲養性保命之圭臬，他採形神交養，表裡俱濟的方法。他的〈養生論〉對當代有兩方面的意義。其一，他的「蒸以靈芝，潤以醴泉」，與當今營養科學所提倡的綠色有機食物的理論不謀而合。工業化的發達國家對肉類食品的消費量大，不但設置廣大牧場和畜養、放牧的大量動物破壞生態環境，影響水土保育、空氣品質、食物鏈的惡性循環；同時，也造成心血管疾病、肥胖症有害健康及造成醫療資源的負擔。再者，肉類食品造成的酸性體質是慢性疾病和癌症的主因之一，有機的素食使人體呈鹼性反應，較符合健康原理。其二，工商社會生存競爭劇烈、身心壓力大，負擔過重時，不但有害身體健康，也造成心理失衡、精神沮喪、躁鬱症、憂

鬱症之罹患率不斷提高，成爲工業發達國家的精神癌症。嵇康「清虛靜泰，少私寡欲」的養神說旨在降低我們對身外之物的欲望追求，減少身心的負擔，知足常樂，無憂無慮，對淨化心靈，提升逍遙自在之樂的精神境界，對當代人有深刻的啟示。

在仙境的嚮往上，嵇康和阮籍的詩作中皆有如劉勰所說的「詩雜仙心」，其涵義有雙重性，他們一方面遺世嫉俗地表達出對現實黑暗的不滿和無奈，另一方面也創闢出精神世界無限自由自在，洋溢幸福美滿的心境。兩人詩作中的遊仙詩中，所提及的名山大川都是道教勝地。他們所暢想的成仙後之逍遙自快，不但具有神奇色彩，更抒發了浪漫之詩情。當今經濟發達國家，在經歷感官物欲的高度享受後，呈現了感性鈍化及心靈空虛的現象。民主高度自由的國家，雖充分保障了個人自由，但是在精神上卻不自在，罹患心理及精神疾病的比例不斷提高，嵇康、阮籍所嚮往的道教仙境，對工商社會忙與盲的人們，不啻上了重要的一課。人生在世，不能只局限於追求世俗性的幸福，更應追求超越世俗性的快活似神仙的精神性幸福。

第九章 《易》學思想

第一節　阮籍〈通易論〉的易學觀及其政治人格類型說

　　就魏晉玄學的思想資源而言，《易》與《老》、《莊》形成三玄，爲玄學論述的典據與理據。據目前文獻所載，七賢論《易》除了阮籍〈通易論〉尚流傳至今外，阮咸所著〈易義〉已失傳，向秀的《周易注》久佚，今僅得見數條佚文。嵇康於《易》無專著，卻得見其著作中引《易》的語典三十多條。本章針對七賢論《易》之文獻較豐富的阮籍和嵇康爲代表，分別予以論述。

　　阮籍的〈通易論〉約一千四百餘字，作於前期的正始年間，無法確認是哪一年。丁冠之順著阮籍思想由儒轉折於道家的歷程，將其作品分爲三階段。第一階段是其正始之前的早年作品〈樂論〉；第二階段爲其正始年間所著之〈通老論〉、〈通易論〉；第三階段爲其正始之後所著之〈大人先生傳〉、〈達莊論〉以及八十餘首〈詠懷詩〉。由於〈通老論〉文殘不全[1]，以致突顯出〈通易論〉對阮籍研究之重要性。蓋〈通易論〉與〈通老論〉皆旨在論述「自然」與「名教」的相互關係，這是正始年間玄學所醞釀而成的思想主脈。筆者分析〈通易論〉的內涵，涉及阮籍的易學觀及其透過此文表述出他對政治人格類型和品第高下的見解。

---

[1] 丁冠之見解見於《中國古代著名哲學家評傳》續編，山東：齊魯書社，1984年，頁105。至於〈通老論〉，陳伯君考據云：「此文題非全文。諸本皆只有三小段，突然而起，不相連接，大概皆根據《太平御覽》附錄者。但《太平御覽》此本是分類摘鈔，並非照錄全文，凡文中不合於其分類所需要者，即當捨棄。此文全文蓋已失傳。」語見陳伯君《阮籍集校注》，北京：中華書局，1987年，頁159。

一、對《易》之性質及宗旨的註解

首先阮籍根據《易·繫辭下·二章》載述：「古者庖犧氏之王天下也，仰則觀象於天，俯則觀法於地，觀鳥獸之文，與地之宜，近取諸身，遠取諸物，於是始作八卦，以通神明之德，以類萬物之情。」指出《周易》經卦之創制有鑑於彼時代人們處在蒙昧未開化的狀態，文明的法律與制度尚未建構，缺乏對宇宙運化的所以然之理的認識，萬物的現象呈現出對人無法理出端緒以創作文明的時代，於是，庖犧氏（伏羲氏）針對陰陽交感推移以生成萬物變化的宇宙生化原理，創制六十四卦的易經系統，開示人們了解宇宙生化原理，進而落實於人生日用中。阮籍認為《易》書之作一方面使陰陽交感和合萬物的神奇功能以明暢於世人，同時也以人文化成天下，導引人們由蒙昧的人智未開狀態昇進至有不同層面的文明生活中[2]。阮籍斷言伏羲氏揭示了天時的變化及其相關涉之萬事萬物生成發展的規律後，可說是為萬世垂法。他在該文說：「黃帝、堯、舜，應時當務，各有攸取，窮神知化，述則天序。庖犧氏布演六十四卦之變，後世聖人觀而因之，象而用之。禹、湯之經皆在，而上古之文不存。至乎文王，故繫其辭，於是歸藏氏[3]逝而周典經興，『上下無常，剛柔相易，不可為典要，推變所適。』故謂之《易》。」他斷定《易》書的宗旨在「為變所適」，所謂：「《易》者何也？乃昔之玄真，往古之變經也。」[4]「玄」字本於《老子》一章：「玄之又玄，眾妙之門。」指天地萬物本根性之神妙莫測，借以狀述《易》乃變化之源，易乃言萬物，變化所以然之理，故稱之為「變經」。《易·繫辭下》有言：「《易》窮則變，變則通，通則久。」可印證阮籍判《易》為「變經」的理據。阮籍認為研《易》者只在汲收「變則通」的處變應變智慧，變通的關鍵在於有沒有能力「應

---

2 見陳伯君《阮籍集校注》之〈通易論〉，頁105-106。「庖犧氏當天地一終，值人物憔悴，利用不存，法制夷昧，……。六十四卦盡而不窮」一段。

3 「歸藏氏」指黃帝。「歸藏」係指傳皇帝時代的筮書，含有與《周易》類同的八卦、六十四卦符號，其卦爻系統以坤卦居首，該書流行於商代。

4 見陳伯君《阮籍集校注》之〈通易論〉，頁116。

時當務」達成無往而不利。

　　總而言之，阮籍認爲《易》的形上智慧在推天道陰陽變化之理，資以闡明天地萬物生成變化的大律則大趨向，進而究明人世間事物興衰盛亡的道理。蓋《易》爲衰世的憂患之書，旨在啟示處在進退危疑的生存危機中，如何洞察幽微神妙的宇宙大化之理，善用於避凶向吉且呈現爲昭明顯著的人文智慧，亦即受用於安身立命，繼往開來，永續民族慧命之盛德大業。阮籍這一論述頗契合司馬遷分析《春秋》與《周易》時的論評，所謂：「《春秋》推見至隱，《易》本隱之以顯。」韋昭對這一論斷注曰：「《易》本陰陽之微妙，出爲人事，乃顯著也。」[5]當代易學史家朱伯崑也對阮籍〈通易論〉做了相應的正面評價，他說：「就阮籍解易的基本傾向說，其易學屬於當時的義理流派，繼承和發揮了古文經學派以《易傳》解釋《周易》的傳統，同管輅（與阮籍同時代人物）的占術是不同的。」[6]

二、《易》之政治人格類型及其政治理念

　　阮籍在〈通易論〉中側重《易書》經國治民，安頓天下蒼生的政治思想。他說：「是以，天地象而萬物形，『吉凶著而悔吝生』，事用有取，變化有成。南面聽斷，『向明而治』；結繩爲網罟，致日中之貨，修耒耜之利『以教天下』皆得其所。」[7]這段文字中引用《易》典數語，皆指向如何修明政治，安治天下，其中「向明而治」一語點出了其汲取《易》政治思想爲其研《易》的核心價值所在。蓋《易・說卦傳》有言：「離也者，明也。萬物皆相見，南方之卦也。聖人

---

[5]　司馬遷之論斷語見於《史記》，臺北：臺灣商務印書館，1988年，頁1105。

[6]　見朱伯崑《易學哲學史》，第一冊，臺北：藍燈出版社，1991年，頁366。

[7]　〈通易論〉。

南面而聽天卜，向明而治，蓋取諸此也。」阮籍在正始前期猶期望政治局勢能撥
亂返治，心懷儒家通經致用，安邦定國之志。因此，他賦予政治典範人格的聖人
特質就在於取用易理行事，順時變之宜而有向明而治的功業成就。他強調實踐易
理的重點在「變化有成」他以乾卦爲例說：

> 乾元初「潛龍，勿用」言大人之隱德未彰，潛而未達，待時而興，循變
> 而發。**8**
> 盛衰有時，剛柔無常，或得或失，一陰一陽，出入吉凶，由闇察
> 彰，……用之在微，貴變慎小，與物相追；非知來藏往者，莫之能審
> 也。**9**

乾卦統率坤卦，首出庶物，剛健中正，創生不已，以飽滿生命力的「龍」爲表
徵。在乾道變化各正萬物性命的生成歷程中，以「龍」隨時地制宜之「潛」、
「在田」、「在淵」、「在天」戒驕亢以持盈保泰的剛健中正之德，實現「變化
有成」之崇德廣業。乾元初九爻辭「潛龍，勿用」點出任何偉大事業，爲了大展
鴻圖，必先有深厚的修養資以爲發展事業的能量，沉潛以俟時，韜光養晦以「循
變而發」才是慎微貴變之正確處世態度。阮籍指出《易》學的淑世智慧，從所涉
事物之幽微深幾處爲工夫實踐的起點，沿事物發展所蘊涵的幽深奧妙之理，貫
通天下人在心志上的需求趨向，循時勢變化與變通的客觀規律，才能輔導萬物將
潛在的情性發展需求能各得其所，各取所需，各遂其生而達保合太和，共存共融
之圓融境界。他扼要地概括《易》書之最高旨趣在：「應時，故天下仰其澤；當
務，故萬物恃其利。澤施而天下服，此天下之所以順自然，惠生類也。」**10**這是
管理公共事物之政治的大政方針所在。他列舉《易》前八卦：乾、坤、屯、蒙、

---

8 〈通易論〉。
9 〈通易論〉。
10 〈通易論〉。

需、訟、師、比以政治理念爲立基點而做了一脈絡性的論述：

> 天地既設，屯蒙始生，需以待時，訟以立義，師以聚眾，比以安民，是
> 以「先王以建萬物，親諸侯」，收其心也。[11]

天地交感乃有屯、蒙的生命氣象，在經世治世的政治事業上則應以立義來聚民，以順時序養人民生計來「安民」，他們所以歸結於比卦（䷇），卦象是「地上有水」，水滲透入土，相互交融渾然一體，九五應五陰爻，象徵政治領導中心有向心力、凝聚力，君臣與萬民相親近相依附，同心同德，共存共榮。這是「比以安民」之價值理想，在實踐這一價值理想的歷程上，《易・大象傳》分別以先王、聖王、大人、后、上等政治人格稱謂語來表述其應有的施政理想和作爲。

　　「聖王」指積極作爲，政績卓越的先王，其時際值憂患之世，而能上下齊心奮發振作，或待時於迍遭困厄之時，面對困境卻不懷憂喪志而能秉持剛健中正之德，治國理民，以「正」克邪，以「中」制偏險悖亂，他在〈通易論〉說：「先王何也？大人之功也。故『建萬國，親諸侯』，樹其義也；『作樂』『薦上帝』，正其命也；『省方，觀民』，施其令也；『明罰勅法』，督其政也；『閉關』『不行』，靜亂民也；『茂時育德』，應顯其福也；『享帝立廟』，昭其祿也；稱聖王所造，非承平之謂也。」阮籍統攝比、豫、觀、噬嗑、復、無妄、渙等七卦象傳，詮釋先王在險難危難之際建國立制，創業垂統。其中，豫卦（䷏）卦象是「雷出地奮」，其卦爻結構屬一剛五柔的大感應狀態，象徵君得臣民感應性的支持，君王當奮發圖強，製作合乎民情脈動的新音樂以化民成俗，永續天命的政權。阮籍繼承《尙書》天命以德，得天命之君應奉天行德化政治以正其德命的觀點。觀卦（䷓）以地上有風爲卦象，表徵君王政令之施行應效法天地四時的運行，省察各方情勢，深入民情以掌握民意，滿全人民的需求。「督其

政」係依噬嗑卦而言，噬嗑卦（䷔）以「雷電」爲卦象，意謂著「動而明」。類比取義於君王施政應賞罰分明，樹立法律的尊嚴和權威，懲處奸邪。「靜亂民」據復卦（䷗）立論，復卦以雷在地中爲卦象，象徵大地處在冰天雪凍狀態，不宜商旅活動，君主應取消赴四方的巡行，在宮中，謀劃國政方向，待春陽復返時再有所作爲。「茂時育德」、「應顯其福」乃據無妄卦（䷘）而言，其天下雷行的卦象表徵陽氣震動，萬物欣欣向榮，君主應把握時機，勤政愛民，以實現群己的幸福[12]。「享帝立廟」、「昭其祿」係闡發渙卦（䷺）旨意，此卦以風行水上爲象，象徵普及社會教化，培育善良風俗，君王從而可建立宗廟以祭享天地，資以彰顯功業。總而言之，阮籍認爲先王係以剛健中正爲施政心態，採重德慎刑爲治國手段，因應外在情勢來調整觀念和行動，才能立功建業。

在政治人格典型的區分上，阮籍界定「后」係紹繼先王基業，處在承平時期的君王。他說：

> 「后」者何也？成君定位，據業修制，保教守法，畜履治安者也。故自安者也。故自然成功濟用，已至大通，后成天地之道，以左右民也。成化理決，施令詰方，因統紹衰，中處將正之務，非應初受命之事也。[13]

按「后」字，依《說文》解釋曰：「后，繼體之君也。象人之形，從口。《易》曰：后以施命告四方。」換言之，相對於「先王」爲建國創業之君，「后」爲繼體守業之君主。

至於「君子」，在阮籍政治人格典型之區分中，係相較於品行低劣的小人，指向品德高尚之人，他是資取《易‧大象傳》的詞意，界說品階高上的爲政者，他說：

---

[12] 阮籍針對無妄卦六三爻辭的「無妄之災」，申論君主應積極作爲，修己以治民，萬民歸心，國力壯大而免於政權被竊奪。

[13] 〈通易論〉。

「君子」者何也？佐聖扶命，翼教明法，觀時而行，有道而君人者也。
因正德以理其義，察危廢以守其身，故「經綸」以正「盈」，「果行」
以遂義，「飲食以須時，辯義以作事，皆所以章先王之建國，輔聖人之神
志也。見險慮難，「思患」、「預防」，別物「居方」，慎初敬始，皆
人臣之行，非大君之道也。**14**

綜觀《易‧大象傳》有關對「君子」的論述，皆聚焦於闡明臣僚輔佐君主的行事
原則。阮籍主張君子之臣對君主的輔助應順天命，符合人心，重德慎刑，彰明法
制，因時制宜。他強調有美德的君子應以正直的德性來辨別是非，識時勢經略天
下以端正盈滿之時，以果斷之行實踐正義的價值。君子生活規律化，行事明察道
義所在，在佐君成治時，應彰明先王建國制度和精神所在。此外，輔佐之才的君
子應有遠見而能思防患未然之險難，釐清各項事物之本質，各歸其所，慎初敬
始，辨析入微。在君臣互動關係上，君主固然應知人善任，君子也可主動求進、
自我推薦而謀取為君民貢獻一己才智之機會。阮籍說：「漸以近之，為人求位，
君子之欲進者也。臣之求君，陰之從陽，委之歸藏，乃得其所。」**15**

　　在阮籍擬撥亂返治的時代精神需求驅動下，他以政治的問題意識為主軸，汲
取〈大象傳〉的政治典範人格和為政之價值理想，在對〈大象傳〉中的政治性經
典智慧，針對其時代發展趨向而予具體而微的理解和詮釋，重建出具個人願景的
治國理念。就其所呈現的《易》學政治思想而言，他仍立基於德行倫理學，崇尚
美德之修養，在危難之世，堅持剛正不阿之品德。這種一貫的立場，從他對大過
卦的詮解中更是突顯出來。他說：「大過（卦名）何也？『棟橈』莫輔，『大者
過也』。先王之馭世也，刑設而不犯，罰著而不施，『習坎』、『剛中』，『惟
以心亨』，王正其德，公守厥職，上下不疑，臣主無惑，『納約自牖』，非戶何

---

14 〈通易論〉。

15 〈通易論〉。

咎？」**16**文中使用「習坎」、「剛中」、「惟以心亨」等詞皆出於狀述處險境而求吉利的坎卦象辭，亦即：「習坎，重險也，水流而不盈，行險而不失其信，『維心亨』，乃以剛中也。」意指人若身陷重重險境，脫困之路在於秉持剛中之德而不偏倚，心懷誠信之德，內心光明通暢。為君主者，應端正德行，為臣者恪守各自職分，眾志成城，得道者多助，有理者走遍天下，一時的橫逆曲折相信必終將化險為夷。

　　阮籍在〈通易論〉對政治人格類型之區分除了論述有政治權位的「先王」、「聖王」、「后」、「君子」，或統稱之詞「上」之外，還提及有才德無權位的「大人」，他說：「大人者何也？龍德潛達，貴賤通明，有位無稱，大以行之，故大過滅示天下幽明，大人發輝重光，『繼明照於四方』，萬物仰生，不為而成，故『大人虎變』，天德興也。」**17**有才德之人處在無政治知遇之恩時，當潛隱於世，卻仍保有大過卦象傳所云「獨立不懼，遁世無悶」的心態，仍可在民間發揮其正面的深遠影響力。觀阮籍在〈通易論〉一文中以過半篇幅論述六十四卦卦序之蘊義，以及部分卦的內涵，這是他視《易》為變經之一貫立場，故特別重視細論六十四卦相續變動之歷程及其所以然之理的〈序卦傳〉和〈大象傳〉之推天道以明人事之理。戴璉璋對〈大象傳〉之意義有段精闢見解，他說：

〈大象〉能釋卦名，全部根據重卦的卦象，而其申述卦意則是把卦象與卦名關連起來，形成一些事物的情境。然後，再由此而申述君子修身治國之道。因此〈大象〉的撰作目的，可說是要人觀卦而進德，⋯⋯取類比推理的方式，更深一層的思想根據，則是一種道德上的興會，一種全宇宙是一個道德宇宙的想法。**18**

16 〈通易論〉。
17 〈通易論〉。
18 見戴璉璋《易傳的形成及其思想》，臺北：文津出版社，1989年，頁101。

　　這段話或能有助於我們了解，阮籍在正始前期懷抱淑世之治下作〈通易論〉，何以特別闡發〈大象〉所言之精言奧義的天人之學。

第二節 嵇康兼綜《易》、《莊》的處世智慧

　　嵇康（公元二二三─二六二年）身為竹林名士的核心人物之一[19]，面對政權由曹魏遞嬗至司馬晉的階段，政治權力鬥爭殘酷、天災、戰事頻繁，正始十年（公元二四九年），司馬懿父子發動高平陵政變，殘殺曹爽兄弟、何晏等八人且夷其三族。嘉平六年（公元二五四年），殺中書令李豐，又將其子、弟及夏侯玄等下廷尉治罪，其株連者全部處死，並夷三族。正元元年（公元二五五年），殺淮南起兵的毋丘儉，夷三族。甘露三年（公元二五八年），又殺淮南起兵的諸葛誕，夷及三族。甘露五年（公元二六〇年），公然逆殺高貴相公曹髦。短短十幾年間，多次株連的腥風血雨遍及帝王、朝臣、大族及名士[20]，《晉書》謂這個時代「天下多故，名士少有全者」[21]。曾著〈養生論〉、〈答難養生論〉，對生命價值格外珍愛的嵇康，深刻感受到在政權更迭，手段詭譎險詐，名士易被捲入政治是非而橫遭迫害，在加上士人追逐權勢名利，彼此猜忌，惡性競爭，所編織成的世俗網羅是自己生命安全最大的威脅。他在所作十九首〈贈秀才入軍〉詩中，針對陷身於危疑不安的處境有尖銳的描述，他說：「何意世多艱，虞人來我維。雲網塞四區，高羅正參差。奮迅勢不便，六翮無所施。隱姿就長纓，卒為時所羈。」[22]嵇康在詩中深刻感到世俗網羅遍布，人生的世路艱險難行，身值此亂世，感到前途茫茫，生命安全感殆喪，有鸞鳳被網羅所羈的疑慮。他在這種歷史

---

[19] 在歷史文獻上無「竹林時期」一名，此名稱出自湯一介在《郭象與魏晉玄學》一書中對魏晉玄學發展之階段劃分，謂公元二五四─一二六三年為嵇康等七賢為主的「竹林時期」。《三國志・王粲傳》注引《魏代春秋》記載七人「遊於竹林，號為七賢」，北京：中華書局標點本，1959年，頁606。東晉袁宏《名士傳》有「竹林名士」之稱，見余嘉錫《世說新語箋疏》，臺北：華正書局，1993年。「竹林七賢」一詞見於《世說新語・任誕》首條謂：陳留阮籍，譙國嵇康，河內山濤，三人皆相比，康年少亞之。預此契者：沛國劉伶，陳留阮咸，河內向秀，琅邪王戎。七人常集於竹林之下，肆意酣暢，故世謂「竹林七賢」。頁727。

[20] 見《資治通鑑・魏記》，卷七十五─七十八，北京：中華書局，1982年。

[21] 《晉書》，卷四十九，〈阮籍本傳〉。

[22] 〈贈秀才入軍〉詩第一首，這是嵇康送哥哥嵇喜從軍的組詩之一，既表達出兄弟濃厚的手足情誼，也表達了時局的險詐和憂心。推定嵇康年二十六歲，高平陵事件發生的那年，公元二四九年。據莊萬壽《嵇康研究及年譜》，臺北：臺灣學生書局，1990年，頁106-108。

處境下的處世態度，可謂生不逢時，有志難伸，僅求免禍求平安而已。我們感念嵇康如此危疑不安的時代際遇，不禁疑問其明哲保身的處事智慧何所依憑？《易》是趨吉避凶的憂患之書，《莊子》之〈養生主〉、〈大宗師〉謂：「安時而處順，哀樂不能入也。」被公認為是本由苦轉樂的曠世生存智慧之作。據文獻所載，竹林名士有關《周易》的專題論著，那就是阮籍的〈通易論〉，阮咸的〈易義〉和向秀的《周易注》。除了阮籍的〈通易論〉流傳至今以外，阮咸的〈易義〉失傳，向秀的《周易注》久佚，僅存數條佚文。《嵇康集》中嵇康與阮德如「宅無吉凶」之四篇議題文章以及嵇康在其他著述中散見的引用《易》典語可間接反映嵇康的易學思想。我們細讀嵇康的著作中散見用典於《易》書者多達三十四處，本節盡可能地予以涵蓋性的論述資引莊子思與言者不計其數。因此，本文在前述問題意識下，擬探討嵇康的處事智慧如何出入周旋於《易》或《莊子》兩書的哲學資源中。「處世智慧」可分為人與治事兩大既相關亦有區別的論域。嵇康在為人方面涉及與友人，如：呂安、呂巽兄弟之往來，及其與當時君子或小人之間的互動。他在治事方面則表達了其政治觀以及他在涉身於險惡的政治局勢下，如何採取明哲保身的原則。

一、《易》、《莊子》互詮視域下的玄理

　　《莊子・天下》謂：「《易》以道陰陽。」以陰陽互動和合的形上原理是《易傳》，特別是《易傳》中的〈繫辭〉之特色，例如〈繫辭下・六章〉載曰：「子曰：『乾坤，其《易》之門邪？』乾，陽物也；坤，陰物也。陰陽合德而剛柔有體，以體天地之撰，以通神明之德。」意指乾坤亦即陰陽統攝了《易》書的總原理，是入《易》哲理之門戶。陰陽交感而剛柔之互動互補有其原理體系。我們透過陰陽交感的作用歷程可以體察天地化育萬物的所以然之理。〈繫辭上・五章〉更是綜攝出陰陽在互動往來的交感中所蘊含之動態規律、方向和本根性的形

上原理，謂：「一陰一陽之謂道，繼之者善也，成之者性也。仁者見之謂之仁，知（通「智」）者見之謂之知，百姓日用而不知，故君子之道鮮矣。」陰與陽的互動，其迭運感合之律動及其生成萬物的內在目的性推動下，萬物生命相生相續，相繼不斷地實現內在本性之潛在價值，呈現出無盡的形上美感境域。觀《莊子》全書論及陰陽者有二十多處，《內篇》七篇就有四處。在陰陽氣化宇宙觀上，《莊子・則陽》云：「陰陽者，氣之大者也。」陰陽是氣最顯著的兩種不同屬性。〈田子方〉曰：「至陰肅肅，至陽赫赫，肅肅出乎天，赫赫出乎地，兩者交通成和而萬物生。」具陽屬性的天與具有陰屬性的地，交感互通，和合而生成萬物。人也是萬物之一，由陰陽交感而生，理應深刻了解和順從陰陽大化流行之理，才能趨吉避凶地適存於天地之中。因此，〈大宗師〉曰：「父母於子，東西南北，唯命之從，陰陽於人，不翅（異）於父母。」[23]人子應當聽命於父母，這是異地皆然的普遍規範，人順從於陰陽的氣化流行宛如聽命於父母，〈大宗師〉所謂：「遊乎天地之一氣。」[24]

　　嵇康身處進退危疑的亂世，在利害無常，無所適從之際，他以宇宙大化之天律為生命之所依託。他在〈答難養生論〉一文中說：「故順天和以自然，以道德為師友，翫陰陽之變化，得長生之永久。」[25]意指人若視世俗之利害變化而隨之起伏，不如以更高的視域超然塵俗之外，掌握陰陽變化的大律則，順應自然以享與天和之樂，與道德的自然律為師友，與天地並存共生而使生命得以長長久久。在這句話裡，嵇康也資取《莊子・天道》所云「夫明白於天地之德者，此之謂大本大宗，與天和者也；所以均調天下，與人和者也。與人和者，謂之人樂；與天和者，謂之天樂」[26]的「天和」一詞，莊子謂能與天和享天樂者在於明白天地的「大本大宗」。嵇康所說「翫陰陽之變化」旨在契悟自然的「大本大宗」，得知

---

[23] 見《莊子集釋》，郭象注，成玄英疏，郭慶藩集釋，臺北：廣文書局，1971年，頁71。

[24] 見《莊子集釋》，郭象注，成玄英疏，郭慶藩集釋，頁73。

[25] 見《嵇中散集》，崔富章注譯，莊耀郎校閱，臺北：三民書局，1998年，頁231。

[26] 見《莊子集釋》，郭象注，成玄英疏，郭慶藩集釋，頁123。

他將《易傳》中的「陰陽」和道家的「自然」[27]道德，「大本大宗」概念融會貫通為天地萬物的大律，人應聽從天的大命大則，將個人生命融入莊子的「天地之德（自然本性）」中而與萬化同流，享受生命能與天和的長生與和諧性的福樂。

在人性構成論上，嵇康汲取《易傳》「陰陽合德而剛柔有體，以體天地之撰」的宇宙生成論來詮釋人性稟氣之不同而有才性上的差異。他在〈明膽論〉中以智力和行動力來論人處事能力之不同，謂：「明以陽曜，膽以陰凝。」他認為在處事能力和特色上，稟受陽氣較厚者較具明智的判斷力，可明察世事的所以然之理，稟陰氣較厚重者，較具實踐的意志力，有敢做敢為的膽量，他認為兼具此二種能力的人既有智力也有膽量，是最理想的人格。他舉西漢初年的賈誼為例證，他在〈明道論〉所謂：「二氣存一體，則明能運膽，賈誼是也。賈誼明膽，自足相經（經緯萬端），故能濟事。」莊子既主張萬物生成於陰陽「交通成和」，則〈天運〉特別強調陰陽調和兼備，所謂：「一清一濁，陰陽調和」陰陽兼備共濟於事的觀點，衍生出陰陽之妙用。若缺一則有所偏失，不足以圓融應物處事。〈秋水〉云：「師陰而無陽，其不可行明矣。」若我們將嵇康的〈養生論〉亦視為其寬宏的處事智慧之構成的一部分，則我們得見其吸收了莊子天人相通的形上智慧，他在〈養生論〉中引莊子的論點說：「又守之以一，養之以和；和理日濟，同乎大順。……無為自得，體妙心玄。忘歡而後樂足，遺生而後身存。」[28]自戰國中、晚期發展至西漢《淮南子》的黃老道家，認為「道」是統攝宇宙與人性的本根，天地萬物與人皆具有機的內在同一性，相互間具有機的聯繫。在類比對應的感通原理下，吾人以感悟天地萬物之普遍原理來養生，可類推於為人處世，更可推擴於治國應實現無為自得的生命價值及無為而治的理想政治。其養生與處世之理的核心觀念在妙契道真，「守一」即指回歸天地萬物大本大宗的「道」，人若能因循「道」的運行，則自然能與「道」所化生的萬物和諧

---

[27] 《老子》言「自然」有五處，例如：「道法自然」，《莊子》有八處，《內篇》二，《外篇》、《雜篇》六。

[28] 見《嵇中散集》，崔富章注譯，莊耀郎校閱，臺北：三民書局，1998年，頁181。句中引莊子文本見於《莊子·在宥》：「（廣成子曰）『我守其一，以處其和。……吾形未常衰』」、《莊子·繕性》曰：「夫德，和也；道，理也。德無不容，仁也；道無不理，義也。」

共處，亦即指有道之人能「和理日濟」地實現自我形神關係的和諧，從而與人和而得人樂，與天和而得天樂。雖然，莊子可說是氣化宇宙觀頗有建樹的原創者，他所言「易以道陰陽」的洞見很真切，不過以陰陽為概念範疇所標示之最高形上原理的命題上，有學者認為仍以《易·繫辭上》「一陰一陽之謂道」較高明[29]。

二、嵇康以《易》釋《莊子》的處世智慧

　　嵇康生逢魏晉政治權力消長，鬥爭慘烈，軍政大權轉移至司馬氏集團，這是掌握道德禮法解釋權及專橫作風的豪門士族。他們施展高壓及巧詐的道德禮法之治，藉此工具化的機制制約名士及異己。剛腸嫉惡且又有曹魏女婿身分的嵇康，內心縈繞著深沉的憂愁和被羅織以反名教的罪名，行政治迫害之實。因此，他內心的矛盾和無法抒發的苦悶洋溢在他的詩文中，他在寫給友人郭遐周、郭遐叔兩兄弟[30]三首詩中的第三首詩有言：「詳觀凌世務，屯險多憂虞，施報更相市。……莊周悼靈龜，越搜畏王輿。至人存諸己，隱樸樂玄虛，功名何足殉，乃欲列簡書？」[31]險象環生，令人驚心的多變世道，恩仇糾結，報應不絕，莊子為捲入現實政治是非漩渦而枯竭靈性生命的神龜而傷悼。莊子標示的典範人格「至

---

[29] 陳鼓應《易傳與道家思想》指出：「〈繫辭〉高於《莊子》雖有『《易》以道陰陽』這樣的認識，卻未能從理論上加以進一步地抽象、概括。我認為〈繫辭〉的陰陽說受到了《莊子》非常大的影響，但同時又較《莊子》更提升了一步。」臺北：臺灣商務印書館，2007年，頁114。陳鼓應教授這一評斷很中肯，至於〈繫辭〉的陰陽說既被莊子指為具特色的思想，是否果然受《莊子》的大影響，恐仍需要更深廣的文獻來證成。

[30] 二郭事蹟不詳，據莊萬壽《嵇康研究及年譜》（臺北：臺灣學生書局，1990年，頁178）推斷兩兄弟可能介於與嵇康是師友間的關係，他還推定收錄在《嵇康集》中郭遐周贈嵇康的三首詩、郭遐叔贈嵇康的五首詩是嵇康離開洛陽，避居於河東時所寫。同時，嵇康三首〈答二郭詩〉也作於此時，時值高貴鄉公髦甘露二年（公元二五七年），嵇康三十四歲，另據崔富章注譯、莊耀郎校閱《嵇中散集》認為嵇康答二郭的三首五言詩寫於公元二五八年前後，嵇康被迫「避地河東」二郭兄弟贈詩挽留，嵇康作詩答謝，且認為「全詩充滿憤懣和憂傷的情緒，幻想求老莊為之解脫，執著與超脫的結合，構成了『嵇志清峻』（劉勰《文心雕龍·明詩》）的藝術風格」。見前揭書，頁69。

[31] 同上，頁73。

人」妙契道眞，復歸樸實的大自然而享無憂無慮相較之下，能載入史冊的功名不值得殉身和期待。他另外予阮德如一首五言詩中也有言：「澤雉窮野草，靈龜樂泥蟠。榮名穢人身，高位多災患。未若捐外累，肆志養浩然。」[32]意指在世路險惡多變故，淑世之志難伸且易受黑暗政治的迫害而危及生命的安全，在這種仕途難爲的時局，榮名汙染人的清譽，政治高位反而易招致災禍，在時不可爲，趨吉避凶的前提下，有志之士不如退隱以養浩然之氣。嵇康引用《莊子・養生主》所云，澤雉走十步才啄一次食，走一百步才喝一次水，卻比被囚於籠中感到身心舒適，精神自由自在[33]，失去生命活力的神龜，不如退隱於野有若拖著尾巴神情自若地在泥塗中如意地爬行。他多次的借「莊周悼靈龜」之典故，引喻有志之士視世事之清濁而隨時宜進退，在世局險惡不可強爲及明哲保身以全性保眞的原則下，也應採莊子典範人格不失天性本眞的至人般，所謂：「至人存諸己，隱樸樂玄虛。」

　　莊子生當亂世，看盡人性種種貪執卑下而無智慧的劣行，多少聰明才智之士爲爭求功名利祿而被掌權勢者箝制利用。人性的貪婪制約了精神世界的擴張，由於利欲薰心，導致心靈封閉，見識淺薄而蔽於深遠之識，導致人不自覺地淪於被自己所沉迷的功名利祿所奴役，亦關聯地被提供利誘的掌權勢者所役用。在唯利害是問的功名利祿世界裡，莊子在〈逍遙遊〉中謂這些昧於世情的名利貪求者「中於機辟，死於罔罟」[34]。至於如何引導人們能超塵忘俗，不役於世情而能使精神向上昂揚而得以獨立自主，開闊開放遼闊的心靈境界，享受精神世界富饒的高情雅趣，莊子在〈逍遙遊〉中爲人類的心靈世界開拓出「無何有之鄉，廣莫之野，彷徨乎無爲其側，逍遙乎寢臥其下，不夭斤斧，物無害者，無所可用，安所困苦哉」的虛靜無執，逍遙自在的樂活人生。在《莊子・養生主》所論述的「庖

---

[32] 二郭事蹟不詳，據莊萬壽《嵇康研究及年譜》，頁75。阮德如，名侃，字德如，尉氏（縣名，今河南省中部）人，仕至河內太守，被迫離職返鄉，嵇康爲這位朋友寫下這首詩以示安慰。

[33] 以及《莊子・秋水》所謂在名教政治場合上的爲仕者常受名教制約，宛如供在廟堂的靈龜了無生機與情趣。

[34] 見《莊子集釋》，郭象注，成玄英疏，郭慶藩集釋，臺北：廣文書局，1971年，頁120。

丁解牛」寓言，不僅指出庖丁解牛的靈活手腳「莫不中音；合於桑林之舞」[35]的
藝術美感及形神交養的養生道理，同時也蘊意深刻的提出處世智慧。陳鼓應教授
針對這論題提出了精闢的詮釋，他說：

> 莊子以牛的筋骨盤結比喻處世之繁複，以庖丁在實踐中領悟的宰牛得
> 「因其固然」的道理，啟迪我們處世不能強行妄為，要遵循客觀規律；
> 以庖丁遇到筋骨盤結的難為之處所採取的「怵然為戒」，凝神專注的心
> 態，告誠我們遇到困難，行事更應戒惕、專注；又以庖丁成功後「躊躇
> 滿志」的喜悅和「善刀而藏之」的謹慎，教導我們凡事應內斂，不宜過
> 於張揚。[36]

道家的核心課題在養生以全性保真以及採道化之治以安民，老子道法自然旨在實
踐無為而無不為的政治智慧。莊子主形神論以形神交養的達生、暢通性命情才為
旨要，莊子有鑑於亂世中政治險惡，士人易遭妒害，為明哲保身計，乃將其核
心問題由治國轉向養生及其與人和、天和的美化人生價值。眾所周知《易》乃
憂患之書[37]，《易·繫辭上·三章》云：「辯吉凶者存乎辭。」《易·繫辭下·
二章》曰：「變動以利言，吉凶以情遷，是故愛惡相攻而吉凶生，遠近相取而
悔吝生，情偽相感而利害生。」陰爻與陽爻在卦爻象位（六爻位）間的變易，
在卦爻辭中採「利」或「不利」來指示吉凶判讀及趨吉避凶之途徑。就六十四
卦三百八十四爻爻辭言吉凶的辭義分析，二、五爻吉辭最多，合計佔47.06%，
三爻凶辭最多，上爻次之，三、上爻合計佔62.3%，其中三爻吉辭最少，僅佔
6.5%[38]。可見在《易》書爻辭中凶辭多於吉辭，第三爻所以吉辭最少，凶辭最
多，因為第三爻是處於內卦轉變至外卦的關鍵地位，在「物窮則變」的時機中，

---

[35] 見《莊子集釋》，郭象注，成玄英疏，郭慶藩集釋，頁33。
[36] 陳鼓應《老莊新論》，臺北市：五南圖書出版公司，2006年，頁164。
[37] 《易·繫辭下·七章》：「作易者，其有憂患乎？」
[38] 參見黃沛榮〈周易卦爻辭釋例〉一文，收入其所著《易學乾坤》一書，臺北：大安出版社，1998年，頁147-
148。

常處於進退危疑，前途撲朔迷離的狀況，其轉危爲安的處世態度猶如乾卦九三爻辭所云：「君子終日乾乾，夕惕若，厲無咎。」意指君子此際應時時刻刻提高警覺，甚至到晚上都不能鬆懈戒懼，才能歷險境而避免禍害。在《易》書物窮則變，物生於反的變化法則下，乾卦〈文言傳〉警示人：「亢之爲言也，知進而不知退，知存而不知亡，知得而不知喪。……知進退存亡，而不失其正者，其惟聖人乎。」《易經》的宇宙人生應變智慧是啟發世人進退舉止所不應違背的價值原理，亦即不論人們處在顯處或隱處皆應秉持常理正道來戒懼所可能面臨的禍患，教人洞悉憂患與歷史的經驗和教訓[39]。至於《易》教導人處世的典常性道理，可總結於〈繫辭下·一章〉有言：「變通者，趣（趨）時者也。吉凶者，貞（貞定中道正理）勝者也；……天下之動，貞夫一者也。」陰陽往來的交感和變化是導致人世間吉凶悔吝的原因[40]。吉、凶、悔、吝是卦爻辭斷吉凶的常用語，「吉」指吉祥，「凶」指凶險，「悔」指悔恨，「吝」指憾惜。綜觀《易》書處理危機的智慧有二大法則：（一）爲隨時變通，與時推移的變通法則；（二）爲萬變不離其宗，即恪守中正的價值判準。前一原則與莊子因時處順的原則相貫通，後一原則乃承繼《尙書·洪範》九疇的第五疇亦即「皇極」的大中至正精神。我們考察「皇極」一辭從《爾雅》到漢儒皆解釋爲：「皇者大也，極者中也。」「大中」係《易》「大中以正」的「大中」意義，方東美指出「皇極」或「大中」之象徵意符，含具四義：「(1)九疇〈洪範〉，如箕子所陳，不啻一部神聖之『天啟錄』，饒有宗教意涵。(2)『大中』對實在界建立一大哲學規準與價值準衡。(3)此種存有論及價值觀與中國古代文化配合，逐特顯其道德規範意義，表現於中國生活之各層面。(4)合宗教、哲學與倫理等各層面而綜觀之，『大中』藉旁通交感，正是政治智慧之通體流露，完整表現。」[41]因此，「大中以正」的中正平和之價值理想當屬儒家的核心價值，以孟子觀點言之就是「居仁由義」。我們

---

[39] 《易·繫辭下·八章》曰：「其出入以度，外內（處世的或隱或顯）使知懼。又明於憂患與故，無有師保（古代教導貴族子弟的師長），如臨父母。」

[40] 〈繫辭下·一章〉謂：「吉凶悔吝者，生乎動者也。」

[41] 方東美著，孫智燊譯《中國哲學之精神及其發展》，上冊，臺北市：成鈞出版社，1984年，頁74。

從嵇康詩文的《易》之用典觀之，他兼具《易》書啟示的危機處理這二大法則。
值得再細究者，他在前一法則的汲取上，有融《易》解《莊》以表述其對《易》
哲理的靈活詮釋之深意。他在後一原則的恪守上，呈現出他有離《莊》就《易》
之儒理的特質處，筆者扼要分述於下。

三、嵇康以《易》釋《莊》的為人與治事思想

（一）二人同心貴相知己

　　嵇康在贈別阮德如的五言詩一首中謂：「良時遘（遇）吾子，談慰臭如
蘭。……別易良會難，郢人忽以逝，匠石寢不言，澤雉窮野草，靈龜樂泥蟠。榮
名穢人身，高位多災患。未若捐外累，肆志養浩然。」其中「談慰臭如蘭」取自
《易·繫辭上·八章》：「二人同心，其利斷金；同心之言，其臭如蘭。」意旨
知己之交，心志情理契合，宛若利刃可斷金屬般的俐落爽快。同時，人與知己交
談的言語令人欣喜激賞，宛若聞到蘭草芬芳般地舒暢。嵇康以《易》書這一至理
來詮解《莊子·徐無鬼》的寓言，謂莊子路過辯友惠施墓，有感而言的說從前有
位石灰工人把白泥塗在鼻頭上，請做石匠的友人用斧頭砍掉，石匠如刮風般地順
勢砍去卻不傷到石灰工人的鼻子，石灰工人與之默契十足，面不改色的一直站
著。宋元君聽了這件事情，請來石匠演示，石匠說有默契的對手已逝世，無法再
現此技。莊子喻示惠施死後已無可對辯的辯友了，嵇康以《易》釋《莊》旨在表
明至友阮德如離去，自己也無可以談心論道的對象了[42]。在衰亂世中，有理性和

---

[42] 嵇康在所作四言十九首〈贈秀才入軍〉第十四首詩作中也有言：「郢人逝矣，誰可盡言？」以同樣的心意感嘆
　　與其兄的離別之情。其傷至友之情的典據出自《莊子·徐無鬼》：「莊子送葬，過惠子之墓，顧謂從者曰：
　　『郢人堊慢其鼻端若蠅翼，使匠石斲之。匠石運斤成風，聽而斲之，盡堊而鼻不傷，郢人立不失容，宋元君聞
　　之，召匠石曰：『嘗試為寡人為之。』匠石曰：『臣則嘗能斲之，雖然，臣之質死久矣。』自夫子之死也，吾
　　無以為質矣，吾無與言之矣。』」

德性自覺及操守的人究竟是少數，嵇康潔身自好，不苟同混淆是非的流俗，人生在世也不能孤獨無友，卻也不能失去交友重質不重量的原則。嵇康詩作中「談慰臭如蘭」的用典表明交友貴在交心知心，他還用《易》「二人同心」之寓意詮解莊子郢人與匠石之喻。嵇康對志趣相投合的至友阮德如離去後，在一次與酒友出遊的場合，當下感念這位至友，作〈酒會詩〉一首有云：「酒中念幽人，守故彌終始。」其中「幽人」一詞典出《易·履卦》九二爻辭：「九二，履道坦坦，幽人貞吉。」意旨在險惡的世路上，幽靜恬淡的人以正道潔身自愛可終身保平安。對莊子而言，像這種性情的人是不離天真自然的聖人了，《莊子·漁父》曰：「真在內者，神動於外，是所以貴真也。其用於人理也，事親則慈孝，事君則忠貞，飲酒則歡樂，⋯⋯。故聖人法天貴真，不拘於俗。」、「謹修其身，慎守其真，還以物與人，則無所累矣。」嵇康與其所交的友人皆以「法天貴真」的精誠生命相吸引相聚集。我們可從他的朋友對其間情誼的描述可得證，例如：郭遐周贈嵇康詩三首中第一首有言：「歸我北山阿，逍遙以相伴。同氣自相求。⋯⋯惟余與嵇生，未面分好章。」自謂其與嵇康雖未見面，卻超越了空間的距離而神交不已，其原因在生命氣質的相契合。因此兩人在精神上相呼應而一起遠離政治的是非之地，共享逍遙遊的生活情趣[43]。詩中引《易·乾卦·文言傳》：「同聲相應，同氣相求。」來詮解《莊子·逍遙遊》以消解塵俗的掛礙來實現人生精神自由的境界（遙）。可見在《易》、《老》、《莊》三玄會通的時代，以《易》釋《莊》，或以《莊》釋《易》非獨嵇康一人，而是法天貴真的玄學家們共同的時尚文化。事實上，《易》與《莊》亦有許多共同的語言，例如：《莊子·漁父》有言：「同類相從，同聲相應，故天之理也。」即為一例證。同時，我們從嵇康答二郭的三首詩中亦見他以《莊》釋《易》的精要語，例如：第二首詩作中有「逍遙遊太和」語，「太和」指天地萬物一體和諧之圓融境，「太和」一詞見於《易·乾卦·彖傳》曰：「乾道變化，各正性命，保合太和，乃利貞。」

---

[43] 郭遐周的生平事蹟不詳，從詩作中得知兩人是志氣相投的好友，他自己遠離時政回歸北山之阿，與嵇康避禍於河東頗有生命的同調互應。

此外，嵇康處世爲人寬簡有大量，他不只結交聲氣相通，情性相感的至友，他也能和而不同地結交有某些共同雅興的其他文人，例如：與他先友後叛的呂巽即爲一例。嵇康在〈與呂長悌（呂巽）絕交書〉中說：「雖出處殊途，而歡愛不衰也。」其中用語有典出《易・繫辭下・八章》：「君子之道或出或處。」意指呂巽入朝出仕，而自己選擇退隱，雖然二人在政治立場上相左，但是在其他生命意趣上仍有相投合處，彼此間原有不減的情誼感通之樂。甚至，嵇康的精神世界可超越時空的局限而與志趣相同的古人神交。他在獄中作〈幽憤詩〉自述曰：「託好老莊，賤物貴身，志在守樸，養素全眞。」他在十一首四言詩中，有首詩說：「猗與莊老，棲遲永年，實爲龍化，蕩志浩然。」他頌揚莊子和老子遊息於無執無爲中而得養生的長壽之吉，他藉《易》乾卦表徵無限生命活力的「龍」來詮釋，莊老能與天地共長流，乃係因他們能龍化出充盈浩然的生命氣韻所致。

（二）以《易》乾坤簡易之教詮釋莊子無爲之治的政治智慧

嵇康在〈聲無哀樂論〉一文中以「東野主人」自況論及移風易俗的政治教化的方針應採取乾坤簡易的大自然規律來實踐道家的無爲之治。他說：「古之王者，承天理物，必崇簡易之教，御無爲之治，君靜於上，臣順於下，玄化潛通，天人交泰，……群聲安逸，自求多福，黯然從道，懷忠抱義，而不覺其所以然也。」文中所謂「簡易之教」取典據於《易・繫辭上・一章》所云：「易簡，而天下之理得矣；天下之理得，而成位乎其中矣。」這是《易・繫辭上・一章》，該章在乾坤交感，乾知大始，坤作成物的立基點上申論：「乾以易知，坤以簡能。易則易知，簡則易從。易知則有親，易從則有功。有親則可久，有功則可大。可久則賢人之德，可大則賢人之業。」乾坤是天地之門戶，乾坤交感是乾之健動的創生原理與坤的順成實現原理，相互協調，和諧感通，合作無間地化生萬物，生生不息地成就萬物燦然大備，生氣蓬勃，氣韻萬千的廣大而和諧之生命氣象。乾坤剛健互動不息的創生萬物作用，易被賢知的人獲致親切的感悟之知。坤陰厚載萬物而順成萬物的功能對賢能的人而言簡約易遵從。因此，兼具賢知與

賢能的賢人，知行合一地實踐易簡天下之理，持之以恆的可久可大，自然能逐步成就安治天下百姓的德業。《易・繫辭上・五章》衍生其深層涵義謂：「盛德大業至矣哉！富有之謂大業，日新之謂盛德。」質言之，為政之道的形上智慧在於體察和配合大自然中乾健坤順的簡易原理，「變動配四時」貫徹「易簡之善配至德」**44**。嵇康所用「天人交泰」的辭源及理想亦出自《易・繫辭下・十章》所云：「《易》之為書也。廣大悉備。有天道焉，有人道焉，有地道焉。兼三才而兩之，故六。六者非它也，三才之道也。」「三才」指天、地、人相互聯繫，交感互通的三才之道，《易・繫辭上・二章》亦有言：「六爻之動，三極之道也。」意指在六畫卦中陰爻與陽爻在六爻爻位上的互為消長變動，涵攝著天、地、人三才之道的律動常理，此外，六十四卦中的泰卦〈大象傳〉謂：「天地交，泰；后以財成天地之道，輔相天地之宜，以左右民。」顯而易見的蘊涵推天道（以天統地的天地之道，亦可簡稱天道）以明人事的天人一本，天人相涵，相輔相成的機體論，亦即天人有機地縱貫橫攝的旁通統貫式形上學。

　　嵇康在其〈答釋難宅無吉凶攝生論〉一文中有段話用典於《易》頗繁密，他說：「故古人仰準陰陽，俯協剛柔，中識物理，使三才相善，同會於大通，所以窮理而盡物宜也。夫『同聲相應，同氣相求』，自然之分也。」他以《易》理會通《莊子》「道通為一」之理，「使三才相善，同會於大通」可說是藉《易》理闡《莊》理，《莊子》在〈大宗師〉謂：「天與人不相勝也。」**45**不僅如此，天人之間在機體宇宙論的視域下相類且相通，〈齊物論〉謂「道通為一」、〈知北遊〉曰「通天下一氣耳」、〈大宗師〉云「遊乎天地之一氣」。嵇康在以《易》三才之道貫通莊子大通之道**46**的詮釋進路下，主張理想的政治應該以「崇簡易之

---

44 《易・繫辭上・六章》曰：「夫乾，其靜也專，其動也直，是以大生焉。夫坤，其靜也翕，其動也闢，是以廣生焉。廣大配天地，變通配四時，陰陽之義配日月，易簡之善配至德。」這章章旨係在前章第五章所云「一陰一陽之謂道，繼之者善也，成之者性也。仁者見之謂之仁，知者見之謂之知」的易學形上總原理的基礎上，進一步地以乾之動靜為萬物得以大生的原理，坤之翕闢萬物得以廣生的所以然之理，解釋天地交感，四時變通，萬物生生相續的易簡至善之形上至高屬性。嵇康在《易傳》乾坤義易簡的生成原理之理脈下寄託理想政治於古代之君，主張順成天道來治理萬事萬物。

45 見《莊子集釋》，郭象注，成玄英疏，郭慶藩集釋，臺北：廣文書局，1971年，頁65。

46 「大通」一辭出於《莊子・大宗師》：「離形去智，同於大通，此謂坐忘。」「大通」指「道」。

教」來「御無爲之治」。無爲之治是老莊政治智慧的核心理論，莊子〈應帝王〉可說是莊子在政治上主張因應自然之理以順應人民性向所趨的帝王道化政治說，文中提出一核心命題：「無爲名尸，無爲謀府；無爲事任，無爲知主。」[47]扼要言之，莊子勸戒爲政者在施政時勿貪名、不用心術、不要耍巧智謀略，應順應天理民意，行不干涉人民生活的不爲之爲，不治之治。莊子在〈逍遙遊〉曰：「至人無己，神人無功，聖人無名。」[48]是爲政者行無爲之治應有的心靈修養和心態。莊子在文中針對當權者的痴心妄爲之病提出深刻的無爲建言：「汝遊心於淡，合氣於漠，順物自然而無容私焉，而天下治矣。」淡定之心，消解成見私心，因循事物的自然本性，則萬物適得其所、各遂其性，和諧並育而各遂其生，令百姓享大治而渾然不知。

四、嵇康論《易》與《莊子》之處世態度異同

　　魏晉玄學家多兼綜儒、道，且以道家形上學爲主軸，以儒學之人倫道德，家國天下觀念爲現實生活的關注對象。嵇康也不例外，他在〈與山巨源絕交書〉中雖自述：「老子、莊周，吾之師也。」卻也在文中謂：「仲尼兼愛，不羞執鞭；子文無欲卿相，而三登令尹，是乃君子思濟物之意也。所謂達則兼善而不渝，窮則自得而無悶。」可見他心中也懷抱經世濟民，兼善天下的儒家淑世之志，只是遭時不遇，乃生有志未伸之憾。他還曾經在當時洛陽太學「寫《石經》古文」[49]，歷代儒家學者推尊爲群經之首。《朱子語類》謂：「《易》只是卜筮

---

[47] 見《莊子集釋》，郭象注，成玄英疏，郭慶藩集釋，臺北：廣文書局，1971年，頁82-83。
[48] 見《莊子集釋》，郭象注，成玄英疏，郭慶藩集釋，臺北：廣文書局，1971年，頁7。
[49] 《世說新語·言語》注引嵇紹〈趙至傳〉；又見《晉書·文苑傳趙至》載述嵇康風器非常，在大學中自然有其廣大的影響力，當他被誣陷入獄後竟有「太學生三千上書，請以爲師」(《世說新語·雅量》)，足證他對儒生有非凡的精神感召力。

之書，古者則藏於太史、太卜，以占吉凶，亦未有許多說話。及孔子始取而敷繹爲〈文言〉、〈雜卦〉、〈彖〉、〈象〉之類，乃說出道理來。」由「經」與「傳」所結合成的《易》雖可用於卜筮卻又不限於卜筮，內容十分豐富，涉及自然法則、人倫道德、政治社會管理哲學。但是，「以卜筮者尙其占」仍是《易》書所標示的四項聖人之道的一項[50]，卜筮在商周以致春秋時代，是貴族階層乃至平民社會藉以解決疑難，預知未來的宗教性儀式。《易・繫辭下・十二章》曰：「吉事有祥，……占事知來，……人謀鬼謀，百姓與能。八卦以象告，爻彖以情言，剛柔雜居，而吉凶可見矣。」三代文化有祖靈崇拜的宗教信仰，認爲在超越界祖先的位格靈性對子孫有消災賜福的神祕力量，一般百姓可藉占卜與祖靈神交來獲致對未來吉凶的預測。高亨所指出筮辭三種書寫特色之一就是常用比喻法來指示人世之吉凶，對事物具形象性的描述生動活潑[51]。

　　莊子以寓言式的故事敘述不採信人有預卜吉凶的能力，例如：〈應帝王〉載曰：「鄭有神巫曰季咸，知人之死生存亡，禍福壽夭，期以歲月旬日，若神。」[52]列子爲之著迷且告知壺子，還安排神巫季咸看壺子的命相，結果看了四次，季咸即落荒而逃。壺子解釋其中原因說：「吾與之虛而委蛇，不知其誰何，因以爲弟靡，因以爲波流，故逃也。」莊子藉這則寓言表明大化流行，大化所生就的一切亦隨順之而變化無窮，人應以虛靜態度歸眞返樸，他不相信有超自然的神祕力量可預知吉凶，甚至能扭轉大自然運化的規律。

　　嵇康肯定《易》卜筮占吉凶的參考價值，他著〈卜疑〉一文即爲一例，在面對險惡的世事，他依違在仕與隱的抉擇之間，困心衡慮未能解開內心的矛盾掙扎。文中他自擬爲一位具忠信誠篤的儒者身分，宏達先生處在「大道既隱」的政治黑暗，禍害連連的時代處境中，究竟當挺身而出承擔儒者不可逃避的時代責任，或知其不可爲而明哲保身以俟時？他向太史貞父求卜，提出二十八個矛盾難

---

[50] 《易・繫辭上・十章》曰：「《易》有聖人之道四焉：以言者尙其辭，以動者尙其變，以制器者尙其象，以卜筮者尙其占。」

[51] 見高亨《周易古經通說》，臺北：洪氏出版社，1977年，頁96-97。

[52] 見《莊子集釋》，郭象注，成玄英疏，郭慶藩集釋，臺北：廣文書局，1971年，頁80。

決的個人問題，藉以抒發內心之矛盾不安。

　　嵇康深信《易・繫辭上・十章》「以卜筮者尙其占」有其所以然的宇宙大化之奧理。他說：「乾坤有六子，支幹有剛柔；統以陰陽，錯以五行；故吉凶可得，而時日是其所由，故古人順之焉。」[53]乾坤交感派生八卦中的其餘六卦，天干地支有其陰陽剛柔之理，再配合五行相生相剋之理，故吉凶可得，擇吉日是卜知吉凶的法式。因此，古人依循測吉日的文化，旨在德合天地，動順自然之變化，嵇康在該文中自謂：「今不辭同有鬼，但不偏守一區，明所當然，使人鬼同謀，幽明並濟，亦所以求衷，所以爲異耳。」[54]嵇康接受《易》人鬼同謀占吉趨凶的文化傳統，這是其來已久的中正論調，《易・繫辭上・四章》云：「樂天知命，故不憂。」蓋《易》理統攝天地萬物生成變化之理。嵇康有鑑於此，深信避禍趨福，都應循《易》理而動，不可妄求，他還在該文中說：「世無自理之道，法無獨善之術，『苟非其人，道不虛行』。」[55]問未來的傳統文化得自有專精的賢智者研探闡述，占卜吉凶的道術不是憑空而行[56]。若以占卜陽宅的吉凶爲事例，嵇康認爲宅有吉凶的所以然之理，這是不可懷疑的。但是吉宅是致福的必要條件而並非已滿足了必要而充分的條件了，他指出：「不謂吉宅，能獨成福，但謂君子既有賢才，又卜其居，順履積德，乃享元吉。猶夫良農，既懷善藝，又擇沃土，復加耘耔，乃有盈倉之報耳。」卜出吉宅，若要實現福報，還得有賴居住者的賢才和步步實踐積善累德的配合才有可能享大吉大利，這是需要主客觀兩方條件的相互依存，這種道理，就像是優秀的農夫，本身要具備完善的農藝技能，再選擇肥沃的土地，且勤於除草培土，才有豐收的吉報。在主客觀條件相須兼備之理下，嵇康說：「吾怯於專斷，進不敢定禍福於卜相，退不敢謂家無吉凶也。」意指他既不能獨斷說實然的禍福全決定在卜相，也不敢武斷的判定住宅的

---

[53] 《嵇中散集・答釋難宅無吉凶攝生論》。

[54] 嚴可均輯《全三國文》，卷五十一，〈答張遼叔釋難宅無吉凶攝生論〉。

[55] 嚴可均輯《全三國文》，卷五十，〈難張遼叔宅無吉凶攝生論〉。

[56] 「苟非其人，道不虛行。」典故出於《易・繫辭下・八章》，意指若無篤信且深究《易》理的先聖先賢，則《易》的精微之道不可能憑空產生，嵇康認爲神祇吉凶之道不出於凡人而出於超人智慧的聖賢。

風水無吉凶之理。若以我們現代的知識水平來看風水這一問題，可理解處在於採取生態環境學的視角，可認知和判別居住環境的陽光是否充足，空氣是否流通新鮮，水質是否純潔，土壤是否乾淨而無害人體健康的不良元素，至於有否神靈的因素？這已不是哲學所能處理的問題，而是宗教信仰的問題了。重點是吉宅能否致福，不能只靠風水好，還得居住者人品好，工作勤奮肯上進，這是現代人也不能否認的客觀道理。嵇康在這方面頗能接受坤卦〈文言傳〉所說：「積善之家，必有餘慶；積不善之家，必有餘殃。臣弒其君，子弒其父，非一朝一夕之故，其所由來者漸矣，由辯之不早辯也。《易》曰：『履霜，堅冰至。』蓋言順也。」這是道德的因果法則、人在命運趨向的吉凶中所含之人文因素，和大自然的因果法則，嵇康在其〈答釋難宅無吉凶攝生論〉一文中說古人何言「積善之家，必有餘慶」、「履信思順，自天祐之」[57]。對嵇康而言，《易》書縱使為人占得吉卦吉辭，但是在實然的客觀世界中，能否避禍得福報，仍得端視人在主觀的自身條件上能否敦品勵德、積善累德、「履信思順」地履行誠信，順行正道中道。他在〈答難養生論〉中雖肯認養生有五難[58]，但是他說：「五者無於胸中，則信順日濟，玄德日全；不祈喜而有福，不求壽而自延；此養生大理之都所也。」[59]

　　他在趨吉避凶的處世智慧上吸取了不少《易》書生於憂患之世的智慧名言。例如他在〈答難養生論〉一文中說：「且君子『出其言善，則千里之外應之』[60]。豈在於多欲以貴得哉？奉法循理，不絓世網，以無罪自尊，以不仕為逸。」他在積善德得福報的人生世用之座右銘中頗重視善於言語，他在告誡子女應如何做人的〈家誡〉一文中特別叮嚀著說：「夫言語，君子之機，機動物應，則是非之形著矣，故不可不慎。」[61]其引用典據，出於《易·繫辭上·八章》：

---

[57] 此句典出《易·繫辭上·十二章》：「《易》曰：『天自祐之，吉無不利。』子曰：『祐者，助也。天之所助者，順也；人之所助者，信也。』履信思乎順，又以尚賢也，是云：『自天祐之，吉無不利』也。」「自天祐之，吉無不利」係大有卦上九爻辭。

[58] 五難分別指名利不滅、喜怒不除、聲色不去、滋味不絕與神虛精散。

[59] 嚴可均輯《全三國文》，卷四十八，〈答向子期難養生論〉。「信順日濟」出於《易·繫辭上·十二章》。儒家深信仁者壽，積善累德可以獲得福報，嵇康可說是深信不疑的。

[60] 語出《易·繫辭上·八章》。

[61] 《嵇中散集·家誡》。

「言行，君子之樞機，樞機之發，榮辱之主也。」告誡人在立身處世上要深刻認識到禍從口出的危險，言語是君子與人應酬之樞機，招致是非禍福的關鍵，必須時時刻刻謹言慎行以明哲保身。嵇康在這些方面較曠達超俗、齊是非榮辱的莊子顯得世故和腳踏實地的務實。這是嵇康有得於《易》之儒理而有別於莊子玄理處。

　　嵇康著作中散布了不少《易》、《莊》的思想亮點，他對《易》、《莊》的研讀態度並非沿襲傳統經學家章句訓詁，名物考證的學究性格路數。他係針對他切身的歷史際遇，政情險惡，個人有蒙受政治迫害之可能的疑慮和恐懼，衍生出如何在出處進退中能趨吉避凶的問題意識為出發點。因此，他立基在險難的政局與難測的世局中，依他實存性的體驗和感受來活讀《易》、《莊》資以自我理解而照明他當下存在的情境，進而汲取兩書中可啟迪他居安思危以及由危轉安的生命智慧來利用安身，他將《易》、《莊》形上學的天道論兼融並攝，相資為用，不但洞悉《易》「一陰一陽之謂道」的客觀律動規律，且融入莊子「與天地精神相往來」，冥契主客，臻於情景合一，遊心太默的道化玄境，逍遙於太和的《易》、《莊》交融於與人和、物和、天和的和諧極境。雖然，他兼綜《易》、《莊》對在衰亂世局中如何進退應對，互攝融貫了兩書許多精闢的明哲保身之人生處世智慧。但是他善於獨立思考，厚積而顯發高智，他不全然因循舊說，而有切合時宜之用的新穎、活潑、睿識的思致。他雖有以《莊》釋《易》之言，卻不因此而被限制，他仍肯定《易》所言聖人之道四項中的以卜筮尚其吉凶之占。同時，他深信《易》書所言「履信思順，自天祐之」的人文信仰，他肯認《易》書中教人積善累德的勸世良言。此外，他有別於莊子的齊物忘俗，他在現實的處世態度上，仍採信儒家奉法循理，不繫世網，以及《易》告誡人面對危疑進取之境應有戒慎恐懼之心，如臨深淵，如履薄冰，他還特別在〈家誡〉一文中以〈繫辭上〉：「言行，君子之樞機，樞機之發，榮辱之主也。」警示其家人，這是他在處世智慧上較莊子世故踏實處。

第十章　生死的安頓智慧

第一節　析論阮籍的生死價值觀

　　現代生死學是哲學界所關注的熱點主題之一，其探索包括生命存在的三大向度。那就是：一、終極觀照的超越向度，例如：追求真、善、美、聖的四大不朽的超越價值。二、死亡觀照下的死亡向度，例如：死亡的意義及其尊嚴。三、愛欲向度，亦即在生命觀照下如何抉擇及實現存在的意義和生命崇高的價值。對一切生靈而言，有生命就有死亡，生命預設了存在的大限——死亡，這是天地間的恆律。「生」與「死」既然相連，則生與死的意義也是相互發明的。換言之，當我們了解了活著的意義，便可理解到死亡的尊嚴和價值，反之亦然，當我們了解了死亡的尊嚴和價值，也就感悟了生命的深層意義所在。生死的價值觀是透過「生」與「死」雙向理解和生死一體之整全性觀照的。

　　阮籍生逢魏晉交替之際，在這個兩大集團政治惡鬥的歷程和漩渦裡，個人所選擇的生命價值觀及對死亡的態度，並非全操之於主觀意識的。還得顧及歷史大環境的際遇和政局的情勢與風潮。漢代四百年尊經尊孔的儒化歷程，塑造了漢人重視名教與氣節，以及信奉《左傳》所謂立德、立功、立言的三不朽生命價值觀。阮籍在時代人文價值的浸潤下，其青少年時代頗有儒家外王經世功業的豪情壯志。然而，遭時不遇的阮籍在其所寄寓的時代大環境裡，既不滿意曹魏皇室末年的昏庸腐敗，更不齒於假名教之治來剷除異己，陰謀奪權篡位的司馬氏集團。那麼，素有儒家淑世之志的阮籍，在面對歷史命運的局限下，儒志難伸，他何以轉折至道家、道教的生死價值觀呢？他的著作中不論專文或詩作皆儒、道兼容，甚至互雜不清。儒、道思想有可相容互補之處，然而，兩者的生死價值觀亦有不相容的可切割處。儒道兼綜的阮籍如何出入、調適其間呢？當他由儒轉向道時，他所憧憬的道家、道教式的宇宙觀和人生觀在其著作中隨處可見，但是他是否真能悟修雙行，道化生命而將莊子真人、至人、神人的精神世界滲透到他生命人格的底層呢？本節試由塑造阮籍人格生命與志向的青少年時期、阮籍生命前期儒家的宇宙觀、儒家宇宙觀視域的人生至高價值理想、對道家宇宙觀及人生境界的轉向及對阮籍生死價值觀的總結等面向，來論述此一主題。

一、塑造其人格生命與志向的青少年期

　　阮瑀的才情及其在文學上的成就和家風是形塑阮籍人格和生命情調的重要成素。據史載阮籍「幼有奇才異質，八歲能屬文」[1]，阮籍三歲喪父，事母孝謹，在青少年時期，深受家庭和時代風氣的影響，不但習詩書，精音律，修養品德且喜愛練劍術，蓋建安詩人，特別是曹操父子等人在經歷政治社會的劇變後，思想較為解放，文人的個性、才華，得以自由舒展。建安詩文呈現出「慷慨任氣」的時代精神特色，後世稱為「建安風骨」。曹操的〈短歌行〉雖慨言：「對酒當歌，人生幾何？比如朝露，去日苦多。」卻以不忍天下蒼生悲苦的人文情懷在〈秋胡行〉之二四：「不戚年往，憂世不治。」更在〈龜雖壽〉一詩中留下千古傳誦的豪壯語，所謂：「老驥伏櫪，志在千里；烈士暮年，壯心不已。」阮藉的青少年期處在曹魏政權相對穩定且有些建樹的歷史際遇，因此，建安時期「慷慨任氣」的風骨，儒家安邦定國的外王精神和英雄崇拜的時代風尚，塑造出阮籍早年儒家的人生觀和建功立業以求三不朽的最高抱負理想。

　　在阮籍五言八十二首〈詠懷詩〉中的第十五首曾自述：「昔年十四、五，志尚好《詩》、《書》。被褐（穿粗布衣服）懷珠玉（喻心懷傑出的才能），顏、閔相與期。」[2]表達出他年少時治儒學經典，以安貧樂道，人品出眾的孔子名徒顏回和閔子騫為自己的模範人物。《晉書・阮籍傳》描述他說：「籍容貌懷傑，志氣宏放，傲然獨得，任性不羈，而喜怒不形於色。或閉戶視書，累月不出；或登臨山水，經日忘歸。博覽群籍，尤好老莊。嗜酒、能嘯、善彈琴。當其得意，忽忘形骸。時人多謂之痴。」[3]我們對照這二段引文，不禁產生一問題意識，何以青少年時期的阮籍好讀儒典《詩》、《書》且以顏淵的人品自許，為何《晉書・阮籍傳》又說他「尤好老莊」、「當其得意，忽忘形骸」呢？其關鍵在正始

---

[1]　《太平御覽》引《魏世春秋》。
[2]　林家驪注釋，簡宗梧、李清筠校閱《新譯阮籍詩文集》，臺北：三民書局，2001年，頁276。
[3]　房玄齡《晉書・阮籍傳》，北京：中華出版社，1987年，頁1360。

十年（公元二四九年），年已四十歲的阮籍不幸遇到腥風血雨的政治大風暴而使他遭時不遇，不但不能一展儒家外王宿願，且得在政治禍害籠罩的低氣壓下，不得不委曲的苟全性命於亂世，這也就使得他對生死價值觀有了重大的轉折。蓋這一年，司馬懿趁曹芳與曹爽祭掃高平陵（魏明帝墓）之機，發動政變，控制洛陽，誅殺曹爽兄弟、何晏等八大權力核心人物的三族，所羅織的罪名是「大逆不道」的儒家名教帽子。阮籍不但與曹魏宗室有父執輩的關係，且是司馬懿極力籠絡擬加以利用的文人對象。在惡勢力盯上他後，他在生死價值觀上有劇烈的轉向，亦即傾向於道家明哲保身、逍遙世外的精神價值世界。中國哲學的生死觀，常不離宇宙與人生有機聯繫的視域下來本天道立人極。因此，我們可將阮籍的生死價值觀分為兩期，前期為三十六歲之前的儒家生死價值觀，後期為三十六歲之後的道家及道教的生死價值觀。

二、立基於儒家宇宙觀的人生價值觀

《易》所表述的人文價值旨在圍繞著人對生命的尊重、珍愛與生命內在價值盡善盡美之圓滿實現上。作《易》者在對生命無以倫比的價值意識下，透過天地生化不息的歷程現象，超越地肯認天地有好生之大德。同時，《易》崇信人的靈性生命乃是繼天道生物之善而稟受天道生生不息的元、亨、利、貞四大端德，內化為乾卦〈文言傳〉所深信人與生內俱與天道四大端德相對應和貫通的仁、義、禮、智四大德性。《易‧繫辭上‧七章》云：「成性存存，道義之門。」乾卦〈象傳〉曰：「乾道變化，各正性命，保合太和以利貞。」是整個《易》哲學的核心價值原理。《易‧序卦傳下》有云：「有天地，然後有萬物；有萬物，然後有男女；有男女，然後有夫婦；有夫婦，然後有父子；有父子，然後有君臣；有君臣，然後有上下；有上下，然後禮義有所錯。」由這一宇宙萬物的生成論，啟發指點天人同根，天人不二，人的生命之至上價值也就在以人的靈性生命深刻體

悟天地有生生不息的仁德，崇日新的盛德，開富有的圓成一切生靈價值之大業，贊天地之化育且能以人文化成天下。阮籍深契《易》崇德廣業，以人文化成天下的天人合德之價值哲學。他著〈通易論〉係立基於家、國、天下聯屬為一身，承繼天地萬物生命的不息之火，以及歷史文化之綿延不斷的香火，善繼一己對群際倫理之責任意識和使命感。他在文中將群際倫理的實踐落在政治、社會、經濟和教化等公共議題上。文中，他雜揉《易傳》的講法，將相仍貫的六十四卦的歷程關係視為象徵宇宙整體衍化的歷程，在人與宇宙有機地聯繫為一不可分割的共生體視域下，他剖析各卦卦義以類比義連結到人世盛衰、君臣法制以及治亂之理。他強調人的智能可理解自然與人文社會的變化之道，他特別指出乾坤交感的和諧之理，是天地萬物和諧並育之理。奠基於普遍合理性的和諧性才是宇宙與人生、人類社群生生不息的永續至理。因此，天人和諧、人我和諧、形神和諧是維持社會秩序和永續發展的核心原理。他在文中標舉「順天應人」、「剛柔分，適得中，節之以制，其道不窮」，為天人合德，撥亂返正以安頓群體生命而共存共融的普遍原理及實現人生命最高意義和價值目標所在。

阮籍的〈樂論〉與〈通易論〉在論述本天道行政治教化以建立和諧的社會秩序，實現和睦和諧的太平世之崇高理想，前後呼應，宗旨一貫。他在〈樂論〉中肯定刑、教、禮、樂在維持社會秩序、安定人心上具有相需互補的整體運作功能。他說：「刑教一體，禮樂外內也。刑弛則教不獨行，禮廢則樂無所立。樂廢則禮無所成。尊卑有分，上下有等，謂之禮；人安其生，情意無哀，謂之樂。」刑罰與強制性的教育側重於外鑠與威嚇性的手段。禮樂旨在啟迪人心，培養道德自覺，在潛移默化中陶冶人格，變化國民氣質。他說：「禮定其象，樂平其心；禮治其外，樂化其內。禮樂正而天下平。」意指禮別異，樂合同，禮制規約了人的社會屬性，也樹立了合乎社會身分的行為規範。音樂旨在疏通人內心的情感生活，陶冶出人優美真誠的情感體驗。禮規範端正人的社會行為，樂融洽人的內心情感。因此，禮樂交互運行，互動互補，相得益彰，促成整體社會生活的和諧而有序，所謂「禮樂正而天下平」的人文化社會。阮籍在樂教的社群功能上，特別強調「心氣和洽，則風俗齊一」，他重視音樂純化人心，和諧人際情感的無形價

值，論證了「故移風易俗，莫善於樂也」。總而言之，他在儒家《易》哲學的沉潛下，大其心以體天下，把人的生命意義落實在家齊、國治、天下平的社群生活之價值上，亦即以能夠實現公共善爲活出人文生命的究極意義和最高價值所在。

三、儒家理想的落空與轉折於道家道教的宇宙觀及人生境界

　　青少年時期的阮籍品學兼優，頗有爲國建功立業的儒家淑世豪情。其心志由其所作兩首詩可佐證。其〈詠懷詩〉三十八首有云：「彎弓掛扶桑（神話中的樹名），長劍倚天外（九天之外）。泰山咸砥礪，黃河爲裳帶[4]。視彼莊周子，榮枯何足賴？捐身棄中野，烏鳶作患害。豈若雄傑士，功名從此大！」據《晉書‧阮籍傳》所載，阮籍曾作〈豪傑詩〉，這首詩可能就是其中的一首，詩中引《莊子‧列禦寇》莊子對自己死後的安葬看法，他認爲達觀的莊子雖齊生死、榮辱爲一，不以窮達爲念，但是屍身畢竟不免爲烏鴉和老鷹所食。他對比莊子與獻身沙場以保家衛國的「雄傑士，以雄傑士」的壯志豪情，縱使戰死在戰場，其所立功名猶能名垂青史，其生命的意義與死亡的尊嚴和精神價值，非莊子只是安頓個人生命的哲思所能比的。阮籍這首勵志詩，充分表達了他爲歷史、國家、蒼生善盡一己責任以垂典範人格於後世的儒家外王功業之人生理想，他在〈詠懷詩〉三十九首再度申述其儒家捨生取義的人生最高價值觀。該詩云：「壯士何慷慨，志欲威八荒。……臨難不顧生，身死魂飛揚，豈爲全軀士？效命爭戰場。忠爲百世榮，義使今名彰，垂聲謝後世，氣節故有常。」其詩情洋溢出慷慨激昂、捨己爲群的壯烈自強之志，辭意豪壯，彰顯建安文學的風骨與氣概。然而，令人不禁質疑的問題是以詩剖明「欲威八荒」的阮籍，既懷抱英雄崇拜的蓋世豪氣，

---

[4] 此二句典出《史記‧高祖功臣侯者表》：「使河如帶，泰山若厲。國以永寧，爰及苗裔。」磨刀石中，以粗者稱礪，細者名砥。

且睥睨莊子的生死觀無雄渾壯闊的氣勢，何以又作〈達莊論〉及崇尚道家道教超脫塵網、臻於逍遙自在的神仙日子呢？其人生志趣的變調和轉折當有一人力所未逮的歷史命運和逆流所使然。阮籍的生活世界裡確實遭逢了這一巨變，可說致命的挫折了他的儒家生死觀。回溯史實，魏明帝在病危時授命曹爽與司馬懿共同輔佐年僅八歲的少主曹芳。明帝死，曹芳改年號為正始，啟動了曹爽及司馬懿兩大政治強權團體，險惡的權力鬥爭。曹爽強勢的獨攬大權後「多樹親黨，屢改制度」**5**，浮誇且奢靡的曹爽所收羅的不是浮華之士，便是平庸之才。據《三國志・魏書・諸夏侯曹傳》記載：曹爽不避嫌地重任諸弟要職，出入宮庭的排場「貴寵榮盛」，所羅致的何晏、鄧揚、李勝、丁謐、畢軌等人「明帝以其浮華，皆抑黜之；及爽秉政，乃復進敘，任為腹心」。這一政治特權集團驕淫盈溢、作威作福，令人髮指，所採政策失誤連連。司馬懿係一「內忌而外寬，猜忌多權變」**6**的權謀家，也是繼曹操後唯一足以與蜀國諸葛亮對抗的文武兼備人才。但是司馬懿父子長期密謀奪權篡位，終於醞釀出一成熟的機會。正始十年（公元二四九年）正月，曹爽兄弟護隨魏少帝曹芳出洛陽城至高平陵（明帝陵墓）掃墓。司馬懿父子乘虛而入占領所有重要之地，上奏列述曹爽敗亂國典等種種罪名。曹爽及其黨羽在被這次突擊下全被夷滅三族，這是史上著名的「高平陵之變」，又稱「典午之變」**7**。

　　阮籍對曹爽集團背離曹操建安時代的慷慨任氣之積極進取精神感到不齒，其追求儒家經世功業的熱忱被險惡的政治形勢不斷冷卻。另一方面，他對司馬氏集團以腥風血雨的誅三族手段殘殺異己感到心寒和憂懼。《莊子・齊物論》謂：「道通為一」，萬物生與死的軌跡應順從自然法則運行之規律。然而，阮籍所處的時代，權力鬥爭下的同類相殘尤甚於其他非理性的動物，阮籍在天下名士多受政治迫害下，對死亡的威脅頗有「望秋先零，未多已萎」之悲嘆。彼時司馬氏篡

5　《晉書・帝紀第一》。
6　《晉書・帝紀第一》。
7　「典」寓「司」字，「午」寓「馬」字，「典午」即為「司馬」。

權奪位之舉得不到大多數知識分子的支持，於是，百般容忍阮籍虛應故事的回應
其召辟，司馬昭甚至替其長子司馬炎（以後的晉武帝）求聯姻於阮籍之女，藉以
吸納阮籍為其集團的重要成員。阮籍究竟還有儒家的氣節，也熟知歷史上的外戚
終無好下場，不得已乃採酣醉六十日的酒遁法來婉拒和避禍。他也擬以酒遁拒
絕為司馬氏集團撰支持篡權位的〈觀進文〉失敗，而帶著酒意被人挾持，被迫揮
毫，不改一字，不得不表態擁護司馬昭的篡權行為。他是內心不甘，虛與委蛇地
屈服於司馬氏集團，他雖然在其〈達莊論〉一文中說：「恬於生而靜於死。」表
面上似乎置生死於度外，但是其內心是充滿著焦慮和無比的恐懼。他在死亡威脅
下不敢公然向司馬氏集團挑戰和決裂。他在〈詠懷詩〉集子中有許多折射其內心
的「憂生之嗟」。這也是阮籍在深陷無盡的憂愁與哀傷中，擬轉向道家道教不與
世事的超塵脫俗，以苟全身家性命和消解憂煩於亂世來重構其生死觀。

　　今取其數則〈詠懷詩〉為佐證，在其五言八十二首中的第一首云：「夜中
不能寐，起坐彈鳴琴。薄帷鑒明月，請風吹我襟。孤鴻號外野，翔鳥鳴北林。
徘徊將何見，憂思獨傷心。」其內心憂懼之深情，深夜難眠，以起床彈琴來抒發
心中的苦悶和憂思之情；頗有唐代李白「對案不能食，拔劍倚柱心茫然」的人
生況味。阮籍在詩中猶明哲保身的不指出其所憂的具體事情，只描述其「徘徊將
何見，憂思獨傷心」的痛苦深淵。詩中刻畫了情景交融，感喟獨發的景象，令人
讀之耐人尋味。南朝劉宋詩人顏延年曾說：「阮籍在晉之代，常慮禍患，故發此
詠耳。」（《文選》李善注引）〈詠懷詩〉雖以至慎心態用辭隱晦曲折，我們若
知人論世地將阮籍置於其歷史際遇，心路曲折及其難言的苦衷，仍可同情的感悟
到他身陷殘酷險峻的處境中，心中滿載了種種苦悶、徬徨、憂懼和焦慮不安之心
緒。又如第五首：「東園桃與李。秋風吹飛藋，零落從此始。繁華有憔悴，堂上
生荊杞……一身不自保，何況戀妻子，凝霜被野草，歲暮亦云已。」末四句自述
自家性命難保，無所眷戀，乃以霜打野草來描述自身的危殆處境，該詩充滿悲觀
心情與對性命可能消亡的憂懼。他深沉的憂生之嗟及強烈的解脫塵世苦難之心
願，也刻畫在筆者所選擇的他二首詩作中。其一為〈詠懷詩〉五言八十二首之第
三十三：「一日復一夕，一夕復一朝，顏色改平常，精神自損消。胸中懷湯火，

變化故相招。萬事無窮極，知謀苦不饒。但恐須臾間，魂氣隨風飄。終身履薄冰，誰知我心焦。」第二十三首係遊仙詩，謂：「東南有射山，汾水出其陽。六龍服氣輿，雲蓋切天綱。仙者四、五人，逍遙晏蘭房。寢息一純和，呼噏成露霜。沐浴丹淵中，炤耀日月光。豈安通靈臺，游澣去高翔。」《莊子‧逍遙遊》中對藐姑射山居住的神人有神話般的描繪，阮籍更是發揮其想像美化之能事，生動地刻畫出神仙們寧靜祥和，逍遙自在的幸福生活，釋放出極度羨慕嚮往的神情。這是他在險惡黑暗的政治局勢感到澈底失望後，自我調適理想與現實矛盾的落差，企仙求隱，避世求現世痛苦的解脫，精神解放之內心吶喊。《莊子‧逍遙遊》中對藐姑射山神人的精神世界，樹立了超脫流俗之「無功、無名、無己」的寧靜生活，無憂無慮的真善美境界。阮籍借莊子〈逍遙遊〉的理想世界為藍本，寄言出意的改造成自己所憧憬的道教神仙世界。

他針對其〈大人先生傳〉所批判的「君立而虐興，臣設而賊生」的現實世界，思極力掙脫而營造出無政治、社會機制的質樸淳厚之「至德之世」。「至德之世」原是莊子齊榮辱、貴賤、尊卑、無名教機心的人間淨土，在其所憧憬的理想國中人人皆相互尊重，平等相待，共享精神自由自在的極樂世界。《莊子‧漁父》所謂：「聖人法天貴真，不拘於俗。」阮籍塑造一大人先生的美好人格形象，將莊子「與天地並生，與萬物為一」、「獨與天地精神相往來」的快意人生託言寄意以盡心曲，他在〈大人先生傳〉一文中說：「夫大人者，乃與造物同體，天地並生，逍遙浮世，與道俱成。」那是與黑暗的現實有強烈反差之「無是非之別，無善惡之異」的至德之世，與「亡國、戮君、潰敗之禍」的現世截然不同。他深切批判彼時高唱道德禮法的偽君子、真小人，錙銖必較於是非利害，他們的心靈已迷亂失真。他在〈達莊論〉一文中說：「故求得者喪，爭名者失。……作智造巧者害於物，明是考非者危其身，修飾以顯潔者，惑於生；畏死而榮生者，失其真。」意指世人疏離天真的本性，扭曲人的純真與純潔，以異化的精神狀態「畏死而榮生」，實迷失了人之生命的真諦。

第二節 嵇康對生死的安頓智慧

　　嵇康將生命溯本求源於人天生所稟受的本然狀態，主張以貞定生命的原真為生活的指導原則。他說：「故準性理之所宜，資妙物以養身。」[8]「性理」指個別生命的天性，所謂：「夫人之相知，貴識其天性，因而濟之。」[9]生命的活動法則在於返識本然的「天性」，因順之以使之通達條暢而自成自足。蓋「人之真性無為，正當自然」[10]。無為的真性指人在社會化之前未涵化成經驗習性的天性，亦即自自然然的本性。保持生命原真的準則為「循性」。換言之，不可以後天的人為經驗來更化人與生俱來的天性，僅能因循天性而濟之，「故君子百行，殊途而同致，循性而動，各附所安」[11]。嵇康省察人之所以會感染不良的經驗習性，在於具有分化及貪執作用的「智用」。他說：「夫不慮而欲，性之動也。識而後感，智之用也。……智用者從感而求，倦而不已。故世之所患，禍之所由，常在於智用，不在於性動。……故智用則收之以恬，欲動則糾之以和。使智上於恬，性足於和。」[12]「智用」指世人累積了相當的感覺經驗後，對快感的質量進行認識性的分別，從而有所挑剔，選取一己所喜好者而追求它。當人愈追求它，則滿足的要求也隨之逐步升高，困難度亦愈大，人為之支付的代價亦愈大。於是，在手段的講求下，機心巧詐，層出不窮，人變得愈來愈貪婪、自私，不但自身陷入無限追逐的疲累中，而且對他人的算計、圖謀和傷害也愈大。由於「性」無慮的作用，因此，若智能止於恬，則「性足於和」。至於止智於恬的實踐方法，就在「遺世坐忘，以寶性全真」[13]。從嵇康這一方法旨要，不難看出係承繼老子「去智無欲」及莊子「坐忘心齋」說，期達知足神默、去累除害之理想。

---

[8] 《嵇中散集‧答難養生論》。

[9] 《嵇中散集‧與山巨源絕交書》。

[10] 《嵇中散集‧難張遼叔自然好學論》。

[11] 《嵇中散集‧與山巨源絕交書》。

[12] 《嵇中散集‧答難養生論》。

[13] 《嵇中散集‧答難養生論》。

「寶性全眞」爲生命修行的目的，功夫落在內心之遺世上。嵇康在〈釋私論〉一文中對遺世和恬靜的心境有著較進一步的解釋。他說：「夫氣靜神虛者，心不存於矜尚；體亮心達者，情不繫乎所欲。矜尚不存乎心，故能越名教而任自然；情不繫乎所欲，故能審貴賤而通物情。物情順通，故大道無違；越名任心，故是非無措也。」[14]血氣心知之屬的氣性生命，亦即情欲衝動，若不被外在刺激所擾動引發，心神不起念外馳者，對世俗社會所規制之名利富貴的價值系統不存矜尚之心，因而能超越對名分利害之執著而處虛靜心之自然無爲境界。扼要言之，「越名任心」即虛靜心透過悟道的提升作用，能超越世俗借名分的貴賤利害而對心的挾制。於是，人的心靈衝破一切外在虛矯的矩度所帶來的拘束與不自然，而復歸於道心的自然狀態。所謂道心恆處的自然狀態，也就是精神上的全然自主，心靈生活享有充分的自由自在，煥發出每個人生命情才的天然美。

嵇康將自我的生命從彼時司馬氏集團桎梏性靈的禮教中解放出來，求得才性生命的眞實和任放自由。他在獲致性靈的自由後，其美感的藝術才情悠遊奔放於大自然中，以輕靈、疏朗的審美襟懷，盡情地伸張審美的觸角，感受著自由的心靈融入山林水澤的自然界裡所創發出來的種種美感。他透過詩的語言將自身所體驗到的諸般人和自然合一化的審美心境表達得頗爲傳神。例如：〈贈秀才入軍〉詩之十三：「浩浩洪流，帶我邦畿。萋萋綠林，奮榮揚暉。魚龍瀺灂，山鳥群飛。駕言遊之，日夕忘歸。思我良朋，如渴如飢。願言不獲，愴矣其悲。」浩浩洪流躍動著萬千的氣勢，魚龍悠遊於水聲中，山鳥歡悅地群飛於天際，自然界充滿著盎然的生機，洋溢著沛然不竭的活力，宇宙間恆存著生生不息的生命氣象，頗得吾人生命的眞意。因此，「駕言遊之，日夕忘歸」，表現出自己的生命對整個大自然生命的向往和契應，自然界無盡的純眞和美善唯有透過意境高遠的美心去感受、接納這一切，全神融入其間，才能獲致渾然忘我的陶醉。這是美的欣趣，也是心靈美感的最大滿足。羅光總主教在其《生命哲學》一書中有段話，

---

[14] 《嵇中散集·釋私論》。

頗能解釋其中的理趣，他說：「心靈的生命在發展的歷程中，常一面表達自己的美，一面接受其他物體的美。接受美為欣賞美，欣賞美為美和美相應。生命和生命相融洽，表達美為心靈生命的發揚。愛美，因此是人的天性。」[15]嵇康憑著自己美感的心靈接應、欣賞大自然與之相映互發的自然美，如是，嵇康的詩心表達著其生命與大自然生命相即相融的圓融心境。

再看他的〈贈秀才入軍〉詩之十四：「息徒蘭圃，秣馬華山。流磻平皋，垂綸長川。目送歸鴻，手揮五弦。俯仰自得，遊心太玄。嘉彼釣叟，得魚忘筌。郢人逝矣，誰可盡言？」行息在蘭圃中，盡情地享受著沁人心靈的芬芳，秣馬在華山高嶺，令人心曠神怡。流磻在平皋上，開闊的原野，無盡地擴展了自己的心靈空間。垂綸於長川，不息的江流編織著心靈對前景的希望。在悠然自適的心境中，手揮五弦，目送歸鴻在暮色中遠離，心靈沉醉在這大自然的樂章與美景中，享受著無限自得之樂。嵇康片刻間體認到生命與自然臻於圓融的同照，那種感受是生命在自然中所體現的人生之至樂。嵇康所以能有彼至樂之體驗，係因嵇康逍遙自得於自然之際，其心靈意識已從世間的我執，渾然不覺地昇華至忘我、無我的自然宇宙境域。換言之，此刻的他已經從物欲俗情中超拔提升，臻於一空靈而純美的意境。我們可再次借用羅光總主教在前書中的一段話幫助了解，他說：「對於美的欣賞，在感情中乃是最純淨的，不包含利益，不運用思慮，只是美的感受。當我接受一種美而欣賞時，我用感官和心靈去接受，然而不假思索，而是我的生命直接和美相遇，我的生命接受了對美的追求所得的滿足，自然而滿足喜悅……美感不只是感官的活動，而是整體生命的接受。」[16]「目送歸鴻，手揮五弦」的「目送」及「手揮」雖不離感官形體，然而另一方面則借此資具啟迪心靈意識，超越感官活動，融注了嵇康整體生命，穿過現實的感覺世界而昇華至無形礙的精神界，所謂：「俯仰自得，遊心太玄。」彼境界超言絕慮，不但語言文字難以捕捉，甚至藝術家的作畫也不足以傳神達意。魏晉時期的名畫家，東晉的顧

---

[15] 羅光總主教《生命哲學》，臺北：臺灣學生書局，1988年，頁174。

[16] 羅光總主教《生命哲學》，臺北：臺灣學生書局，1988年，頁175。

愷之對漢以來的名士最欽佩的莫過於嵇康。據《晉書·顧愷之傳》云：「愷之每重嵇康四言詩，因爲之圖，恆云：『手揮五弦易，目送歸鴻難。』」

嵇康透過自身生動活躍的生命才情及深遠的玄學思想，將對生命的理解帶入新的方法和境域中，他在〈秋胡行〉七首詩中的第五首中云：「絕智棄學，遊心於玄默。遇過而悔，當不自得。垂釣一壑，所樂一國。被髮行歌，和者四塞。歌以言之，遊心於玄默。」人的心靈世界與外在自然界，本來就有能感通相融無間的體驗，只要人們相信心靈中的眞我與自然中的眞體有著內在的聯繫，就能融合爲一。因此，自然的體性可返諸內在心靈生命的眞實性。換言之，吾人生命所能體悟的自然就是返求內心的虛靜境界中所體貼到的眞性情。我們對自己眞性情的隱默之知就是「遊心於玄默」，這就是嵇康探訪自然與生命底層之奧妙的方法和途徑。

第三節　嵇康面對死亡威脅的態度

　　崇尚自由、慕好眞實自然的嵇康，逢魏晉之際，司馬氏集團陰謀行篡。不忠、不義、不仁的司馬氏政權卻虛僞地標榜禮法之治，以孝治天下。剛腸疾惡的嵇康，不齒司馬氏政權的僞君子行徑，眼見起義反撲的力量逐個被鎮壓和誅殺[17]。義憤填膺的嵇康，輕肆直言，遇事便發。他以知識分子的理性良知之自覺及對人間道義之忠誠，對當時強權所營造的篡權飾說，虛僞的尊經崇儒，束縛下民的禮法之治，提出己見，或借古事批今，或借經論政。例如，他在〈釋私論〉中尖銳地提出與時政悖反的論調——越名教而任自然，露骨地指責了匿情飾私之非。他在〈難張遼叔自然好學論〉一文中駁斥「六經爲大陽，不學爲長夜」的成說，謂官方係以名利祿位誘因，驅策世人讀具抑引性的六經。他在〈管蔡論〉中一反世人所持「管蔡流言，叛戾東都。周公征討，誅以兇逆」的成說。他借翻案古事以諷時事說：「管蔡服教，不達聖權；卒遇大變，不能自通。忠疑乃心思在王室，遂乃抗言率眾，欲除國患。翼存天子，甘心毀旦。斯乃愚誠憤發，所以徼福也。」他的朋友山濤諳於時勢，爲保護嵇康的性命，俟機推薦他予司馬昭，盼能任官職以妥協苟全於暴政之下。無奈，嵇康撰〈與山巨源絕交書〉，以「七不堪」和「二不可」的理由拒絕官職的推薦。至此，嵇康將已積蓄對司馬氏政權長期的不滿，借該文正式地傳達了不合作的態度，以及不容妥協的反抗意識。適時，嵇康好友呂安，其妻被兄呂巽所汙。嵇康雖居間調解而暫息事端，不料，呂巽反誣告其弟不孝之莫須有的罪名，嵇康挺身而出，願爲呂安作證洗冤[18]。呂巽、鍾會皆是司馬氏集團中握權要人。鍾會私仇公報[19]，借機陷害嵇康，據《晉書》載：

---

[17] 公元二四九年，司馬氏在高平陵事件中誅殺曹爽、何晏等八家，二五四年誅夏侯玄、李豐，二五八年殺毋丘儉、諸葛誕，二六〇年誅曹髦。

[18] 事見《三國志·魏書·王粲傳》注引。

[19] 《世說新語·簡傲》載：「鍾士季精有才理，先不識嵇康，鍾要於時賢之士俱往尋康。康方大樹下鍛，向子期爲佐鼓排，康揚槌不輟，旁若無人，移時不交一言。鍾起去，康曰：『何所聞而來？何所見而去？』鍾曰：『聞所聞而來，見所見而去。』」蓋彼時鍾會己投靠司馬氏集團，嵇康因此而不齒於他，故意不理他。

（鍾會）言於文帝曰：「嵇康臥龍也，不可起。公無憂天下，顧以康為慮耳。」因譖：「康欲助毋丘儉，賴山濤不聽。昔齊戮華士，魯誅少正卯，誠以害時亂教，故聖賢去之。康、安等言論放蕩，非毀典謨，帝王者所不宜容，宜因釁除之，以淳風俗。」帝既昵聽信會，遂並害之。[20]

嵇康被冠以「言論放蕩」、「非毀典謨」、「害時亂教」的罪名，實則因他是司馬氏集團惡行陰謀的戳穿者、剛直的反抗者而慘遭定罪誅殺的政治迫害。嵇康非湯、武而薄周、孔，越名教而任自然的言行，表徵著強烈反異化之名教的言行。反名教的言行是不見容於借名教以統治的司馬氏政權的。他的被殺是司馬氏在權力鬥爭中，基於剷除阻力的需要。換句話說，司馬昭需要借著誅一位有聲望的名士，來警告、壓抑一些不臣服的名士們之桀驁。吾人觀嵇康臨刑前，據說有「太學生三千人，請以為師」[21]。或謂：「康之下獄，太學生幾千人請之，於時豪俊皆隨康入獄，悉能喻一時散遣，康竟與安同誅。」[22]可推知嵇康剛直的反名教言行，契合著彼時不少知識分子的心聲。這股反名教的潛在力量與以名教偽飾的司馬氏集團之勢力是彼此衝突的。因此，嵇康之被誅以作為司馬氏向反對勢力示威的工具，並非是完全不可預料之事。

當時著名的隱士孫登曾對造訪臨別的嵇康提過警言，謂：「子才多識寡，難乎免於今之世。」[23]嵇康剛腸疾惡的儒家性格自不忍心遺世事而做一遁世的隱者，他對可能被誅的命運也非全無預知。被定死刑的悲劇終成現實，嵇康只得傷感地說：「昔慚柳下，今愧孫登。內負宿心，外赧良朋。」[24]嵇康從容地接受了「死亡」這一外力所給予的命運。至於他臨死時所反應的態度，據《世說新語·雅量》注引《文士傳》載：「嵇中散臨刑東市，神氣不變，索琴彈之，奏〈廣陵散〉。曲終曰：『袁孝尼嘗請學此散，吾靳固不與，〈廣陵散〉於今絕矣。』」

[20] 《晉書》，卷四十九，〈嵇康傳〉。
[21] 《晉書》，卷四十九，〈嵇康傳〉。
[22] 《世說新語·雅量》注引王隱《晉書》。
[23] 《三國志·王粲傳》注引《魏氏春秋》語。
[24] 《三國志·王粲傳》注引《魏氏春秋》語。

時年約四十歲，「海內之士，莫不痛之」[25]。

《顏氏家訓・養生》評曰：「嵇康著〈養生〉之論，而以傲物受刑。」〈勉學〉亦云：「嵇叔夜排俗取禍，豈和光同塵之流也。」嵇康也自謂「內負宿心」，吾人從其所著〈答難養生論〉，可知他對生命的強烈珍愛意，文中也自知自明於「無執無爲，遺世坐忘，以寶性全眞」乃在亂世中避橫逆之禍以明哲保身的要則。他也爲了求延年益壽而走過道教採藥服食之路[26]。他在〈養生論〉中表露過其祈盼長壽的心願，期可與羨門比壽、王喬爭年之心願。

那麼持貴生態度的嵇康，何以在並非全然無知於生死利害的情境下，毅然決然地無懼於死亡威脅的可能，走向了死亡的悲劇下場呢？或許，對他而言，死亡是人生必然的終點站，爲人所無法逃脫的命運。然而，死亡的大限何時會來臨，這是人所無法準確預知的。早死晚死，終歸一死，吾人與其患得患失地去預測死亡何時來到，不如從容地面對死亡的大限，思考生存的意義和死亡的價值。孟子謂：「君子有終身之憂，無一朝之患。」[27]吾人或可透過孟子來了解嵇康的死亡觀。那就是，人固然無法選擇死亡的時會、際遇與方式，吾人也無力於抗拒把死亡加諸自身的外力。但是，人可憑自覺自發的思想和意志，自由抉擇以何種意義和價值觀來接受死亡。對死亡內在意義的賦予和抉擇，是每一個人生命內部可自覺自主的事，孟子所謂：「盡其道而死者，正命也。」[28]

熱愛寶貴生命的嵇康，雖自知自明於遺世忘俗，可修性養神，安心全身，可頤養天年。然而，人的生命中仁心義性內具，對司馬氏集團不仁不義的殘害世人，又豈能無動於人性內在的不忍人之心與是非之心呢？吾人觀嵇康的言志詩「貴在肆志，縱心無悔」[29]、「肆志養浩然」[30]，剛腸疾惡、遇事便發的嵇康又豈能爲了頤養生命於天年而壓抑一己內在仁心義性的感發呢？嵇康對司馬氏集團

---

[25] 事見《三國志・魏書・王粲傳》注引。

[26] 《嵇康集》，卷一，〈遊仙詩〉云：「采藥鍾山隅，服食改姿容。」

[27] 《孟子・離婁》。

[28] 《孟子・盡心》。

[29] 嵇康四言十九首〈贈秀才入軍〉詩最後一首詩中的詩句。

[30] 〈與阮德如詩〉。

的諸多惡行，自然無法容忍，不得不「輕肆直言」，一抒己見，一陳己志，義無反顧地無懼於司馬氏集團強權統治下的死亡威脅，終於死在他「顯明臧否」[31]的言行上。孟子嘗云：「生，亦我所欲也；義，亦我所欲也。二者不可得兼，捨生而取義者也。生亦我所欲，有甚於生者，故不為苟得也；死亦我所惡，所惡有甚於死者，故患有所不避……非獨賢者有是心也，人皆有之，賢者能勿喪耳。」[32]嵇康的死亡意義堪謂捨生取義、盡道義而死的正命，體現了孟子威武不能屈的浩然氣節，也實現了孟子所謂的賢者之死。換言之，對嵇康而言，生命固珍貴，是非正義之判別則人文生命的價值更高，在兩者衝突不能兩全之際，為抉擇公理正義的永續恆存於天地之間，縱使犧牲短暫的現世形軀生命，仍是值得的。因此，對他來說，「生」與「死」的抉擇，意味著面臨有限生命的苟安與公理正義的永恆存續，孰重孰輕之價值判斷與價值抉擇。他勇敢地選擇了後者，自然超越了死亡的威脅和由之而生的恐懼。換言之，嵇康為了顧全公理正義的價值，而不惜以死相許。他這種高昂的道德情操是何等的悲切和偉烈呀！

又據載，嵇康臨刑東市時，猶不改平日神情。《昭明文選》舊賦注引曹嘉《晉紀》云：「康刑於東市，顧日影援琴而彈。」他也擇取了他生命價值的至愛，那就是在享受純真純美的音樂中，結束了寶貴的生命。他所選擇的死亡氣氛是如此的詩情畫意，淒美動人。嵇康的死亡態度可謂具足了儒、道雙攝意義和價值，令後人永懷不已。

---

[31] 〈幽憤詩〉。
[32] 《孟子‧告子》。

第十一章　山水審美的情懷

第一節　山水與人文情懷之相互關係

　　《詩經》三百零五篇以賦、比、興的表述法來敘事言物，表達情意。其中，「賦」是對事物直接陳述的方法，所敘述的徵狀與突然的事態有符應一致懷；「興」是言在於此，意寄於彼，其言外之意旨在藉以興發言者內心所積澱在意識中的情感、思緒；「比」是藉他物象徵此物以托顯此物之義，這是符號文字富彈性的擴大運用。若以山水詩為例，「興」體多半是以一、兩句開端來描述自然景物，山水大物或其中載育著的鳥獸、草木等小物，以便引起後面所欲表達的思想情感。「比」體是藉「興」體所牽引出來的思想情感和外在山水的客觀形象相聯繫，借類比的隱含義，比喻性的言在此而意在彼，藉以欣賞比美人格美或才性美的山水之審美特徵，或藉以暗諷時政，批判現實，表達心中的不滿，宣洩心中的悲情，呈現出另類的哀愁悲涼之美。朱光潛在《談美》一書，開門見山的說：「美感的世界純粹是意象世界。」他強調凡人皆有審美體驗的能力，這是一種美感心靈從實在中昇華而透悟生命本真的能力，對他而言，審美意象是人審美體驗的產物。因此，人的審美情趣不同，則景雖同而美感卻不同。依此理推衍，我們可以說山水之美是由山水所蘊發的自然美，貫注於所悠遊的山水中，使其當下的生命存在感受充滿了難以言喻的意蘊。例如，東晉的陶淵明能吟出「採菊東籬下，悠然見南山」的千古名句，係因其心中有悠然自適的自由心境及酷愛山水的情趣所使然。因此，陶淵明的詩心、詩情與詩意蘊發出「悠然見南山」的意象世界，若他的心中未洋溢著悠情，則他何以能詠出這一意境深遠的好詩呢？

　　從認識論的視角觀之，審美是審美主體對審美對象進行理性與感性交融的高級心靈活動。審美意識的內涵積澱了種種複雜的意識，其中也兼涵了道德價值的德性美，個人的生命才性才情，生命氣質，時代生活感懷所凝結的社會意識，個人的理想抱負……等，可說是我們很難窮盡詳列的複雜意識。因此，山水審美有時是在自然的人化中進行的。審美主體透過自然人化式的山水審美，是要善於通過豐富的情感、認識力和想像力，靈活運用各種比擬、象徵、聯想、寓意等比

興的方法，形象地渲染、誇張和深情凝視山水之美，使人在山水審美的態度中能專注，賞美的趣味多樣而深沉，對山水的自然美賦予了人文性及社會性而形象生動，意境深遠。茲取孔子在《論語‧雍也》所云「知者樂山，仁者樂水」一語為解說之喻例。山上草木茂盛，畜養形形色色的飛禽走獸，猶有無偏私的生物成物之仁德。質言之，高山具有與「仁者」無私的品德相比美的性徵，這是仁者對山之類比的美德之品賞處，這一美德引起仁者的意趣共鳴，興發愉悅的美感。同理，在類比性的比德下，水流到的地方就孕育了生命的成長，猶似仁德；水流雖曲折而有紋理可循，似義德；水深難測，似智德；傾瀉逾百仞之谷而無疑懼，似勇德。《說苑‧雜言》謂流水：「不清以入，鮮潔以出，似善化；至量必平，似正。」流水可類比於君子仁、義、智、勇、善化、公正等美德。仁者願比德於山而樂山，智者願比德於水而樂水。山水比德之美不是將山水獨立起來品賞，而是採用「比」、「興」的手法，藉以興發寄託的興味或比喻人的德性美，比德的美感表徵著人對山水自然美品賞的一種質之飛躍。

第二節　阮籍的山水情懷

　　我們從嵇康和阮籍的詩文中，不難發現他們也善用比、興的技巧來對山水審美進行了比德的興味，藉山水之美感發出言外之意，弦外之音。嵇康在所作的一首〈五言古風〉中吟出：「雙鸞匿景曜。戢翼太山崖。抗首嗽朝露，晞陽振羽儀。長鳴戲雲中，時下息蘭池。自謂絕塵埃，終始永不虧。何意世多艱，虞人來我維。……鳥盡良弓藏，謀極身必危。吉凶雖在己，世路多嶮巇。安得反初服，抱玉寶六奇。逍遙遊太清，攜手相追隨。」意指山林中的雙鸞隱藏了靈異不凡的光彩，收斂起羽翼，自在地棲息於泰山的崖頂上，昂首吮吸著清晨的露水，在朝陽的照耀下整理著美麗的羽毛。有時隨興引頸長鳴，嬉戲在白雲中，有時飛落棲息在蘭草叢叢的池塘旁，自以為離俗絕塵地悠遊自足於大自然中。然而，未料世事艱險，職掌山澤的官員正暗算著雙鸞，良弓只有在無飛鳥可打時才被收藏，用盡智謀來算計他人者，終究會遭致危亡的惡果。吉凶雖由自己來承受，可是世路艱險，要怎樣才能復返原始的自在生活狀態呢？那就是人人能懷才而不出奇計地對付他人，而能相互攜手同遊於逍遙自適的絕美境界。這首五言古體詩，舊注多認為是嵇康〈贈秀才入軍〉詩。然而，有學者在細讀下，感受到嵇康絕世超俗之情表露無遺，且沉痛的幾近絕望的發出「安得反初服」之呼喊。因而，此詩被推斷作於嵇康三十六歲那年，在被司馬氏集團的迫害下，不得不離開妻兒們，在避難河東的路上，心情的自我表白[1]。蓋嵇康、阮籍等人懷才不遇，有志難伸，在魏晉之際，險惡的政治環境，頻頻遭受司馬氏集團的猜疑、暗算和強權的壓制，連企求脫身世事，享受置身大自然的自由與無限美感的權利都被剝奪否定。這首詩運用比、興的筆法細膩，最後十二句描寫雄鸞不得已地獨自黯然飛離原本生活的大自然樂園，慷慨悲怨之情不容自己。鍾嶸在〈詩品序〉中品評說：「叔夜〈雙鸞〉，五言之警惕者也。」魏晉文風中也有善用山水之美來比德寫意人的才

---

[1]　見崔富章注譯《新譯嵇中散集》，臺北：三民書局，1998年，頁3-4。

情美者，如《世說新語‧容止》五條載：

> 嵇康身長十尺八寸，風姿特秀。見者嘆曰：「蕭蕭肅肅，爽朗清舉。」
> 或云：「肅肅如松下風，高而徐引。」山公（山濤）曰：「嵇叔夜之為
> 人也，巖巖若孤松之獨立；其醉也，傀俄若玉山之將崩。」

魏晉人崇尚光明鮮潔、晶亮剔透之意象美，故山濤用玉山來突出山明水秀的「山明」來狀述嵇康光潔的才情美，又借用山上的孤松之獨立來比德式的品賞其遠邁不群之個性美、人格美。

再以阮籍為例，史書載他好讀書，也喜歡遊山玩水，數日忘返家。他常任意出遊，「不由徑路，車跡所窮，輒慟哭而返」。他所以有這種行徑，可理解為生活在汙濁衰亂的魏晉之世，人生對未來了無遠景，不禁感傷自己窮途暮日，無路可走。他曾登武牢山，在山頂俯視京邑，觸景生情，一時興起而作一首豪傑詩，發出「登高望遠，今古蒼茫」的感嘆。他的詩流傳至今共有八十七首，其中有八十五首都題名「詠懷」，寄意深遠為其特色。鍾嶸在《詩品》中評論說：「〈詠懷〉之作，可以陶性靈、發幽思。言在耳目之內，情寄八荒之表。洋洋乎會於風雅。」我們可選阮籍一首「登高臨四野」詩作來解說，該詩說：

> 登高臨四野，北望青山阿。
> 松柏翳岡岑，飛鳥鳴相過。
> 感慨懷辛酸，怨毒常苦多。
> 李公悲東門，蘇子狹三河。
> 求仁自得仁，豈復嘆咨嗟。

阮籍自述登上高山，眺望四周，北邊可見到青色的山岩，回想過往歷史中盛衰興亡的無常，不禁湧現出今古蒼茫的悲慨。在北邊青色的山崗上，可看到一片長得青蒼的松樹和柏樹，遙望著陣陣鳴叫的飛鳥逝去。阮籍在這一情景中體會到什麼

呢？葉嘉瑩認爲阮籍當時在心中所湧現的蒼茫之悲慨，其意境同唐代杜牧所寫過的詩句「長空澹澹孤鳥沒，萬古銷沉向此中。看取漢家何事業，五陵無樹起秋風」（〈登樂遊原〉）所表露的心境非常相近。她詮釋「萬古銷沉向此中」之蘊意爲：「當你看到一隻飛鳥在天邊消失的時候，就會感到那千年萬世的萬古也都消磨了，也都逝去了。」[2]因此，在相近似的心境下，阮籍在蒼茫無盡的青山上，由實際所見到的飛鳥而意識到不知古往今來有多少飛鳥都類似這般在遼遠的視野中迅速飛逝。換言之，阮籍由眼見的有形有限的青山與飛鳥，寄意深遠的對今古蒼茫的盛衰連連之串串史事，湧現不容自已的悲慨。他以周秦之際的李斯被處腰斬之際，對兒子所言：「吾欲與汝牽黃犬出上蔡東門，逐狡兔之樂，其可得乎？」以及蘇秦追求功名至極其顯達時，被人忌恨刺殺的悲劇，驚覺到在追逐功名利祿場上，人與人之間是常相互猜疑忌恨的。他斷章取義的借《論語・述而》「求仁自得仁」一語表示這兩人在艱險的世局中一味追求功名利祿，所遭受的悲慘下場是各由自取的。阮籍也在這一情境中意識到自己悲哀的命運。

在魏晉動亂的時代，名士間在顛沛流離的人生閱歷錘鍊下，面對山水自然，常不自覺的睹物思人，煥發出千載悠悠的歷史情，人情世故糾葛難清的政治教訓，禍福無常，世事難料的自身經驗，以及時光流逝，往事只成追憶的悵惘之情。《世說新語・傷逝》四條載曰：

> 王戎（疑爲王衍）喪兒萬子，山簡往省之，王悲不自勝。簡曰：「孩中物，何至於此。」王曰：「聖人忘情，最下不及情，情之所鍾，正在我輩。」簡服其言，更爲所慟。

魏晉名士一項突出的人格特徵是「尙智兼鍾情」。他們不但有深邃的形上智慧，更饒富人情味，「情之所鍾」的「情」係發自內心深刻的純眞之情，情之所鍾貫

通於宇宙情、山水情與人間情。例如《世說新語‧言語》五十五條載述桓溫有次率軍北征，途經舊日居住金城，目睹以前種植的柳樹已繁殖為十圍。他觸景生情，感嘆時光流逝，景物改易，人事已非，深覺人生苦短而自己卻功業無成。兩相對比下，他慨然曰：「木（柳樹）猶如此，人何以堪！」當下即「泫然淚下」真情感人。《世說新語‧任誕》四十二條載述桓伊每回聽到清歌，內心所蘊蓄的深情，隨即被召喚起共鳴而泉湧不已，連連慨嘆世事無常，人活在幻變之流中情何以堪。謝安對此一行為品評桓伊的生命情調是「一往有深情」。

　　就整體而言，尚智兼鍾情的魏晉名士在他們的潛意識中，積澱了深厚的世道人心之情懷。當他們親臨大自然懷抱中，對周遭的山水景物進行審美觀照時，在類比聯想及觸景生情下，心中所積蓄的情思泉湧，其借景抒情的意境深遠，感人肺腑。要言之，就緣情美學而言，在他們的山水審美觀照中，百感交集，複雜而深邃的意識內涵及情思意境，在興物托志及類比移情的綿密聯想下，融入山水自然，使大自然的山水美感與心中有千千結的人文思緒，化成一全幅的心情寫真。在見景生情，因物起興的人文與自然交融下，產生強烈反差性的美醜之對比或美麗與哀愁的對比張力。對阮籍而言，在歷史流變的長河中，古今人事已非，如山鳥飛逝於山崗上的松柏之間，史事多變，人生的際遇幻化無常，如同無數次山鳥在山崗上的飛逝般無影無蹤，「萬古銷沉向此中」意味真切且深長。在山水自然恆在，而人情物事變幻無常的對比下，青山常綠，松柏常青之恆常性的自然美與瞬息萬變、人生無常的辛酸與痛苦形成尖銳的對比。在美麗與哀愁的兩極化對比中，阮籍在有常的山水自然中體悟了人生無常之苦。同時，也透過人生的無常更深刻的感受到山水自然的常性美。在恆常與無常之間，在美麗與哀愁之間，在自然與人文之間，阮籍對山水的審美意識是由悲與美所編織而成的二重奏之悲美樂章。東晉的陶淵明所作的贈答釋詩〈形影神〉，亦蘊意著人生不如大自然之長長久久的感嘆，詩中有言：「天地長不沒，山川無改時。草木得常理，霜露榮悴之。謂人最靈智，獨復不如茲。適見在世中，奄去靡歸期。奚覺無一人，親識豈相思。但餘平生物，舉目情悽洏。」在山水審美中即景興志移情所譜成的悲美二重奏，似乎是魏晉有識之士的共同心聲。

第三節　嵇康的山水美感與心靈的洗滌

一、山水之遊的快感與身心健康

　　山水之遊就基本意義而言，是一種需要較長時間的戶外運動。運動不但可轉移憂鬱者所執著的憂愁事物，也是最能充分放鬆自己心情而抒發所累積壓力的方法。任何運動皆有助於消解身體及精神上的緊張和壓力，同時，與友人共享山水之遊也是人與人主體際性的情誼感通，相互間較能有深層的精神交流、情感體認與友誼的認同，鼓勵吾人應有與他者互為主體際性的社交生活。山水之遊就現代而言係一種森林浴，其對身心的效益極多樣而豐富。據專家的研究指出：「就像心情會影響身體一樣，身體也會影響心情。」[3]當我們悠然地漫步在山水美景中時，我們較長時的行走，使身體的活動漸生一種韻律感，心情也隨之盡情地舒展而緩解了緊張和焦慮。同時，山上茂密的森林所散發出來的大量芬多精和香氣使人不但快意感受到蓊鬱林木的氣味，且可天然殺菌——淨化人體，預防多種身體上的疾病。此外，當我們在森林小徑間散步時，我們也悠閒地感受大自然之律動，可傾聽蟲鳴鳥叫所交織而成的和諧樂章。不但如此，清香撲鼻的野花，使人深呼吸之間，倍覺神清氣爽，囂塵頓消。山鳥的快飛，蝴蝶、蜻蜓的漫舞，蛙鳴蟲叫，草木物種的多樣和姿態，令人充滿了豐富多彩的生命驚喜。當我們眺望青山和淙淙溪水時，自然萬象所洋溢的美感，使我們沉浸在美感的無限喜悅中，不覺之間已消解了憂鬱的心情於無形中，這是就山林之美感可緩解及預防憂鬱情緒這一向度而言。山水可欣賞的美感景物是極為豐富的。中國自古以來常將山水，包括生長其間的草木、鳥獸、魚花及分布於其間的藍天、白雲、清風明月、奇石、山溪、流泉飛瀑……等，視為饒富審美趣味的美感對象。至於品賞水的美感

---

[3] 馬克·米勒（Mark D. Miller, M.D.）及查爾·雷諾三世（Charles F. Reynolds III, M.D.）合著，李淑珺譯《老年憂鬱症完全手冊》，臺灣心理治療學會與心靈工坊聯合出版，2007年，頁205。該書在第三章「可能引發老年憂鬱症的生理疾病問題」有詳細的論述。

趣味與抒解及預防憂鬱情緒之關連性上，可先陳述水的柔美及山的壯美，再考察其與憂鬱情緒的緩解關係。

提倡生態旅遊已是當今各國所普遍倡導的共識。研究森林或生態旅遊的科學家們不但提出了山上的森林蘊含了大量有益人身心的芬多精，他們還發現飛瀑流泉中含有大量可稱爲「空氣維他命」的負離子。在相關的研究上指出，大自然藉由瀑布、溪水、噴泉所濺出的水花，與植物的光合作用能共同製造出新鮮的氧氣，再加上與太陽所散放出來的紫外線等相互作用，均能產生「負離子」（Negativeions）。他們發現在瀑布中飛濺的水花，充滿著負離子與芬多精等空氣維他命。空氣中每cc.的負離子單位含量在一千一二千個時，對人健康有益。若其含量在五千至五萬個時，可增強人體的抵抗力和免疫力。具體而言，負離子對人體有五大功效，分別是：（一）淨化血液；（二）活化細胞；（三）調整人體中的自律神經；（四）增強人體的抵抗力；（五）消解疲勞[4]。山水之遊使我們在親臨瀑布、溪水時，其所含負離子濃厚的空氣，使我們的呼吸感到特別順暢、身心爽快、活力倍增，不覺憂鬱之存在。何況，清幽之瀑濤濤的水聲，伴隨間有的蛙鳴聲，其謐靜感，使我們的心靈平和、感受到無比的輕鬆和自在，不啻是緩解和預防憂鬱情緒的良方。

二、山水美感與憂慮情懷的紓解

東晉孫綽首先確立以玄理來進行山水的審美，亦即玄覽或審美觀照山水的自然美。《世說新語・容止》載曰：「（孫綽）公雅好所託，常在塵垢之外，雖柔心應世，蠖屈其跡，而方寸湛然，故以玄對山水。」人所以能「玄對山水」係因透過心性的修養，可臻於與道冥合的玄境，再與道同遊，以道觀物，反照道所賦

---

[4] 見臺灣奧萬大國家森林遊樂區製作出版之簡介〈森呼吸汲收滿懷的維他命〉，2007年。

予山水的自然本性之豐富的美感。我們可透過宗炳、王微及西方相關的一些論述來闡釋。晉宋之際，宗炳（公元三九五—四四三年）的〈畫山水序〉是篇論述山水審美的專題研究論文，文中謂：

> 聖人含道映物，賢者澄懷味像。至於山水，質而有趣靈。是以軒轅、堯、孔、廣成、許由、孤竹之流，必有崆峒、具茨、藐姑、箕首，大蒙之遊焉，又稱仁智之樂焉。夫神人以神法道，而賢者通；山水以形媚道，而仁者樂，不亦幾乎！

宗炳在廬山跟從慧遠入「白蓮社」，是位虔誠的佛教徒，曾著〈佛明論〉[5]。然而，在儒、道兼涵的名士文化潮流下，他也鍾情山水，以「棲丘飲谷」為志，頗具隱士風範。因他以道家的玄理兼具儒家的仁德，塑造成聖人，對山水審美的本質，理解為「聖人含道映物，賢者澄懷味像」的道家虛靜無執之心境對山水進行玄覽式的審美觀照，以及玩味山水具個性的形象美。徐復觀對宗炳這句話的詮釋為：「象是道之所顯。清潔其情懷以玩味由道所顯之象。」[6]山水形象映發內蘊的道，人在淨化心靈後才有與道融通的契感可能，欣賞由道所顯發的山水形象之美。徐復觀認為：「質有，形質是有。趣靈，其趣向，趣味，則是靈。與道相通謂之靈。」[7]山水不是幻象而是真實的存有，山水的審美品味在於靈秀之美，人能透過山水的形象美而體悟在其中的「道」之奧祕是人的靈性生命所使然。「與道相通」的靈通體驗，是人的靈性生命與道或玄牝之靈的相融相化之實存性的體驗。這也是孫綽「玄對山水」的深意所在吧！另一位晉宋之際與宗炳同樣好沉緬自然的王微（公元四一五—四四三年）撰〈敘畫〉，也和宗炳一樣地認為山水審美的欣趣在「澄懷味象」中與「道」相感通。孫綽、宗炳與王微咸

---

[5]　嚴可均編《全宋文》，卷二一。

[6]　徐復觀《中國藝術精神》，臺北：學生書局，1976年，頁238。

[7]　徐復觀《中國藝術精神》，臺北：學生書局，1976年，頁238。

認爲山水秀麗嫵媚之形象蘊發出「道」的意味，山水爲「媚道」的載體，山水審美的欣趣乃在於玄對山水時所感受到通體舒暢的暢神之樂。何淑眞將「暢神」詮釋爲「給人精神上無限自由的審美愉悅」[8]，頗爲平易近人。

美感是人的心靈天生具有能夠感受存在事物之美好的能力。質言之，人的內心潛在著對美感事物及美感情境的深情盼望。對審美欣趣的欲求，是人獲致存在意義與價値感的生命動力，也是人類得天獨厚的恩賜。劉千美在《藝術與美感》一書二章〈無法抑制的美感天性〉中有段精闢的詮解，她說：

> 充滿美感體驗的生活，能使一個人精神煥發、神采奕奕，生命充滿希望與活力。反之，失去美感的生活，則會令人心生困頓及厭倦之情，即使再多的財富、名位、權力的簇擁，也將難掩蓋失落之感。[9]

美感的悸動能照亮我們的心靈，讓我們在自由自在的心境中驚喜地發覺在庸俗的平常生活中所未留神過的事物之本眞性面貌。當人與人共鳴於美感的召喚中，相互間能產生誠摯的情感交流，在深層心靈的共感共振中，使自我不再感到孤獨而得以溫暖心聲與心情，讓生命活出希望，康德在《判斷力批判》一書中從質、量、關係、樣態四項範疇，對美感經驗的意義與價値進行分析。美感與快感的交集處在於心理上有一種幸福愉悅的感覺。其間的主要差別在於快感愉悅是一種感官上及心理上的滿足感，美感愉悅則是一種性靈生活上無所待於世俗利益得失的滿足感（disinterested satisfaction）。由於美感不涉及個人私欲或偏好，康德認爲具有「主觀的普遍性」。進一層而言，美感能使審美主體從私欲偏性的束縛中獲得釋放，美感對象得以在自由自在的心境中充分顯現其本身。當審美主體能任事物本眞性的特徵自由呈現，且被其特徵深深吸引時，則眞切地感受存在的美

---

[8] 何淑眞〈詩畫本一律──談中國山水詩與山水畫的異形同神〉，新竹：《玄奬人文學》第一期，2003年7月，頁34。

[9] 見劉千美《藝術與美感》，臺北：臺灣書店，2000年，頁35。

好。扼要言之，美感經驗所品賞到的美好感覺是出於美感對象本身所具有的存在特色，不被欣賞者的私欲偏情所汙染、掩蓋。因此，美感能力是一種純判斷美醜的品味能力，美感雖然不像生理、心理的快感有其後天的需求目的之滿足，但是仍有其先天而內在的目的性。康德對美感根據關係範疇而提出「無目的概念的目的性（purposiveness without purpose）」劉千美針對此論點而說：「簡言之，美感的目的性是先天的、普遍的，同時也是主觀的。」**[10]**

精神分析家富朗克（Viktor E. Frankl）在其《活出意義來》一書中描述在第二次世界大戰期間，德國納粹集中營的囚犯，即使喪失了一切希望，也不放棄人天賦的美感能力與審美愉悅之享受。富朗克回憶有一次他和難友被火車通送往另一處集中營的途中，當經過風景優美的森林時，儘管他們已失去自由，深感旅途的困頓和前途的茫茫，然而，在面對大自然的美景時，大家仍享受審美的愉悅，暫時忘懷自己不幸的遭遇和憂思。他還憶述有一天傍晚，當難友們拖著一天工作的疲累，坐在簡陋屋舍內的地板上休息時，有位難友衝進屋內，邀請大家一起出去欣賞夕陽之美。他們見到絢麗的晚霞、無盡風情的雲彩，凝神眺望良久，才聽到有人感嘆地說：「多美的世界啊！」**[11]**我們再取竹林七賢中的嵇康為範例。嵇康的詩文深刻地反映了魏晉嬗代之際，面對激烈動盪險惡的政治局勢及知識分子內心的憂慮和苦悶。嵇康幼年喪父，其母親和哥哥對他非常寵愛，養成他任性與驕任的個性，因此，在其〈釋私論〉公然標榜的「越名教而任自然」一語，尖銳地表達出其唾棄彼時虛偽名教，回歸自然展現真我的終極立場。因此，他成為竹林七賢中反抗異化的名教最激烈的一位異議分子。他在詩中引用了很多《莊子》書中的典故，例如，他在〈答二部詩三首〉中之第三首謂：「莊周悼靈龜，越稷畏王輿。」意在表明聖人若想在這充滿荊棘的世道中完善自己，則必須要拋棄功名的念頭。但是像嵇康這樣有淑世責任心的儒者，在亂世中撥亂返正，救世救人，建功立業是共同的志業。剛腸疾惡的嵇康未能一展其抱負理想，面對

---

[10] 劉千美《藝術與美感》，頁59。
[11] 富朗克《活出意義來》，趙可式和沈錦惠合譯，臺北：光啟文化，2006年。

不堪忍受的政治惡及天下蒼生的痛苦，耿耿於懷，卻無能力挽狂瀾，心中悲苦萬分。他無法再忍受這無盡的憂慮和痛苦的精神煎熬，而企圖勸自己放棄儒者入世淑世的志業和功名，然而，這種迫於對時局無力感及無奈感而勸自己不問蒼生苦難的嵇康而言，這只是自欺欺人罷了，內心的掙扎及層層痛苦是難以言喻的。公元二六○年魏帝曹髦被殺害之後，司馬氏集團架空了皇權，篡權後採高壓式的恐怖統治方式。嵇康心中的悲憤及憂鬱是難以消解的，淑世的責任及遁世的自我逃避，形成他內心深處不斷矛盾和自我衝突的泉源。他撰〈卜疑〉一文來表達此時的心情，〈卜疑〉是摹仿屈原〈卜居〉而創作的韻文。嵇康在文中不但自比擬於屈原，且在文中布局、寫作方式採與〈卜居〉相同的筆法。前段自陳〈卜疑〉一文的動機、原委，自擬為「宏達先生」，確信「忠、信、篤、敬，直道而行之」的天下正道。可是，宏達先生遭逢「大道既隱，智巧滋繁」的劇變，他「遠念長想，超然自失」，於是至太史貞父處卜疑。中段表述所卜疑之問題，計提出二十八項問題，每組兩項問題，共十四組，期能卜問吉凶得失。後段描寫太史貞父以「至人不相，達人不卜」作答，勸宏達先生能自喻為見素抱樸的道家人物，若莊子所謂之大鵬，翱翔超拔於汙濁的人間世，勿憂慮人間的變故與是非曲折，亦即：「又何憂人間之委曲？」勸他從憂鬱中超脫出來，昇華至曠達逍遙之境界。徘徊於淑世及遁世之十字路口，是嵇康第二重的憂鬱。

　　試問嵇康如何排遣這二重憂鬱的心情呢？依筆者之見，他選擇了山水之遊的美感來紓解心中的重度憂鬱。我們可選他所寫的幾首自述詩來解讀他的消憂解慮的美感生活，他說：「浩浩洪流，帶我邦畿；萋萋綠林，奮榮揚暉。魚龍瀺灂，鬱鬱蒼蒼，山鳥群飛，駕言遊之，日夕忘歸。」[12]意指浩浩蕩蕩的河流，縈繞著我那美麗的家園；鬱鬱蒼蒼的綠林及芳草與含苞待放的野花在陽光下的光輝相互烘托。魚龍在潺潺的水聲中或躍或游，與天上一群群高飛的山鳥相輝映，此時他駕著馬車快意地遊山玩水，山水之美令他沉醉忘歸。他在另一首詩作：「淡淡流

水，淪胥而逝。汎汎柏舟，載浮載滯。微風清風，朝檝容裔。放櫂投竿，優游卒歲。」[13]意指平平飽滿的川中流水，相率流淌而逝去，柏木舟在河上漂浮，半浮半沉，時行時止。人在清風中微聲長嘯著，拍打著船槳徘徊。索性放下船槳，向水裡投下釣竿，悠然自適地享受這種歲月。其所說的「嘯」是魏晉名士的風尚，係以清唱的方式以清亮的詠嘆調曲盡心中所無法以言表述的深意，一抒心中塊壘，頗具現代人以盡情大聲喊叫的抒壓功能。據當代的醫學研究，晒太陽可抑制大腦所分泌的嗎啡，這種化學物質也是使人導致憂鬱的生理因素，嵇康的山水之遊，從詩文觀之，常盡興於風和日麗的豔陽天中。陽光不但有益於抑制導致憂鬱的生理因素，也有效地使人心情開朗而走出憂鬱的陰霾。嵇康在〈與山巨源絕交書〉一文中自述：「遊山澤，觀魚鳥，心甚樂之。」登高山眺遠景可使人心曠神怡，水中悠遊的魚兒及自由飛翔的山鳥，不但可使人不禁感其悠然自適及自由自在的生命情調，而且游魚飛鳥各有動態和表情，令人倍覺豐富生動而情趣萬千。對藝術才情洋溢、情感豐沛的嵇康而言，其心所以「甚樂之」，在於山水、花草、風景、魚鳥是生動而充分地進入其深情且純真的美感心靈世界中。

我們可再舉一首嵇康的詩作來解說他如何透過自然景象體悟「道」的實有。在其四言十九首〈贈秀才入軍〉詩中有云：「目送歸鴻，手揮五弦。俯仰自得，遊心泰玄。」在落日的餘暉中，嵇康凝神貫注於鴻鳥歸巢於天際間，此時，他整個心神昇華至無形的形上境界，妙契道真。因此，山水的自然情景不斷地吸引他，使他不斷超越有形的山水而與內在於大自然的「道」融通。換言之，他從對山水的審美活動中，將自然界的物象融化在他空明虛靜的心境上，在物我相融中進入化境，臻於《莊子‧養生主》「以神遇不以目視」的形上境域。他深沉地體悟出「道」的自然真趣，這就是「俯仰自得，遊心泰玄」的玄美。他在〈秋胡行〉七首詩中的第五首亦云：「絕智棄學，遊心於玄默。」體現了莊子離形去智，在純真的天府（道心）中與「道」冥合，與大自然融通無間。蓋「道」不只

---

[13] 見前揭詩，四言詩十一首之第一首。

內在於大自然，也內在於人的本眞之性中，透過空明虛靜的靈臺心，使靈心中的
眞我與大自然中的眞體有著全然的內在聯繫、融合爲一。「遊心於玄默」是嵇康
探討自然與自我、生命底層之奧妙的工夫與境界，也是妙契道眞、體證本體以獲
致超言絕象的隱默之知的化境。

三、嵇康的山水美感眞能洗滌憂慮情懷嗎？

嵇康的詩中呈現著高尚的理想與醜惡的現實之張力，淑世之責與出世遊仙
的強烈對比。他在〈難自然好學論〉中憧憬著「洪荒之世，大樸未虧，君無文於
上，民無競於下，物全理順，莫不自得。飽則安寢，飢則求食，怡然鼓腹，不知
爲至德之世也」那種原始和諧渾樸的理想世界，甚至在〈太師箴〉一文中對三
皇、伏羲時代所呈現的社會雛形，人們自覺的「宗長歸仁」、「必托賢明」，表
示肯定。因爲彼時的人民仍享有「萬物熙熙，不夭不離」的理想社會狀態。不幸
的是大禹以後，傳子不傳賢，私天下的觀念與行爲形成機心狡詐「利巧愈競」的
敗壞風氣，導致「天性喪眞」，他在〈太師箴〉[14]中論述其政治思想史觀，指出
堯舜以前「君道自然，必託賢明」，人們相互之間和諧和睦，舜禹之後裂解原始
的純樸和諧狀態，爲政者師心自用造立仁義、制作名分機制，造成人與人之間執
於個人的利害而相互分化對立，喪眞失性。此時君主以權力和意志「宰割天下，
以奉其私」，結果禍難不斷，君臣與人民飽受亡國的苦難。嵇康在文末勇敢地
告誡帝王應唯賢是授，任賢納諫，虛心就教於正直的諫言。他在文末以「師臣可
訓，敢獻在前」爲結尾，意謂太師之責是掌管訓詁、教誨，因此，不揣冒昧地向

---

[14] 「太師」係西周始置的官名，掌軍政大權，爲年少國君的監護者。戰國後廢置，漢代再置，位階在太傅之上。
歷代相沿，且以太師、太傅、太保爲三公。「箴」是寓勸戒意義的文辭，多用韻文爲成的文體，《文心雕龍‧
銘箴》曰：「箴者，所以攻疾防患，喻針石也。」

太師貢獻徵言。嵇康不但如此，也還毅然決然地撰寫〈管蔡論〉、〈釋私論〉、〈難自然好學論〉、〈與山巨源絕交書〉等政論性的文章，義氣凜然地揭發野心政客的陰私，尖銳地批判司馬氏集團虛偽的、包藏禍心的道德禮法之治。這是他深憂遠慮所激發出來的剛腸疾惡、遇事便發的正義之聲、淑世救國之言。他不計禍從口出的政治報復、個人可能遭到的大凶大禍大害。

　　他除了憂國憂民外，對親情思念的悲苦更是揮之不去。他在〈思親詩〉前三句中情真意切地說：

奈何愁兮愁無聊，恆惻惻兮心苦抽。愁奈何兮悲思多，情鬱結兮不可化。奄失恃兮孤煢煢，內自悼兮啼失聲。

喪親之痛、思親之苦長期啃蝕著他已滿載的愁思，內心不堪負荷猶若被裂解而破碎。憂慮情懷脹滿著嵇康的內心不能無解，無休無止，他以「欲棄憂兮尋復來，痛殷殷兮不可載」的結尾來表達他刻骨銘心的無盡悲愁意識。他在〈贈秀才入軍〉詩中謂：「琴詩可樂，遠遊可珍。含道獨往，棄智遺身。寂乎無累，何求於人？長寄靈岳，怡志養神。」「遠遊可珍」是他消解悲情的一種方式，他的遠遊不只是人間可企及的山水之遊，還包括人間所無法企及的遊仙之舉。他可珍的「遠遊」源於屈原〈遠遊〉，觀其所作的〈遊仙〉詩在意趣和精神理想上與屈原的〈遠遊〉是聲氣相通、情性相感的。他在〈遊仙〉詩前半說：「遙望山上松，隆谷鬱青蔥，自遇一何高，獨立迥無雙。願想遊其下，蹊路絕不通，王喬棄我去，乘雲駕六龍。」「王喬」即仙人王子喬，好吹笙，能學鳳凰鳴叫。他幻想著遙遠山上不畏風霜多雪的長青松樹，孤高於周邊的其他存在物。雖山道斷絕不通，可是仙人王喬攜我同去，乘著雲彩，駕著六龍。接著說：「飄颻戲玄圃，黃老路相逢。授我自然道，曠若發童蒙。」意指飄然悠遊在神話所傳說中的崑崙仙境中，途中與黃帝、老子相逢，傳授法自然的人生大道，使我如獲得啟蒙般的茅塞頓開。嵇康在這首詩中殷切期望自己能「蟬蛻棄穢累」，亦即能像蟬脫殼般地拋盡世俗汙穢的牽累。詩中末謂：「長與俗人別，誰能睹其蹤？」意指自己企求

能在「蟬蛻棄穢累」後澈底的遺世超俗、了卻塵俗。遊仙雖是澈底消解憂慮情懷的根治法，卻是在現實世界中不可能實現的神話。清人陳祚明所言，嵇康遊仙之幻想，其真正的意義在於：「輕世肆志，所託不群。非真欲仙也，所願長與俗人別耳。」[15]

既然遠遊的遊仙只是臆想，無濟於事，那麼，嵇康「越名教而任自然」一語，落實在人生實踐上，選擇回歸大自然。他企求在山水之遊的美感及玄意中能暫時超離家事國事的深度憂慮情懷，而能在暢情舒懷中獲致心境的自由與愉悅。因此，嵇康與其他六賢的竹林之遊，原為避世而隱入山林，卻玄賞大自然中山水的嫵媚亮麗，遂生發出對山水美感的喜愛。對嵇康而言，山水不再是明哲保身的政治避難所，而是賞心悅目、解憂暢懷的人間淨土和遊樂園了。換言之，嵇康性好大自然，尤喜山水之暢遊，享受情景交融、渾然忘我的美感體驗，不覺洗滌了他在家事與國事的挫折及憂思了。然而，對嵇康而言，追求山水美感與道逍遙，超然物外的道家生命情調與知其不可而為之的儒家淑世之責任，何者才是他所應抉擇的人生終極意義和價值呢？依筆者之見，儒家的有情有義才是他的精神世界之終極託付處，他為了洗清摯友呂安的罪名，義無反顧地向司馬光集團挑戰，以致被政治迫害而殺身成仁，何其悲切和偉烈。事實上，山水之遊的美感只能對嵇康的憂慮情懷治標而不治本。試看他十八首〈四言詩〉中所言「長嘯清原，惟以告哀」，再讀他的〈酒會詩〉中儘管他自述沉浸在林木芳華、崇臺流水、揮弦獻酬的無限美感情境中，他卻仍難揮開「酒中念幽人（好友阮德如），守故彌終始」[16]的道德意識及隨之而生的憂慮情懷。

---

[15] 戴明揚《嵇康集校注》，卷一，〈遊仙〉詩後引，臺北：河洛圖書公司，1978年。

[16] 《周易·履卦》：「九二，履道坦坦，幽人貞吉。」嵇康以此爻辭讚許阮德如的貞守正理常道。

第十二章　竹林七賢與酒

第一節　魏晉之際文士的飲酒風尚及美學涵義

　　人類不分民族與地域，自古即與酒結下不解之緣。西方遠在希臘神話中，即產生主司戲劇與酒之神，至近代德國哲學家尼采在《悲劇的誕生》中提出了表徵理性的日神阿波羅（Apollo）和與之象徵熱情的酒神戴歐尼索斯（Dionysus），這是兩種相對的精神象徵。詩是人類精神文化中的精粹品，中國是一個富有濃郁詩情的古國；酒是人類飲食產物中的精粹品，中國自古即是一個愛好飲酒的古國。《詩經》是中國第一部詩集，其中涉及「酒」者有四十多篇。例如：〈小雅·鹿鳴〉云：「我有旨酒，以燕樂嘉賓之心。」描寫酒人情態。又如《楚辭·東君》謂：「操余弧兮反淪降，援北斗兮酌桂漿。」狀述南國酣飲之風。把酒置入人際互動的社會生活中形成風尚，才能形成酒文化。

　　中國上古祭祀之禮是最主要和重大的禮儀，《北山酒經》謂：「天之命民作酒，惟祀而已。」周人有鑑於夏商亡國的教訓，在《尚書·酒誥》中頒布嚴禁酗酒令。然而，酒以成禮，「禮」與「醴」相通，備醴酒以行禮，藉以表達人道之醇厚深摯。《左傳·魯莊公二十二年春》載陳完（敬仲）對齊侯說：「君子曰：酒以成禮，不繼以淫，義也。以君成禮弗納之淫，仁也。」就儒家的立場，《禮記·曲禮》有言：「夫禮者，所以定親疏、決嫌疑、別同異、明是非也。」禮教旨在促進人與人之間的相互尊敬，因此，在言行上皆有應遵守的外在行為規範。禮的消極社會功能，旨在避邪防惡，《禮記·坊記》曰：「禮者因人之情而為之節文，以為民坊者也。」但是，禮的「節文」即經驗性的形式規範，若淪為掌權者箝制臣僚的言行之工具，則為遂行打壓異己的政治惡，這是漢代魏晉名教與自然衝突的原因所在。就道家立場以《莊子·漁父》「法天貴真」說來論酒與人生則曰：「其（真）用於人理也，事親則慈孝，事君則忠貞，飲酒則歡樂，處喪則悲哀。」飲酒是真情流露，與外在的禮文有時是相悖反的，因此，儒家「酒以成禮」與道家「飲酒則歡樂」或酒以抒真情形成名教與自然對峙的一種態勢。

　　漢代政權尊經尊孔，屬行森嚴的禮法之治，文士多感到受到制約和束縛。

漢魏之際，禮教的社會規範傳統猶在，可是文人名士因中央政權的貧弱而得以提升其社會地位及影響力。酒所表徵個人真情的道家意識與酒以成禮而定親疏、別同異、明是非的儒家意識，在漢末魏初名教與自然之裂痕中呈現對峙狀態。早在西漢末年揚雄的〈酒賦〉已呈現出酒客與法度之士對立的狀態。這是漢代文士藉飲酒以企求個性解放，從而從禮制束縛中自求解脫的自覺表現。漢魏之際，以道家飲酒精神批判儒家名教藩籬，首先發難者當推建安七子之首的孔融。明代夏樹芳《酒頌》卷下說：「孔融愛才結客……嘗有詩曰：『歸家酒債多，門客粲幾行。高談驚四座，一夕傾千觴。』」孔融率真自得的飲酒豪情堪謂為啟發魏晉名士放達風氣之先，曹操的〈短歌行〉說：「對酒當歌，人生幾何？譬如朝露，去日苦多。慨當以慷，憂思難忘，何以解憂？唯有杜康。」其藉酒抒個人雄壯之豪情成為佳話，可是回到政治現實不得不顧憂團體紀律而有禁酒令。劉備入川亦然，為整治軍紀，嚴令禁酒。孔融發表了兩次〈難曹公禁酒書〉，反向的舉證歷史人物因酒而成就事功而歌頌酒德酒功，反對曹操禁酒令的侵犯個體自由，壓抑個性。酒過飲常亂性，平實而言，婦女出宴，男女雜坐，在禮教甚嚴的漢代當然視為失禮[1]。因此，漢魏時代的文人名士，許多人是基於不同的角色而對酒的社會規範持不同的立場。例如，孔融的朋友蔡邕，在個人私領域的生活中可以飲酒一石而醉臥道上，但是在公共領域的政治、社會生活上，卻著〈酒樽銘〉一文，老調重彈的說：「酒以成禮，弗繼以淫。」[2] 王弼的嗣祖父王粲在私生活上附庸「鄴下之飲」，但是在公共事務上參與了曹操修新禮制的工作，在其〈酒賦〉中也持酒以成禮的儒理。曹丕於《典論・自敘》中自謂與奮威將軍鄧展在酒醉後以蔗相繫，蕩然無君臣之禮，可是在政事上作〈酒誨〉謂：「酒以成禮，過則敗德，而流俗荒沉。」[3] 葛洪《抱朴子・疾謬》對漢末飲酒士風的敗壞有著尖銳的批判，謂：「漢之末世……及好會，則狐蹲牛飲，爭食競割，制撥淼折，無復廉

---

[1] 例如：《漢書・游俠列傳》載嘉威侯陳遵「過寡婦左阿君，置酒歌謳」，被朝廷刻以「湛酒淆，亂男女之別」的罪名而免除官職。

[2] 蔡邕〈酒樽銘〉。

[3] 嚴可均輯《全三國文》，卷八。

恥。……誣引老莊，貴於率任，大型不顧細禮，至人不拘檢括，嘯傲縱逸，謂之體道。」漢末飲酒悖禮敗德之風，猶利用道家理論來掩飾、合理化其傷風敗俗之異常行徑。接下來，我們試著分析竹林七賢的飲酒、行為和品味。

第二節　阮籍的酒品

　　東晉袁宏《名士傳》將魏晉名士分爲正始名士、竹林名士和中朝名士。「名士」我們可簡單的理解成有名望的士人，竹林名士指有社會名望的竹林七賢。近人周紹賢將古來名士分成八類，以「清介超逸」來表述他們共同的品格特徵。這些人由於品性清高，即便是行爲孤僻放達，也被世人津津樂道。周紹賢論斷說：「因此清高放達，遂形成後世對名士人格之觀念。」[4]因此，竹林七賢的酒品亦當有清高放達的種種可觀處。七賢雖個個皆能喝酒，可是酒量的大小、情感個性的不同、個人處事態度的不一、遂形成他們之間在酒量、酒品和酒德上亦有差異。《世說新語‧任誕》對阮籍任誕之言行記載，在七人中最多，我們的分析因此自阮籍開始。

　　阮籍一生就經歷兵荒馬亂、政爭殺戮、危機四伏、生命欠缺安全感的悲哀、苦悶之黑暗時代，他爲了苟全性命於亂世，從小就培養了喜怒不形於色的個性，他常爲了避禍而酣飲酒逭，沉醉不起，爲了抒解心中的鬱悶，彈琴長嘯、放浪形骸。他生命中原懷抱的匡時濟世之壯志，遭時不遇，有志難伸，內心的徬徨苦悶難耐，這是他不得不醉酒、登山長嘯、駕車無目的之前行而遇窮途大哭的原因。司馬昭爲了籠絡知識分子，利用阮籍的才華與名望，乃爲兒子司馬炎向阮籍女兒求婚成親。阮籍不願被捲入政治是非的漩渦，乃大醉六十天避談聯婚事，逼迫司馬昭作罷。奸詐的鍾會設陷阱謀害阮籍，故意問他敏感的時事問題，阮籍深知任何回答都將被曲解而羅織罪名，乃採酣醉必達的酒逭避禍法。

　　與酒有趣的事發生了，阮籍得知步兵廚營善釀酒，藏有美酒三百斛，他向司馬昭要求步兵校尉一職，得以將酒攬爲己飲，這是他被世人稱爲「阮步兵」的由來，他到任後，與劉伶酣飲。又鄰家有一美少婦，當爐沽酒，阮籍欣然前往風流而不下流，好色而不淫，乃出於純眞浪漫的天性所使然。與酒相關的大非大痛之

---

[4]　請參閱周紹賢著《魏晉清談述論》，臺北：臺灣商務印書館，1966年，頁137。

事也發生在阮籍身上。《晉書‧阮籍傳》載曰：

> 籍性至孝，母終，正與人圍棋，籍留與決睹，既而飲酒二斗，舉聲一
> 號，吐血數升。即將葬，食一蒸肫，飲二斗酒，然後臨決，直言窮矣。
> 舉聲一號，又吐血數升，毀瘠骨立，殆致滅性。

按《禮記‧曲禮》：「居喪之禮，毀瘠不形。」意指居喪者應節哀應變，只
許羸瘦，不許過哀而不思飲食，以致瘦到皮包骨，阮籍母喪，聞噩耗，強忍哀痛
堅持與棋手完局，不守奔喪之禮。返家後，哀痛難忍而飲酒二斗，吐血數升。至
喪葬告別禮時，又悲痛逾恆，再飲二斗酒，吐血數升，以致「毀瘠骨立，殆致滅
性」，阮籍雖不守世俗名教規範下的喪禮，而被視為方外之士，《世說新語‧任
誕》載曰：

> 阮步兵（籍）喪母，裴令公（楷）往弔之。阮方醉，散髮坐，箕踞不
> 哭。裴至，下席於地，哭弔唁畢，便去。或問裴：「凡弔，主人哭，客
> 乃為禮；阮既不哭，君何為哭？」裴曰：「阮方外之人，故不崇禮制；
> 我輩俗中人，故以儀軌自居。」時人嘆為兩得其中。

「兩得其中」指「儀軌自居」和「不崇禮制」乃有其理據，都是合理的。其
中的區別，「儀軌自居」的儀軌是儒家名教規約下的世俗禮規。「不崇禮制」是
不崇外在的規範形式，而崇道家的禮。禮者理也，道家的「禮」，指實質運行的
天理，生與死皆天數天理，人所能做的是理解和因循，一切順乎自然律的運化，
不以人的主觀意志來逆天。對像裴楷這麼樣的魏晉名士，豁達的視阮籍不拘禮
教，也是一種禮，只不過是道家崇尚因任自然律之禮罷了。當然，儒禮或玄理衝
突時，禮法之士對崇尚玄理的阮籍不守世俗之禮的酒規是深惡痛惡的。《晉書‧
阮籍傳》載云：

籍又能爲青白眼，見禮俗之士，以白眼對之。（籍遭母喪）及嵇喜來
弔，籍作白眼，喜不懌而退。喜弟康聞之，乃齎酒挾琴造焉。籍大悦，
乃見青眼，由是禮法之士，疾之若讎。

　　按儒家名教的世俗之禮，在葬禮的告別式中，爲人子者不應飲酒彈琴，可
是依順天理自然的道家是超脱這一人爲造設之禮規的。嵇康慕好老莊，與阮籍同
調，且是好友，二人皆不崇世俗的禮制。彼此相悦相惜，嵇康的兄長嵇喜彼時已
投靠標榜儒家道德禮法之治的司馬昭，爲阮籍所不齒而以白眼予以否定。《世説
新語·任誕》亦説：

阮籍遭母喪，在晉文王（司馬昭）坐（通座），進酒肉。司隸何曾亦在
坐曰：「明公方以孝治天下，而阮籍以重喪，顯於公坐，飲酒食肉，宜
流之海外，以政風教。」文王曰：「嗣宗毁頓如此，君不能共憂之。何
謂？且有疾而飲酒食肉，故喪禮也。」阮籍啖不輟，神色自若。

　　何曾是當時禮法之士的樣板[5]。阮籍居母喪期間猶赴司馬昭的酒宴，飲酒食
肉顯然是公然對名教權威挑戰。司馬昭所以爲他解難，是因爲阮籍對司馬昭政權
的威脅是其可承受的壓力圈内。筆者認爲主要的是阮籍對司馬昭有重大的政治
利用價值。我們從後來司馬昭要阮籍寫篇替他奪權篡位的勸進表，阮籍雖故技重
施，爛醉如泥，可是這次酒遁失敗，不得不在酒醉中敷衍，揮筆成文。

---

[5] 《晉書》卷三十三〈何曾傳〉描述他爲：「性奢豪，物在華侈。帷帳車服，窮極綺麗，廚膳滋味，過於王者。
日食萬錢，猶曰：『無下箸處。』」傅玄讚之爲「君子之表」，劉毅等人數刻奏他侈汰無度，司馬昭因其重
臣，一無所問。

第三節　嵇康的酒品

竹林七賢裡，年齡最輕的王戎曾敬佩嵇康平日喜怒不形於聲色的大肚量，所謂：「與嵇康居二十年，未嘗見其喜慍之色。」[6]蓋從嵇康的詩文中可知他自述生不逢時，託生於衰亂的末世中。他在〈太師箴〉說：「大道沉淪，智慧日用，漸私其親，懼物乖離，攘臂立仁。名利愈競，繁禮屢陳。刑教爭馳，天性喪眞。季世陵遲。」儘管如此，我們從他所撰的〈養生論〉可看出他是珍惜生命，熱愛生命，對人生意義和價値有著深厚願景的知識分子。

然而，嵇康也認識到飲酒在怡養身心的健康，營造生活情趣上的正面價値。在他所留存的著作中，難得的有一首〈酒會詩〉。詩中有言：「臨川獻清酤，微歌發皓齒。素琴揮雅操，消聲隨風起。斯會豈不樂，恨無東野子。酒中念幽人，守故彌終始。但當體七弦，寄心在知己。」這首詩當作於三國時期的高士阮侃（德如）離去後不久，嵇康有山水之遊，親臨林木芳華，崇臺流水的情景，對著清澈流動的江水，飲一杯清酒，哼唱著美妙的輕歌，索來素琴以彈奏出高雅的樂曲，清亮的琴聲隨風飄揚，這樣的山林間之酒會令人不自覺的沉浸在人與自然交融，人與人和諧感通的幸福氣圍中。嵇康沉緬在當前美景中，不禁舉酒杯懷念起那位已離去的幽人高士，那堅貞不渝的品節。這份今人難忘的情誼只能體現在七弦琴上，託付知己深情在心聲中。嵇康在其〈答難養生論〉中還認爲當人被大自然生動的和諧美吸引感動後，人生理想境界提升，這也是他逐漸疏離酒色的實踐法，他說：「若以大和爲至樂，則榮華不足顧也；以恬澹爲至味，則酒色不足欽也。」另外，他在〈與山巨源絕交書〉中也自述：「游山澤，觀魚鳥，心甚樂。」且謂在生不逢時，有志難伸的不可作爲之時局，自許：「今但願守陋巷，教養子孫，時與親舊敘離闊，陳說平生，濁酒一杯，彈瑟一曲，志願畢矣。」對他而言，小酒一杯，居家與親舊細敘舊情，則微酒溫克，適體頤性，可活暢血氣的流通，洗滌心中積累的鬱悶，不但有益身心的健康，且蘊發出人的生命情趣。

第四節　劉伶的〈酒德頌〉

　　我們先就相關的史料所對劉伶的載述來繪出其可能的形象，《晉書本傳》載曰：

> （伶）嘗渴甚，求酒於其妻，妻捐酒毀器，涕泣諫曰：「君酒太過，非攝生之道，必宜斷之。」伶曰：「善！吾不能自禁，惟當祝鬼神自誓耳。便可具酒肉。」妻從之。伶跪祝曰：「天生劉伶，以酒爲名。一飲一斛，五斗解酲，婦兒之言，愼不可聽。」仍引酒御肉，隗然復醉。

　　若這段描述屬實，則劉伶這位酒痴，簡直就是活著的酒囊了。他自謂以酒得名，五斗才能解酒癮，不顧夫妻情義，因酒而悖倫，也可想見，他在當時的禮法之士眼中，係一位因酒而傷風敗俗的名教叛逆了。《世說新語・任誕》載：「劉伶恆縱酒放達，或脫衣裸形在屋中，人見譏之。伶曰：『吾以天地爲棟宇，屋室爲褌衣，諸君何爲入吾褌中？』」可說是因酒而狂放至怪誕的地步了。《昭明文選》〈五君詠〉注引臧榮緒《晉書》說：「伶常乘車，攜一壺酒，使人荷鋤而隨之，謂曰：『死便埋我。』」飲酒是他人生的至樂，只要能滿足飲酒，得生命最高價值，也可死而無憾了。就劉伶自身而言，在他的人生境遇裡痛飲美酒似乎是他所能活出生命意義的唯一事情。但是他在一般人眼中卻是位縱酒頹放的社會敗類。例如，《晉書・劉伶傳》評他爲「遺形骸」、「陶兀昏放」、「以無用罷」；〈名士傳〉評他「肆意放蕩」、「土木形骸，遨遊一世」、「伶處天地之間，悠悠蕩蕩，無所用心」。《世說新語・容止》描述他「貌甚醜悴，而悠悠忽忽，土木形骸」，至於劉伶的個性，本傳謂：「放情肆志，常以細宇宙，齊萬物爲心。澹默少言，不妄交遊。……初不以家產有無介意。嘗醉與俗人相忤，其人攘袂奮拳而往，伶徐曰：『雞肋不足以安尊拳。』」又說他「雖陶兀昏放，而機應不差」。他的「機應不差」可謂透悟了老莊無爲之道的玄理，他看不起俗人，

也不介意俗人看不起他。「酒」使他心靈境界超塵脫俗，使他灑脫自如，與世俗無爭，亦與不寬容的黑暗時局無爭。他的靈活應變，以一句雞肋怎能擋得了尊拳，使對方轉怒爲笑，收回拳頭而去，化解一場危機。

　　他不與俗人俗事爭，他要爭的是俗人所不敢之爭，他要爭的是與天地順合自然，與日月爭自然之理。他的宇宙豪氣，天地深情寄文託意於他享名於後世的〈酒德頌〉。這百餘字的〈酒德頌〉文簡意骸，意境深遠，豪情萬丈，全文如下：

> 大人先生，以天地爲一朝，萬期爲須史，日月爲扃牖，八荒爲庭衢。行無轍跡，居無室廬，幕天席地，縱意所如。行則操卮執瓢，動則挈榼提壺，唯酒是務，焉知其餘？有貴介公子，縉紳處士，聞吾風聲，議其所以。乃奮袂攘襟，怒目切齒，陳說禮法，是非鋒起。先生於是方捧罌承槽，銜杯漱醪，奮髯箕踞，枕曲藉糟。無思無慮，其樂陶陶。兀然而醉，怳爾而醒，靜聽不聞雷霆之聲，熟視不睹太山之形，不覺寒暑之切肌，利欲之感情。俯觀萬物，之擾擾焉，若江海之載浮萍。二豪侍側焉，如蜾蠃之與螟蛉。

　　文中他以「大人先生」自喻，惟酒是務地形神相親，進而與天地自然交融，與萬物渾然一體。他以豪情高志，透過宇宙眼，天地情睥睨名教機制中爲個人私利搬弄是非，競相攻擊的禮法之士。劉伶深得莊子的神韻，《莊子・列禦寇》有言：「吾以天地爲棺槨，以日月爲連璧，星辰爲珠璣，萬物爲齎送。吾葬具豈不備耶？」大自然才是人原始要終的眞宰，永恆的歸宿。劉伶的飲酒裸身或許是師習阮籍[7]。他們透過酒所催化散發的人原始生命力，與天地萬物自然渾合爲一。人赤裸裸的從自然而來，赤裸裸的回歸大自然，與天地並生，萬物合一，與「道」冥合，和天地精神相往來。他們皆有得於莊子的曠達神韻。

---

[7]　《世說新語・任誕》二十條引王隱《晉書》：「魏末，阮籍嗜酒荒放，露頭散髮，裸袒箕踞。」

第五節　阮咸、向秀、山濤與王戎的酒品

　　阮咸，字仲容。父阮熙係阮籍之兄，曾任武都太守，阮咸與叔父同遊於竹林，以妙解絲竹而著名於世。他將「中和」視爲音樂美感的本質，訴諸大自然的本體「道」之體性。《世說新語・任誕》注引〈竹林七賢論〉曰：「諸阮前世皆儒學，善居室。唯咸一家尙道棄事，好酒而貧。舊俗，七月七日，法當晒衣。諸阮庭中爛然錦綺，咸時總角，乃豎長竿，掛犢鼻褌也。」阮家子弟皆以放達任誕聞名於時，阮咸在母親去世行喪禮時，仍縱情越禮，目無禮法不亞於阮籍。在酒品上，《世說新語・賞譽》注引〈名士傳〉稱阮咸：「任達不拘，……少嗜欲，哀樂至到，過絕於人。」〈任誕〉載：「諸阮皆能飲酒，仲容至宗人間共集，不復用常盃斟酌，以大甕盛酒，圍坐相向大酌，時有群豬來飲，直接去上，便共飲之。」山濤曾企圖推薦阮咸任官，阮咸因酒失態敗德，結果以耽酒虛浮而不被重用[8]。他飲酒不用酒杯而用大甕，且不介意與豬共飲，他的喝酒已至荒誕蕩突的地步。阮籍之放達是有所爲而作「達」故得「至愼」美名，相較之下，阮咸是無所爲而作「達」，始終沉淪於閭巷而未獲擢進。

　　向秀，字子期，河南懷（今河南省武陟西南）人。《世說新語・言語》注引〈秀別傳〉曰：「少爲同郡山濤所知，又與譙國嵇康，東平呂安友善，並有拔俗之韻。……常與嵇康偶鍛於洛邑，與呂安灌園於山陽，不慮家人有無，外物不足怫其心。」他在竹林七賢中個性沉靜，最甘淡泊，隨遇而安，怡淡目適。《世語》所引〈秀別傳〉又云：「秀與嵇康、呂安爲友趣舍不同。嵇康傲世不羈，安放逸邁俗，而秀雅好讀書，二子頗以嗤之。後秀將注《莊子》，先以告康、安，康、安咸曰：『書詎復須注，徒棄人作樂事耳。』及向秀注成，以示二人，嵇康問：『爾故復勝不？』呂安乃驚曰：『莊周不死矣！』」可見向秀雅好讀書又深愛《莊子》，足推測他是七賢中心境較澄靜，內斂處事隨和平易，不像嵇康、

---

[8]　《世說新語・賞譽》引〈竹林七賢論〉曰：「山濤之舉阮咸，固知上不能用，蓋惜曠世之儁，莫識其意故耳。大以咸之，所犯方外之意，稱其『清眞寡欲』，則跡外之意自見耳。」

阮籍那般激越。他對名教與自然採取平衡點來折中調和的態度，不咄咄逼人，鋒芒畢露。在飲酒的態度上可說是七賢中最平淡的了。在史料中除《世說新語‧任誕》述及他與其他六人「常居竹林之下，肆意酣飲」外，殊難得知他的酒品和酒德。趙劍敏說：「他喝酒，說是和群賢一起喝，與其說喝酒，毋寧說是喝那眾人共飲的感覺，場面酣暢了，他跟著酣暢。」[9]不過向秀在〈難養生論〉駁嵇康〈養生論〉絕滋味的論調，謂：「夫人含五行而生，口思五味，目思五色，感而思室，飢而求食，自然之理也。但當節之以禮耳。」可推論出他對飲酒兼容儒家的禮教和道家循天理之自然，不過亦不及，但求中和之理以兩全自然與名教之美，亦頗得莊子不齊之齊之深意。

山濤，字巨源，河內懷人，與向秀同鄉，性好老莊，有名士器量，卓然不群。山濤擅飲酒以交友，他的飲酒一方面是為了自身的怡情遣性，另一方面也是藉以應酬助興。他一生歷三朝三姓，得名在五十歲後，忠勤晉室，爵高位尊。《世說新語‧賞譽》載曰：「王戎目山巨源如璞玉渾金，人皆欽其寶，莫知名其器。」後人也評點山濤的人品是通簡有德或度量弘遠。《世說新語‧賢媛》載曰：「山公與嵇、阮一面，契若金蘭。……他日，二人來。（山公）妻勸公止之宿，具酒肉，夜穿墉以視之，達旦忘返。公入曰：『二人何知？』妻曰：『君才殊不如，正當以識度相友耳。』公曰：『伊輩亦常以我度為勝。』」山濤深諳世故，出處進退，與人交往，頗能捉拿節度分寸。他的飲酒態度亦是如此，他的酒量是八斗內不醉，每次聚飲，將至八斗時便不再逞強。司馬炎有次暗備八斗酒勸灌山濤，山濤慢飲而不計量數，飲至八斗自然止杯不飲[10]。也可得知這位在險惡官場上的不倒翁，共應酬恰得其分寸，連飲酒也如此而未醉倒過。

王戎，字濬沖，琅琊臨沂（今山東臨沂）人，父王渾，涼州刺史，出身望族。王戎身材矮小，相貌尋常，但神采清秀，裴楷評賞他說：「戎眼燦燦，如岩下電。」富名士氣質，在魏晉名士品鑑人物的時尚中，除容止外，還慕風韻。

9　見趙劍敏《竹林七賢》，上海：學林出版社，2000年，頁263。
10　《晉書》，卷四三，〈山濤傳〉。

阮籍與王渾爲友，每次到王渾家，都會與王戎清談良久，王戎參與竹林之遊，爲七賢中最年輕者。王戎飲酒有時狂飲似阮籍，有時掌握節度似山濤。史料中有三則述及王戎飲酒處，值得我們注意。《晉書‧王戎傳》載：「戎嘗與阮籍飲，時兗州刺史劉昶字公榮在坐，籍以酒少，酌不及昶，昶無限色，戎異之。……」王戎在這次的飲酒中初見阮籍，酒只有二斗，阮籍只斟酒予王戎，劉昶不介意，三人各得其所。王戎不解，請教阮籍，阮籍說：「（飲酒）勝公榮者，不可不與飲酒；弱於公榮者，則不敢不共飲酒；唯公榮可不與飲酒。」眞是妙答中透顯名士的飲酒亦不乏寬簡有大量者。可是隨著政局的惡化，王戎爲苟安而逐步投靠司馬氏集團，而遭阮籍的不齒。《世說新語‧排調》載：「嵇、阮、山、劉在竹林酣飲，王戎後往，步兵（阮籍）曰：『俗物已復來，敗人意！』王笑曰：『卿輩意亦復可敗耶？』」儘管王戎日後在政治立場上轉變而與嵇、阮不同調，不過他仍眞情感念舊時與老友的竹林之遊。《世說新語‧傷逝》載云：「王濬沖爲尙書令，……經黃公酒壚下過。顧謂後車客：『吾昔與嵇叔夜、阮嗣宗共酣飲於此壚，竹林之遊，亦預其末……今日視此雖近，邈若山河！』」此條記述王戎乘車路過當年七賢竹林之遊「黃公酒壚」的地點，觸景生舊情，不禁悲感泉湧，回憶當初鴻鵠比翼悠遊多麼自適自在。對比於現今的自己猶羈絏的籠中鳥，不但失去自由身，也有莫名的欠安全感。

第六節　結語

　　竹林七賢個性、才情、出身的家世及其與世俗的牽連,各有其歷史及生活
世界,卻面對共同的政治境遇和時代困境。《世說新語·任誕》有言:「名士不
必奇才,但使常得無事,痛飲酒,熟讀〈離騷〉便可稱名士。」雖然,他們共同
感受到時光飄忽,政局多變且無情和人生無常。他們在精神上是透過飲酒來提升
心境至莊子物我兩忘,齊物以消解是非、榮辱、生死、苦樂的偏執,企求臻於與
「道」冥合,逍遙自適的超世俗之至境。南朝梁的沈約著〈竹林七賢論〉有段精
闢的見解,謂:

> 嵇、阮二生,志存保已,既托其跡,宜慢其形。慢形之具,非酒莫可,
> 故引滿終日,陶兀盡年。酒之爲用,非可獨酌,宜須用侶,然後成歡,
> 劉伶酒性既深,子期又是飲客,山王二公,悦風而至,相與莫逆,把臂
> 高林,徒得其游。故與野澤,銜杯舉樽之致,寰中妙趣,固冥然不睹
> 矣。[11]

　　歷來學者們對魏晉名士之飲酒意涵多所詮解,諸如:消憂解愁、隱諷暗
規、養生延年、寬樂雅適……等,不一而足。其中以消憂解愁及酒遁避難最能爲
人所接受。這是持之有故而言之成理的。蓋阮籍〈詠懷詩〉六十四首云:「臨觴
多哀楚,思我故時人。對酒不能言,凄愴懷酸辛。」在天下多變故,名士危在旦
夕而少有全者的時代,阮籍借酒澆愁,把酒當做身心痛苦的止痛藥或精神上的
嗎啡或避禍倖兔於難的「庇難所」,是當時七賢及大多數名士飲酒心態的普遍
寫照。
　　那麼,我們如何理解名士們飲酒與〈離騷〉的內在關聯呢?借用《四庫全書

---

11 《藝文類聚》,卷三七,《人部·隱逸下》。

總目提要》評清錢澄之《莊屈合詁》的詮釋是「以〈離騷〉寓其幽思，而以《莊子》寓其解脫」來理解，眞正名士風度是既能面對現實感發憂憤，又能超越憂憤而不執。換言之，人與社會群體同在，不離世俗又能在心境上脫略異化的名教而享受飲酒微醉時沉浸在與「道」渾然一體的眞切感，以及與天地萬物及朋友交融的無限美感。因此，筆者認爲就名士飲酒的多樣化價值中，飲酒韜晦以遠禍避害，或解憂以養生未必是最高價值。最高價值應是飲酒後煥發出形神相親的生命元眞力量，將心境提升到與「道」相契，由玄理神遊萬物，超越一切世俗利害而以純眞純美的心靈享受人與自然交融下的無盡美感。因此，筆者認爲嵇康的〈酒會詩〉的詩心詩情與詩境最可貴。那就是人在山青水綠，鳥語花香的大自然中與志趣投合的友人聚飲佳酒，琴歌助興，從異化的名教牢籠中解放出來，超脫原對世俗是非、榮辱、得失價值的執迷，將精神上的悲苦昇華爲無限的玄美。這是由「醉者神全」來體現《莊子・達生》所點出的人之健全完整的生命與自然渾合，在無盡的和諧中體現出人在微醉時精神的純淨與祥和。德哲尼采《悲劇的誕生》提出「酒神精神」，他在對異化的基督教道德之批判中，認爲酒神精神是一種具有形上深度的悲劇性情緒。人們爲了追求解脫個體化束縛而復歸於原始自然的體驗。此種體驗係通過痛苦與狂喜交織的癲狂狀態，達到與精神本體融合之境界。莊子的「醉者神全」之玄理，在名士超脫名教的宰割而復歸於與「道」合一的心境體驗，也是一種痛苦與欣喜交織的心靈高峰經驗。這種高峰的精神生活經驗，係由酒、道、玄美及臻於至極的自我實現所交織出來的，與德國哲學家尼采標榜的「酒神精神」（熱情洋溢）有異曲同工之妙。

第十三章　七賢間的情誼

　　友誼的真諦在於人與人之間在理性、德性和情感上有同心同德處，亦即能相互的交流、理解與認同。《易・繫辭上・八章》對同人卦九五爻辭「同人，先號咷而後笑」作一詮解，謂：「君子之道，或出或處，或默或語，二人同心，其利斷金，同心之言，其臭如蘭。」人若意欲於追求人生的甜美，其必要條件之一是走出孤獨，樂意於和性情相投緣的其他人義結金蘭。然而，每一個人皆有獨特性、無二的人格特質，遇到與自己性情完全相同的人，在理論上和事實上皆不太可能。因此，性情在某些方面相接近的人，易相互溝通和認同，在物以類聚的原理下易結合成為朋友。就另一方面而言，人與人之間尚在差異處，在人際互動時，鮮明的不同性格形成相互品賞之特點，營造出多樣而生動活潑的趣味出來。在詭譎多變、政治黑暗、迫害連連的魏晉時代，名士們對時局的深度不滿，而想痛快的宣洩真心話，也只能在少數知心朋友間才有可能。竹林七賢在悲情的時代中，其苦悶的心靈可相互共鳴、扶持，又能苦中作樂，共同營造名士生活的雅趣。他們在遠離政治敏感地帶的山水竹林之間享受著清談、悠遊的自由，在人生苦難的徬徨迷失中，共同探討玄理，尋求時代與心靈的理解和安頓。因此，竹林七賢的交遊是思想與情感的交流，在情誼的感通中找到共同的精神樂園，能抒解內心的困惑與苦悶於一時。

　　南朝宋劉義慶的《世說新語・任誕》首條即提及「竹林七賢」，謂：

陳留阮籍、譙國嵇康、河內山濤，三人年皆相比，康年少亞之。預此契者：沛國劉伶、陳留阮咸、河南向秀、琅邪王戎。七人常集於竹林之下，肆意酣暢，故世謂竹林七賢。[1]

文末注引《晉陽秋》云：「于時風譽扇于海內，至于今詠之。」。距魏末不

---

[1]　參見余嘉錫《世說新語箋疏》，臺北：華正書局，1993年，頁727。本章《世說新語》採此版本，以後提及此書只舉頁碼，並簡稱《世語》。

出百年的孫盛在所著《魏氏春秋》中也提及「七賢」[2]，東晉中期胡袁宏也提到
「竹林名士」[3]。兩晉以來，嵇康和阮籍成爲名士們的人格典範，「竹林七賢」
的名號也隨這一仰慕之風尚而勃興。這七位賢人各有鮮明的個性，出眾的才華，
出身背景不一，卻因緣際會的生長在同一政治黑暗的時代，世局丕變的亂象中，
且能形成一名士團體，表徵出一種文化風潮。面對這令人矚目的文化現象，不禁
使我們欲進一步了解，他們彼此之間具有何種人格特質，又如何相識且能相互吸
引而有竹林之遊的雅趣？他們相互之間的友誼觀又是什麼？這是本文的問題意識
之源發處。

　　就研究此一課題的文獻依據而言，阮籍、嵇康和向秀不但有論著留傳，且
可從相關文獻中得知其言論和行爲舉止。劉伶則留下一篇完整的〈酒德頌〉及若
干任誕的言行記錄。山濤有《山公啟事》、阮咸有《易義》，此兩人與王戎皆未
留下傳世著作，只能從史料所載述的若干有趣的言與行來折射出他們的思想和人
格特質了。事實上，這七賢個別交遊的範圍大小不同。例如：阮咸、劉伶可得知
的友人甚少，相對的，我們從與嵇康交友相關的文獻中得知嵇康的朋友計有：呂
安、趙至、公孫崇、袁準、山欽、孫登、郭遐叔、阮德如、張叔遼、呂巽、王烈
及七賢中的其他六賢，共十七人，本文則限定竹林七賢彼此間的情誼爲範圍。

　　據歷史學者王曉毅的研究，七賢的竹林之遊有前後兩期。前期是在高平陵
政變（公元二四九年）前的正始八—十年之間，聚會的地點在山陽，時間可放寬
爲公元二四七—二五六年。前期的核心人物是嵇康、阮籍、山濤，旨在避開洛陽
的政治漩渦。後期的時間約爲公元二五九—二六二年，核心人物是嵇康、呂安、
向秀，主要原因在針對司馬氏集團的「名教之治」進行消極的抵制[4]。本文擬分
別從：一、阮籍與阮咸、王戎、劉伶之情誼互動；二、阮籍與嵇康之交往情誼；
三、嵇康與山濤；四、嵇康與向秀等四個面向來探索這一論題。

---

[2]　《三國志》，卷二十一〈王粲傳〉注孫盛《魏氏春秋》，北京：中華書局標點本，1959年，頁606。
[3]　《世語·文學》，頁272-273。
[4]　參見王曉毅〈向秀評傳〉，《郭象評傳（附向秀評傳）》，南京：南京大學出版社，2006年，頁36。

第一節　阮籍與阮咸、王戎、劉伶之情誼互動

一、阮籍與阮咸

　　阮咸是阮籍哥哥武都太守阮熙之子。阮咸年齡較王戎稍長，是七賢中年紀次小者。身為阮籍侄子的阮咸，據有限的文獻所述，其不拘禮法的任誕行為與阮籍可說是不分上下，因此，兩人被合稱為「大小阮」。他們是竹林七賢中唯獨具有親戚關係的二賢，有著與其他人不同的特殊關係。叔侄之間雖有輩分之別，卻不拘形跡，常像同輩的朋友般共同交往遊憩。《世說新語‧任誕》有一則載述阮咸參加阮氏宗族的聚飲酒會，謂：「諸阮皆能飲酒，仲容至宗人間共集，不復用常杯斟酌，以大甕盛酒，圍坐，相向大酌。時有群豕來飲，直接去，上便共飲之。」阮咸在這一行為上，其心態如同《莊子‧齊物論》之「齊貴賤」、「天地與我並生，而萬物與我為一」。

　　阮咸與豬共飲的行為或被世人不齒或被當作趣談，就其行為的內在意義而言，係出於酒興狂放時的率性自然，敢於真情流露，與阮籍所言「禮豈為我輩設耶？」[5]相互輝映，可說是叔侄兩人在這方面聲氣相通，情性相感，越禮教而任真情。然而，阮籍年少以來懷抱淑世之志，其任誕行為是出於不得志的苦悶，以宣洩其對時代不滿的激越之情。當阮籍兒子阮渾想學其乃父放達之風時，阮籍深不以為然，藉阮咸之行來規勸，〈任誕〉曰：「阮渾長成，風氣韻度似父，亦欲作『達』。步兵曰：『仲容（咸）已預之，卿不得復爾。』」[6]阮籍這句話折射出他對阮咸的間接評價。阮籍之放達與阮咸同中之異在於阮籍少年以來心存淑世之志。可惜的是，阮籍遭時不遇，有志未伸，心中鬱悶不已，對政治的黑暗又激憤不已。因此，他的任誕放達之舉，一方面在釋放舒壓，另一方面則藉此為依憑而表達對當權者濫用道德禮法，以致是非顛倒的不滿和抗議。

---

[5] 《世語‧任誕》，頁731。

[6] 《世語‧任誕》，頁735。

二、阮籍與王戎

　　王戎，字濬沖，琅邪人，太保祥之宗族也，爲巨族之旁支。戎少時在京師即見賞於阮籍，王戎小阮籍二十四歲左右，二人的交往卻十分密切。《晉書・王戎傳》載：「籍每適（王）渾（王戎父親），俄傾輒去。過視戎，良久然後出。謂渾曰：『濬沖（王戎）清賞，非卿倫也。共卿言，不如共阿戎談。』」阮籍以「清賞」的品評語來肯定王戎的玄談品質。

　　此外，王戎玄談的「清賞」，使阮籍與之成爲忘年之交。阮籍之結交王戎的誘因，取決於王戎的「清賞」之口才。事實上，王戎較其父親更能吸引阮籍之魅力。不僅如此而已，我們從《世說新語》所散見的有關對王戎生命氣質和風采描述語，予以綜合，得知王戎少年時期，長相清秀俊美，特別是眼神亮麗迷人，「王戎幼而清秀」、「戎幼而穎悟、神彩秀徹，視日不眩」[7]、「戎眼爛爛如巖下電」[8]、「日甚清炤，視日不眩」[9]、「王戎眸子洞徹，視日而眼明不虧」[10]。同時，王戎少年時智力過人領悟力高，所謂「戎少清明曉悟」[11]、「超超玄箸」[12]，與玩童們見路邊李樹結實纍纍，眾童紛採，獨王戎不取且斷言「樹在道邊而多子，此必苦李」[13]。事實不出其所料。更可貴的是王戎七歲時即表現出器識不凡，膽識過人，所謂：「虎承間攀欄而吼，其聲震地，觀者無不辟易顛僕。戎湛然不動，了無恐色。」[14]因爲他已洞灼先機，看到該老虎已被拔除爪子，威脅力大減。王戎形神俱美，才華膽識出眾，深獲阮籍的鍾愛，而有忘年之交的情誼。

---

[7]　《晉書》，卷四十三，〈王戎列傳〉，頁1231。
[8]　《世語・容止》，頁610。
[9]　《世語・容止》，頁610。
[10]　《世語・容止》，頁610。
[11]　《世語・賞譽》，頁413。
[12]　《世語・言語》，頁85。
[13]　《世語・雅量》，頁350。
[14]　《世語・雅量》，頁350。

　　王戎的人格特質尚有重視情感的面向，《世語‧傷逝》載：「王戎喪兒萬子，山簡往省之，王悲不自勝，簡曰：『孩抱中物，何至於此！』王曰：『聖人忘情，最下不及情，情之所鍾，正在我輩。』簡服其言，更爲之慟。」[15]王戎的親子感情在其喪子之痛時表現出眞摯濃郁之親情。其情眞意切的悲情不是當時所崇尚的聖人之「忘情」，也不是冷漠無情者的「不及情」，而是對兒子情有獨鍾的鍾情。

　　王戎情感生活豐富而自然，對友情的價值也定位較高，縱使受友人戲謔也能寬簡回應而不以爲意。《世語‧排調》載：「嵇、阮、山、劉在竹林酣飲，王戎後往，步兵曰：『俗物已復來敗人意！』王笑曰：『卿輩意，亦復可敗邪？』」[16]阮籍心中的王戎清尚脫俗，因此「俗物」一語可視爲朋友間的親暱戲言，並非惡意，不具卑下猥瑣的貶意。儘管如此，綜觀王戎一生的若干行跡，亦清亦俗，不著邊見。

　　《世語‧德行》載：「王戎父渾有令名，官至涼州刺史（注引《世語》曰：『渾，字長原，有才望，歷尚書、涼州刺史。』）。渾薨，所歷九郡義故，懷其德惠，相率致賻數百萬，戎悉不受（注引虞預《晉書》曰：『戎由是顯名。』）。」[17]王戎年輕時能對民眾所贈予其父數百萬的奠儀金不受利誘而起貪心，所以「顯名」，當非出於矯情以務虛營，而是出於其清高。但是中年以後的王戎又多貪財斂藏的庸俗行徑，觀《世語‧儉嗇》不過九條，但是言及王戎處就有四條，其儉嗇可謂俗氣之極。例如：「王戎女適裴頠，貸錢數萬。女歸，戎色不悅。女遽還錢，乃釋然。」、「司徒王戎，既富且貴，區宅、僮牧、膏田、水碓之屬，洛下無比。契疏鞅掌，每與夫人燭下散籌算計（注引王隱《晉書》曰：『戎好治生，園田周偏天下，翁嫗二人，常以象牙籌，晝夜籌計家資。』）。」王戎在後半生積蓄的財產龐大，爲何仍欠缺安全感而不知足地自晦求全，以致吝

---

[15] 《世語‧傷逝》，頁638。
[16] 《世語‧排調》，頁781。
[17] 《世語‧德行》，頁23。

名昭彰呢？若我們設身處地，感受其時代的際遇，則得知王戎雖位居三公，彼時迭有內爭，八王之亂動盪不已[18]，處亂世中強權即是公理所在，人生活在稍一不慎則有旦夕之禍的壓力中，因此，王戎不得不含垢忍辱以求自保，作風坦白不假掩飾，屯積錢財以備燃眉之需。

衡諸史實，「王室多故，禍難罔己」[19]，在敏感多疑的政治風暴中，惡人妄加誣陷，無辜者入罪黜徙，甚至被牽連到簒逆遭連坐法誅夷者。司馬氏從正始十年（公元二四九年）—甘露五年（公元二六〇年）間，發動過多起大型殺戮。首起為正始十年高平陵之變，司馬懿殺大將軍曹爽「支黨皆夷及三族」，其後又有誅夷三族之舉三起，分別為魏王淩「收其餘黨，皆夷三族」、大將軍毋丘儉「夷儉三族」、大將軍諸葛誕「夷三族」。此外，人禍之外尚有天災的肆虐，史書載：「是歲，郡國十二旱，六蝗」[20]、「人相食啖，白骨盈積，殘骸餘肉，臭穢道路」[21]，這或許是王戎原不受賄金，懷有令譽，何以後半生又好財積富，興利自誨的原故。他的含垢忍辱，善攝機宜以求自保之智巧和率真的性情，阮籍針對他而有「俗物」之譏，也不是空穴來風。

王戎聰穎善解人意，情任生命率真自然，與阮籍任真情而越禮法的生命性情不謀而合。因此，《世語・任誕》載：「阮與王安豐（王戎）常從婦飲酒。」共同嗜酒酣暢，而無視於世俗禮法的眼光。王戎雖欠缺阮籍撰〈大人先生傳〉的政治批判意識和反抗姿態，但是王戎的情真而神清，生命蘊致不逆自然情性之灑脫，不矯行禮教，「任率不修威儀」[22]與阮籍的「禮豈為我輩設耶？」可說是至為知己了。此外，戴逵〈竹林七賢論〉云：「王戎晦默於危亂之際，獲免憂禍，既明且哲，於是在矣。」[23]與阮籍出言謹慎，處處提防自己不捲入現實政治的漩

---

[18] 八王之亂始於公元三〇〇年，王戎時年六十六歲。

[19] 參見《晉書・齊王問》，楊家駱主編《晉書》，臺北：鼎文書局，2002年，頁1609。本文《晉書》採此版本，以後提及此書只舉頁碼。

[20] 見《晉書》四卷，頁909。

[21] 見《晉書》二十六卷，頁782。

[22] 《晉書・王戎傳》，頁1232。

[23] 《世語・儉嗇》，頁874。

渦，其明哲保身，苟全性命於亂世的想法與做法和王戎是不相上下的。《世語·德行》載：「晉文王稱阮嗣宗（籍）至慎，每與之言，言皆玄遠，未嘗臧否人物。」[24]至於王戎的明哲保身之態度，《初學記》十一引王隱《晉書》：「王戎為左僕射，領吏部尚書，自戎居選，未嘗進一寒素，退一虛名，理一冤枉，殺一痾嫉，隨其沉浮，門調戶選。」[25]兩人為珍惜寶貴的自我生命而明哲保身，以致雖有道德感卻缺乏道德的勇氣，在意志的軟弱上，兩人頗有相契處同病相憐，可謂心氣相通，情性相感，相互包容共同之人格缺點。

　　少年時即深受阮籍喜愛，且把臂同遊於竹林友會的王戎在阮籍過世後，在某一機緣下，又途經昔時與阮籍共同飲酒作樂的黃公酒壚的舊處，不勝感傷。《世語·傷逝》載：

> 王濬沖（戎）……經黃公酒壚下過，顧謂後車客：「吾昔與嵇叔夜（嵇康）、阮嗣宗（阮籍）共酣飲於此壚。竹林之遊，亦預其末。自嵇生夭、阮公亡以來，便為時所羈絆。今日視此雖近，邈若山河。」[26]

　　王戎在嵇、阮已逝，世局丕變，今非昔日，黃公酒壚的舊址猶在現前，可是往日與嵇、阮酣暢於竹林此酒壚的情誼感通之快樂，如今已轉眼成空，不復存在，悲從中來，不勝唏噓。他在觸景生情，追憶曾一起肆意酣暢的兩位故舊，生死永隔，今昔恍若隔世。王戎「邈若山河」的嘆詠，深沉的體驗出時代的悲情，生命的無常和摯友知音已故的無奈。空對酒壚，王戎感傷的神情陷入恍惚的虛實交錯中。蕭統〈詠山濤王戎詩〉詮釋了王戎此時的心情：「濬沖殊蕭散，薄暮至中臺。徵神歸鑒景，晦行屬聚財。嵇生襲玄夜，阮籍變青灰。流連追宴緒，壚下獨徘徊。」[27]寥寥數言，對王戎緬懷阮籍、嵇康的往日情誼與美好的共處時光，

---

[24] 《世語·德行》，頁17。
[25] 《世語·賞譽》，頁421。
[26] 《世語·文學》，頁270。
[27] 見俞紹初《昭明太子集校注》，鄭州：中州古籍出版社，2001年。

惆悵之情何以堪的深情，有著生動而令人爲之動容的刻畫。

三、阮籍與劉伶

劉伶，字伯倫，沛國人。《世說新語・容止》云：「劉伶身長六尺，貌甚醜悴，而悠悠忽忽，土木形骸。」注引梁祚魏國統言劉伶：「形貌醜陋，身長六尺，然肆意放蕩，悠焉獨暢，自得一時。」其生平事蹟欠詳。《昭明文選》卷二十一〈五君詠〉，顏延年詠劉參軍云：「劉伶善閉關，懷情滅聞見。」李善注曰：「言道德內充，情欲俱閉，既無外累，故聞見皆滅。」注又引臧榮緒《晉書》曰：「伶潛嘿少言。」又《晉書・劉伶傳》將其形象描述爲「放情肆志」。綜理文獻所載，可將劉伶的人格特質呈現爲沉默寡言，獨照於內心，嗜好杯中物（酒），遺落世事，肆意放蕩，悠焉獨暢於外，雲淡風輕，自得一時。史書對阮籍和劉伶的交往情況記述很少，值得一提者，僅見於《世語・任誕》載，阮籍「求爲（步兵）校尉，于是入府舍，與劉伶醉飲」[28]。注引《文士傳》云：「（籍）後聞步兵廚中有酒三百石，忻然求爲校尉。於是入府舍，與劉伶醉飲。」兩人以酒會友，宛若因深識飲酒樂趣而相結交爲酒中知己，其間情誼或可以酒逢知己千杯少來類比性的理解。

阮籍在〈大人先生傳〉及對劉伶所著的〈酒德頌〉中皆同樣的提到「大人先生」，皆賦予莊子曠達超邁的造型。阮籍的「大人先生」以千里爲一步，以千歲爲一朝。劉伶則謂之爲以天地爲一朝，萬物爲須臾，日月爲扃牖，八荒爲庭衢。《晉書・劉伶傳》謂劉伶：「常以細宇宙，齊萬物爲心。」頗得莊子以「道」通萬物而齊視之神韻。阮、劉兩人分別從他們的著作中，阮籍〈達莊論〉中的「至人」，〈大人先生傳〉中的「大人先生」，劉伶〈酒德頌〉中的「大人」皆具有

---

[28] 《世語・任誕》，頁730。

鮮明的道家思想特色，尤其是莊子的精神風貌。然而，兩人在同樣的嗜酒放達外貌下，又有不同的意涵。阮籍的放達是藉酒放達，以達酒遁避禍之目的。據唐修《晉書》卷四十九〈阮籍傳〉云：「文帝初欲爲武帝求婚於籍，籍醉六十日，不得言而止。」劉伶好酒而放達乃其眞性情之流露。《世語‧任誕》載：

> 劉伶病酒渴甚，從婦求酒。婦捐酒毀器，涕泣諫曰：「君飲太過，非攝生之道，必宜斷之。」伶曰：「甚善！我不能自禁，唯當祝鬼神，自誓斷之耳，便可具酒肉。」婦曰：「敬聞命。」供酒肉於神前，請伶祝誓，伶跪而祝曰：「天生劉伶，以酒爲名，一飲一斛，五斗解酲。婦人之言，慎不可聽。」便引酒進肉，隗然已醉矣。[29]

注曰：「見〈竹林七賢論〉。」是《世說新語》引戴逵〈竹林七賢論〉原文也。然而，阮籍與劉伶雖爲酒友，且皆有飲酒放達的風采，實則劉伶本性好酒且放達爲其情性之自然外顯。長懷淑世之志的阮籍則蓄意放達以避禍或抒解心中苦悶而不得不爲。劉伶〈酒德頌〉有言：「俯視萬物，擾擾焉若江海之載浮萍。」是酒精的發酵作用，令其神情恍惚，從世俗差別相的計較之心境中，自我提升而至渾化萬物爲一的細宇宙，而齊萬物之精神逍遙境域。高晨陽對兩人作了一總結式的點評：「從人格的層面說，阮籍的現實人格是分裂的，而在劉伶那裡，『理想人格』或『外在人格』這兩個方面基本上是統一的。所以，劉伶絕不會像阮籍那樣感受到人格分裂的痛苦。」[30]宋代詩人黃庭堅認爲七賢中的阮籍、嵇康皆不及劉伶的超世絕塵之智，其詩曰：「阮籍劉伶智如海，人間有道作糟丘。酒中無諦眞三昧，更覺嵇康輸一籌。」[31]

---

[29] 《世語‧任誕》，頁729-730。

[30] 見高晨陽《阮籍評傳》，南京：南京大學出版社，1994年，頁254。

[31] 黃庭堅〈謝荅聞善二兄九絕句〉，《山谷集》，卷七。

第二節　阮籍與嵇康之交往情誼

阮籍較嵇康年長十三歲[32]，兩人雖少有儒學素養及淑世之志，且生長在同一時代，有共同的處境、正義感及不得志的苦悶。但是性格卻有差異。史書謂阮籍「任情不羈」，嵇康「高亮任性」，劉勰在《文心雕龍》中並舉嵇康和阮籍為正始詩文學代表人物。該書〈明詩〉云：「嵇志清峻，阮旨遙深。」劉勰認為一作品的風格曲調取決於作者天生的氣質才情，也反映出其內在生命的情性所煥發出來的生命情韻和人格意象。阮籍與嵇康是言談投機，心志相契的摯友，《珊玉集》引《晉抄》謂嵇康：「為性好酒，傲然自縱，與山濤、阮籍無日不興。」他們兩人的心路歷程有二點是相似的，少年時有儒學薰陶，有儒家重義輕利的君子人格特質，他們對包藏禍心的偽君子痛恨入骨，對帶道德禮法面具的小人，尖銳的批判言辭溢於言表，同聲主張越虛偽的名教任自然的心意和情性。他們的淑世之志受挫後，皆由儒家轉向道家。同時，都嚮往神仙的無憂無慮的美好境界。阮籍與嵇康深厚的隆情高誼，可由下則載述詳見之，《世語‧簡傲》劉注引《晉百官名》曰：

> 嵇喜，字公穆，歷揚州刺史，康兄也。阮籍遭喪，往弔之。籍能為青白眼，見凡俗之士，以白眼對之。及喜往，籍不哭，見其白眼，喜不懌而退。康聞之，乃齎酒挾琴而造之，遂相與善。[33]

嵇喜是嵇康之兄，彼時從軍投靠司馬氏集團，阮籍不齒其失節行為而以不友善的白眼表態。嵇康帶酒與古琴來弔阮籍母喪，阮籍得見摯友，喜悅之情自然流露而難掩回復常態的眼神。嵇康與阮籍深交甚久，對阮籍的為人有深刻的觀察，曾品評了他對阮籍的觀感。嵇康在〈與山巨源（山濤）絕交書〉中說：

---

[32] 阮籍，公元二一〇─二六三年；嵇康，公元二二三─二六三年。
[33] 《世語‧簡傲》，頁770。

阮嗣宗口不論人過，吾每師之，而未能及。性情眞人，與物無傷，惟飲
酒過差耳……吾不若嗣宗之資，而有慢弛之闕；又不識物情，闇於機
宜；無萬石之愼，而有好盡之累，久與事接，疵釁日興，雖欲無患，其
可得乎？**34**

阮籍不論人過，不但魏文帝曾言之，見於史書得知鍾會曾數次以時事來刺探
阮籍的口風以便羅織罪名陷害他，阮籍均能以酒遁來避禍。阮籍與嵇康都蔑視禮
教，但是如嵇康所言，阮籍不臧否人物而能自保免禍，這是嵇康自認爲不如阮籍
處**35**。但是在酒品上，嵇康予以負面評價，可謂公允之評。

阮籍〈詠懷詩〉五言八十二首中的第八十首詩作，在「阮旨遙深」的氛圍下，
若比對嵇康的生平事蹟，可察覺出阮籍這首詩是嵇康遇難後，對故友的深切哀悼，
也一抒阮籍自身的憂生之嗟，〈詠懷詩〉中深情哀悼追思遇難的嵇康，該詩云：

出門望佳人，佳人豈在茲？三山招松喬，萬世誰與期？存亡有長短，慷
慨將焉知？忽忽朝日隤，行行將何之？不見季秋草，摧折在今時！

詩中令阮籍不斷湧現思念之情的人，當指竹林七賢中下場最悲慘，唯一受政
治誅殺之害的嵇康了。詩文中的「佳人」指像嵇康般的君子賢人，嵇康曾渴望成
仙，卻落了空，生命有長也有短，嵇康又如何能預知自己的慷慨就義而死呢？嵇
康臨刑時顧視日影步步移，意謂著他感受到即將行刑前殘存生命之短暫。阮籍在
感傷故友的悲劇下場之際，也感嘆自己的餘生又將何去何從呢？尾句以秋草在時
間的大限內即將枯亡的宿命，阮籍由悼友而興發自憐之情，在類比聯想下不禁悲
從中來而轉而哀悼自己，一抒憂生之嗟。全詩隱曲晦澀，卻意旨深遠的微言了自
己與故友嵇康難以言喻的悲情。

---

34 嵇康〈與山巨源絕交書〉，見戴明揚《嵇康集校注》，臺北：河洛圖書出版社，1978年，頁118-119。
35 鍾會設陷擬書阮籍事，見唐代房玄齡等撰〈列傳第十九·阮籍傳〉，《晉書》，卷四十九，臺北：鼎文書局，
2003年，頁1360-1361。

第三節　嵇康與山濤

　　山濤與阮籍皆較嵇康年長十幾歲[36]，三人間有情誼的往來。《太平御覽》卷五十七引無名氏撰《晉書》曰：「嵇康以高契難期，每思郢質，所與神交者，唯阮籍、山濤，遂爲竹林之遊，預其流者，向秀、劉伶、阮咸、王戎。」[37]注引臧榮緒《晉書》云：「嵇康爲竹林之遊，預其流者，向秀、劉靈（伶）之徒。」載述類似。同書卷四四四引〈竹林七賢論〉曰：「山濤與阮籍、嵇康皆一面而契若金蘭。濤妻韓氏嘗以問濤，濤曰：『當年可爲友者，唯此二人耳。』」我們再讀一則相關載述，可知其原委而證明此三人之間的友誼非泛泛之交。

　　《世語‧賢媛》載述：

> 山公（山濤）與嵇、阮一面，契若金蘭。山妻韓氏，覺公與二人異於常交，問公。公曰：「我當年可以爲友者，唯此二生耳！」妻曰：「負羈之妻亦親觀狐、趙，意欲窺之，可乎？」他日，二人來，妻勸公止之宿，具酒肉。夜穿墉以視之，達旦忘反。公入曰：「二人何如？」妻曰：「君才致殊不如，正當以識度相友耳。」公曰：「伊輩亦常以我度爲勝。」[38]

　　該條注引《晉陽秋》曰：「濤雅素恢達，度量弘遠，心存事外，而與時俛仰。嘗與阮籍、嵇康諸人箸忘言之契。至于群子，屯蹇於世，濤獨保浩然之度。」嵇康與阮籍雖正直清高，卻以道德潔癖睥視俗人。嵇康箕踞鍛鐵，不禮鍾會來訪，種下鍾會一生難以忘懷的仇恨。他在〈與山巨源絕交書〉中自述：「不喜俗人，剛腸疾惡，輕肆直言，遇事輒發。」他在之後的〈幽憤詩〉中仍堅稱自

---

[36] 嵇康，公元二二三－二六三年；山濤，公元二〇五－二八三年；阮籍，公元二一〇－二六三年。

[37] 向秀〈思舊賦〉，《昭明文選》，卷十六。

[38] 《世語‧賢媛》，頁679-680。

己：「惟此褊心，顯明臧否。」可證明嵇康的剛直任性，在寬恕和包容的度量上是不及山濤的。對凡俗之士予以青白眼的阮籍在識度上，也不能和山濤容忍異己的氣度相比美。《晉書‧山濤傳》謂山濤：「性好老莊，每隱身自晦。」因此，三人所以能交友共遊竹林，其原因在於三人皆好老莊，其中又以山濤的性行最具老莊的深度。此外，山濤識人、薦人皆有其令人賞識的獨特眼光和公允正直處。

山濤與嵇康的情誼也可見於山濤推薦嵇康任職自己的空缺這件舉措上。《世語‧棲逸》三條載述：「山公將去選曹，欲舉嵇康；康與書告絕。」注引〈康別傳〉曰：「山巨源爲吏部郎，遷散騎常侍，舉康，康辭之，並與山絕。」[39]嵇康卻推卻了山濤的這片好意，更寫了〈與山巨源絕交書〉詳述自己堅決不出仕的理由有「不堪者七」、「不可者二」，且帶著責備的口氣說：

> 足下昔稱吾於頴川，吾嘗謂之知言。然經怪此意，尚未熟悉於足下，何從便得之也？前年從河東還，顯宗（公孫崇）、阿都（呂安）說足下議以吾自代。事雖不行，知足下故不知之。[40]

據《晉書》卷八九〈嵇紹傳〉亦即嵇康兒子於「十歲而孤」說法，再考嵇康遇害時間爲景元三年（公元二六二年），可推知嵇康這封信寫於景元元年（公元二六〇年），書信中所謂「頴川」指山濤的族父山嶔。揣測文中涵義，山濤曾向山嶔讚許嵇康無意仕途的志節，嵇康也以己志能被山濤理解而感到欣慰。然而被自己認爲「知言」的山濤，且提出推薦自己任其空缺之意，頗有責怪山濤對自己未澈底的了解，因此信中嚴辭回絕。問題是「絕交書」之名是否眞正意謂著嵇康要斷絕和山濤的交情呢？衡諸史實，《晉書》卷四三〈山濤傳〉載：「康後坐事，臨誅，謂子紹曰：『巨源在，汝不孤矣。』」由藕斷絲連的事態分析，嵇康這封絕交書是指桑罵槐，意有所指於司馬氏集團，鍾會對嵇康由崇拜敬愛不成，

---

[39] 《世語‧棲逸》，頁652。
[40] 書信中提及嵇康「女年十三，男兒八歲」。

轉而生深仇大恨。

據張雲璈《選學膠言》曰：

王志堅《古文瀾編》作〈與山巨源絕交書後〉題曰：「此書舊題作〈與山巨源絕交書〉，叔夜簡傲，其言傷于峻則有之，非有惡于山公也。臨終謂子紹曰：『巨源在，汝不孤矣。』此豈絕交者乎？書題本出自後人，今去之。」雲璈案：篇中並無絕交之語，去之良是。

此外，葉渭清云：

按中散與山公交契至深，此書特以寄意，非真告絕也。《白孔六帖》二十四「恤孤」有云：「嵇康臨刑，謂子紹曰：『山公尚在，汝不孤矣。』」其中情相信如此，而云絕耶？《康別傳》說之云：「豈不識山之不以一官遇己情耶，亦欲標不屈之節，以杜舉者之口耳。」斯言最為近之。[41]

既然，嵇康這封信的書題出於後人，且嵇康之後遭遇到誅殺之害，死前猶將獨子嵇紹託孤於山濤的遺言觀之，山濤與嵇康的友情是禁得起考驗的。至於山濤何以明嵇康不屈於司馬氏集團的志節，為何又擬推薦嵇康予司馬昭呢？從嵇康非薄湯武及當時司馬氏集團所標榜的名教之治觀之，很可能司馬昭對嵇康已作出明顯的敵對政治立場表態，已至無法再容忍的地步，山濤任官於司馬昭身邊，頗悉內情，或感到當時政治形勢險峻，終將對嵇康不利，而欲挽救嵇康性命，而作這一不得不然的救助辦法，希望能藉此化解嵇康可能遭受的禍害吧！事實證明，嵇

---

[41] 張雲璈、葉渭清語，見戴明揚《嵇康集校注》，北京：人民文學出版社，1962年，頁112。戴明揚在該出處的案語也提出：「書尾有『並以為別』之語，即所謂絕交也，惟出于一時之情，非真絕耳。至書題本出于後人，則『絕交』二字之有無，又不足辯矣。」

康終於被鍾會所陷害，遭司馬昭的誅殺，歷史也證明，嵇康死後，山濤負起了照
顧嵇紹的責任，爲嵇紹謀得公職以苟全性命於亂世。

第四節　嵇康與向秀

　　向秀是嵇康的摯友之一，生卒年不詳，《晉書·向秀傳》云：「向秀，字子期，河內懷他。」[42]史料中所呈現的向秀不求仕途，謂：「向秀甘淡薄，深心託豪素。」[43]雖然好讀書，未有任誕之行的記錄，卻也是位感情豐富而能自我表現，而有「酒酣起舞」之舉[44]。向秀〈思舊賦〉說：「余與嵇康、呂安居址接近。」意指其住處與嵇康鄰近，是與嵇康長時間親暱相伴的密友。《晉書》卷四十九〈嵇康傳〉載述：

> （嵇康）性絕巧而好鍛，宅中有一柳樹甚茂，乃激水圜之，每夏月，居其下以鍛。……初，康居貧，嘗與向秀共鍛于大樹之下，以自贍給。潁川鍾會，貴公子也，精練有才辯，故往造焉。康不為之禮，而鍛不輟，良久會去，康謂之曰：「何所聞而來？何所見而去？」會曰：「聞所聞而來，見所見而去。」會以此憾之。

　　此事後世傳為趣談，究竟發生在何時，實難考究。但是與事相關且在《三國志》卷二十一〈王粲傳〉注引《魏氏春秋》提及的「大將軍」觀之，當指司馬昭。因此，這一故事應發生在司馬昭開始執政的正元二年（公元二五五年）至嵇康著〈與山巨源絕交書〉景元二年（公元二六一年）之間。向秀與嵇康合作鍛鐵之事，另據《太平御覽》卷四九○引〈向秀別傳〉曰：「又與譙國嵇康、東平呂安友善，其趣舍進止，無不必同，造事營生業亦不異。常與康偶鍛于洛邑，與呂安灌園于山陽，收其餘利，以供酒食之費。或率爾相攜，觀原野，極遊浪之勢，

[42] 《晉書》，卷四十九，〈向秀傳〉，頁1374。
[43] 蕭統編，李善注《昭明文選》，卷二十一，顏延年〈五君詠〉，北京：中華書局，1977年，頁304。
[44] 《世語·品藻》：「劉尹、王長史同坐，長史酒酣起舞。劉尹曰：『阿奴今日不復減向子期。』」劉孝標注：「類秀之任率也。」參見《世語·品藻》，頁525。

亦不計遠近，或經日乃歸復修常業。」可見嵇康與呂安、向秀的生活世界有相互
參與之時期，在共同工作和郊遊中，增進了彼此的深層了解，也培養了濃厚的感
情，共同締造了一段隸屬於他們共同的生活歷史和洋溢著友誼之幸福感的日子。
《世語・文學》十七條注引〈秀別傳〉曰：

> 秀與嵇康、呂安爲友，趣捨不同。嵇康傲世不羈，安放逸邁俗，而秀雅
> 好讀書，二子頗以此嗤之。後秀將注《莊子》，先以告康、安，康、安
> 咸曰：「此書詎復須注？徒棄人作樂事耳！」及成，以示二子，康曰：
> 「爾故復勝不？」安乃驚曰：「莊周不死矣！」[45]

嵇康、向秀與呂安三人雖個別的趣好不同，卻能互相結合成爲朋友，其中
原因之一在於他們都喜好莊子的精神世界，向秀注《莊子》把概念化的文本點活
了，而令嵇康、呂安驚嘆不已。換言之，他們各自從不同的生命氣質、姿態詮釋
了莊子的眞性情，活生生的精神風貌。這是使他們相互之間能欣賞對方，相互吸
引成志同道合的摯友。據王曉毅的研究指出：

> 向秀與嵇康、呂安三人的密切交往，發生在後期竹林之遊，尤其是嵇康
> 從河東回山陽後，故將向秀開始注《莊子》的時間，暫繫於此年。但向
> 秀拿給嵇康、呂安看的這不應當是魏晉南北朝時期流行的向秀《莊子
> 注》，應爲早期的草稿，因爲從現存《莊子注》佚文看，持名教即自然
> 的觀點，與嵇康、呂安這一時期反對名教，崇尚個人絕對自由的激烈觀
> 點相反，不可能得到嵇、呂的贊賞。[46]

王教授出身史學，長於史料的蒐集和考證，他的這一研究成果，使我們對向

---

[45] 《世語・文學》，頁206。
[46] 參見王曉毅《郭象評傳（附向秀評傳）》，頁376。

秀注《莊子》說，獲致更進一步的認識。

向秀在嵇康、呂安遇難後，於景元四年（公元二六三年），約四十歲左右，被迫入仕，途經昔日三人竹林之遊的故址，不勝感慨而有〈思舊賦〉之作。〈思舊賦〉序曰：「余與嵇康、呂安居址接近，其人並有不羈之才，然嵇志遠而疏，呂心曠而放，其後各以事見法。……余逝將西邁，經其舊廬。……追思曩昔游宴之好，感音而嘆，故作賦云。」此文所述與前述王戎之悼阮籍、嵇康有異同處，令人質疑。宋代孫逢古撰《職官分紀》卷六引臧榮緒《晉書》曰：「向秀為散騎侍郎，公使乘軺車，經昔與嵇、阮共遊酒壚前過，又嘆曰：『吾昔與嵇康、阮籍屢遊此壚，自嵇生及阮公沒，吾便為時所羈紲。今日視此雖近，邈若山河也。』」向秀念舊的往日情懷，其感受恍如隔世，不勝唏噓。戴明揚對此一疑點，根據史料作出了合理的分析和推論，他說：

> 蕭統《詠王戎詩》曰：「留連追宴緒，壚下獨徘徊。」以此事屬王戎。《世說新語‧傷逝》篇載此，亦以為王戎之語。劉孝標注引〈竹林七賢論〉以駁之。竊謂向秀與嵇、阮為密，其應舉入京，亦在嵇、阮死後。此語似當屬秀為是。《晉書》襲《世說》，以此語入〈王戎傳〉。**47**

向秀與嵇康共同鍛鐵，且一起行竹林之遊，又皆好莊子遺世脫俗的生命品味，咸有「不羈之材」，嵇康被誅，向秀面對死亡威脅的恐懼下，不得已而入洛歸附於司馬昭的強權，所謂「為時所羈紲」。因此，「邈若山河」之嘆與〈思舊賦〉中的悲心傷感是符合的。但是，從另一方面而言，王戎與阮籍有忘年之交，彼此共同參與竹林之遊，且對對方的才華皆深情玄賞。因此。王戎在阮籍死後，偶經當年與阮籍共同酣飲的酒壚舊址，觸景生情，又豈能無「今日視此雖近，邈若山河也」。依個人淺見，這句話是誰表述的，雖可就歷史的真相來懸疑考證，

---

47 見戴明揚校注《嵇康集校注》附錄〈事跡〉，頁358。

可是就人情世故的傷逝感受而言，向秀之追念嵇康、王戎之悼念阮籍，就同理心、同情感的實質涵義而言，理當有同感。

　　東漢在漢章帝親臨白虎通會議後，將君爲臣綱、父爲子綱、夫爲妻綱，訂定爲漢代社會的倫理根本大法，這種三綱倫理是嚴格區別尊卑、貴賤、男女、老幼之行爲規範的封建位差倫理。如此，君、父、夫享有倫理的特權凌駕於臣、子、妻之上。身分爲臣、子、妻者成爲倫理社群中的弱勢團體，削去了生命的主體性及人格尊嚴，淪爲被宰割的對象。在封建位差的架構下所衍生的道德禮法把忠孝名節意識形態化，質變成強力壓制倫理位分較低下者的利器。三綱倫理在世俗化下形成僵硬的網羅，吃人的禮教。在不對稱的位差倫理規約下，居上位身分者缺乏理性和德性的自覺，依仗外鑠性的他律倫理規範，侵犯了下位身分者的人權和尊嚴。上位身分者在缺乏道德的自覺及美德的修養下，形成仁義道德說盡、傷天害理做盡的僞君子、眞小人。

　　就魏晉的社會結構下，豪門士族如司馬氏集團等掌握優勢的資源，竹林七賢多屬非主流的寒門士族，竹林七賢法天貴眞，不虛情矯飾於僵化的道德禮法，以眞情摯性面對自我及他人，他們基於對人之尊重、理解和人文關懷建立他們的友誼觀，平等地與朋友交往而不拘於道德禮法對人採取不對稱的規約和束縛。對他們而言，情理互感的心及相互尊重、平等交往的朋友這一倫才能導正三綱倫理對道德人格的扭曲和偏差。竹林七賢之間以莊子齊物、逍遙的胸襟，超脫了綱常名教所規約的身分及禮教。他們在眾生平等的立基點下，以情理互感的普遍人性，眞實的呈現自己及對他人眞情相待、眞情告白，實踐了人與人之間應互信、互愛、互助、相互肯認的際性倫理，實現人與人是以主體和主體的身分相待，互爲主體際性的友誼。

　　友誼蘊涵著人與人之間的相互善意及友愛，品德和生命才情是人之所以爲人的特質，具恆常性。純潔崇高的友誼是構成人生幸福的一項重要元素，應立基於對他者品德和生命才情的欣賞和愛慕，獨樂樂不如與人樂樂，與人樂樂不如眾樂樂。鳥獸不可同群，人是道德的、社群的存有，本能地趨向於他人。因此，在飽滿的人性生活中當具備與父母、妻子、孩子，以及志同道合的朋友的深情互動。

若缺乏了對人類之間互信、互敬、互愛及互助之可能性的否認，友誼的眞諦貴在相互間眞誠相知，不但在理智上深刻了解友人，也應在感情上相互交流和接納。友誼貴在彼此間相互欣賞其優點，讚美其成就，包容其缺點，寬恕其犯的錯誤，和顏悅色地規勸他，而不是責備他。

竹林七賢除了相互間基於不同的理由相互結交成友，而產生許多令人動容的情誼感通事跡外，他們都是出入儒、道，活用儒理與玄智而在不寬容的政治、無常的個人命運際遇中安頓生命的賢者。他們崇尚儒家的倫理親情，篤信孟子所謂「君臣有義、夫婦有別、父子有親、長幼有序、朋友有信」的五倫。其中在朋友這一倫的表現上，他們用全幅的生命來實踐朋友之間的有情有義，將朋友間的誠信價值看得很崇高，他們有漢代儒家所崇信《左傳》所標榜的立德、立功、立言的三不朽人文價值。

在遭時不遇，有志未伸，且有個人性命之危時，他們又能吸取道家的生命智慧，隨順自然，安時處順，逆來順受，值得注意者，在他們處在歷史命限最險峻時，能由老子的無爲政治理想轉向個體生命的自覺，回歸自己生命內在的眞性情，法天貴眞，聚集爲竹林之遊，享受著飲酒清談，逍遙自在的精神上之幸福，也體現出道家情而不執的友誼情趣。然而，在他們的骨髓中，多人又充滿著儒家誠信的眞情、純情和深情，頗足爲後世友誼觀的範式。

第十四章　音樂中和之美的享受

　　《全上古三代秦漢三國六朝文》中所提及的魏晉樂賦達三十多篇，這是不容小覷的數量。不僅如此，魏晉時代還新增了如琵琶、笛、箜篌等新式樂器。至於魏晉時代樂論有何創新及理論的特色？我們發現魏晉樂論的主要代表作，一方面承繼漢代樂賦的創作程式，多由製作樂器之材料所生長的自然環境、名師如何製造樂器、歌聲吟唱的自然狀態及音樂通靈感物之奇妙作用來切入，且在玄學思潮影響下，探討了音樂審美及其所以能通靈感物的形上基礎何在？音樂和諧美自身的獨立自主性為何？從而探討了音律、音色……等音樂學客觀問題，以及音樂自身與人類情感之間的相關性問題，這些問題不一而是，豐富了魏晉的樂論內涵，也拓展了中國音樂美學的視域和進程。玄學以貫通天人及萬物關係為旨趣，淨化玄通人與天、人與人、人與萬物，追求天人物我的整體性和諧為境界理想。

　　在魏晉玄學的沉浸下，音樂的根源與體性被提升至氣化的機體宇宙論高度來探討。聲音是自然界的產物，構成音樂的音律與大自然四時的運行規律及空間的方位秩序相配合。《禮記‧樂記》云：「大樂與天地同和。」音樂審美的關鍵在品賞其節奏、旋律、和聲的整體和諧美，音樂所蘊發的和諧美又奠基於宇宙根於「道」所自然顯發出來的和諧本性。當代中國美學家宗白華說：

> 春夏秋冬配合著東南西北。這個意識表現在秦漢的哲學思想裡。時間的節奏（一歲十二月二十四節）率領著空間方位（東南西北等）以構成我們的宇宙。所以我們的空間感隨著我們的時間感覺而節奏化了、音樂化了。……一個充滿音樂情趣的宇宙（時空合一體）是中國畫家、詩人的藝術境界。[1]

　　大自然季節遞嬗的律動猶如音樂中的節奏，五音所表徵的大自然中萬物的盛衰，意涵著宇宙精神風貌的體現。特別是呈現在魏晉時期的樂論或樂賦，音樂的

---

[1]　宗白華《美學散步》，上海：上海人民出版社，1999年，頁106。

樂律與宇宙的自然律是合拍的，整體的和諧性爲其本質，天人渾化爲一的樂境即道境，是魏晉玄學與名士們共同的心聲和究極理想。

竹林七賢能詩能文、善飲酒、喜山水、好音樂……等是他們共同的生活情趣和人格特質。阮籍、嵇康的琴藝、長嘯，多見於文獻，阮咸擅長音律及彈奏琵琶也有史料可徵，可惜的是劉伶、向秀、王戎、山濤在音樂上的表現，目前爲止，仍無可資論述的史料。儘管如此，我們沒有理由排除他們在音樂上可能的才華、表現和成就。本文僅就文獻足徵的阮籍與嵇康二人爲主要對象，分別紹述他們的音樂才華之表現，分析評價他們對音樂的概念理解及音樂功能與價值上的見解。

阮籍與嵇康皆以古琴的琴藝聞名於世。魏晉時代的琴曲兼綜儒、道特色，不少琴人的際遇常與失意潦倒，有志未伸，和危機四伏的殘酷現實糾結，他們託情志於古琴，意在宣洩個人的憂心與悲情。因此在諸多琴曲中常以借情、借景、借物來寄託個人悲怨的苦悶、崇高的志節和人生理想。例如，東漢蔡邕幾經仕途挫折，流亡避禍生涯達十二年之久，創作出〈遊春〉、〈秋思〉、〈幽居〉、〈綠水〉、〈坐愁〉五名曲。藉以怡情自適、諷諫寫心，抒情舒壓，嵇康不齒司馬昭的悖倫不軌，彈〈廣陵散〉。據之該名曲係描述聶政報父仇而刺殺韓王之故事，表現幽憤以傳志的激越之情。南宋朱熹謂：「琴家最取〈廣陵散〉操，以其觀之，其聲最不和平，有臣淩君之意。」

嵇康在臨刑被誅之際，素琴彈奏〈廣陵散〉，其臨死不屈，大義凜然的浩然精神，將該曲的音色表達得如大鑼、大鼓，氣勢磅礴不絕，有悲憤感的急促迫切。據傳，阮籍所創作的〈酒狂〉，亦是表達強烈情感的琴曲，折射出少年宏志，載於〈詠懷詩〉所云：「臨難不顧生，身死魂飛揚。豈爲全軀士？效命爭戰場，忠爲百世榮，義使令名彰。」阮籍與嵇康皆彈奏過無比悲愴豪情的琴曲，在宏大的天地境界及深沉的道德意識，抒發了沉痛的生命悲情之長嘆。本章紹述兩人具普遍原理的音樂理論。

第一節　阮籍的〈樂論〉

　　阮籍的〈樂論〉不但探索了音樂自身構成的自然元素及形上原理，由音樂生成的形上理論賦予了音樂美的獨立性，且放在人文、社會的情境脈絡中論及其意義和價值。他和嵇康的〈聲無哀樂論〉及〈琴賦〉構成竹林七賢極具代表性的音樂美學代表作。嵇康的樂論且具有中國音樂美學發展史上，關鍵性的經典作地位，學界對嵇、阮樂論的研究已多樣且豐富，精闢之見紛陳。然而，音樂大致上可分為歌唱與器樂，學界較少注意到的是竹林七賢有音樂史料可考的人物中，阮籍、阮咸、嵇康三人在器樂的研究彈奏技法上是卓言盛名的。茲取古琴為範例，使嵇、阮的樂論有一可具體理解的實物和理論之主要立基點。

　　聯合國教科文組織曾於2003年11月7日在巴黎總部宣布，中國古琴藝術正式被列入世界第二批「人類口頭和非物質遺產代表作」，成為人類文明史上所共同擁有的文化資產寶物。

　　古琴在周代禮樂制度中可謂冠眾樂之長，統大雅之尊，主要用在郊廟祭祀、朝會、典禮等雅樂之演奏。《禮記・曲禮下》云：「士無故不撤琴瑟。」《左傳・昭公元年》亦謂：「君子之近琴瑟以儀節也，非以慆心也。」當時能精通琴技者，多為專業性的樂師，或流行於士大夫以上的貴族階層，秦代以後才流行於民間。在春秋戰國之際，許多宮廷樂師流落民間傳授技藝，孔子曾拜魯國宮廷樂師師襄學琴藝。《詩》三百篇，孔子皆能弦歌之。後世文人雅士愛慕仿效，以致許多賢士名人能長於琴藝。《列子》記載楚人鍾子期是伯牙鼓琴時的知音，成為以琴音結交知音的千古佳話。據《晉書・阮籍傳》謂：「籍，字嗣宗，陳留尉氏人，嗜酒、能嘯、善彈琴。嗣宗能為青白眼，見俗士以白眼對之。母喪，嵇喜來弔，以白眼對之，喜不懌而去。喜弟康聞之，乃齎酒挾琴造焉，嗣宗青眼。」我們可以再舉竹林七賢之外的東晉名士陶淵明為例證。《晉書・陶潛傳》載：「潛，字淵明，潯陽柴桑人。懷忠履潔，忘懷於得喪之境。性不解音，而蓄素琴一張，弦徽不具。每朋酒之會，則撫而和之，曰：『但識琴中趣，何勞弦

上聲。』」可佐證古琴標誌著魏晉名士風流儒雅的志趣，也是心靈深層交流的
意符。

　　阮籍在〈樂論〉中從音樂的發生學，論述了音樂所以構成的作樂者主觀意向
及客觀根據，所謂：

> 昔者之聖人之作樂也，將以順天地之性，體萬物之生也。故定天地八方
> 之音，以迎陰陽八風之聲。均黃鐘中和之律。開群生萬物之情氣。故律
> 呂協則陰陽和，音樂適而萬物類。乾坤易簡，故雅樂不煩。道德平淡，
> 故無聲無味。不煩，則陰陽自適。無味，則百物自樂。日遷善，成化而
> 不自知。風俗侈易，而同於是樂。此自然之道。樂之所始也。

　　樂之所以由成的客觀構成因素，主要在「順天地之性，體萬物之性」的自然
律動之歷程和律則。音樂的形上依據本於天地萬物本源性的體性，其重點在於不
偏執天地八方之音、陰陽八風之聲中的數端而是得總調八音、綜攝八聲，獲致黃
鐘中和之律，亦即追求調和淳均的和諧美。質言之，音樂審美的核心價值在和諧
感通的美感欣趣。和諧的體性根源於「道」自身的形上屬性。換言之，「中和之
律」乃構成和樂之樂的統整性及客觀性。音樂美之普遍性，就在於其是否內具
和諧性。對阮籍而言，雅樂的簡易不煩處，就在其內蘊了至美的和諧性。因此，
音樂之美不必繁複之功，只追究其有無和諧美。蓋「道」為萬物的本根，賅全萬
有之屬性，無偏頗地點出某些物性。「道」是無偏情嗜好的，阮籍斷之為「道德
平淡，故無聲無味」。這也是老子所謂「大音希聲」。阮籍〈樂論〉中雖亦多引
用〈樂記〉的文字，實際上，他亦吸收道家的「法自然」思想要素，而稱雅樂
「易簡」、「平淡」、「無聲無味」。因此，他除繼承儒家樂論某些思想外，也
進展至轉化和創新，走向儒玄合流之途。

　　對阮籍而言，音樂的形式只要契合中和之美的本質，則可以靈活變化而不必
拘泥於某一體例而一成不變。依此原理，音樂的作曲可與時俱遷化，三王五帝可
以不同制，只要能呈現中和之美，雅頌可分、節會有數、周旋有度、歌詠有主，

旋律雖曲折卻不亂和諧之美。就音樂學而言，節奏有度、旋律優美在於樂曲本身結構的和諧性。他還論究了體現道之和諧本性的音樂中和之美對人心感受到時所呈現的人之精神狀態。

王弼將五音視爲顯現於現象界的存在者，亦即存有，而將有聲之所以然之原理，無聲的「道」視爲形而上的「無」。他在〈老子指略〉中論述了大音希聲的「道」或形上的「無」與「五音」間的關係，所謂：

> 夫物之所以生，功之所以成，必生乎無形，由乎無名。無形無名者，萬物之宗也，⋯⋯故其爲物也混成，⋯⋯爲音也則希聲，⋯⋯音而聲者，非大音也。⋯⋯五音不聲，則大音無以至，⋯⋯五音聲而心無所適焉，則大音至矣。

道是形而上的本體，與形而下的存在者形成「有」、「無」的體用關係。「道」涵攝一切存在者，當然也蘊涵了「五音」，依據王弼「明無必因於有」的體用觀，即體顯用，即用證體，「因有明無」的有無關係論，是五音所由生之本體「道」，是「希聲」，更好說是無聲的「大音」。「大音」不離「五音」，且得透過五音及其所構成的旋律、節奏、和聲來呈現。相對而言，在紛紜交響的五音中若能調成勻稱和諧的音樂美則可體會點證幽微深遠的「道」或「無」的實存性。晉人殷仲堪在〈琴贊〉一文中指出：「五音不彰，孰表大音。至人善寄，暢之雅琴。聲由動發，趣以虛乘。」[2]

這是魏晉玄學思潮籠罩下的樂論主流思想。我們依此理論解讀阮籍〈樂論〉，也理解到阮籍的音樂源於自然之「道」。「道」內在於「氣」，作者認爲若作樂者能契悟老子「萬物負陰抱陽，元氣以爲和」的形上原理，將陰陽二種具對偶性之氣調和至清靜不煩的道境狀態，則可成爲與道同調的平淡易簡的雅樂。

---

[2] 《全晉文》，卷一百二十九。

阮籍〈樂論〉所謂：「乾坤易簡，故雅樂不煩。道德平淡，故五聲無味。」這是他透過彼時對《易》、《老》、《莊》的玄理，具創意性的詮釋儒家的「雅樂」。他在該文中又說：「八音有本體，五聲有自然。」他重視八音的空間因素，五聲的調和作用及音律中正平和的準確度，旨在強調音樂具有源自道之體性的和諧及合乎自然之規律性。從現象界，具感性特徵的「有」界而言，一切音聲，包括不同器樂中的空桑之琴、雲和之瑟、孤竹之管、泗濱之磬或各種律管皆源於五聲之「氣」和所以然之理的自然之道。對他而言，在萬殊之聲中以平淡易簡的雅樂，更好說是注入沖虛為用、無執無為而無所不有、無所不為的道化之樂，才是統攝天地、人與萬物的至真、至和、至美之樂。

就阮籍〈樂論〉的形上學背景而言，係隨順漢代氣化宇宙論及陰陽五行學說的論述脈絡而來的。蓋古人視「氣」為音律的本原。《呂氏春秋・季夏紀・音律》謂：「大聖至理之世也，天地之氣合而生風，日至則月鐘其風，以生十二律。」音律中的十二律係由每個月所生的風和氣的聚合所產生。音律中的五聲、十二律與秦漢時期所流行之陰陽五行相結合，產生以五聲對應五行，十二律對應陰陽的學說，藉以解釋萬物生長之變化。例如：《漢書・律曆志》中以位於西方的商音，象徵秋收刈歛之時，萬物成熟之極。以位於東方的角音，象徵春回大地、萬物萌發。位於南方的徵音，象徵萬物盛大繁茂狀。位於北方的羽音，則象徵萬物聚藏的休養生息。位於中央的宮音，統領四方、唱始施生，為四聲之綱領。綜觀《漢書・律曆志》係以「律」為統氣類物，「呂」為旅陽宣氣，律呂為具有統攝陰陽的度數，八個方位又分別配置八風，與五音所配置的方位又相契應，因此，庫特・薩克斯（Curt Sachs）在其《比較音樂學》一書中說：「在古代亞細亞高度文化的精神裡，所謂音樂的作用，絕不是純音樂的，而是反映宇宙關係的一面鏡子。」[3]秦漢魏晉以來做為音樂為基本概念的律呂即反映了中國傳統以來氣化的機體宇宙觀。音樂的律動源於宇宙渾然一氣的機體式律動。《禮

---

[3] 庫特・薩克斯著，林勝儀譯《比較音樂學》，臺北：全音樂譜出版社，1982年，頁15。

記・樂記》云：「陰陽相摩，天地相盪，……動之以四時，煖之以日月，而百化興焉。如此，則樂者天地之和也。」就音樂生發的邏輯而言，音律源於陰陽，陰陽是天地運行變化之道。日月星辰、四時節令的運行規律皆由陰陽的氣化流行所支配。總而言之，在機體主義的立基點下，中國先哲們不論天文、曆法、地理、四時、萬物的生成變化，皆收攝在氣化和諧的統體性視域中來觀察和思維。尤為甚者，古人認為四季八方風向的變化會影響律管的音高，乃有藉律管測候風氣以行籍典禮，而有「以音律省土風」說法，這是較不合科學處，就形上學而言，音樂直接透顯宇宙流行的生命節奏，玄學以廣大和諧的形上玄思來玄覽氣貫萬有。在機體和諧的道化天地觀影響下，中國諸般藝術不論繪畫或音樂皆醉心於宣暢大地回春時氣韻生動的宇宙機趣及審美情趣。

　　《晉書・律曆志》表述了先秦以來，古人的音樂本質觀及各種律制發展的史脈。阮籍、嵇康及許多魏晉玄學家皆承續了氣化宇宙觀的主流思潮，將音樂立基於道、氣、陰陽、五行的哲學資源上，疏理成一系統化的形上學體系，衍生出他們對音律的看法。他們細緻且深微地開展了《晉書・律曆志》氣生音樂的命題，構作出音樂美感在體現廣大和諧、氣韻生動、生機盎然的宇宙生命之美趣。阮籍在道體儒用的兼綜儒道架構下，將音樂美學之形上基礎安立在道法自然的道家玄理上，再致用於人文世界的禮樂教化中，禮之用和為貴，樂之用在融洽情志，和諧化人心，企求重建出一尊卑有序、上下共融的人文化成之理想社會。因此，在阮籍的〈樂論〉中，「正樂聲希」、「五聲無味」的道家平淡沖虛之精神與「日遷善成化而不自知，風俗移易而同於是樂」的儒家禮樂教化之使命可以兼容並蓄。

　　阮籍的〈樂論〉並非無的放矢，而有其政治觀察、社會關懷，知識分子的人文情懷及時代的責任心和使命感。質言之，他的〈樂論〉是有憂國憂民的憂患意識及拯救世人墮落不安心靈及移風化俗的崇高目的。他藉史刺今，先做社會人心的批判，再進行政治現象的分析和評論。他針對不同地域的民風及所反映在民樂的負面現象予以批評：

楚、越之風好勇，故其俗輕死；鄭、衛之風好淫，故其俗輕蕩。輕死，
故有火焰赴水之歌；輕蕩，故有桑間濮上之曲。各歌其所好，各詠其所
爲。……好勇則犯上，淫放則棄親。犯上則君臣逆，棄親則父子乖。乖
逆交爭，則患生禍起。禍起而意愈異，患生而慮不同。

楚、越有好勇鬥狠的民風，而不珍惜生命的寶貴，反映在音樂上則有激情衝
動的赴湯蹈火之歌。這種好勇輕死之歌又再感染社會人心，增強惡化這種偏激的
心理習尙，魯莽犯上以致君臣之倫叛逆，造成政治、社會的動盪不安。鄭、衛的
民風煽情淫蕩，反映在民樂上，則產生柔靡放蕩的桑間濮上之曲。其所衍生的淫
放心態，敗壞了親子之間應有的禮節尺度而悖反了家庭倫常。這兩種風氣積習久
了，則造成君臣逆、父子乖的爭端不停，家庭、社會的禍患層出不窮，人與人在
思想、言行的衝突也愈形惡化，社群失序，群體生活亂象叢生而不得安寧，人們
也隨之痛苦不堪。

阮籍在〈樂論〉中也針對封建政治體制中，爲民楷模的當權者，若嗜好偏頗
激越的樂曲，則在積習成風後，量變導致質變，醞釀發酵出種種腐蝕社群倫理的
負面現象出來。他透過政治歷史來喻理於事，謂：

景王喜大鐘之律，平公好師延之曲。公卿大夫拊手嗟嘆，庶人群生踴躍
思聞，正樂遂廢，鄭聲大興，〈雅〉、〈頌〉之詩不講，而妖淫之曲是
尋。延年造傾城之歌，而孝武思靡嫚之色；雍門作松柏之音，愍王念未
寒之服。故猗靡哀思之音發，愁怨偷薄之辭興，則人後有縱欲奢侈之
意，人後有內顧自奉之心；是以君子惡大凌之歌，憎北里之舞也。

回顧歷史，漢哀帝不重視禮樂的政治教化功能，罷省樂府，導致樂法不
修，淫聲遂起，造成社會風氣敗壞。阮籍認爲猗靡哀思之音氾濫，使人心頹廢，
自甘墮落而興起縱欲奢侈之意念，形成淫亂愈甚。阮籍持儒家君子的價值觀，表
示了「惡大凌之歌，憎北里之舞」的立場。

　　我們檢視阮籍〈樂論〉的儒家立場，資取了豐富而深刻的哲學資源。《荀子・樂論》扼要的說：「樂合同，禮別異，禮樂之統，管乎人心矣。」禮釐清人倫之序，建立尊卑、貴賤、上下、內外之位序，樂則在禮的「別異」作用上再補充融和人心的「合同」作用。禮樂互補、相需相成、陶冶社會人格，潛移默化社會人心，共建一人與人和諧而有序的祥和安定之社會。他從儒家以人文化成天下的立基點，亦即人文化成的作用上來界說，「禮」為「尊卑有分，上下有等」，界說「樂」為「人安其生，情意無哀」，禮具有規範及節制不同位階之人的群己關係作用。禮制的作用目的在安頓體生活，務使「下不思上之聲，君不欲臣之色，上下不爭而忠義成」。禮有規範人與人外在言行，亦即外部公共生活的作用，卻不及於人的內心生活。阮籍承荀子的論點，主張「樂化其內」，透過音樂的感染移情作用，使人際可能的疏離，獲得情感生活的交流、融通、認同和歸屬感。

　　然而，值得我們省思的一項問題是音樂何以能「平其心」，能平衡個人之身心，安定社會普遍人心的音樂究竟是何種音樂呢？阮籍資取氣化宇宙論的論述架構來解說「心」與「氣」和聲音之間的層層相互關係，其中「氣」是人與音樂共同的元素、媒介和通路關係。回溯《禮記・禮運》有云：「人者，其天地之德，陰陽之交，鬼神之會，五行之秀氣也。」人與自然萬象皆由氣化所生成和影響，則人與外物透過氣之中介有相互對應之感應原理。《禮記・樂記》對這點有過說明：「凡奸聲惑人，而逆氣應之。逆氣成象，而淫樂興焉。正聲惑人，而順氣應之。順氣成象，而和樂興焉。」人心感受奸聲的刺激時，以逆氣回應，這是淫樂興起的原因；當人心感受到正聲時，則以順氣回應，這是和樂興起的原因。此處的「人心」指以生理為基礎的心理反應，亦即血氣心知之心。我們由《禮記・樂記》的文脈來推知，其所謂「夫民有血氣心知之性，而無哀樂喜怒之常，應感起物而動，然後心術形焉」的「血氣」，除了意指生命原質、生命力外，亦兼含「哀樂喜怒」的情感。阮籍取其義，使我們得知他所謂能令人「平其心」、「化其內」的音樂當是正聲的和樂，亦即中正平和的雅樂。

　　對阮籍而言，能起教化作用的雅樂，其特質是發出來的一系列聲音呈現平

和及協調性。聞樂而隨之起舞者的舞步，在動作周旋的節度上呈現著從容和順之韻味。正聲雅樂所歌詠的內容，也不外是先王之美德、容貌氣質，使百姓在耳濡目染中潛移默化而達成移風易俗，敦厚社會風氣之理想目的。他在〈樂論〉中指出：

> 故聖人立調適之音，建平和之聲，制便事之節，定順從之容，使天下之為樂者，莫不儀焉。自上以下，降殺有等，至於庶人，咸皆聞之。歌謠者，詠先王之德；頌仰者，習先王之容；器具者，象先王之式；度數者，應先王之制。入於心，淪於氣。心氣和洽，則風俗齊一。

和諧的「調適之音」，平順安和的聲響，透過聽覺入於人的血氣心知，所隨之而泛應的情緒、情感也對應出和諧融洽之狀態。這種音樂才是能使聆聽者平其心、化其內，推而廣之，普遍流行於社會，才能和諧人心，齊一風俗的正聲雅樂。

此外，儒家的雅樂除了符合調適、平和之特徵外，阮籍也承襲《荀子》、《禮記》所標示的愉悅和樂之快樂特質。《論語・述而》曰：「子在齊聞《韶》，三月不知肉味，曰：『不圖為樂之至於斯也。』」肉味的享受是生理上的快感導致心理上的快感。聞《韶》則是音樂審美的享受，是審美心靈的饗宴，較生理、心理上的快感更為高級的享受。質言之，品賞《韶》樂除了滿足快感之外，更滿足了審美愉悅，這是精神上的一種幸福感，性靈上的悅樂感。阮籍在〈樂論〉中詮釋為：「孔子在齊聞韶，三月不知肉味，言至樂使人無欲，心平氣定，不以肉為滋味也。以此觀之，知聖人之樂和而已矣。」其重點在於音樂審美使人從世俗欲望中提升至心平氣和的無欲狀態，樂在沉浸於和諧之美中。和諧之美及其精神狀態是儒道共同肯認的境界和價值。然而，我們進一步地析理辨微，則仍可區分儒道之差別。荀子在儒家中最先論述了音樂與心情之間的對應關係。《荀子・樂論》首段說：

夫樂^{ㄩㄝ}者，樂^{ㄌㄜ}也，人情之所必不免也。故人不能無樂；樂則必發於聲音，形於動靜；而人之道，聲音、動靜、性術之變盡是矣。故人不能不樂^{ㄌㄜ}，樂^{ㄌㄜ}則不能無形，形而不爲道，則不能無亂。先王惡其亂也，故制《雅》、《頌》之聲以道（導）之，使其聲足以樂^{ㄌㄜ}而不流，使其文足以辨而不諰[？]；使其曲直、繁省、廉肉、節奏足以感動人之善心，使夫邪汙之氣無由得接焉；是先王立樂之方也，而墨子非之，奈何！

荀子就一般情況言，音樂源於表達心情的愉悅，將心情透過聲音、形體的舞動來表達。可是，情感的宣洩若失控而不知節制，則濫情肆欲而破壞公共秩序。因此，先王製作中正平和的雅、頌之樂，旨在合情合理的導正情感的抒發，勿流於濫情蕩越。簡而言之，音樂的本質性功能在有所節制的抒發情感，暢通人我之間情感的交流。就道德意義而言，音樂的功能在於感動引發人的善心，消解可能淪於作惡的邪汙之氣。《禮記·樂記》與荀子同調，謂：「樂者，樂也。君子樂得其道，小人樂得其欲。以道制欲，則樂而不亂；以欲忘道，則惑而不樂。」君子的愛樂是透過音樂審美來提升心靈境界，裨益道德品格。小人之所以愛樂，在撩撥宣洩個人累積的世俗化情感，不知節制的滿足一己宣洩時所產生的快感而不顧及他人感受。

阮籍在〈樂論〉中也吸收了儒家「樂者，樂也」的論點。他在該文中援引了《尚書·虞書·舜典》「神人以和」之樂舞的評價。他還反問：「誠以悲爲樂，則天下何樂之有？」就音樂是反映施政品質的一面鏡子而言，悲樂常反映君子昏庸，荒淫無度，百姓苦其殃害，作樂者以悲樂表達其內心的憂戚之情。阮籍認爲喜樂的音樂才是好的音樂，悲哀的音樂對人生命所追求的正面價值是有傷害的。〈樂論〉謂：「樂謂之善，哀謂之傷。」同時，喜樂的音樂曲調表現在心與氣的關係上也符合「心氣平治」的理想狀態。但是，他也提出禮樂的形制、內容隨著時代的移易而與時俱變，所謂：「禮與變俱，樂與時化。」先王的雅樂在經歷時代變遷後，百姓也有沉淪在淫聲、哀樂之時。因此，歷代爲政者仍須重新制禮作樂。但是，阮籍又深刻地指出禮樂的形制雖「五帝不同制，三王各異造」，雅樂

平正和諧的曲調精神不變，所謂：「至於樂聲，平和自若。」他舉《雲門》、《咸池》、《六英》為例證，這些樂舞或許形式與名目已改變，可是作為定音準據的「黃鐘之宮不改易」，仍維持曲調的平和特性。總之，阮籍的〈樂論〉旨在教化人心，不但要實現歡樂的人生正面價值，也務求由音樂的平和而陶成人們「平和自若」的人格特質，亦即「其聲平，其容和」的人文理想。

阮籍的〈樂論〉固然有其儒家淑世志業的意向和目的，所謂：「禮治其外，樂化其內。禮樂正而天下平。」但是在玄學思潮的影響下，阮籍在其個人的精神世界中也拓展了超塵脫俗，與陰陽和氣相協調，與自然大道相冥合，與天地萬物和諧與共的道家生命情操，在其〈樂論〉中也處處洋溢了道家宇宙論及人生境界的語辭。例如：在道家宇宙論方面，使用了「夫樂者，天地之體，萬物之性也。合其體，得其性，則和；離其體，失其性，則乖」、「故律呂協則陰陽和」。在雅樂的特徵上，使用了「雅樂不煩，道德平淡，故五聲無味。不煩則陰陽自通，無味則百物自樂」、「故八音有本體，五聲有自然。……其物係天地之象，故不可妄造」、「正樂聲希」、「音聲不譁，漠然未兆」[4]……等。他在語辭的使用上容或與老莊文本有些出入，但是在語辭涵義的旨意上則與老莊相通。例如：「正樂聲希」之用語與《老子‧四十一章》「大音希聲」在語意上是相通的。「音聲不譁，漠然未兆」與他在另一篇〈清思賦〉中表述「達道之化者」與寂寞大音之間的關係時所使用的「音之可聞，非聲之善。……是以微妙無形，寂寞無聽，然後乃可以睹窈窕而淑清（美好的天上雅音）」的道化心境是相通的，其理源可上溯自《老子‧二十章》：「我獨泊兮其未兆，如嬰兒之未孩。」參考王弼注所言：「言我廓然無形之可名，無兆之可舉，如嬰兒之未能孩也。」[5]「寂寞無聽」者指形上的道體，亦即大音希聲，非聽覺感官所能知覺到。阮籍在〈樂論〉中點出：「正樂通平易簡，心澄氣清，以聞音律。」意指修心工夫臻於澄澈清明之地步者，才能在形上的道化之心境中體驗出通平易簡的正樂。阮籍所

---

[4]　意指各種聲音不造成喧譁混亂的現象，國境安寧無不祥的徵兆。
[5]　樓宇烈校釋《王弼集校釋》，臺北：華正書局，1992年，頁47。

言，顯然是老子透過致虛守靜工夫，至體會到天清地寧之境界時才能得聞之音律。戴璉璋評論阮籍的〈樂論〉，謂：

> 阮氏〈樂論〉繼承傳統音樂思想的地方不少，⋯⋯不過阮氏對於傳統的
> 共識，不會止於因循承襲而已。他從玄學發展出來的本體、宇宙論，自
> 然一體、萬物一體的主張，為「樂者天地之和」的觀點，提供了堅強的
> 論據。從此以後，樂之「和」，就不只是「八音克諧」而已，真還可以
> 達到「神人以和」的境界。而「天地之和」、「神人之和」這些說法，
> 也不至於奧祕難測，可以通過阮氏所謂「道法自然」的工夫，在清虛靜
> 定的心靈中來驗證。清虛靜定的心靈，是玄學之所以為玄學的關鍵，也
> 是「樂者，樂也」的關鍵。[6]

阮籍在音樂本體之形上建構的過程中，不但出入於儒、道的論述，也兼採在其時代的玄學資源。特別值得注意者，當推劉邵《人物志》。劉邵《人物志》以「道」涵攝萬有而調和出平淡無偏執之味的喻理來詮解儒家的中和之質，對兼綜儒道的魏晉玄學確立了詮釋之典範。劉邵《人物志・九徵》云：

> 凡人之質量，中和最貴矣。中和之質，必平淡無味，故能調成五材，變
> 化應節，是故觀人察質，必先察其平淡，而後求其聰明。[7]

劉邵採氣化宇宙論的立基點，論人與人之間材質的個別差異，乃源自凡人之生成「莫不含元一以為質，稟陰陽以立性，體五行而著形」（《人物志・九徵》）。元氣分化為陰陽二氣，再分化成金、木、水、火、土等五行材質。元氣兼具五行材質是最勻稱完美的狀態，堪稱中和齊備。他以此種狀態喻示中和之人

---

[6]　戴璉璋《玄智、玄理與文化發展》，臺北：中研院文哲所，2003年，頁181。

[7]　劉邵撰，劉昞注《人物志》，卷上，〈九徵〉，臺北：臺灣商務印書館，1967年，頁4。

才是兼容眾材質的全材之人，以無全有，以有顯無。於是，他以道家形上本體之成就萬有的「無」來詮解儒家《中庸》原描述人以理馭情，克己復禮的道德人所成就的「中和」之道德人格特質。於是，劉邵建立一以道體儒用的哲學架構來兼綜儒道。阮籍似乎不自覺地受到這一玄學典範的影響，將劉邵調和儒道的人格理轉化於他的〈樂論〉中。劉運好也察覺到這一論據而做了一總結性的評論可資佐證，他說：

> 阮籍強調現實之五音，但是他抓住樂生於自然之和這一點，巧妙地把儒家提倡五音之和與道家提倡的大音之和融合起來。他說的乾坤易簡，雅樂不煩，原是以《易》釋樂，與《樂記》「大樂必易」思想相通。但他又將此與道德平淡，五聲無味聯繫起來，這就同道家之「無」形成縱向關聯。其邏輯是：樂生於道（自然），至道無味，故曰五聲無味。至此，道家音樂思想與儒家音樂思想的對立就完全消失了。**8**

最後，我們也應檢驗阮籍〈樂論〉之理論缺失或誤區所在。阮籍資取道家、陰陽家及漢代氣化宇宙論的哲學資源來對音樂本體進行形上學探索，將音樂生發的源頭以音律的客觀化規律納入天地陰陽的氣化原理來建構其哲理化的樂論，使其樂論規模宏大，論述細緻而深刻。他推論出音律之和源於道與自然萬象之和諧，值得肯定。但是，他斷言音律之和又能回過來影響天地之和，其論證未充分展示，論據也欠周備。蓋音樂之形成，有其旋律、節奏、和聲、對位之自然法則的規律和結構，卻仍有其人文因素，亦即音樂審美的藝術與美感之創造的成分。何以自然與人文交融而成的音樂可影響客觀的自然法則呢？荀子〈天論〉早已指出：「天行有常，不爲堯存，不爲桀亡。」老莊也論斷出人法自然，順從自然，非大自然可服從人的意志，受人的意志而改變其規律。正始玄學時期的夏侯

---

8 劉運好〈阮籍〈樂論〉與正始美學理想〉，《皖西學院學報》，1999年2月，第十五卷第一期，頁20。

玄於〈辨樂論〉中已予辯駁。筆者摘錄其主要論點來突出阮籍的誤區：

阮生云：「律呂協則陰陽和，音聲適則萬物類。天下無樂，而欲陰陽和調，災害不生，亦以難矣。」此言律呂音聲，非徒化治人物，可以調和陰陽，蕩除災害也。夫天地定位，剛柔相摩，盈虛有時；堯遭九年之水，……湯遭七年之旱……。此乃天然之數，非人道所協也。[9]

---

[9]　嚴可均輯《全三國文》，卷二十一，〈辨樂論〉。

第二節 嵇康的〈琴賦〉與〈聲無哀樂論〉

在南京出土的東晉墓牆磚上，嵇康被賦予的人格特質形象是撫琴而彈，反映了嵇康的生命情調與琴樂有著密不可分的關係。〈琴賦〉序自謂：「余少好音聲，長而翫之，以爲物有盛衰，而此無變，滋味有厭，而此不倦。」在他所遺留的詩文中多處自述其對琴之摯愛。例如，他在〈贈秀才入軍〉詩十九首中屢次提及此嗜好，「習習谷風，吹我素琴」（其十二）、「彈琴詠詩，聊以忘憂」（其十七）、「琴詩自樂，遠遊可珍」（其十八）。在其〈與山巨源絕交書〉中謂：「顧此恨如何可言，今但願守陋巷，教養子孫，時與親舊敘離闊，陳說平生，獨酒一杯，彈琴一曲，志願畢矣！」嵇康做爲古琴的痴好者，不但是傑出的彈奏者，琴器的鑑賞家，同時也是琴曲的創作者，相傳其作品有〈嵇氏四弄〉、〈風入松〉[10]。他擅長演奏多種樂器，向秀說：「嵇博綜技藝，於絲竹特妙。」[11]在鑑賞方面，他寫下〈琴賦〉、〈琴贊〉[12]。〈琴賦〉與〈聲無哀樂論〉是他留給後世最重要的樂論文獻，與阮籍的〈樂論〉共同成爲魏晉時代最具代表性的音樂美學著作。

一、〈琴賦〉的旨要

嵇康在〈琴賦〉一文中，其論述範圍涉及古琴的製作材質之鑑別、製作之理據、演奏技巧、彈奏的指法、音質、音色等，頗有可觀之處。文中也列舉了古琴

---

[10] 見戴明揚《嵇康集校注・附錄・廣陵散考》一文，文中對嵇康所作之琴曲、所習的琴曲，及與其相關的〈廣陵散〉之考證，有細緻的論述。

[11] 向秀〈思舊賦〉，見《文選》，卷十六。（梁）昭明太子編撰、（唐）李善注，臺北：藝文印書館，1991年。

[12] 〈琴贊〉已佚，不存於《嵇康集》中。戴明揚《嵇康集校注・嵇康集附錄・佚文》收有此文，作〈琴讚〉，僅存十六句。見戴明揚《嵇康集校注》，北京：人民文學出版社，1962年，頁317。

古代的名曲之曲，例如：〈白雪〉、〈清角〉、〈淥水〉、〈清徵〉，還提及當時的名曲曲目，例如：〈廣陵〉、〈止息〉、〈東武〉、〈太山〉等。我們從該文中還得知各地的俗曲，諸如：〈王昭〉、〈楚妃〉、〈千里〉、〈別鶴〉等。〈琴賦〉內容多樣而豐富，集文學、哲思、音樂見解、地理、植物、工藝知識於一文。該文寫作的形式有生動的變化，字句清麗、讀之感到聲韻協調、寫景狀物倍覺形象生動。該文不但被輯入《文選》，且在《文選集成》中引方廷珪讚譽語「千秋絕調」。何焯《文選評》亦評曰：「音樂諸賦，雖微妙古奧不一，而精當完密，神解入微，當以叔夜（嵇康）此作爲冠。」嵇康此賦，出入前賢，既能辨識採集優點，也能摻入自己的音樂體驗、文學才華，又能「寄言以廣意」、「假物以託心」（〈琴賦〉語），結合玄理與樂理，成爲不世出的經典之作。無怪乎《魏志》、《晉書》皆以「彈琴詠詩」來形塑嵇康的鮮明形象。

　　嵇康在〈琴賦〉序中表明「眾器之中，琴德最優」。該文論證出琴樂所以爲「冠眾藝兮」的主要原因係琴德幽深玄遠「不可測兮」。琴爲古代士君子的表德，《禮記·曲禮》云：「士無故，不撤琴瑟。」[13]嵇康在其可理解、可表述的範圍內，仍試圖從古琴的形制、音色、形相、功能來論述琴德之優點。他首先就古琴形制的體勢描述了「器和」、「張急」、「間遼」、「弦長」的特徵，在音聲上呈現出「響逸」、「聲清」、「音庳」、「徽鳴」的特性。因此，相較於其他樂器，古琴的音色表徵出絜淨端理之性，最能顯現音樂自然之和的體性。同時，古琴的清亮、厚重、十足的韻味及令人富有弦外之音的想像，也最能感動人心，疏導滯厚的感情。不同心情的人，聆賞琴聲後，各有不同的感受、理解及詮釋。秉性不同的人，如伯夷、顏回、比干、惠施、萬石等歷史知名人物，受到琴樂的陶冶，也有不同的感受和啟引，而能分別修養出廉節、仁愛、忠貞、信實、善辯、謹慎等不同的分殊德行。同理者可「觸類而長」，可適用類推的範圍廣泛。值得注意者，嵇康認爲琴聲統攝成中和的美德，涵蓋日常生活中可比擬難推

---

[13] 見《十三經注疏·禮記·曲禮下第三》，冊五，卷四，新北：藝文印書館，1993年，頁77。

的一切事物，不是其他樂器可以相比的。質言之，「中和以統物」是嵇康斷言琴德最優的主因。就老子以「無」生「有」的「道」而言，若可比擬於統攝眾有的中和之德，則琴聲可總發眾情而不受眾情中任何分殊之情所限制。

琴聲最能體現作為萬物形上本體的「道」涵攝萬有，具深不可測的無可限定性。因此，嵇康以琴聲之「性絜靜以端理，含至德之和平」為判準，他一方面從琴製作之材質——梧桐成長的生態環境來求解，另一方面從彈琴的技法與琴聲音色的表現及其與人和環境的交響共鳴來究明所以然之理。最後則立基於人生價值論，剖析琴樂對洗滌心中的塵勞，淨化心靈，提升人生境界的療用和究極價值所在。細觀嵇康所論述的理論核心在琴聲蘊含「至德之和平」這一自然的形上原理或自然之道。蔡仲德對這層深微之理有段可資理解的詮釋：

> 〈琴賦〉認為琴的「體勢」（即形制）決定琴的「風聲」（音色、音響的特徵），固器和則響逸，張急則聲清，間遼則音厚，弦長則徽鳴，這是「自然之理」，不以主觀的意志為轉移；琴含「和平」之性，蘊涵「平和」精神，更是「自然之理」，不以主觀的意志為轉移。因為「平和」或「和平」本來就來自至高無上的自然之道，所以稱之為「至德之和平」。**14**

「至德之和平」的涵義若為「至高無上的自然之道」，則琴聲最能表現自然萬象之存在和活動的本根——「道」。因此，若意向於回歸自然本真之道的超塵脫俗之人，在聲氣相通感應原理下，則自然易趨於受琴聲的吸引和感動而愛不釋手了。嵇康在〈琴賦〉一文結尾所謂：「感天地以致和，……永服御（享受彈琴之樂）而不厭，信古今之所貴。」

琴聲所以能表現「至德之和平」，嵇康先由了解製作好琴之優良材質的梧

---

14 蔡仲德《中國音樂美學史》，北京：人民音樂出版社，2003年，頁541。

桐樹切入。他認為最優質的梧桐樹，應生長在高崗峻嶺中，長期吸收日月精華，長年歷經風霜的洗禮，枝繁葉茂。他深刻描述了其周圍的生態環境，在山勢方面「青壁萬尋」雲霧繚繞，山泉遍布水量豐沛。水勢方面為「顛波奔突，狂赴爭流」。此外，在高山深谷間還得蘊藏寶石美玉、春蘭沙棠，除了植被豐茂外，還得有「（山鳥）翔鷥集其嶺，清露潤其膚，惠風流其間」。總而言之，梧桐的生長環境應充滿「自然神麗」的景物。

在琴體的製作方面，更是講求精良，所謂「乃使離子督墨，匠石奮斤，夔襄薦法，般倕聘神；鎪會裒廟，朗密調均」，要求以細緻圓熟的工藝技術將琴之板面與板底結合得有若天衣無縫；嚴格挑選適切的琴軫、琴弦、琴徽，務求琴之器物具有「龍鳳之象、古人之形」。不但如此，在文質相稱的美感要求下，在外表的裝飾文采方面，嵇康也有美工設計的高度要求，配備「華繪雕琢，布藻垂文；錯以犀象，藉以翠綠；弦以園客之絲，徽以鍾山之玉」。在琴器初成時，驗收也不能馬虎，驗收的標準當比擬於「伯牙揮手，鍾期聽聲；華容灼爛ㄌㄢ（亮麗），發采揚明」之麗質、「伶倫（發明律呂據以製樂的始祖）比律（校定律呂），田連操張」，具備「新聲嘍ㄌㄧㄠ亮」之壯美。簡言之，優質的琴器製作，在品質管制上應通過琴藝高深者的演奏，知音者細微的辨音等檢驗、測試才算完成。

在琴曲彈奏的技法上，彈奏者在心境上先有自我淨化、提升之工夫歷程。彈奏者若培養出遺世脫俗、忘塵神遊的境界，則當歌聲之清與琴聲之響交會時，表現出音樂節奏、旋律上糾結與和諧之對比和張力。〈琴賦〉所謂：「狀若崇山，又象流波，浩兮湯ㄕㄤ湯，鬱兮峨峨。……競名擅業，安規徐步，洋洋習習，聲烈遐布，含顯媚以送終，流餘響於泰素。」悠揚的琴聲，似山若水，婉轉流暢，節奏有度，心領神會，彈奏自如。李美燕以簡單易懂的講法來解說古琴的指法，她指出：

> 嵇康在〈琴賦〉中對指法有綿密深刻的描述，例如「揚和顏，攘皓腕，飛纖指以馳騖，紛僸ㄐㄧㄣ矗ㄔㄨ（聲音紛繁）以流漫（舒放散漫）」。然而，技法是有形且有限的，技法源於「心法」，心法無形，卻是深遠玄妙的。從某種意義而言，嵇康讚美琴德最優在於其「性絜靜以端理，含至德之和平」，係折射出彈琴者所

體悟道體的心聲。因爲只有透過老莊致虛守靜、離形去智的心齋工夫，才能澄懷觀象，妙契道眞於隱默之知，其根本仍在於「心」，亦即是否有清明玄妙的體「道」之心。

　　嵇康曾藉琴的深層蘊義在其贈其兄嵇喜從軍詩作中，自謂：「目送歸鴻，手揮五弦，俯仰自得，遊心太玄。」他在夕陽西下，目送歸鴻的情景交融中，與整全的大自然萬象渾化成物我俱化的一體境界。此際，他手揮琴弦所感悟的琴聲「含至德之和平」與他對大自然涵容萬象所深刻體驗到的無限和諧感通之眞切感交相契應。他在此情此景的當下，自覺到其所以能「俯仰自得」的心靈，即是自我提升心境至與太玄相契的形上心靈，對他而言，「遊心太玄」不是動人的修辭，而是與太玄相冥合的至和實感。蕭馳對此至和實感的心境有段精闢的詮釋，他說：

> 「目送歸鴻，手揮五弦」或許是中國詩歌裡所出現過的，人在天地之間一個最美的姿勢；當鴻陣嘹唳著自天穹下緩緩掠過，詩人凝睇間驀然會意，手指亦不自主地自琴弦上掠過──這是以音樂的心靈去感悟天、人之間和諧的律動。在詩人的送目和鴻之間，是一片無狀無象的空明，是心靈放開，任鴻自去歸，人自去揮弦的自由空間。此虛靈的空間是玄學對藝術的最大贈與，是心靈作逍遙之遊的無限境域，故而以下詩人「俯仰自得，遊心太玄」，如宗白華所說，「躍入大自然的節奏裡去」，以感受其中難言的「大音」。**15**

　　我們透過蕭馳所說「以音樂的心靈去感悟天、人之間和諧的律動」及宗白華所謂「躍入大自然的節奏裡去」，不難理解，嵇康所言琴聲「含至德之和平」，乃出於他以琴聲來感悟天人諧合律動的心聲。因爲有廣大深微的和諧心才能深刻

---

15 蕭馳〈嵇康與莊學超越境界在抒情傳統中之開啟〉，《漢學研究》，2007年6月，第二十五卷第一期，頁100。

地體驗出「至德之和平」的道體性徵，嵇康本於此清靜渾含的和諧心在其〈琴贊〉一文中對琴流溢出肺腑之言，所謂：「惟彼雅器，載璞靈山，體其德真，清和自然，澡以春雪，澹若洞泉，溫乎其仁，玉潤外鮮。」[16]「雅器」之琴，有如蘊含於深山中的璞玉，體現著純真之特性，極為「清和自然」，宛如被春雪清洗過，有若山泉之澹，呈現著溫潤如玉般的善良美質，品賞琴樂也可淨化心靈，消解邪念，導氣養神。〈琴贊〉亦云：「五弦始興，閑邪納正，感物悟靈，宣和養氣，介乃遐齡。」[17]然而，真能以玄理解琴樂而閑邪、悟靈、導氣養神者，不是一般俗人，而是宅心玄遠的高士。嵇康在〈琴賦〉中說：「然非夫曠遠者，不能與之嬉遊；非夫淵靜者，不能與之閑止；非夫放達者，不能與之無吝（貪欲、私心）；非夫至精者，不能與之析理也。」至此，不禁令人追問的是何種人才真有資格成為雅琴的知音呢？〈琴賦〉的回答是：「能盡雅琴，惟至人兮。」、「琴德最優，惟至人兮。」至人是《莊子》書中能悟道齊物、逍遙自在的高人[18]，其音樂至美至高的境界，深具莊子所謂：「與天地並生，與萬物一體」、「獨與天地精神相往來」的天人合一韻味。

二、〈聲無哀樂論〉

　　筆者曾在所出版之《嵇康的精神世界》中專關一章，以三萬字論述過此一論題[19]。因此，本文不再重複贅述，僅立基於嵇康〈琴賦〉中所主張的眾樂器中，以古琴最優，將其核心論點融貫於對〈聲無哀樂論〉一文之再詮解。首先，我們必須釐清〈聲〉文的問題緣起，此一問題有其緣起的歷史情境和脈絡。蓋漢魏之

16　戴明揚《嵇康集校注》，附錄佚文，頁317。

17　戴明揚《嵇康集校注》，附錄佚文，頁327。

18　「至人」一辭源出於《莊子·逍遙遊》：「至人無己。」嵇康在詩文中多自述好老、莊，認老、莊為師。

19　見曾春海《嵇康的精神世界》，〈第七章〉，鄭州：中州古籍出版社，2009年。

際政治丕變，戰爭頻繁，社會急遽變遷，民生多疾苦，世事無常且多悲苦。因此，在音樂不離人生，且反映時代共同的心聲時才有普遍的感染力和共鳴性之原理下，漢魏之際的樂風是奏樂者常以引發人之悲情的樂曲為題材，而易成名。賞樂者也以能觸發心中所蘊積的悲感而流涕者為知音。因此之故，漢魏之際崇尚悲音的風氣大為流行。例如：馬融〈長笛賦〉、蔡邕〈琴賦〉以垂涕為貴。曹操、曹丕等權貴也愛慷慨悲歌，在建安文人王粲的〈七哀詩〉中有言：「獨夜不能寢，攝衣起撫琴。絲桐感人情，為我發悲音。」[20]李澤厚對這個以悲為美的音樂風潮，做了值得我們參考的論述。他說：

> 這種對生死存亡的重視、哀傷，對人生短促的感慨、喟嘆，從建安直到晉宋，從中下層直到皇家貴族，在相當一段時間中和空間內彌漫開來，成為整個時代的典型音調。……外表儘管裝飾得如何輕視世事，灑脫不凡，內心噎卻更強烈地執著人生，非常痛苦。這構成了魏晉風度內在的深刻的一面。[21]

　　然而，對音樂造詣已出神入化的嵇康而言，他認為以悲音為美的時代風尚並未能深層透視音樂所以為音樂的本質。因此，他在〈聲〉文中以「心、聲異軌」來駁斥聲情相繫而有所謂哀樂或喜樂的成見。他認為音樂源於自然範疇中的聲、音，哀樂隸屬於人文世界中人主觀的情感範疇。這兩種範疇各有屬性，當區分隔開。他以辨名析理的概念界說切割了音樂與人情感之間的混淆不清，為音樂自身開闢了獨立自主的範域。他為音樂尋求了自然之和諧的「道」，安立為音樂的形上本體。音樂審美貴在審美主體的虛靜平和心境，至於哀樂之情繫屬於情感主體，所謂「哀心有主」。換言之，人的哀樂情感先於音樂而積澱在人潛在的情感意識之底層。音樂只是具有感性的媒介，賞樂者在賦、比、興的聯想、移情作用

[20] 見吳雲、唐紹忠《王粲集注‧七哀詩三首‧其二》，河南：中州書畫社，1984年，頁13。

[21] 見李澤厚《美的歷程》，天津：天津社會科學出版社，2002年，頁115、130-131。

下被召喚，引發出來。嵇康〈聲〉文及〈琴賦〉之作還有一目的，即是針對傳統以來音樂淪為政治、教化服務的工具價值、附庸地位予以逐步顛覆。

嵇康在〈聲〉文中分析了構成音樂自身的三要素。第一要素為旋律，嵇康說：「同一器之中，曲用每殊，則情隨之變。」其中「曲」指旋律，這是整個樂曲特徵最具決定性之因素。第二要素為節奏，嵇康在〈聲〉文中云：「聲音之體，盡於舒疾。」「舒疾」涉及節奏與速度，決定了時間結構之變化。嵇康說：「琵琶箏笛，間從而聲高，變眾而節數。以高聲御數節，故使形躁而志越。」意指音樂的聲高且速度急促，則聽者感到急躁而情緒激動。這是說明：聆聽者在聽覺生理及心理上會因接受不同的刺激而有不同的反應。第三要素為「和聲」。嵇康認為五音「皆以單、複、高、埤、善、惡為體」。「高、埤」指旋律的上下高低起伏，形成樂曲的形式特質，涉及該樂曲創作的動機與主體。「單、複」指音程關係，涉及音樂的縱向關係，亦即「和聲」。協和音程表現出和諧性，嵇康稱為「善」，亦即優質的好音樂；不協和音程，聽起來較不和諧，嵇康稱之為「惡」，即判定為不好的音樂。因此，音樂作品的構成，取決於由旋律、節奏、和聲三要素間所以結合的結構關係。對嵇康而言，音樂從其構成要素和結構關係觀之，並不包括情感因素。就音樂的結構性而言，有樂曲上單、複、高、埤、舒、疾等變化，這是時間上的流程形式，會刺激聽者的感官知覺而引發生理、心理的制約性反應，但是，嵇康強調：「躁靜者，聲之功也；哀樂者，情之主也。」生理、心理之躁靜反應或能導致聽者心情上的哀樂感受，但是，這是音樂功能對聽者身心所產生的效果，此效果並非構成音樂自身的要素，我們不能倒果為因。

嵇康在〈聲〉文中提到不同的樂器可產生聽者不同的情緒反應，例如：箏、笛、琵琶之音域較高，使人易感到浮躁而意氣飛揚。琴瑟之音，則音域較低，所以讓人感到安靜閑適。蓋琴瑟的結構，其音與音之間的距離較長，且音域較低，曲調變化少且聲音清和，聽者須摒除雜念，虛心的凝神靜聽，才足以體會琴瑟的清和音色。由嵇康的論證可推導出，曲調自身的差異，宛如音域與音色的差別，對人的心情能產生不同的反應、影響，因此，嵇康並不否認音樂會影響聽

者的情感反應，所謂「聲音自當以善惡爲主，則無關於哀樂。哀樂自當以情感而後發，則無繫於聲音」。再者「和聲無象，而哀心有主」，若以玄學本體論的「有」、「無」範疇言，則體現至和之道體的「和聲」爲一形上、客觀獨立的存有，屬於形上的「無」之範疇，哀心爲人在經驗世界的情感生活，屬於現象界「有」之範疇。若將「和聲」之「無」以經驗界偏執哀樂之「有」來定限其屬性，則如何能兼御群理且總發眾情呢？同時，以演奏者而言，聲、情之間也無必然契應關係，嵇康謂：「今用均同之情而發萬殊之聲，斯非音聲之無常哉！」音樂對人的情感有「興」與「比」的聯想和移情作用，聲、情關係立基於此種因果反應關係。因此，對一般人而言小調令聽者較悲傷，大調令聽者較歡愉。C調引人有平和感，G調令人有平靜感，A大調引發人傷感，F調則令人愉快。「和聲無象，哀心有主」，聽者的感受隨心事心情之不同而有不同的感覺和詮釋。

阮籍與嵇康的風神氣度呈現了兩人在個體自覺下，個性之張揚、才情的放達。他們精神的解放與心靈的自由，生發了多彩多姿的藝術與美感生命情趣。音樂美感的表現在意境美學上是人在精神自由上最自由流暢而深遠的了。

我們相信竹林七賢皆是音樂的喜好者，蓋嵇康〈琴賦〉中指出：「眾器之中，琴德最優。」琴由梧桐木所製成，因此，琴的意象可先呈現在梧桐樹高潔孤傲的意象上。換言之，梧桐樹生長在深山幽谷中，其高潔孤傲的品德意象，足以象徵名士們不苟於流俗，而以淡泊清高之志爲懷。竹林七賢處在虛僞的道德禮法社會中，不爲人欲橫流及利害所誘迫，耐得住清高與孤獨是可資比德梧桐的主因。他們在音樂純眞純美的世界裡尋找到越塵脫俗的精神家園以寄情出意。七賢中留下與音樂較完整之相關文獻者只有阮籍和嵇康二賢。

分析嵇康〈聲〉文可歸納約數論旨，其核心要義是「聲之與心殊途異軌，不相經緯」指人心與自然的聲音，乃分別爲不同的概念範疇，這是主客分際的辨別。「和聲無象」宛如莊子〈齊物論〉謂自然之聲的「天籟」以無爲之爲的妙用：「吹萬不同，而使其自己。」嵇康論述音聲無常以及和聲無象其理源當本於此。就聲音自身的屬性而言有舒疾、高低、清濁的種種不同，此外，聲音之悅耳以均衡和諧爲主要原則。至於無象且無哀樂的外在聲音，何以能感動人心，引

發聆聽者的歡戚之情感反應呢？嵇康以感覺、感興、感悟進行辨析，有擬似莊子〈人間世〉心齋，聽之以耳、心、氣的層次。例如「聽之以耳」：指「聲」之自然屬性。「聽之以心」指音頻的舒疾，音量之大小，節奏之快慢、音調的高低、音色的好壞等。但是嵇康所說的和聲無象而感物無常，猶莊子言天籟「吹萬不同，使其自己」，也就是嵇康所說聽同一樂曲，各人反應卻不同，有人「忻然而歡」，有人「慘爾而泣」，呈現了發滯導情的不一致和差異化。

　　嵇康在〈聲〉文解釋這一現象說：「夫哀心藏於內，遇和聲而後發。和聲無象，而哀心有主。夫以有主之哀心，因乎無象之和聲，其所覺悟，唯哀而已。豈復知『吹萬不同，而使其自己』哉？」我們可以透過德國詮釋學權威高達美（Hans-Georg Gadamer，1900-2002）的當代視域予以詮釋其所以然理。高達美認為在解釋性的理解活動之前，解釋者心中已存在「前理解」（perunderstanding）的理解因素，每個解釋者的生活世界均有所不同，構成前在的理解狀態。形成前理解的因素極為繁多，諸如：原生家庭不同，文化傳統不同，生活環境和教育歷程不同，歷史的認知和時代境遇不同，個人的生命才情、心智、語言的駕御能力，情感積澱、生活經驗、性向、動機、價值觀和對未來的願景……等千差萬別的因素相互組合，人人皆有所不同。

　　綜觀兩賢精通音律、嗜愛樂器，阮籍、嵇康皆擅長琴藝。他們都有對音樂主體性的自覺，對音樂自身的音律、元素、曲調結構等問題各有獨到之見解，卻也有形成共識，那就是音樂審美的核心在和諧美，和諧美的形上根源源於化生自然萬象的「道」。二賢皆致力於音樂自律美學的論述，使樂論突破傳統局限於政治、教化的工具價值、依附地位，為音樂創闢出自身的獨立園地，這是值得肯定的貢獻。他們之間也有同中之異。嵇康的樂論取向為純音樂，不涉及工具價值，側重在純音樂的美感和理據。阮籍的〈樂論〉出入於儒、道的哲學資源中，以道體儒用的理論架構，儒道雙攝、相輔相成。因此，阮籍的〈樂論〉除了以道釋儒外，更強調儒家樂教之道德修身及對社會風氣潛移默化於善良的目的論，關於嵇康的〈聲無哀樂論〉。本文立基於嵇康的〈琴賦〉，以至清至和的琴樂為基點來詮解〈聲無哀樂論〉，所獲致的新看法是嵇康以道家哲學為基礎，能臻於至

清至和之琴樂者，也同時是能與「道」冥合，與天地精神相往來的逍遙至人。逍遙至人是在致虛守靜、心齋坐忘的心性修養功夫中，妙契本體的「道」，實現天人合一境界者。至人在此道化的境界中，心與琴與道已渾化爲一道境，已超越了世俗生活面，具對待性的哀樂之情。哀樂之情是有我之境，心、琴、道一體化的至人，以臻於物我兩忘的道化之境，亦即無我之境。此際，琴樂及道樂，超塵脫俗，豈有世俗生活的哀樂焉？

第十五章　養生論

　　道家哲學早在老莊時代就有保合性命的養生論述，《老子・二十五章》說：「人法地，地法天，天法道，道法自然。」意指道家推天道以明人事，「道」是我們活出生命至高意義和價值的典範。在企求健康長壽的養生原理上，我們應效法「道」的素樸、簡約、清靜之特徵。老子深察養生長壽的最大禍害在於身心欲望的無限膨脹，所謂：「吾所以有大患者，為吾有身。」（〈十三章〉）身心的健康幸福優位於對身外之物，亦即名利財物的貪婪和盲目追逐和不理性的過度消費。他說：「五色令人目盲，五音令人耳聾，五味令人口爽，馳騁畋獵，令人心發狂，難得之貨，令人行妨。」他勸戒人勿迷失在貪求無厭的物質享受和社會的名韁利鎖中有難以自拔之痴，流失了身心的健康，折損了生命。在人欲橫流，消費至上的不理性時代，老子勸世人「去甚、去奢、去泰」，培養「見素抱樸，少私寡欲」（〈十九章〉）的生活，他的養生智慧在深刻認識「禍莫大於不足知，咎莫大於欲得，故知足之足，常足矣」。為了減輕對身外之物追逐的身心過重負擔及其所導致患得患失的心理焦慮不安、不快樂，他警示吾人：「甚愛必大費，多藏必厚亡，知足不辱，知止不殆，可以長久。」（〈四十四章〉）

　　莊子形神交養、形神相親並茂的養生哲學最為豐富和精彩，不但影響竹林玄學且蔚為魏晉清談的一大主題。莊子《內》七篇的〈齊物論〉啟發吾人不要淪為七情六欲的奴役，應自覺的享有自主自律的生命自主權，應役物而不役於物。他有見於世人「終身役役而不知所止」的現象，他認為吾人若要「養生」、「保身」、「全生」就應該斷絕庸俗價值觀的束縛，跳脫繁文縟節的政治社會應酬陋俗。莊子著〈養生主〉，養生的主體生命是人有理性、自由意志和有價值判斷能力的精神主體。他教人應珍惜寶貴的精神生命，內斂深藏而不虛耗，他認為形神及有機的一體性生命，養生兼養吾人的形體和精神的健康幸福。〈達生〉說：「形全精復。」形神相即不離，養神應在「形」、「物」的基礎上來發展自足的、飽滿的精神生命力。〈養生主〉庖丁解牛的寓言謂「緣督以為經」，解說打通任督二脈的養生理論特別具有啟發性的真理。

明代唐伯虎曾作一首「不如歌」頗得老莊養生論的神韻，歌詞如下：

我不如人，我無他福。

人不如我，我真知足。

知足不辱，一飯兩粥。

謝天謝地，平安是福。

從「自然」一詞在《老子》一書的語脈來理解其語意，其第一義是「本來如此」，如「道法自然」（〈二十五章〉）；第二義是「自己如此」，有自己演化（即自化）之意[1]。萬物的自化自正其性命，出於「道」的自然無為。「道」的自然無為係本於「生而不有，為而不恃，長而不宰」的玄德。「道」以自然無為的玄德生成萬物，導致萬物各循其性命，在自生自化自成中相互平等且以機體的和諧性相互協調，相得益彰。因此，在魏晉玄學的養生論中，倡導萬物具有機的聯繫性、互補性及和諧共生性。對阮籍、嵇康和向秀而言，構成自我生命的「形」與「神」，人與他人，人與大自然中的天地萬物，皆主張應因順「道」的玄德而愛己、愛物、惜生，尊重道所化生的一切存有者，相輔相成，和諧並育。

---

[1] 嚴靈峰《經子叢書》，第九冊，頁61。

第一節　嵇康論養生之五難

　　道教至魏晉時期，一方面吸收老莊思想建構道教理論體系，另一方面受到漢代黃老思想及傳統醫學的影響，講究形神相親、相濟及相合。嵇康受道教經典前驅的《太平經》在形神思想上之影響甚深。《太平經》成書於東漢末年，承繼漢代黃老思想，認爲人的生命係由精、氣、神三要素所構成。《太平經》云：「神者乘氣而行，故人有氣則有神，有神則有氣，神去則氣絕，氣亡則神去。故無神亦死，無氣亦死。」貴生養生，寶性全生是道家道教共同的核心思想。道教特別側重避世、養生、貴己、輕物、追求身心的平衡發展，和諧感通、形神俱安。嵇康於其〈與山巨源絕交書〉中說：「吾頃學養生之術，方外榮華，去滋味，游心於寂寞，以無爲爲貴。」[2]他的〈養生論〉立基於形神相依互賴的關係，衍生了形神共養的主張，期能達到形神相親，表裡俱濟之形神融合的健康狀態。他在形神關係中主張神爲形之主，形依神爲從，謂：「精神之於形骸，猶國之有君也，神綜於中，而形喪於外，猶君昏於上，國亂於下也。」這種說法呼應了《太平經》所謂：「前有形體而無精神，若有田宅城郭而無長吏也。」意指形體如城郭、精神爲掌管城郭的長吏，以喻之理，形神應相契合。

　　嵇康「思欲登仙，以濟不朽」[3]，卻鑑於常人稟氣已定，難積學致仙，乃退求其次「但願養性命」[4]，他的「養性命」，原則爲遠害生之事，畜養益生全性之工夫。他綜合道家、道教的研究成果，總結出養生有「名利不滅」、「喜怒不除」、「聲色不去」、「滋味不絕」、「神虛精散」等五難，這五種有害養生之事，皆可歸咎於「名利不滅」，肇因於陷溺於欲望的貪婪中而不自覺地傷生害性。

---

[2]　戴明揚《嵇康集校注》，北京：人民文學出版社，1962年，頁125。

[3]　〈贈秀才入軍〉詩十九首，其八。戴明揚《嵇康集校注》，北京：人民文學出版社，1962年，頁9。

[4]　見〈答二郭詩三首〉：「但願養性命，終己靡有他。」戴明揚《嵇康集校注》，北京：人民文學出版社，1962年，頁63。

　　《老子・三十三章》云：「知足者富。」〈四十四章〉曰：「知足不辱，知止不殆，可以長久。」意謂一個人若富甲天下而仍貪心不足，則仍是感到貧乏而缺乏滿足感的快樂。同理，若知足則能常樂，且可避免與他人爭利時可能招致的屈辱、危險，同時，也可保持生命的長久平安。嵇康〈養生論〉中也主張清心寡欲，修養與道冥契的精神生活，質言之，寶性全真是畜養精神生活健康快樂的途徑。他在〈養生論〉說：「清虛靜泰，少思寡欲，……寂然無思慮，又守之以一，養之以和，和理日濟，同乎大順。」意謂吾人若能心胸豁達開朗，在於無起心動念的欲望貪執，守道養德，身心和諧，與他人、萬物融洽，生活和順於大道的自然運行，則是精神生活富足，自得其樂的養神法。《老子河上公章句》七十二章說：「守五性，去六情，節志氣，養神明。」《老子想爾注》七章也指出：「求長生者，不勞精思求財以養身，不以無功劫君取祿以榮身，……不與俗爭，……猶福在俗人先。」該書貴生思想本於《老子・二十五章》：「道大，天大，地大，人大。域中有四大，而人居其一焉。」闡明其蘊義謂：「四大之中，何者最大乎？道最大也。四大之中，所以今生處一者，生，道之別體也。」對道家、道教而言，人與大自然係統合於「道」而同源、同構、互感，人的生命既透過「道」之精、神所氣化而來，嵇康「寶性全真」的養神說指向「遊心太默」的境界形態養神說。

第二節　嵇康、阮籍論精氣神兼備的養生法

　　阮籍〈詠懷詩〉三十二首中有云：「願登太華山，上與松子遊。」[5]剖心志願學仙，跟隨古仙人赤松子超脫塵世。十五首曰：「千秋萬歲後，榮名安所之？乃悟羨門子，噭噭今自嗤。」意指世間虛名煙滅於千萬年之後，感悟到相較於古之仙人羨門子的超脫世間的行為，如今反而覺悟到以往為世間的榮辱而悲苦，實在是想不開。嵇康更是傾心嚮往神仙的境界，刻意作〈遊仙詩〉曰：「王喬棄我去，乘雲駕六龍。飄颻戲玄圃，黃老路相逢。」他甚至幻想能透過採藥煉丹，服食成仙，其〈遊仙詩〉所謂：「採藥鍾山隅，服食改姿容，蟬蛻棄穢累，結友家板桐。」他在〈幽憤詩〉中表露自己有隱逸長生之行，曰：「采薇山阿，散髮巖岫，永嘯長吟，頤性養壽。」在道教理論中可資養壽的丹藥係人之生命的元素，旨在補全精、氣、神。採藥須知藥材生產的時節，煉藥須知火候之祕，烹煉之方。此外，張三豐又有內藥、外藥的區分，所謂：「內藥是精，在自己身中而產，可以養性。外藥是氣，在造化爐中而生，可以立命。」事實上，內藥外藥乃先天之氣一味。兼求並顧內、外藥才足以全性保命，亦即盡性至命，而產生入聖登真之功效。在採藥養壽方面，嵇康對道教的了解和信仰顯然較阮籍深刻。服食養生法係基於物性類通的以類補類原理，例如：中國人相信食豬血可補人血，喝骨頭湯可補充人體骨骼所需求的鈣質，亦即基於屬性傳達原理。嵇康所欲攝食的靈芝、瓊蕊、玉英、金丹、石菌、紫芝、黃精……等，皆係長時間所生演之物。道教徒透過感覺知識的類比直覺，認為長生久在之物，若取其精華以滋補，可調理人的體質而延年益壽。據現代醫學的研究，黃精藥性平和，適於久服，多用於補中益氣及療養病後體弱等慢性病、消耗性營養不良諸症，作為滋養強壯劑[6]。二十世紀，俄羅斯學者用電腦對東方醫學複方及其成分進行科學研究，按各類指

---

[5]　郭光《阮籍集校注》，鄭州：中州古籍出版社，1991年，頁171。

[6]　參閱《中藥用法十講》，臺北：啟業書局，1984年，頁56，及《中藥臨床應用》，臺北：啟業書局，1981年，頁279。

數篩選出最有價值的三十種中藥[7]。

此外，上古有抒懷作用的「嘯」，得力於道教練氣的功法，面對自然不但可以發洩心中怨尤的情緒壓力，且具有美感。孫登是阮籍、嵇康時的著名道士，隱居在蘇門山中。阮籍訪孫登，以長嘯來剖明心志，孫登以回應之嘯，聲若「數部鼓吹，林谷傳響」。我們由嵇康的〈幽憤詩〉中，得知他採「永嘯長吟」的養生法來「頤性養壽」。阮籍〈大人先生傳〉中的大人先生被描述爲「生於太元之先，稟自然之氣，沖虛凝遠，莫知莫極」，文末謂「眞人游，駕八龍，曜日月，載雲旗」，頗具道教神仙的形象色彩。

---

[7] 見胡孚琛《魏晉神仙道教》，北京：人民出版社，1989年，頁278，注引薛愚主編《中國藥學史料》，北京：人民衛生出版社，1984年，頁113。

第三節　酒與音樂在阮籍、嵇康的養生論中的地位和意義

一、音樂的養生保健論

對莊子而言，最美的音樂是由無所不在的「道」透過天地萬物的流行化育所彰顯的天籟之聲。阮籍〈樂論〉：「（音樂）天地之體，萬物之性。」音樂是足以展現宇宙本體和諧感通之至妙至和。少年時代的阮籍善詩文、精音樂，在才藝、性格、風貌上與其父親建安七子之一的阮瑀神似。他在〈樂論〉中認為：「昔者聖人之作樂也，將以順天地之體，成萬物之性也。」人所創作的音樂與天地萬物自發性和諧的體性具有有機的聯繫。質言之，音樂審美在於樂曲所呈現的節奏、旋律的和諧性，其終極根源來自統合天地萬物所以並育而不相害的「道」之至和本性。音樂在養生方面有調劑身心，使身心之間協調、融洽、渾然一體的功效。他在〈樂論〉中謂：「禮定其象，樂平其心，禮治其外，樂化其內，禮樂正而天下平。」音樂的體性貼合天地萬物和諧的自然本性，因此，雅樂不煩，至樂使人精神平和歡樂，舒緩時代對人心所造成的壓力，洗滌精神的痛苦，心靈的創傷，釋放身心的緊張。阮籍雖不具有嵇康那樣的養生意識，但是他論音樂的功能可「平其心」、「化其內」，可融洽人與人之間的情感，交融人與自然的關係，不但有助於人身心健康的養生保健之效果，也可以間接培養出人與自然和諧相處的生態倫理之美德。由他的〈詠懷詩〉中得知他在夜中憂思難眠時，會起床彈古琴，沐浴在清風、明月中，而對自己心靈進行治療[8]。音樂可撫慰人心，抒解愁緒而使自己的心境恬靜、平和。阮籍在〈達莊論〉中嚮往莊子遺世忘俗、逍遙自在的身心安適境界，間接透露了他的養生思想，所謂：「至人者，恬於生而

---

[8]　〈詠懷詩〉其一云：「夜中不能寐，起坐彈鳴琴。薄帷鑒明月，清風吹我襟。」

靜於死，生恬則情不惑；死靜則神不離，故能與陰陽化而不易，從天地變而不移，生究其壽，死循其宜，心氣平治，不消不虧。」內心恬靜，心氣和平，與物無傷，和諧並存，這正就是當代人擬與大自然和解，化對立衝突爲和諧共存。就生態倫理而言，係一面對自然最健康的養生保健觀念。

嵇康則正面積極地肯定音樂在養生保健上可消解身心的憂勞，洗滌煩惱，暢快身心的功能。他在〈琴賦〉序一文說：「可以導養神氣，宣和情志，處窮獨而不悶者，莫近於音聲也。」音樂養生的功能在導養人的神氣，宣和人的情志，將心靈調養到中和平淡而不受外物干擾的寧靜本性狀態。音樂養生保健的理論可溯源於《荀子・樂論》所云：「故樂行而志清，禮脩而行成，耳目聰明，血氣和平。」音樂之宣鬱導滯，舒暢身心的養生功能在《黃帝內經素問》透過五音而有較周備的論述，其中還涉及美德的教養，所謂：

> 故音樂者，所以蕩血脈，通流精神而和正心也。……故聞宮音，使人溫舒而廣大；聞商音，使人方正好義；聞角音，使人惻隱而愛人；聞徵音，使人樂善而好施；聞羽音，使人整齊而好禮。[9]

嵇康的〈養生論〉將音樂之德化人格的傳統論調轉折至養生的功能上，而主張「綏以五弦」的養生法。他在〈答難養生論〉一文中引用桓譚《新論・琴道》謂竇公享年百八十歲的典故，申論其所以然之理，謂：「竇公無所服御，而致百八十。豈非鼓琴和其心哉？此亦養神之一徵也。……以大和爲至樂，則榮華不足顧也。以恬澹爲至味，則酒色不足歡也。……有主於中，以內樂外；雖無鐘鼓，樂已具矣。……故順天和以自然。」琴樂造詣高超的嵇康透過其長期撫琴操縵的切身體驗，獲致「綏五弦以養生」的音樂養生之實效，藉以詮釋音樂審美可使人順應自然，內心獲致意足的快樂，這是臻於天和之樂。

---

[9]　《黃帝內經素問》，卷二十四，〈八書〉第二〈樂〉，臺北：臺灣商務印書館，1983年，頁33。

　　魏晉以前的道教文獻以東漢後期的《太平經》為主。《太平經》的樂論是嵇康之前我們唯一得見載述道教音樂的經典。其樂論立基於人與「聲氣感應」的前提，其〈諸樂古人是非訣〉謂五聲、八音、十二律所構成的音樂可感通天下之「聲音」，化功天地之氣。古代聖賢藉音樂來感知天地間物類之情性，調和陰陽之氣，定四時五行之理。《太平經・樂怒吉凶訣》將音樂與五行結合，論述音樂對人之五臟六腑的健康能產生對應性的影響，與《呂氏春秋》十二紀首、《史記・樂書》、《黃帝內經素問》、《靈樞經》之〈五味五音〉、〈邪客〉有一致性的說法。例如：十二律中之「太簇」（屬角調調式）在五行中屬木行，配應四時中之孟春，配應五臟之肝臟。當「太簇」音相應的角式調演奏時，萬物因此而化生，青帝出宮遊觀，能使人的肝臟氣脈無病[10]。其理論源於《呂氏春秋・類同》「類固相召，氣同則合，聲比則應，鼓宮而宮動，鼓角而角動」的類比感通之原理。嵇康在〈答釋難宅無吉凶攝生論〉亦有「夫同聲相應，同氣相求，自然之分也」的思維。因此，嵇康撫琴操縵的養生論，不能說與漢代以來「聲氣感應」的人與天地萬物互感論毫無關係。嵇康以大和之音樂為人生至樂的蘊義在於和氣與天地和聲相應，陶冶出和諧的心靈狀態。當人處在和諧的心境時，身心諸般不自由的束縛自然不自覺的消解掉，此時，人的體內氣血循環通暢，心情開朗而獲致導神宣志的功能。換言之，音樂審美可以生發和聲與人身之和氣對應感通而達到暢通身心之美感養生的至樂奇妙效果。

二、飲酒與養生

　　《晉書》嵇康本傳、《太平御覽》、《太平廣記》、《雲笈七籤》等史書廣引前代神仙志怪事，多言嵇康從道士孫登遊學，視嵇康為道教人物，例如《雲

---

[10] 見於〈某訣〉第二百四十。

笈七籤》卷三十三載唐代道教徒醫學家孫思邈《攝養枕中方》曰:「夫養生繕性……嵇叔夜悟大得。」將嵇康視爲道教中的養生達人。源出於上古神仙方術及道家養生術的道教有言:「肥肉厚酒,命之日爛腸之食。」[11]道教早期經典《太平經》載有嚴格的禁酒戒規,其主要理由在於酒不但浪費糧食,還嚴重地危害社會公共安全。《太平經》載曰:

> 凡人一飲酒令醉,狂脈便作,買賣失職,更相鬥死,……,一月之間,消五谷數萬億斗斛,又無故殺傷人,日月有之,或孤獨因以絕嗣,或結怨父母置害,或流災子孫。[12]

在魏晉南北朝的道教各派別中普遍存在禁醉酒戒規。嵇康早年和其他竹林名士一樣有著肆意酣暢的任自然風采[13]。後來信奉道教轉篤,生活也隨之轉折而能自覺地恪守道教禁醉酒戒規,雖然,他偶爾也小酌,旨在怡情助興。目前科學家證明小酌優質酒可促進血液循環,將酸性體質調成鹼性體質,有益身體健康,另一方面,作爲中國醫藥學源頭之一的道教方術,其中有些藥方是需要以酒調服的。嵇康從孫嵇含〈寒食散賦〉謂此藥曾「起孩孺於重困,還精爽於旣繼」,得知嵇康家族有服食傳統,寒食散就是要藉酒來發揮藥性,以酒入藥成爲藥酒是中國養生藥酒一傳統。儘管如此,嵇康在竹林七賢中不被列入阮籍、阮咸、劉伶等人「惟酒是務」的酒狂名單中,在相關文獻中也未曾見到嵇康嗜酒酣放的逸聞趣事。

相對照之下,阮籍詩文中雖有嚮往道教神仙生活的美景,但是阮籍並不是像嵇康般的篤信道教,因此,道教的戒酒清規不被他遵守。阮籍爲了借酒澆愁,或爲了避禍而酒遁以保性命,或遭母喪,哀痛逾常而求自我壓制麻痺,在相關文獻中常見他醉酒失態的記載。這也是阮籍未能享長壽的主要原因之一。

---

11 《太平御覽》,卷八四五引《呂氏春秋》。今本《呂氏春秋·本生》有此言。
12 《太平經合校》,北京:中華書局,1960年,頁215。
13 《世說新語·任誕》:「陳留阮籍,譙國嵇康……,七人常集於竹林之下,肆意酣暢,故世謂之『竹林七賢』。」

第四節　向秀儒家取向之養生論

　　向秀，字子期，天資穎慧且好讀書，雖名列竹林七賢之一，卻無嗜酒、醉酒和任誕的言行。他的生命氣質與才情與阮籍、嵇康亦有所不同。向秀的成名作《莊子注》顯示出他採取儒道調合的取向。他認爲凡存在皆有其充分的合理性，因此，提出天理自然和安分自得的人生價值觀。他認爲自然無爲的眞諦在於人應有自知之明，所言所行不應逾越自己的本分，人應當樂天安命於自己所處的境遇，不強求自己分外的身外之物，人生才會感到內心的自由和快樂。他的人生理想不但主張安時處順、自足自適、曠達逍遙的生命情調遙相呼應，他的〈難養生論〉也有儒家以理節欲的常理常道向度。他的〈難養生論〉是針對嵇康〈養生論〉主張「絕五穀，去滋味，寡情欲，抑富貴」提出批評。

　　向秀於文中指出，萬物自生自化，各任其性，各適其所，各遂其生。人所追求的情欲聲色，榮華富貴，美味佳肴，乃出於人之自然本性欲望，實屬天理之自然。這些世俗所欲求的世俗性幸福，若因嵇康在養形上的導養之理而禁止，則是對人的自然情欲生命有所悖反，反而造成人的正常情志鬱結，性氣不通，適得其反而不能如願長壽。縱使禁欲式的導養得以長壽，而因此喪失人世俗性的幸福，也是不足令人羨慕的。他肯定孔子《論語·里仁》所曰：「富與貴，是人之所欲也。」向秀認爲「但當求之以道，不苟非義」仍是值得追求的，切勿因噎廢食。他在文中指出以生產五穀來養生的農業是神農氏以來「賢聖珍其業，歷百代而不廢」者，蓋「有糧入體，不踰旬而充，此自然之符，宜生之驗也」。他認爲食色之欲和榮華富貴可以使人心志喜悅。同時，他也肯定聽動聽的音樂，賞女色，只要不淫亂，人性生機可得以暢達，這些都是出於人的自然天性，只要有合理的節制，適可而止，樂而不淫，皆爲人生所值得追求的合理欲望。總而言之，向秀在〈難嵇叔夜養生論〉的主要理據爲：「有生則有情，稱情則自然。」[14]向秀的養

---

[14] 向秀〈難嵇叔夜養生論〉，《全晉文》，卷七十二。

生論旨在「窮理盡性」，使天命之年獲致「生之爲樂」，以禮節制人情欲望、生命的妄動而享受世俗生活的歡樂。向秀的養生思想繼承了孔子民以食爲天，足食是爲政主要目標之一，孟子的王道仁政之起點，在爲民制產的民生問題上，荀子〈君道〉所言之君道首要任務在「善生養人」，〈富國〉所說：「足國之道，節用裕民，而善臧其餘。節用以禮，裕民以政。」他的養生論雖被人認爲儒道調合，筆者認爲他是以儒家爲主軸，道家爲輔的養生論。

第五節　阮籍、嵇康和向秀養生論對當代生態倫理之意義

　　人類中心的世界觀可溯源於猶太基督教及主張人為萬物尺度的希臘哲學家普羅達哥拉斯（Protagoras，481-411B.C.）。其要旨在於人因靈性和理性而自視高於萬物一等，有主宰萬物的特權。這一思想導致近代西方人相信科學萬能，人能征服自然而成為大自然的主宰者，甚至形成主流社會典範（Dominant Social Paradigm，DSP）。其所追求的文明導致資源枯竭、環境汙染、物種滅絕和全球氣候變遷等生態危機。生態倫理發展至今，已至生態中心倫理，亦即生命中心倫理，這是以生態系統整體的觀點來論述人與自然環境的倫理關係。其要義在認為自然生態有其自身的價值，所涵的每一生命個體，皆是生命目的中心（teleological center of life），均具有同等的天賦價值。其理論源於奈斯（Arne Naess）於1973年創立深層生態學（deep ecology）。然而人類為珍惜天所賦予的寶貴生命，為了實現人靈性生命中的諸般內蘊價值，不得不為了維持生理生命而向大自然索取所必需之民生物質。阮籍、嵇康道家道教取向的養生論，有素樸的物質生活態度，具有與大自然和諧共存的心境。向秀持儒家理性消費的節欲觀，且兼綜儒道的生活智慧。他們三人在人類中心主義與生命中心世界觀之中不偏執一端，而能資取相互兼顧的平衡點，可謂雙贏的生態倫理觀。

　　就〈養生論〉而言，衍生於道家和道教的養生理論，被嵇康視為養性保命之圭臬，他採形神交養，表裡俱濟的方法。他的〈養生論〉對當代有兩方面的意義。其一，他的「蒸以靈芝，潤以醴泉」，與當今營養科學所提倡的綠色有機食物的理論不謀而合。工業化的發達國家對肉類食品的消費量大，不但設置廣大牧場和畜養、放牧的大量動物破壞生態環境，影響水土保育、空氣品質、造成食物鏈的惡性循環；同時，也造成心血管疾病、肥胖症有害健康及造成醫療資源的負擔等負面現象。再者，肉類食品造成的酸性體質是慢性疾病和癌症的主因之一，有機的素食使人體呈鹼性反應，較符合健康原理。其二，嵇康「清虛靜泰，少私

寡欲」的養神說旨在降低我們對身外之物的欲望追求，減少身心的負擔，這種主觀面的人生價值觀將有助於我們降低對大自然資源之無限度的索取，進而減少破壞生態倫理。這一人生價值觀不但有益於生態保育且將人生幸福觀轉向知足常樂，無憂無慮，對淨化心靈，提升逍遙自在之樂的精神境界。同時，若能將這一人生價值觀推廣而普世化，則對當代人有深刻的啟示，可間接的減緩人類對大自然的對立、宰制所形成的緊張關係。

在仙境的嚮往上，嵇康和阮籍的詩作中皆有如劉勰所說的「詩雜仙心」，其涵義有雙重性，他們一方面遺世嫉俗地表達出對現實黑暗的不滿和無奈，另一方面也創闢出精神世界無限自由自在，洋溢幸福美滿的心境。兩人詩作中的遊仙詩中，所提及的名山大川都是道教勝地。他們所暢想的成仙後之逍遙自適，不但具有神奇色彩，且能抒發了浪漫之詩情。當今經濟發達國家，在感官物欲的高度享受後，呈現了感性鈍化及心靈空虛的現象。民主高度自由的國家，雖充分保障了個人自由，但是在精神上卻不自在，罹患心理及精神疾病的比例不斷提高。嵇康、阮籍所嚮往的道教仙境，對工商社會忙與盲然的人們，不啻上了重要的一課。人生在世，不能只局限於追求世俗性的幸福，更應追求超越世俗性的快活似神仙地精神性幸福。

向秀雖立基於世俗大眾的民生物質需求，及在自然欲求的世俗幸福上肯定儒家政治之養欲給求的責任感，但是，向秀強調節用以禮的理性消費，勿濫用自然界所提供人類的養生資源，這是向秀與嵇康、阮籍在面對人類物質欲望和生態平衡之問題上有所差異處。嵇康的〈養生論〉由問題意識所發且形成一名著。他與向秀之間的問答也激發了向秀對這一論題之思索和見解之表述。至於阮籍則未形成問題意識，當然也不會訴諸於專文，他和嵇康一樣受道家、道教的影響而有與大自然和諧共生的意態，但未如嵇康深刻。美國生態學家在二十世紀四十年代就提醒人類勿過分發展悖反自然律的人為文明之造作。人類的文明史是漫長的，應繼往開來。阮籍、嵇康、向秀的哲學在生態倫理之共同處乃在警醒我們人與自然共構為一有機的大生命體，休戚相關、利害與共，不但要道法自然，勿傷害自然的生機，而且人的生機繫於大自然的生機。因此，人類的生機若要永續，則應

永續天地萬物的生機，這對當前普世性關注的生態倫理而言，有著鮮活而深刻的啟示。

在生活的具體實踐法則上，人類應培養歸真返樸的素樸情操，以知足知止的自覺來過儉樸生活。人與大自然的衝突及所造成的大自然的反撲，其禍心在於人盲從消費享樂的至上價值觀，人對大自然過度的索求及濫施宰制性的暴力以及大量製造垃圾之惡果。資本主義的市場經濟，使人類在缺乏理性及德性的自覺下，澈底的解放七情六欲的人欲，在商品五色、五音、五味……等的刺激和不斷的煽情下，人禁不起物欲層層的誘惑，陷溺其中，窮奢極欲，難以自拔。因此，為了發展經濟利益，而犧牲大自然的生態，在當今商品經濟的大潮侵襲下，人已不自覺的疏離大道，異化為經濟動物。人欲橫流，物欲充斥，人心貪婪不知足，才是大自然環境不斷受破壞，導致危機重重的根本性原因所在。老子不但教導我們要知常、知和，更教導我們要知止。〈三十二章〉所謂：「知止可以不殆。」「止」有雙層意涵：一方面指大自然的物力有限，生機被破壞的復原速度有限；另一方面也要人能理性消費，對大自然不應盲目的濫取，而知所節制。因此，〈六十四章〉說：「聖人欲不欲。」〈八十章〉說：「甘其食，美其服，安其居。」教導人們明智的選擇恬淡自如，知足常樂的儉樸生活。若老子再世，他要改善我們對大自然相處的態度，他很可能勸導我們「去甚、去奢、去泰（太極端）」（〈二十九章〉）。這是我們處在商品經濟、以刺激消費來帶動生產浪潮的盲流中，培養與大自然和諧所必備的玄德之第一步驟。

參考書目

（一）傳統文獻

〔曹魏〕王弼著，樓宇烈校釋（1996），《王弼集校釋》，北京：中華書局。
〔曹魏〕嵇康著，戴明揚校注（1978），《嵇康集校注》，高雄：河洛出版社。
〔曹魏〕阮籍著，陳伯君校注（1987），《阮籍集校注》，北京：中華書局。
〔曹魏〕竹林七賢著，韓格平注譯（1997），《竹林七賢詩文全集譯注》，吉林：文史出版社。
〔晉〕陳壽著（1979），《三國志》，臺北：鼎文書局。
〔劉宋〕劉義慶編，余嘉錫箋疏（1989），《世說新語箋疏》，臺北：華正書局。
〔唐〕房玄齡等撰（1980），《晉書》，臺北：鼎文書局。
〔清〕郭慶藩編，王孝魚整理（1993），《莊子集釋》，臺北：萬卷樓圖書公司。
高亨著（1977），《周易古經通說》，臺北：洪氏出版社。

（二）近人論著

九州大學文學部中國文學研究室詠懷詩會編，藤井良雄主編（1985），《阮籍集索引》，北京：中國書店。
尤雅姿（1998），《魏晉人士之思想與文化研究》，臺北：文史哲出版社。
方東美（1979），《生生之德》，臺北：黎明文化公司。
方東美著，孫智燊譯（1984），《中國哲學之精神及其發展》上、下冊，臺北：成鈞出版社。
王中江（2013），《早期道家的「德行論」和「人性論」：從老子到莊子和黃老》，社會科學文獻出版社。
王中江（2015），《道家學說的觀念史研究》，北京：中華書局。
王中江解讀（2017），《老子》，北京：國家圖書館出版社。
《根源、制度和秩序：從老子到黃老》，中國人民大學出版社。
王仲犖（1997），《魏晉南北朝史》上、下冊，臺北：仲信出版社。
王能憲（1992），《世說新語研究》，鄭州：古籍出版社。
王葆玹（1987），《正始玄學》，濟南：齊魯書社。
王葆玹（1996），《玄學通論》，臺北：五南圖書。
王曉毅（1994），《嵇康評傳：漢魏風骨盡，竹林遺恨長》，廣西：廣西教育出版社。
田文棠（1988），《魏晉三大思潮論稿》，陝西：陝西人民出版社。

皮元珍（2000），《嵇康論》，湖南：人民出版社。

朱伯崑（1991），《易學哲學史》第一冊，臺北：藍燈出版社。

牟宗三（1997），《才性與玄理》，臺北：學生書局。

何啟民（1976），《竹林七賢研究》，臺北：學生書局。

何啟民（1990），《魏晉思想與談風》，臺北：學生書局。

何善蒙（2007），《魏晉情論》，北京：光明日報出版社。

余民（1990），《氣化諧和──中國古典審美意識的獨特發展》，吉林：東北師範大學出版社。

余英時（1997），《中國知識階層史論・古代篇》，臺北：聯經出版社。

余敦康（1991），《何晏王弼玄學新探》，濟南：齊魯書社。

余敦康（1998），《中國哲學論集》，遼寧：遼寧大學出版社。

余嘉錫（1993），《世說新語箋疏》，臺北：華正書局。

吳冠宏（2006），《魏晉玄義與聲論新探》，臺北：學生書局。

李清筠（2000），《魏晉名士人格研究》，臺北：文津出版社。

周劭馨（1992），《中國審美文化》，四川：百花洲文藝出版社。

宗白華（1981），《美學散步》，上海：上海人民出版社。

宗白華（1987），《美從何處尋》，臺北：駱駝出版社。

林家驪注譯（2001），《新譯阮籍詩文集》，臺北：三民書局。

林麗眞（1988），《王弼》，臺北：東大圖書公司。

林麗雪（1991），《王充》，臺北：東大圖書公司。

武秀成譯注（2011），《嵇康詩文選譯》，四川：巴蜀書社。

武秀成譯注，倪其心審閱（1992），《嵇康詩文》，臺北：錦鏽出版社。

邱鎮京（1980），《阮籍詠懷詩研究》，臺北：文津出版社。

倪其心譯注，劉仁清審閱（1993），《阮籍詩文》，臺北：錦鏽出版社。

倪其心譯注（2011），《阮籍詩文選譯》，四川：巴蜀書社。

唐翼明（1992），《魏晉清談》，臺北：東大圖書公司。

孫良水（1999），《阮籍審美思想研究》，臺北：文津出版社。

徐公持（1991），《阮籍與嵇康》，臺北：萬卷樓圖書公司。

徐復觀（1976），《兩漢思想史》卷二，臺北：學生書局。

徐麗眞（1997），《嵇康的音樂美學》，臺北：華泰文化出版社。

殷翔、郭全芝注（1986），《嵇康集注》，安徽：黃山書社。

袁濟喜（1999），《六朝美學》，北京：北京大學出版社。

高晨陽（2007），《阮籍評傳》，江蘇：南京大學出版社。

張海明（1997），《玄妙之境》，吉林：東北師範大學出版社。

張蕙慧（1997），《嵇康音樂美學思想探究》，臺北：文津出版社。

梅家玲（2004），《世說新語的語言與敘事》，臺北：里仁書局。

盛源、袁濟喜（2000），《六朝清音》，河南：人民出版社。

莊萬壽（1990），《嵇康研究及年譜》，臺北：學生書局。

莊耀郎（1999），《郭象玄學》，臺北：里仁書局。

陳鼓應（2003），《道家易學建構》，臺北：臺灣商務印書館。

陳鼓應（2003），《管子四篇詮釋》，臺北：三民書局。

陳鼓應（2006），《老莊新論》，臺北：五南圖書。

陳鼓應（2007），《易傳與道家思想》，臺北：臺灣商務印書館。

陳鼓應（2009），《老子注釋及評介》，北京：中華書局。

陳鼓應（2013），《道家的人文精神》，臺北：臺灣商務印書館。

陳鼓應（2020），《莊子今注今譯》，臺北：臺灣商務印書館。

陳鼓應（2021），《莊子人性論》，臺北：臺灣商務印書館。

陳鼓應（2022），《老子導讀及譯註》，臺北：臺灣商務印書館。

陳鼓應（2023），《道家哲學主幹說》，臺北：臺灣商務印書館。

陳慶元、林女超（1999），《龍性難馴：嵇康傳》，臺北：東方出版社。

章啟群（2000），《論魏晉自然觀——中國藝術自覺的哲學考察》，北京：北京大學出版社。

章啟群（2005），《百年中國美學史略》，北京：北京大學出版社。

嵇康著，崔富章注譯（1998），《嵇中散集》，臺北：三民書局。

曾春海（2003），《易經的哲學原理》，臺北：文津出版社。

曾春海（2009），《兩漢魏晉哲學史》，臺北：五南圖書。

曾春海（2009），《嵇康的精神世界》，鄭州：古籍出版社。

曾春海（2012），《中國哲學史綱》，臺北：五南圖書。

曾春海（2022），《先秦哲學史》，臺北：五南圖書。

曾春海主編（2023），《中國哲學概論》，臺北：五南圖書。

湯一介（1987），《郭象與魏晉玄學》，臺北：谷風出版社。

童強（2007），《嵇康評傳》，江蘇：南京大學出版社。

楊國娟（1982），《嵇康研究論文集》，臺北：光啟出版社。

葉嘉瑩（2000），《阮籍詠懷詩講錄》，臺北：桂冠出版社。

蒙培元（1996），《中國心性論》，臺北：學生書局。

劉強（2011），《一種風流吾最愛——《世說新語》今讀》，臺北：麥田出版社。

蔡忠道（2007），《魏晉處世思想之研究》，臺北：文津出版社。

蔡振豐（1997），《魏晉名士與玄學清談》，臺北：黎明文化事業公司。

鄭毓瑜（1997），《六朝情境美學》，臺北：里仁書局。

魯迅（1938），《嵇康集》十卷，上海：魯迅全集出版社。

盧政（2011），《嵇康美學思想述評》，北京：中國社會科學出版社。

盧桂珍（2010），《境界、思維、語言——魏晉玄理研究》，臺北：臺大出版中心。

戴璉璋（1989），《易傳的形成及其思想》，臺北：文津出版社。

戴璉璋（2002），《玄理、玄智語文化發展》，臺北：中央研究院中國文哲研究所。

戴燕（1997），《玄意幽遠——魏晉風度研究》，雲南：雲南人民出版社。

謝大寧（1997），《歷史的嵇康與玄學的嵇康》，臺北：文史哲出版社。

鍾京鐸（2002），《阮籍的人生道路及其詠懷詩》，臺北：學海出版社。

韓傳達（1997），《阮籍評傳》，北京：北京大學出版社。

聶文郁（1989），《阮籍詩解譯》，青海：青海人民出版社。

羅宗強（1992），《玄學與魏晉人士心態》，臺北：文史哲出版社。

龔鵬程（1998），《文學批評的視野》，臺北：大安出版社。

國家圖書館出版品預行編目(CIP)資料

竹林七賢的道家哲學與人生／曾春海著. --
初版. -- 臺北市：五南圖書出版股份有限
公司, 2024.10
面；　公分
ISBN 978-626-393-816-8(平裝)

1.CST: 魏晉南北朝哲學
2.CST: 玄學　3.CST: 老莊哲學

123　　　　　　　　　　　113014445

1BBT

竹林七賢的道家哲學與人生

作　　者：曾春海（279.2）

企劃主編：蔡宗沂

特約編輯：張月嘉

封面設計：封怡彤

出 版 者：五南圖書出版股份有限公司

發 行 人：楊榮川

總 經 理：楊士清

總 編 輯：楊秀麗

地　　址：106臺北市大安區和平東路二段339號4樓

電　　話：(02)2705-5066　　傳　　真：(02)2706-6100

網　　址：https://www.wunan.com.tw

電子郵件：wunan@wunan.com.tw

劃撥帳號：01068953

戶　　名：五南圖書出版股份有限公司

法律顧問：林勝安律師

出版日期：2024年10月初版一刷

定　　價：新臺幣550元

經典永恆・名著常在

五十週年的獻禮——經典名著文庫

五南，五十年了，半個世紀，人生旅程的一大半，走過來了。
思索著，邁向百年的未來歷程，能為知識界、文化學術界作些什麼？
在速食文化的生態下，有什麼值得讓人雋永品味的？

歷代經典・當今名著，經過時間的洗禮，千錘百鍊，流傳至今，光芒耀人；
不僅使我們能領悟前人的智慧，同時也增深加廣我們思考的深度與視野。
我們決心投入巨資，有計畫的系統梳選，成立「經典名著文庫」，
希望收入古今中外思想性的、充滿睿智與獨見的經典、名著。
這是一項理想性的、永續性的巨大出版工程。
不在意讀者的眾寡，只考慮它的學術價值，力求完整展現先哲思想的軌跡；
為知識界開啟一片智慧之窗，營造一座百花綻放的世界文明公園，
任君遨遊、取菁吸蜜、嘉惠學子！